REVISTA ESPÍRITA
JORNAL DE ESTUDOS PSICOLÓGICOS

ANO I - 1858

7ª edição
2.000 exemplares
Do 12º ao 14º milheiro
Dezembro/2024

© 2016-2024 by Edicel Editora.

Capa e projeto gráfico
Éclat! Comunicação Ltda

Tradução
Julio Abreu Filho

Impressão
Plenaprint Gráfica

Todos os direitos estão reservados. Nenhuma parte desta obra pode ser reproduzida ou transmitida por qualquer forma e/ou quaisquer meios (eletrônico ou mecânico, incluindo fotocópia e gravação) ou arquivada em qualquer sistema ou banco de dados sem permissão escrita da Editora.

O produto da venda desta obra é destinado à manutenção das atividades assistenciais da Sociedade Espírita Boa Nova, de Catanduva, SP.

1ª edição: Julho de 2016 – 2.000 exemplares

REVISTA ESPÍRITA
JORNAL DE ESTUDOS PSICOLÓGICOS

Publicada sob a direção de
ALLAN KARDEC

ANO I – 1858

Todo efeito tem uma causa. Todo efeito inteligente tem uma causa inteligente. O poder da causa inteligente está na razão da grandeza do efeito.

Tradução do francês
Julio Abreu Filho

Editora Cultural Espírita Edicel
Instituto Beneficente Boa Nova
Entidade coligada à Sociedade Espírita Boa Nova
Av. Porto Ferreira, 1.031 | Parque Iracema
Catanduva/SP | CEP 15809-020
www.boanova.net | boanova@boanova.net
Fone 17.3531-4444

Título do original francês:
Revue Spirite: Journal D'Études Psychologiques
(Paris, 1858)

Dados Internacionais de Catalogação na Publicação (CIP)
(Câmara Brasileira do Livro, SP, Brasil)

Kardec, Allan, 1804-1869.
 Revista Espírita : jornal de estudos psicológicos,
ano I : 1858 / publicada sob a direção de Allan
Kardec ; tradução do francês Julio Abreu Filho. --
Catanduva, SP : EDICEL, 2016.

 Título original: Revue Espirite : journal
D'Etudes psychologiques
 ISBN 978-85-92793-00-5

 1. Espiritismo 2. Kardec, Allan, 1804-1869
3. Revista Espírita de Allan Kardec I. Título.

16-04752 CDD-133.901

Índices para catálogo sistemático:

1. Artigos espíritas : Filosofia espírita   133.901
2. Doutrina espírita : Artigos   133.901

APRESENTAÇÃO

A coleção da *Revista Espírita* é a mais prodigiosa fonte de informações sobre o Espiritismo e de instruções doutrinárias. Allan Kardec a indica, no capítulo 3° d'*O Livro dos Médiuns*, como obra indispensável para o estudo da Doutrina. Aconselha mesmo a seguinte ordem para esse estudo: 1°) *O que é o Espiritismo*; 2°) *O Livro dos Espíritos*; 3°) *O Livro dos Médiuns*; e 4°) a *Revista Espírita*. Considera o primeiro livro indicado como de simples introdução, os dois seguintes como fundamentais e a revista como obra complementar, no sentido exato da palavra, ou seja, destinada a completar o ensino básico d'*O Livro dos Espíritos* e d'*O Livro dos Médiuns*.

Eis como ele se refere à *Revista Espírita*, no trecho referido: "Variada coletânea de fatos, de explicações teóricas e de trechos destacados que completam a exposição das duas obras precedentes, e que representa de alguma maneira a sua aplicação. Sua leitura pode ser feita ao mesmo tempo que a daquelas obras, mas será mais proveitosa e sobretudo mais compreensível após a leitura de *O Livro dos Espíritos*".

Essa expressão de Kardec, e que representa de alguma maneira a sua aplicação, dá à *Revista Espírita* uma posição excepcional no conjunto da Codificação, a de verdadeiro documentário, com um sentido ainda mais significativo e valioso que é o de relatório científico e histórico. Aliás, o próprio Kardec escreveria mais tarde, como se pode ler em *Obras Póstumas*, no capítulo X da Constituição do Espiritismo: "(...) A revista foi até agora, e não podia deixar de ser, uma obra pessoal, visto que fazia parte de nossas obras doutrinárias, constituindo os Anais do Espiritismo. Por seu intermédio é que todos os princípios novos foram elaborados e entregues ao estudo. Era pois necessário conservar o seu caráter individual, para que se estabelecesse a unidade".

O Codificador, portanto, é o primeiro a mostrar a importância da *Revista Espírita* no conjunto da Codificação. Até agora, entretanto, essa obra era simples raridade bibliográfica, reservada ao conhecimento de alguns privilegiados que a possuíam no original francês. E é inacreditável que no Brasil, onde o Espiritismo encontrou por assim dizer o clima espiritual mais apropriado ao seu desenvolvimento, só agora a *Revista Espírita* seja colocada ao alcance do público, em tradução para nossa língua. Kardec revela, como vimos, que a revista foi o seu mais importante instrumento de pesquisa, verdadeira sonda para a captação das reações do público, ao mesmo tempo que instrumento de divulgação e defesa da Doutrina. Mais do que isso, porém, constitui uma espécie de laboratório em que as manifestações mediúnicas, colhidas por todo o mundo, eram examinadas à luz dos princípios d'*O Livro dos Espíritos* e controladas pelas experiências da Sociedade Parisiense de Estudos Espíritas e pelas novas manifestações espirituais recebidas.

É nas suas páginas que os atuais estudiosos da fenomenologia espírita encontrarão os elementos necessários à ampliação dos seus conhecimentos e à consequente formação de uma sólida cultura doutrinária. Todas as atuais questões surgidas no meio espírita, a respeito de aspectos e pontos da Doutrina, serão elucidadas pelo estudo atencioso do gigantesco acervo desta coleção. Ocorrências que hoje parecem novas e aturdem alguns praticantes e estudiosos do Espiritismo têm aqui os seus precedentes registrados, com as soluções já então oferecidas pelo admirável bom senso de Kardec, aliado às instruções constantes que recebia de seus guias espirituais. Por isso podemos afirmar que a publicação desta coleção marca uma nova era do Espiritismo no Brasil e em todo o continente. Já não é possível a um espírita estudioso prescindir da leitura e do exame dos doze volumes desta coleção.

Allan Kardec, durante onze anos e quatro meses de trabalho intensivo, ofereceu-nos, ao vivo, toda a História do Espiritismo, no processo de seu desenvolvimento e sua propagação no século dezenove. Podemos acompanhar nestas páginas, passo a passo, o esforço ao mesmo tempo grandioso e minucioso de Kardec na construção metódica da Doutrina e na estruturação do movimento espírita. A História do Espiritismo se nos apresenta, assim, como uma forma de vivência que se autofixou na escrita. Podemos senti-la e revivê-la no registro preciso das reuniões, das pesquisas, das comunicações espirituais e dos trabalhos vários da Sociedade Parisiense de Estudos Espíritas, dos grupos familiares e dos Centros Espíritas, bem como das sociedades estrangeiras a ela ligadas. Nada se oculta ao leitor. Os problemas, as preocupações de Kardec, suas lutas dentro e fora do meio espírita, suas vitórias tranquilas, sua resistência à calúnia, à mentira, à difamação, sua fé inabalável, tudo isso palpita nestas páginas e nos dá a impressão de vivermos ao lado do Codificador, na sua época.

Numerosas questões apenas afloradas nos livros da Codificação, que não podiam abranger tudo nem tudo esmiuçar, são amplamente tratadas na Revista, com todos os seus pormenores, e exaustivamente analisadas. Problemas como os referentes à mediunidade curadora em seus vários aspectos; aos casos de obsessão e possessão; ao desenvolvimento mediúnico; aos métodos de trabalho prático e teórico; à legitimidade das comunicações e à prevenção das mistificações (que não são um problema espírita, mas humano, pois a mistificação está presente em todos os campos das atividades humanas na Terra); das vidas sucessivas e das formas de reencarnação consciente e inconsciente, neste e em outros mundos; da existência de espíritos não-humanos (que tem servido de arma para ataques de espiritualistas diversos contra o Espiritismo, simplesmente por desconhecerem a posição doutrinária no assunto) são todos esclarecidos de maneira viva na Revista, ou seja, por meio de exemplos e comunicações a respeito, além das análises de Kardec. Veja-se, no tocante a este último problema, as comunicações de Espíritos que se apresentam como Gênio das Flores, Anjo das Crianças, os chamados elementares da Teosofia e do Ocultismo.

Capítulo dos mais importantes e estreitamente ligado às pesquisas parapsicológicas atuais é o das manifestações de pessoas vivas. Esse capítulo se estende por toda a coleção mediante relatos de fatos espontâneos e principalmente dos relatórios de pesquisas. Além dos relatórios há o registro ao vivo das sessões da Sociedade em que se faziam evocações experimentais nesse campo. Registros minuciosos, com todas as perguntas e respostas do diálogo entre Kardec e o Espírito manifestante e com todas as informações necessárias ao esclarecimento do assunto. A questão do animismo, sempre levantada contra o Espiritismo, apesar das refutações magistrais e clássicas de Bozzano e Aksakof, foi assim resolvida em definitivo por Kardec, muito antes do trabalho desses cientistas, e resolvida de maneira científica, por meio de trabalhos experimentais. É assim que não só o animismo, mas também os problemas do inconsciente, do automatismo psíquico, da escrita automática, das funções psi em todas as suas modalidades atuais e em outras ainda nem afloradas, do magnetismo e do hipnotismo, das relações psicossomáticas e outras mais, todos esses problemas são enfrentados de maneira científica nestas páginas e levados à devida solução.

Os adversários honestos do Espiritismo encontram nesta coleção a possibilidade de conhecer amplamente a questão espírita e temos a certeza de que muitos deles, após a leitura atenta destes volumes, poderão chegar às conclusões finais de Cesare Lombroso e Charles Richet, rendendo homenagem ao bom senso e ao critério científico de Kardec. Quanto aos adversários sistemáticos, sectários ou de má-fé nada podemos esperar, senão a tentativa de desmerecer a grandeza da obra e a sua verdadeira significação na História do Conhecimento. A propósito, a Revista nos oferece ainda o exemplo das respostas de Kardec aos agressores do Espiritismo. Já naquela época a situação era a mesma: os adversários ignoravam o assunto. Kardec lhes mostra com bom senso e firmeza a fragilidade dos seus argumentos, repele seus gracejos e suas ironias em nome da seriedade dos problemas em causa, convida-os a estudar a Doutrina ou a se aprofundarem mais nas próprias questões que levantaram, usando às vezes de energia, porém jamais esquecido da caridade, que foi a bússola constante de sua vida e de todas as suas atividades.

Há ainda um capítulo importante de Psicologia, que se desenvolve nestes volumes: o da natureza dos animais e de suas relações com os homens. As pesquisas psicológicas nesse campo foram bastante intensificadas nos princípios de nosso século e hoje vão sendo enriquecidas com a contribuição das investigações parapsicológicas. Nos Estados Unidos e na Rússia, particularmente, os parapsicólogos se interessam pela verificação das funções psi nos animais. O Espiritismo cuidou desse problema desde o início, como o atestam os trabalhos e as comunicações espirituais a respeito, publicados na Revista. As comunicações do espírito George, discutidas por Kardec, analisadas em seus diversos aspectos e submetidas a debates na Sociedade, e vários fatos referentes à mediunidade nos animais constituem um dos mais curiosos e bem atualizados capítulos desta coleção, revelando ainda uma vez quanto o Espiritismo se antecipou aos problemas científicos dos nossos dias.

A era espacial é outra prova dessa atualidade. Kardec a iniciou não só no plano conceitual, firmando em *O Livro dos Espíritos* o princípio da pluralidade dos mundos habitados, que Camillo Flammarion posteriormente desenvolveu, com sua autoridade de astrônomo, num livro com esse título, mas também deu início às pesquisas a respeito. Não se servia de telescópios, mas de médiuns. Suas sondas espaciais eram as próprias almas humanas e os Espíritos comunicantes. Veja-se o magnífico desenho da casa de Mozart em Júpiter, incluído neste primeiro volume da Revista e leia-se a análise sensata de Kardec. Quem recebeu o desenho foi o famoso autor teatral Victorien Sardou, médium, que entretanto não sabia desenhar. Mas as comunicações espíritas sobre os mundos habitados, publicadas na seção Palestras Familiares de Além-Túmulo, são documentos ainda mais impressionantes. Até há pouco podia-se rir de tudo isso. Hoje, porém, que os mais céticos já admitem, tanto no mundo capitalista quanto no socialista, tanto entre espiritualistas quanto entre materialistas, a teoria espírita da diversidade das formas de vida nos diferentes planetas, e que as próprias religiões mais contrárias a ela também começam a aceitá-la, é evidente que as observações de Kardec a respeito assumem novo aspecto. Assinale-se ainda que, no campo das pesquisas parapsicológicas, renovam-se em nossos dias as tentativas de comunicação interplanetária por meio do mesmo instrumento usado por Kardec: o médium, pois as provas científicas da possibilidade da telepatia a distâncias imprevisíveis vieram reforçar a posição espírita nesse campo.

A História do Espiritismo, ainda não escrita de maneira sistemática, apesar de algumas contribuições pioneiras como a de Conan Doyle, revela-nos aspectos novos nesta coleção. Kardec estabelece as duplas ligações do Espiritismo com o Cristianismo, de um lado, e com o Druidismo, de outro, e prova que antes das ocorrências espíritas de Hydesville, nos Estados Unidos, com as irmãs Fox, já se realizavam sessões espíritas na França, como as de Charles Renard em Rambouillet, que o levaram a considerar: "É de nosso conhecimento que muitas pessoas ocupavam-se de comunicações espíritas muito antes do aparecimento das mesas-girantes, do que temos provas, com datas certas". Além disso, Kardec estabelece as relações profundas entre as religiões primitivas, a Mitologia, as chamadas religiões positivas e o Espiritismo, num encadeamento histórico que é também um dos capítulos mais fecundos da Antropologia Cultural, abrindo possibilidades, agora reforçadas pela Parapsicologia, para a elaboração da Antropologia Mediúnica. E há ainda a contribuição espírita para o esclarecimento dos problemas históricos, não só por meio das curiosas comunicações de personagens famosos, como da interpretação palingenésica que o Espiritismo oferece, renovando as perspectivas da História e da Filosofia da História. Por tudo isso, e por muito mais ainda, que o leitor e o estudante descobrirão por si mesmos, a coleção da Revista Espírita se apresenta como obra indispensável aos homens de cultura de nosso tempo, sejam ou não espíritas. Mas particularmente os espíritas, e em especial os que têm responsabilidade de orientação no movimento doutrinário, não podem olvidar o seu dever de ler e estudar esta obra com atenção e com amor. E foi por isso que a escolhemos para iniciar a publicação, pela primeira vez no mundo, das Obras Completas de Allan Kardec, que agora apresentamos.

ANO I
JANEIRO DE 1858

INTRODUÇÃO

A rapidez com que em todas as partes do mundo se propagaram os estranhos fenômenos das manifestações espíritas é uma prova do interesse que despertam. A princípio simples objeto de curiosidade, não tardaram em chamar a atenção de homens sérios que, desde o início, entreviram a inevitável influência que viriam a ter sobre o estado moral da sociedade. Cada dia se tornam mais populares as ideias novas que deles surgem; e nada lhes barrará o progresso, pela simples razão de que esses fenômenos estão ao alcance de todos, ou de quase todos, e nenhum poder humano lhes impedirá a manifestação. Se os abafam aqui, aparecem em cem outros lugares. Aqueles, pois, que neles descobrissem um inconveniente qualquer, seriam constrangidos, pela mesma força dos fatos, a lhes sofrer as consequências, como acontece às indústrias novas que, de começo, ferem interesses particulares mas, ao final das contas, todos se acomodam, porque não poderia ser de outro modo.

O que não foi feito e dito contra o magnetismo! Entretanto, todos os raios lançados contra ele, todas as armas com que foi ferido, inclusive o ridículo, esbarraram ante a realidade e apenas serviram para colocá-lo em maior evidência. É que o magnetismo é uma força natural; e ante as forças naturais o homem é um pigmeu, semelhante a esses cachorrinhos que ladram inutilmente contra tudo quanto lhes mete medo.

Dá-se com as manifestações espíritas o mesmo que com o sonambulismo: se elas não se produzirem a plena luz e publicamente, ninguém impedirá que ocorram na intimidade, pois cada família pode descobrir um médium entre os seus membros, desde as crianças até os velhos, bem como pode encontrar um sonâmbulo. Assim, quem poderá impedir que o primeiro que encontramos seja médium e sonâmbulo? Sem dúvida, os que o combatem não pensaram nisso. Insistimos: quando uma força está na Natureza, pode ser paralisada por um instante – mas nunca aniquilada! Apenas poder-se-á desviar o seu curso. Ora, a força que se revela no fenômeno das manifestações, seja qual for a sua causa, está na Natureza, assim como o magnetismo; e não será aniquilada, como o não será a força elétrica. O que é preciso é que seja observada e estudada em todas as suas fases, a fim de se deduzirem as leis que a regem. Se for um erro e uma ilusão, o tempo fará justiça; se for a verdade, esta é como o vapor: quanto mais comprimido, maior será a sua força de expansão.

Admira-se de que, enquanto, na América, só os Estados Unidos possuem dezessete jornais consagrados ao assunto, sem contar um sem número de escritos não periódicos, a França, o país da Europa onde mais rapidamente as ideias se aclimataram, não possua nenhum.[1] Seria desnecessário contestar a utilidade de um órgão especial, que ponha o público a par do progresso dessa nova Ciência e a premuna contra os exageros da credulidade, tanto quanto do ceticismo. É uma tal lacuna que nos propomos preencher com a publicação desta Revista, com o fito de oferecer um meio de comunicação a todos quantos se interessam por essas questões e de ligar, por um laço comum, os que compreendem a doutrina espírita sob seu verdadeiro ponto de vista moral: a prática do bem e a caridade evangélica para com todos.

Se se tratasse apenas de uma coleta de fatos, fácil seria a tarefa; eles se multiplicam em toda parte com tal rapidez que não faltaria matéria; mas os fatos, por si sós, tornam-se monótonos pela repetição e, principalmente, pela similitude. O que é necessário ao homem que pensa é algo que lhe fale à inteligência. Faz poucos anos que se manifestaram os primeiros fenômenos e já estamos longe das mesas girantes e falantes, que representavam sua infância. Hoje é uma Ciência que descobre todo um mundo de mistérios, que patenteia as verdades eternas, apenas pressentidas por nosso espírito; é uma doutrina sublime que mostra ao homem o caminho do dever e descobre o mais vasto campo jamais apresentado à observação do filósofo. Nossa obra seria, pois, incompleta e estéril se nos mantivéssemos nos estreitos limites de uma revista anedótica, cujo interesse em breve teria passado.

---

[1] Até agora não existe na Europa senão um jornal consagrado à doutrina espírita – o *Journal de l'âme*, publicado em Genebra pelo Dr. Boessinger. Na América, o único jornal em francês é o *Spiritualiste de la Nouvelle-Orléans*, publicado por Barthes.

Talvez nos contestem a denominação de Ciência, que damos ao Espiritismo. Ele não teria, sem dúvida e em nenhum caso, as características de uma Ciência exata e precisamente nisso está o erro dos que o pretendem julgar e experimentar como uma análise química ou um problema de Matemática; já é bastante que seja uma Ciência filosófica. Toda Ciência deve basear-se em fatos; mas estes, por si sós, não constituem a Ciência; ela nasce da coordenação e da dedução lógica dos fatos: é o conjunto de leis que os regem. Chegou o Espiritismo ao estado de Ciência? Se se trata de uma Ciência acabada, sem dúvida será prematuro responder afirmativamente; mas as observações já são hoje bastante numerosas para permitirem pelo menos deduzir os princípios gerais, onde começa a Ciência.

O exame raciocinado dos fatos e das consequências deles decorrentes é, pois, um complemento, sem o qual nossa publicação seria de medíocre utilidade e apenas ofereceria um interesse secundário a quem reflete e quer dar-se conta do que vê. Contudo, como nosso objetivo é chegar à verdade, acolheremos todas as observações que nos forem dirigidas e, tanto quanto o permitir o estado dos conhecimentos adquiridos, procuraremos resolver as dúvidas e esclarecer os pontos ainda obscuros. Nossa Revista será, assim, uma tribuna, na qual, entretanto, a discussão jamais deverá afastar-se das normas das mais estritas conveniências. Numa palavra, discutiremos, mas não disputaremos. As inconveniências de linguagem jamais foram boas razões aos olhos da gente sensata: é a arma daqueles que não possuem algo melhor, e que se volta contra quem a maneja.

Embora os fenômenos de que nos ocupamos se tenham produzido, nos últimos tempos, de maneira mais geral, tudo prova que têm ocorrido desde as eras mais remotas. Não há fenômenos naturais nas invenções que acompanham o progresso do espírito humano; assim, pois, desde que estão na ordem das coisas, sua causa é tão antiga quanto o mundo e os seus efeitos devem ter-se produzido em todas as épocas. Portanto, o que hoje testemunhamos não é uma descoberta moderna: é o despertar da Antiguidade, mas da Antiguidade desembaraçada do envoltório místico que gerou as superstições, da Antiguidade esclarecida pela civilização e pelo progresso no campo das coisas positivas.

A consequência capital que se destaca desses fenômenos é a comunicação que os homens podem estabelecer com os seres do mundo incorpóreo e, dentro de certos limites, o conhecimento que podem adquirir de seu estado futuro. O fato das comunicações com o mundo invisível acha-se, em termos inequívocos, nos livros bíblicos. Mas de um lado, para alguns cépticos, a Bíblia não é autoridade suficiente; do outro, para os crentes, são fatos sobrenaturais, suscitados por um favor especial da Divindade. Não representariam então, para todo o mundo, uma prova da generalidade dessas manifestações, se não as encontrássemos em mil outras fontes diversas. A existência dos Espíritos e sua intervenção no mundo corpóreo é atestada e demonstrada – não como um fato excepcional – mas como um princípio geral, em Santo Agostinho, São Jerônimo, São João Crisóstomo e São Gregório Nazianzeno e muitos outros Pais da Igreja. Essa crença firma, além disso, a base de todos os sistemas religiosos. Os mais sábios filósofos da Antiguidade a admitiam: Platão, Zoroastro, Confúcio, Apuleio, Pitágoras, Apolônio de Tiana e tantos outros. Encontramo-la no mistério e nos oráculos entre os gregos, os egípcios, os hindus, os caldeus, os romanos, os persas, os chineses. Vemo-la sobreviver a todas as vicissitudes dos povos, a todas as perseguições e desafiar as revoluções físicas e morais da humanidade. Mais tarde a encontramos entre os adivinhos e feiticeiros da Idade Média, nos Wíllis e nas Valquírias dos escandinavos, nos Elfos dos teutões, nos Leschios e nos Domeschnios Doughi dos eslavos, nos Ourisks e nos Brownies da Escócia, nos Poulpicans e nos Tensarpoulicts dos bretões, nos Cemis dos caraíbas, numa palavra, em toda a falange de ninfas, gênios bons e maus, silfos, gnomos, fadas e duendes, com os quais todas as nações encheram o espaço. Encontramos a prática das evocações nos povos da Sibéria, no Kamtchatka, na Islândia, entre os índios da América do Norte ou os aborígenes do México e do Peru, na Polinésia e até entre os estúpidos selvagens da Nova Holanda. Não será por alguns absurdos de que essa crença se cercou ou se revestiu em vários tempos e lugares que se há de desconhecer que parte de um mesmo princípio, mais ou menos desfigurado. Ora, uma doutrina não se torna universal, não sobrevive a milhares de gerações, não se implanta de um polo a outro, entre os povos mais diversificados e em todos os graus da escala social, se não estiver fundada em algo de positivo.

O que será esse algo? É o que no-lo demonstram as recentes manifestações. Procurar as relações possivelmente existentes entre estas manifestações e todas essas crenças é buscar a verdade. A história da doutrina espírita é, de certo modo, a história do espírito humano. Teremos de estudá-la em todas as fontes, que nos facultarão um veio inesgotável de observações, tão instrutivas quão interessantes, sobre os fatos geralmente pouco conhecidos. Esta parte nos dará oportunidade de explicar a origem de uma porção de lendas e de crenças populares que participam da verdade, da alegoria e da superstição.

No que concerne às manifestações atuais, relataremos todos os fenômenos patentes que testemunharmos ou que chegarem ao nosso conhecimento, sempre que nos parecerem merecedores da atenção dos nossos leitores. Do mesmo modo o faremos em relação aos efeitos espontâneos, por vezes produzidos entre pessoas alheias às práticas espíritas, que ora revelam um poder oculto, ora a independência da alma. Tais são as visões, as aparições, a dupla vista, os pressentimentos, os avisos íntimos, as vozes secretas, etc. Ao relato dos fatos juntaremos a explicação, tal qual ressalta do conjunto dos princípios. A este respeito faremos notar que esses princípios são decorrentes do mesmo ensino dado pelos Espíritos, e que faremos sempre abstração de nossas próprias ideias. Não se trata, pois, de uma teoria pessoal, mas da que nos foi comunicada e da qual seremos simples intérpretes.

Largo espaço será igualmente reservado às comunicações escritas ou verbais dos Espíritos, desde que tenham um fim útil, assim como às evocações de personagens antigas ou atuais, conhecidas ou obscuras, sem desprezar as evocações íntimas que, muitas vezes, nem por isso são menos instrutivas. Numa palavra: abarcaremos todas as fases das manifestações materiais e inteligentes do mundo incorpóreo.

A doutrina espírita oferece-nos enfim a solução possível e racional de uma porção de fenômenos morais e antropológicos, que testemunhamos diariamente, e cuja explicação inutilmente buscaremos em todas as doutrinas conhecidas. Nesta categoria colocaremos, por exemplo, a simultaneidade de pensamentos, as anomalias de certos caracteres, as simpatias e antipatias, os conhecimentos intuitivos, as aptidões, as propensões, os destinos que parecem marcas da fatalidade e, num quadro mais geral, o caráter distintivo dos povos, seu progresso ou sua degene-rescência, etc. À citação dos fatos juntaremos a pesquisa das causas que os poderiam ter produzido. Da apreciação dos atos brotarão, naturalmente, ensinamentos úteis, quanto à linha de conduta mais conforme à sã moral. Em suas instruções, os Espíritos superiores têm sempre o objetivo de despertar nos homens o amor do bem pela prática dos preceitos evangélicos: por isso mesmo traçam-nos o pensamento que deve presidir à redação desta coletânea.

Como se vê, nosso quadro compreende tudo quando se liga ao conhecimento da parte metafísica do homem. Estudá-la-emos no seu estado presente e no futuro, pois estudar a natureza dos Espíritos é estudar o homem, por isso que este um dia participará do mundo dos Espíritos. Eis por que adicionamos ao título principal o subtítulo "jornal de estudos psicológicos", a fim de dar a compreender toda a sua importância.

Nota: Por mais abundantes que sejam nossas observações pessoais e as fontes onde as colhemos, nem dissimulamos as dificuldades da tarefa, nem nossa insuficiência para a suplementar, contamos com o concurso benévolo de todos quantos se interessam por esses problemas. Seremos, pois, gratos pelas comunicações que nos forem transmitidas sobre os diversos assuntos de nossos estudos. Nesse propósito chamamos a atenção para os dez pontos seguintes, sobre os quais nos poderão fornecer documentos:

1º. manifestações materiais ou inteligentes, obtidas em reuniões a que estiveram presentes;

2º. fatos de lucidez sonambúlica e de êxtase;

3º. fatos de segunda vista, previsões, pressentimentos, etc;

4º. fatos relativos ao poder oculto atribuído, com ou sem razão, a certas pessoas;

5º. lendas e crenças populares;

6º. fatos de visões e aparições;

7º. fenômenos psicológicos particulares, que por vezes ocorrem no momento da morte;

8º. problemas morais e psicológicos a resolver;

9º. fatos morais, atos notáveis de devotamento e abnegação, cuja propagação pode servir de exemplo útil;

10º. indicações de obras antigas ou modernas, francesas ou estrangeiras ocultas com a designação e, se possível, a citação das passagens. O mesmo no que concerne à opinião emitida sobre a existência dos Espíritos e suas relações com os homens, por autores antigos ou modernos, cujo nome e saber lhes dão autoridade.

Só publicaremos o nome das pessoas que nos enviarem comunicações se recebermos autorização formal.

DIFERENTES FORMAS DE MANIFESTAÇÃO

Os Espíritos atestam sua presença de várias maneiras, conforme sua aptidão, vontade e maior ou menor elevação. Todos os fenômenos de que teremos ocasião de tratar ligam-se, naturalmente, a um ou outro desses modos de comunicação. Para facilitar a compreensão dos fatos julgamos, pois, um dever, abrir a série de nossos artigos com um quadro das diversas formas de manifestação. Podem ser assim resumidas:

1º. *ação oculta*, quando nada têm de ostensivo. Tais são, por exemplo, as inspirações ou sugestões de pensamentos, os avisos íntimos, a influência sobre os acontecimentos, etc;

2º. *ação patente* ou *manifestação*, quando é de qualquer maneira provável;

3º. *manifestações físicas* ou *materiais*; são as que se traduzem por fenômenos sensíveis, tais como ruídos, movimentos e deslocamentos de objetos. Essas manifestações não trazem frequentemente nenhuma mensagem; só têm por fim chamar atenção para qualquer coisa e convencer-nos da presença de um poder sobre-humano;

4º. *manifestações visuais* ou *aparições*, quando o Espírito se mostra sob uma forma qualquer, sem ter nenhuma das propriedades conhecidas da matéria;

5º. *manifestações inteligentes*, quando revelam um pensamento. Toda manifestação que tem sentido, mesmo quando não passa de simples movimento ou ruído, que acusa certa liberdade de ação, corresponde a um pensamento ou obedece a uma vontade, é uma manifestação inteligente. E as há em todos os graus;

6º. *as comunicações* são manifestações inteligentes, que têm como objetivo uma troca de ideias entre o homem e os Espíritos.

A natureza dessas comunicações varia segundo a elevação ou a inferioridade, o saber ou a ignorância do Espírito que se manifesta e conforme a natureza do assunto de que se trata. Podem ser frívolas, grosseiras, sérias ou instrutivas.

As *comunicações frívolas* procedem de Espíritos levianos, zombeteiros e travessos, mais malandros que maus, e que nenhuma importância ligam ao que dizem.

As *comunicações grosseiras* traduzem-se por expressões que

chocam o decoro. Procedem de Espíritos inferiores ou que ainda não se despojaram de todas as impurezas da matéria.

As *comunicações sérias* são graves quanto ao assunto e a maneira por que são feitas. A linguagem dos Espíritos superiores é sempre digna e isenta de trivialidade. Toda comunicação que exclui a frivolidade e a grosseria e que tem um fim útil, mesmo de interesse particular, é por isso mesmo séria.

As *comunicações instrutivas* são as comunicações sérias, cujo principal objetivo é um ensinamento qualquer, dado pelo Espírito sobre as Ciências, a Moral, a Filosofia, etc. São mais ou menos profundas e mais ou menos verdadeiras, conforme o grau de elevação e de desmaterialização do Espírito. Para tirar-se proveito real dessas comunicações, devem elas ser regulares e seguidas com perseverança. Os Espíritos sérios ligam-se àqueles que querem instruir-se e os ajudam, ao passo que deixam aos Espíritos levianos a tarefa de divertir com suas facécias àqueles que não veem nessas manifestações senão um passatempo. Só pela regularidade e pela frequência das comunicações é que se pode apreciar o valor moral e intelectual dos Espíritos com os quais nos entretemos, bem como o grau de confiança que merecem. Se é necessário ter experiência para julgar os homens, mais ainda o é para julgar os Espíritos.

VÁRIOS MODOS DE COMUNICAÇÃO

As comunicações inteligentes entre os Espíritos e os homens podem dar-se por sinais, pela escrita e pela palavra.

Os sinais consistem no movimento significativo de certos objetos e, mais frequentemente, nos ruídos ou golpes vibrados. Quando esses fenômenos têm sentido, não permitem dúvidas quanto à intervenção de uma inteligência oculta, por isso que se todo efeito tem uma causa, todo efeito inteligente tem uma causa inteligente.

Sob a influência de certas pessoas, designadas pelo nome de médiuns e, algumas vezes espontaneamente, um objeto qualquer pode executar movimentos convencionados, vibrar um determinado número de pancadas e assim dar respostas pelo sim e pelo não ou pela designação das letras do alfabeto.

As pancadas podem ser ouvidas sem nenhum movimento aparente e sem causa ostensiva, quer na superfície, quer nos próprios tecidos dos corpos inertes, numa parede, numa pedra, num móvel ou em qualquer outro objeto. De todos esses objetos, por serem os mais cômodos, dada a sua mobilidade e pela facilidade com que nos colocamos em sua volta, são as mesas os mais frequentemente utilizados: daí a designação geral do fenômeno pelas expressões triviais de mesas falantes e de dança das mesas, expressões que convêm banir, primeiro pelo que têm de ridículo, depois porque podem induzir em erro, levando a crer que, nesse particular, as mesas tenham qualquer influência especial.

Daremos a esse modo de comunicação o nome de sematologia espírita, expressão que dá uma perfeita ideia e compreende todas variedades de comunicações por sinais, movimento de corpos ou pancadas. Um de nossos correspondentes propunha-nos se designasse especialmente este último meio, o das pancadas, pelo vocábulo tiptologia.

O segundo modo de comunicação é a escrita. Designá-lo-emos pelo nome de psicografia, igualmente empregado por um correspondente.

Para se comunicarem pela escrita, os Espíritos empregam como intermediários certas pessoas dotadas da faculdade de escrever sob a influência da força oculta que as dirige e que obedecem a um poder evidentemente estranho ao seu controle, pois não podem parar nem prosseguir à vontade e, na maioria dos casos, não têm consciência do que escrevem. A mão é agitada por um movimento involuntário, quase febril; tomam o lápis malgrado seu e assim o largam: nem a vontade, nem o desejo podem fazer prosseguir, caso não o devam fazer. Eis a psicografia direta.

Também a escrita é obtida pela só imposição das mãos sobre um objeto colocado de modo conveniente e munido de um lápis ou qualquer outro instrumento para escrever. Os objetos mais geralmente empregados são as pranchetas ou as cestas convenientemente preparadas. A força oculta que age sobre a pessoa transmite-se ao objeto, o qual se torna, destarte, uma espécie de apêndice da mão e lhe imprime um movimento necessário para traçar os caracteres. Eis a psicografia indireta.

As comunicações transmitidas pela psicografia são mais ou menos extensas, conforme o grau da faculdade mediadora. Uns apenas obtêm palavras; noutros a faculdade se desenvolve pelo exercício e escrevem frases completas e, por vezes, dissertações desenvolvidas sobre assuntos propostos ou abordados espontaneamente pelos Espíritos, sem que lhes tenha feito qualquer pergunta.

Às vezes a escrita é clara e legível; outras, só é decifrável por quem a escreveu; este então a lê por uma espécie de intuição ou dupla vista.

Pela mão da mesma pessoa a escrita às vezes muda, em geral de maneira completa, com a inteligência oculta que se manifesta; e o mesmo tipo de letra se reproduz sempre que se manifesta a mesma entidade. Isso, entretanto, nada tem de absoluto.

Os Espíritos transmitem por vezes certas comunicações escritas sem intervenção direta. Neste caso, os caracteres são traçados espontaneamente por um poder extra-humano, visível ou não. Como é útil que cada coisa tenha o seu nome, a fim de nos podermos entender, chamaremos a tal modo de comunicação escrita "espiritografia", para a distinguir da psicografia, ou escrita obtida por um médium. A diferença desses dois vocábulos é fácil de apreender. Na psicografia, a alma do médium representa, necessariamente, um certo papel, pelo menos como intermediário, ao passo que na espiritografia é o Espírito que por si age diretamente.

O terceiro modo de comunicação é a palavra. Certas pessoas sofrem nos órgãos vocais a influência de um poder oculto, semelhante ao que se faz sentir na mão dos que escrevem. Transmitem pela palavra tudo aquilo que os outros fazem pela escrita.

Como as escritas, as comunicações verbais se dão por vezes sem a mediação corpórea. Palavras e frases podem soar aos nossos ouvidos e em nosso cérebro sem causa física aparente. Os Espíritos também nos podem aparecer em sonho ou no estado de vigília e dirigir-nos a palavra, para nos darem avisos e instruções.

Para seguir o mesmo sistema de nomenclatura adotado para as comunicações escritas, deveríamos chamar a palavra transmitida pelo médium de "psicologia" e a que provém diretamente do Espírito, "espiritologia". Mas o vocábulo psicologia já tem uma acepção conhecida e não a podemos transformar. Chamaremos, pois, todas as comunicações verbais de espiritologia: as primeiras serão a espiritologia imediata e as últimas a espiritologia direta.

Dos vários meios de comunicação é a sematologia o mais

incompleto. É muito lento e só dificilmente se presta a desenvolvimentos de certa extensão. Os Espíritos superiores não o empregam de boa vontade, já pela lentidão, já porque as respostas "sim" ou "não" são incompletas e sujeitas a erros. Para o ensino preferem as mais rápidas: a escrita e a palavra.

A escrita e a palavra são, com efeito, meios mais completos para a transmissão do pensamento dos Espíritos, seja pela precisão das respostas, seja pela extensão do desenvolvimento que comportam. Tem a escrita a vantagem de deixar traços materiais e de ser um dos meios mais adequados de combate à dúvida. Aliás, não temos a liberdade de escolha: os Espíritos comunicam-se pelos meios que julgam adequado: e este depende das aptidões.

RESPOSTAS DOS ESPÍRITOS A ALGUMAS PERGUNTAS

1. – Como podem os Espíritos agir sobre a matéria? Isso parece contrário a todas as ideias que fazemos da natureza dos Espíritos. R – "Em vossa opinião, o Espírito nada é; e isto é um erro. Já vos dissemos que o Espírito é alguma coisa, e por isso pode agir por si mesmo. Mas o vosso mundo é muito grosseiro para que ele possa fazê-lo sem um intermediário, isto é, sem um laço que una o Espírito à matéria."

Observação: Sendo imaterial, ou pelo menos impalpável, o próprio laço que une o Espírito à matéria, essa resposta não resolveria a questão se não tivéssemos o exemplo de forças igualmente imponderáveis que agem sobre a matéria: assim é que o pensamento é a causa primeira de todos os movimentos voluntários; que a eletricidade derruba, levanta e transporta massas inertes. Porque se lhe desconhece o móvel, seria ilógico concluir que não existe. Pode, pois, o Espírito ter suas alavancas, para nós desconhecidas; a Natureza prova diariamente que seu poder não se limita ao testemunho dos nossos sentidos. Nos fenômenos espíritas a causa imediata é incontestavelmente um agente físico, mas a causa primeira é uma inteligência que age sobre esse agente, como o nosso pensamento age sobre os nossos membros. Quando queremos bater, o nosso braço é que age; não é o pensamento que bate: este dirige o braço.

2. – Entre os Espíritos que produzem efeitos materiais, os que costumamos chamar de batedores formam uma classe especial ou são os mesmos que produzem os movimentos e os ruídos? R – "O mesmo Espírito pode, por certo, produzir efeitos diversos; mas há os que se

ocupam mais particularmente de certas coisas, assim como entre vós tendes os ferreiros e os carregadores."

3. – O Espírito que age sobre um corpo sólido, para mover ou para bater, penetra na substância do corpo ou age fora dela? R – "Uma coisa e outra; dissemos que a matéria não é um obstáculo para os Espíritos; eles tudo penetram."

4. – As manifestações materiais, tais como os ruídos, os movimentos de objetos e todos os fenômenos que nos apraz provocar frequentemente são produzidos indistintamente pelos Espíritos superiores e pelos inferiores? R – "São apenas os Espíritos inferiores que se ocupam dessas coisas. Os Espíritos superiores por vezes os empregam como farias com um carregador, a fim de chamar a atenção. Podes crer que os Espíritos de uma categoria superior estejam às vossas ordens para vos divertir com travessuras? É como se perguntasses se, no teu mundo, são os homens sábios e sérios que fazem papéis de palhaços e bufões."

Observação: Os Espíritos que se revelam por efeitos materiais, em geral, são de ordem inferior. Divertem ou espantam aqueles para quem os espetáculos visuais têm mais atração que o exercício da inteligência; são, de certo modo, os saltimbancos do mundo espírita. Por vezes agem espontaneamente; outras, por ordem de Espíritos superiores.

Se as comunicações dos Espíritos superiores oferecem um interesse mais sério, as manifestações físicas têm igualmente utilidade para o observador; revelam-nos forças desconhecidas da Natureza e dão-nos meios de estudar o caráter e, se assim podemos dizer, os costumes de todas as classes da população espírita.

5. – Como provar que o poder oculto que age nas manifestações espíritas está fora do homem? Não poderíamos pensar que reside em nós mesmos, isto é, que agimos sob o impulso do nosso próprio Espírito? R – "Quando uma coisa é feita contra a tua vontade e o teu desejo, é que não és tu quem a produz, embora muitas vezes sejas a alavanca de que se serve o Espírito para agir, e tua vontade lhe venha em auxílio; podes ser para ele um instrumento mais ou menos cômodo."

Observação: É sobretudo nas comunicações inteligentes que se patenteia a intervenção de um poder estranho. Quando espontâneas e estranhas ao nosso pensamento e ao nosso controle, quando respondem a perguntas cuja solução é desconhecida pelos assistentes, devemos procurar fora de nós a causa dessas comunicações. Isso se torna evidente para quem quer que observe os fatos com atenção e perseverança; as nuanças de detalhes escapam ao observador superficial.

6. – Todos os Espíritos são capazes de dar manifestações inteligentes? R – "Sim, pois todos eles são inteligências. Como, porém, os há de todos os graus, como entre vós, uns dizem coisas sem sentido ou estúpidas e outros, coisas sensatas."

7. – Todos os Espíritos estão aptos a compreender as perguntas que se lhes fazem? R – "Não; os Espíritos inferiores são incapazes de compreender certas perguntas, o que não os impede de responderem certo ou errado; é ainda como entre vós."

Observação: Por aí se vê quanto é essencial estar atento contra a crença no ilimitado saber dos Espíritos. Estes são como os homens; não basta interrogar o primeiro que aparece para ter uma resposta sensata: é preciso saber a quem nos dirigimos.

Aquele que deseja conhecer os costumes de um povo deve estudá-los de um extremo a outro da escala. Ver apenas uma classe é fazer uma ideia falsa, pois se julga o todo pela parte. A população dos Espíritos é como a nossa; há de tudo: o bom, o mau, o sublime, o trivial, o saber e a ignorância. Quem não os houver observado seriamente, em todos os graus, não se pode gabar de os conhecer. As manifestações físicas dão-nos a conhecer os Espíritos de camadas inferiores; são a rua e a choupana. As comunicações instrutivas e sábias põem-nos em contato com os Espíritos elevados; são a elite social – o castelo, o instituto.

MANIFESTAÇÕES FÍSICAS

Lemos o seguinte em *Le Spiritualiste de la Nouvelle Orléans*, de fevereiro de 1857:

"Ultimamente perguntamos se todos os Espíritos, indistintamente, fazem mover as mesas, produzem ruídos, etc.; e logo a mão de uma senhora, bastante séria para brincar com estas coisas, traçou violentamente estas palavras:

– Quem faz dançar os macacos pelas ruas? Serão os homens superiores?"

"Um amigo, de origem espanhola, espiritualista, falecido no verão passado, deu-nos diversas comunicações, numa das quais encontramos a seguinte passagem:

As manifestações que buscais não se acham no número das que mais agradam os Espíritos sérios e elevados. Não obstante, concordamos que têm sua utilidade, porque talvez mais que qualquer outra podem servir para convencer os homens de hoje".

"Para obter tais manifestações, é absolutamente preciso que se desenvolvam certos médiuns, cuja constituição física esteja em harmonia com os Espíritos que as podem produzir. Não duvidamos de que as vejais mais tarde desenvolver-se entre nós: então não serão estas pancadinhas que ouvireis, mas ruídos semelhantes ao crepitar da fuzilaria entremeado do troar do canhão".

"Num recanto da cidade acha-se uma casa habitada por uma família alemã; nela se ouvem ruídos estranhos, enquanto certos objetos são deslocados; foi o que nos asseguraram, pois não o verificamos. Pensando que o dono da casa nos pudesse esclarecer, convidamo-lo para algumas sessões dedicadas a esse gênero de manifestações e, mais tarde, a esposa desse honrado senhor não quis que ele continuasse entre nós porque, disse-nos ele, o barulho aumentou em sua casa. A este respeito eis o que nos foi escrito pela mão da Senhora X:

Não podemos impedir que Espíritos imperfeitos façam barulho ou outras coisas aborrecidas e mesmo apavorantes; o fato de estarem em contato conosco, que somos bem intencionados, não diminui a influência que exercem sobre o médium em questão".

Chamamos a atenção para a perfeita concordância que existe entre o que os Espíritos disseram em Nova Orléans, com relação à fonte de manifestações físicas, e o que nos foi dito a nós próprios. Com efeito, nada pintaria essa origem com mais vigor que esta resposta, ao mesmo tempo espiritual e profunda: "Quem faz dançar os macacos pelas ruas? Serão os homens superiores?"

Teremos ocasião de transcrever de jornais da América numerosos exemplos desse tipo de manifestação, bem mais extraordinárias que as que acabamos de citar. Sem dúvida, responder-nos-ão com o provérbio: "A boa mentira vem de longe". Quando coisas assim tão maravilhosas nos vêm de duas mil léguas, mas não as podemos verificar, a dúvida é admissível; mas esses fenômenos atravessaram os mares com o Sr. Home, que nos deu provas. É verdade que o Sr. Home não foi para um teatro a fim de operar os seus prodígios e que nem todo mundo, pagando a entrada, os pôde ver. Por isso, muitos o consideram um hábil prestidigitador, sem refletir que a fina flor da sociedade, testemunha desses fenômenos, não se prestaria de bom grado a lhe servir de parceira. Se o Sr. Home fosse um charlatão, não teria tido o cuidado de recusar magníficas ofertas de muitos estabelecimentos públicos e ter-se-ia locupletado. Seu desinteresse é a resposta mais peremptória que se pode dar aos seus detratores. Um charlatanismo desinteressado seria uma insensatez e uma monstruosidade. Mais tarde falaremos pormenorizadamente do Sr. Home e da missão que o conduziu à França. Enquanto isso, eis um fato de manifestação espontânea que nos referiu distinto médico, de toda a confiança, e que é tanto mais autêntico quanto passado com o seu testemunho pessoal.

Uma distinta família tinha como empregada uma moça órfã, de catorze anos, cujo caráter, naturalmente bondoso e delicado, lhe havia granjeado a afeição dos patrões. No mesmo quarteirão morava uma família cuja senhora, não se sabe por quê, havia tomado birra à mocinha, a ponto de a tornar objeto de toda sorte de atrevimentos. Um dia, ao entrar ela, a vizinha apareceu furiosa, armada de uma vassoura, querendo bater-lhe. Apavorada, atira-se à porta tentando tocar a campainha; infelizmente o cordão estava partido e ela não o alcançava; eis, porém, que a campainha tocou por si mesma e vieram abrir. Na perturbação, ela não se deu conta do que se havia passado; mas depois a campainha continuou tocando de vez em quando, sem uma causa conhecida, tanto de dia como à noite; e quando iam atender à porta, não encontravam ninguém. Os vizinhos do quarteirão foram acusados por essa pilhéria de mau gosto; a queixa foi levada ao comissário de polícia, que abriu inquérito, procurou ver se algum fio secreto se comunicava com o exterior, e nada pode descobrir. Entretanto, as coisas continuavam mais insistentemente, em detrimento do repouso de todos e, sobretudo, da pequena criada, acusada como a causa do barulho. Depois de aconselhados, os patrões resolveram afastá-la, colocando-a em casa de amigos no campo. Desde então a campainha ficou quieta e nada de semelhante se produziu no novo domicílio da pequena órfã.

Esse, como muitos outros fatos que teremos de relatar, não se deu nas margens do Missouri ou do Ohio, mas em Paris, na travessa dos Panoramas. Cabe agora explicá-lo. A mocinha não tocava a campainha, é claro; estava aterrada com o que se passava para pensar numa brincadeira, na qual fosse ela própria a primeira vítima. Não menos certo é que o toque da campainha era devido à sua presença, pois que o efeito cessou quando ela se foi. O médico que testemunhou o fato explica-o como uma poderosa ação magnética exercida inconscientemente pela mocinha. Essa explicação, de modo algum nos parece concludente: por que, ao partir, teria ela perdido tal poder? Diz ele que o terror inspirado pela presença da vizinha devia produzir na moça uma superexcitação de natureza a desenvolver a ação magnética, e que o efeito cessara com a causa. Confessamos que o argumento não nos convence. Se a intervenção de um poder oculto não está demonstrado peremptoriamente, pelo menos é provável, conforme casos análogos que conhecemos. Admitindo, pois, tal intervenção, diremos que, nas circunstâncias em que o fato se produziu pela primeira vez, um Espírito protetor provavelmente quis subtrair a mocinha ao perigo que corria; que, a despeito da afeição que os patrões lhe tinham, talvez fosse de seu interesse sair daquela casa; eis porque o barulho continuou até que ela partisse.

OS DIABRETES

A intervenção dos seres incorpóreos nas coisas da vida particular faz parte das crenças populares de todos os tempos. Por certo não entra na mente das pessoas sensatas tomar ao pé da letra todas essas lendas, todas as histórias diabólicas e todos os contos ridículos que se repetem prazerosamente ao pé do fogo. Entretanto, esses fenômenos, dos quais somos testemunhas, provam que tais contos se baseiam em alguma coisa, pois aquilo que hoje se passa deve ter se passado em outras épocas. Tire-se deles daquilo que de maravilhoso e fantástico lhes deu a superstição e ter-se-ão todos os caracteres, fatos e gestos de nossos Espíritos modernos: uns, bons, benfeitores, obsequiosos, gostando de servir, como os bons Brownies; outros, mais ou menos maliciosos, brincalhões, caprichosos e mesmo maus, como os Gobelins da Normandia e que se encontram na Escócia sob o nome de Bogles, na Inglaterra como Bogherts, na Irlanda como Cluricaunes e na Alemanha como Pucks. Conforme a tradição popular, esses diabretes penetram nas casas onde procuram todas as ocasiões para as pilhérias de mau gosto. "Batem às portas, deslocam móveis, dão pancadas nos tonéis, marteladas no soalho e no forro, assoviam baixinho, soltam suspiros lamentosos, puxam as cortinas e os lençóis dos que estão deitados, etc."

O Boghert dos ingleses exerce suas perversidades principalmente contra as crianças, a quem, parece, tem aversão. "Frequentemente tomam-lhes o pedaço de manteiga ou a tigela de leite, durante a noite agitam as cortinas do leito, sobem e descem escadas com grande ruído, atiram pratos e causam estragos nas casas."

Em certos lugares da França, os Gobelins são considerados como espécies de demônios familiares, aos quais têm o cuidado de alimentar com as mais delicadas iguarias, porque trazem aos seus amos trigo roubado no celeiro alheio. É realmente curioso encontrar essa velha superstição da Gália antiga entre os borussianos do século dez (os prussianos de hoje). Seus Koltkys, ou demônios familiares, também iam roubar trigo nos celeiros e o traziam às pessoas afeiçoadas.

Quem não reconhece nessas diabruras – posta de lado a indelicadeza do trigo roubado, com que os faltosos se desculpavam à custa da reputação dos Espíritos –, quem, dizíamos nós, não reconhece os Espíritos batedores e aqueles que, sem injúria, são chamados de perturbadores? E um fato semelhante descrito pouco acima, da mocinha da travessa dos Panoramas, se tivesse ocorrido no campo, sem dúvida seria levado à conta do Gobelin do lugar, depois ampliado pela imaginação fecunda das comadres; alguém mesmo teria visto o diabrete pendurado na campainha, dando risadas, fazendo macaquices aos bobos que fossem abrir a porta.

EVOCAÇÕES PARTICULARES

MAMÃE, AQUI ESTOU!

A Sra. *** havia perdido, meses antes, a filha única, de catorze anos, objeto de toda a sua ternura e muito digna de seus lamentos, pelas qualidades que prometiam torná-la uma senhora perfeita. A moça falecera de longa e dolorosa enfermidade. Inconsolável com a perda, dia a dia a mãe via sua saúde alterar-se e repetia incessantemente que em breve iria reunir-se à filha. Informada da possibilidade de se comunicar com os seres de além-túmulo, a Sra. *** resolveu procurar, na conversa com a filha, um alívio para a sua pena. Uma senhora de seu conhecimento era médium; mas, pouco afeitas uma e outra a semelhantes evocações, principalmente numa circunstância tão solene, pediram-me assistência. Éramos três: a mãe, a médium e eu. Eis o resultado dessa primeira sessão.

A mãe: Em nome de Deus Todo Poderoso, Espírito de Júlia, minha filha querida, peço-te que venhas, se Deus o permitir.

Júlia: Mamãe estou aqui!

A Mãe: És tu, minha filha, que me respondes? Como posso saber que és tu?

Júlia: Lili.

(Era o apelido familiar dado à moça em sua infância. Nem a médium o sabia, nem eu, pois há muitos anos só a chamam Júlia. Com esse sinal, a identidade era evidente. Não podendo dominar sua emoção, a mãe rompeu em soluços.)

Júlia: Mãe, por que te afliges? Sou feliz, muito feliz. Não sofro mais e vejo-te sempre.

A Mãe: Mas eu não te vejo! Onde estás?

Júlia: Aqui ao teu lado, com a minha mão sobre a Sra. X (a médium) para que escreva o que te digo. Vê a minha letra (a letra era realmente a da moça).

A Mãe: Dizes: minha mão. Então tens corpo?

Júlia: Não tenho mais o corpo que tanto me fez sofrer; mas tenho a sua aparência. Não estás contente porque não sofro mais e porque posso conversar contigo?

A Mãe: Se eu te visse, te reconheceria, então?

Júlia: Sim, sem dúvida; e já me viste muitas vezes em teus sonhos.

A Mãe: Com efeito, eu te revi nos meus sonhos; mas pensei que fosse efeito da imaginação; uma lembrança.

Júlia: Não; sou eu mesma, que estou sempre contigo e te procuro consolar; fui eu quem te inspirou a ideia de me evocar. Tenho muitas coisas a te dizer. Desconfia do Sr. Z: ele não é sincero.

(Esse senhor, conhecido apenas da mãe, citado assim espontaneamente, era uma nova prova e identidade do Espírito que se manifestava.)

A Mãe: Que pode fazer contra mim o Sr. Z?

Júlia: Não te posso dizer; isto me é vedado. Posso apenas te advertir que desconfies dele.

A Mãe: Estás entre os anjos?

Júlia: Oh! Ainda não: não sou bastante perfeita.

A Mãe: Entretanto, não te conhecia nenhum defeito; eras boa, meiga, amorosa e benevolente para com todos. Então isso não basta?

Júlia: Para ti, mãe querida, eu não tinha defeitos, e eu o acreditava, pois mo dizias tantas vezes! Mas agora vejo o que me falta para ser perfeita.

A Mãe: Como adquirirás essas qualidades que te faltam?

Júlia: Em novas existências, que serão cada vez mais felizes.

A Mãe: É na Terra que terás novas existências?

Júlia: Nada sei a respeito.

A Mãe: Desde que não fizeste o mal em tua vida, por que sofreste tanto?

Júlia: Prova! Prova! Eu a suportei com paciência, pela minha confiança em Deus. Hoje sou muito feliz por isto. Até breve, querida mamãe!

Ante fatos como esse, quem ousará falar do nada do túmulo, quando a vida futura se nos revela, por assim dizer, palpável? Essa mãe, minada pelo desgosto, experimenta hoje uma felicidade inefável em poder conversar com a filha; entre elas não há mais separação; suas almas se confundem e se expandem na intimidade espiritual, pela troca de seus pensamentos.

Apesar da discrição em que envolvemos esse relato, não o teríamos publicado se não tivéssemos tido autorização formal. Aquela mãe nos dizia: Possam todos quantos perderam suas afeições terrenas experimentar a mesma consolação que experimento!

Acrescentaremos apenas uma palavra aos que negam a existência dos bons Espíritos. Perguntamos como poderiam provar que o Espírito dessa jovem fosse um demônio malfazejo!

UMA CONVERSÃO

Embora sob um outro ponto de vista, não será menor o interesse oferecido pela evocação seguinte.

Um senhor, que designaremos pelo nome de Georges, farmacêutico numa cidade do sul, há muito havia perdido o pai, objeto de toda a sua ternura e de profunda veneração. O velho Georges aliava a uma instrução muito vasta todas as qualidades que marcam o homem de bem, posto professasse ideias materialistas. A esse respeito o filho partilhava das mesmas ideias, se não ultrapassava as do pai; duvidava de tudo: de Deus, da alma, da vida futura. O Espiritismo não se adaptava a tais pensamentos. A leitura de *O Livro dos Espíritos*, entretanto, provocou-lhe uma certa reação, corroborada por uma conversa direta que tivemos com ele. Dizia: "Se meu pai pudesse me responder, eu não duvidaria mais". Foi então que se fez a evocação seguinte, na qual encontramos diversos ensinamentos.

– Em nome do Todo-Poderoso, Espírito de meu pai, eu lhe peço que se manifeste. O senhor está junto de mim?

– Sim.

– Por que o senhor não se manifesta diretamente a mim, quando tanto nos amamos?

– Mais tarde.

– Poderemos nos encontrar um dia?

– Sim, breve.

– Amar-nos-emos como nesta vida?

– Mais.

– Em que meio o senhor se acha?

– Sou feliz.

– O senhor reencarnou ou está errante?

– Errante por pouco tempo.

– Que sensação experimentou ao deixar o envoltório corporal?

– De perturbação.

– Quanto tempo durou a perturbação?

– Pouco para mim, muito para você.

– Pode avaliar a sua duração de acordo com o nosso modo de contar?

– Dez anos para você, dez minutos para mim.

– Mas eu não o perdi há tanto tempo. Não há somente quatro meses?
– Se você, como vivo, estivesse em meu lugar, teria sentido aquele tempo.
– Crê agora em um Deus justo e bom?
– Sim.
– Quando vivo na Terra também acreditava?
– Eu tinha a presciência, mas não acreditava.
– Deus é Todo-Poderoso?
– Não subi até Ele, para avaliar o seu poder: só Ele conhece os limites de seu poder, porque só Ele é seu igual.
– Ele se ocupa com os homens?
– Sim.
– Seremos punidos ou recompensados conforme nossos atos?
– Se você fizer o mal, sofrerá.
– Serei recompensado se fizer o bem?
– Avançará em seu caminho.
– Estou no bom caminho?
– Faça o bem e verá.
– Creio ser bom; mas seria melhor se um dia o pudesse encontrar, como recompensa.
– Que este pensamento o sustente e o encoraje.
– Meu filho será como seu avô?
– Desenvolva suas virtudes e extirpe seus vícios.
– Isto é tão maravilhoso que chego a não crer que nos comunicamos neste momento.
– De onde lhe vem a dúvida?
– É que, partilhando de suas opiniões filosóficas, fui levado a atribuir tudo à matéria.
– Você vê de noite aquilo que vê de dia?
– Meu pai, então eu me acho na noite?
– Sim.

– Que é o que o senhor vê de mais maravilhoso?

– Explique-se melhor.

– Encontrou minha mãe, minha irmã e Ana, a boa Ana?

– Eu as revi.

– O senhor volta a vê-las quando quiser?

– Sim.

– É penoso ou agradável que me comunique com o senhor?

– É uma felicidade para mim, se eu lhe puder fazer o bem.

– Voltando para casa, que poderia fazer para me comunicar com o senhor, já que isso lhe dá prazer? Serviria para que me conduzisse melhor e me ajudaria a educar os meus filhos?

– Cada vez que um movimento o levar ao bem, eu ali estarei; inspirá-lo-ei.

– Calo-me com receio de o importunar.

– Fale ainda, se quiser.

– Já que o permite, farei mais algumas perguntas. De que afecção o senhor morreu?

– Minha prova havia chegado a termo.

– O senhor contraiu o abscesso pulmonar que se manifestou?

– Pouco importa; o corpo nada é; o Espírito é tudo.

– Qual a natureza da doença que me desperta tão frequentemente durante a noite?

– Sabê-lo-á mais tarde.

– Considero minha afecção grave e queria ainda viver para os meus filhos.

– Ela não o é. O coração do homem é uma máquina de vida; deixe a Natureza agir.

– Sob que forma o senhor aqui se acha?

– Sob a aparência de minha forma corpórea.

– Encontra-se num determinado lugar?

– Sim; por detrás de Ermance (a médium).

– Poderia tornar-se visível?

— Não vale a pena. Vocês teriam medo.

— O senhor nos vê a todos aqui presentes?

— Sim.

— Quer dizer alguma coisa a cada um de nós?

— Em que sentido me faz esta pergunta?

— Do ponto de vista moral.

— De outra vez; por hoje basta.

O efeito que essa comunicação produziu no Sr. Georges foi imenso; uma luz inteiramente nova já parecia clarear-lhe as ideias. Numa sessão a que compareceu no dia seguinte, em casa da Sra. Roger, sonâmbula, acabou de dissipar as poucas dúvidas que lhe podiam restar. Eis um resumo da carta que a respeito nos escreveu:

"Essa senhora entrou espontaneamente comigo em detalhes tão precisos em relação a meu pai, minha mãe, meus filhos e minha saúde; descreveu com tal exatidão todas as circunstâncias de minha vida, lembrando mesmo fatos que de há muito me haviam sido varridos da memória; numa palavra, deu-me provas tão patentes desta maravilhosa faculdade de que são dotados os sonâmbulos lúcidos, que desde então foi completa em mim a reação das ideias. Na evocação, meu pai havia revelado a sua presença; na sessão de sonambulismo, por assim dizer, eu era testemunha ocular da vida extracorpórea, a vida da alma. Para descrever com tanta minúcia e exatidão, e a duzentas léguas de distância, aquilo que só de mim era conhecido, era preciso ver; ora, de vez que isto não era possível com os olhos do corpo, havia então um laço misterioso, invisível, que ligava a sonâmbula às pessoas e às coisas ausentes e que ela jamais tinha visto; havia, pois, algo fora da matéria. Que podia ser esta coisa, senão aquilo que se chama alma, o ser inteligente do qual o corpo é simples envoltório, mas cuja ação se estende muito além de nossa esfera de atividade?"

Atualmente, o Sr. Georges não só deixou de ser materialista, mas é um dos adeptos mais fervorosos e mais dedicados do Espiritismo, o que o faz duplamente feliz, pela confiança que agora tem no futuro e pelo prazer que experimenta em praticar o bem.

Essa evocação, inicialmente muito simples, não é menos notável em muitos aspectos. O caráter do velho Georges reflete-se nas respostas breves e sentenciosas, que estavam em seus hábitos: falava pouco, jamais dizia uma palavra inútil; mas já não é o cético que fala; reconhece seu erro; seu Espírito é mais livre, mais clarividente, e retrata a unidade e o poder de Deus por estas palavras admiráveis: "Só ele é seu igual". Ele, que em vida tudo atribuía à matéria, diz agora: "O corpo nada é; o Espírito é tudo"; e esta outra frase sublime: "Você vê de noite aquilo que vê de dia?" Para o observador atento, tudo tem um alcance; e é assim que, a cada passo, encontra a confirmação das grandes verdades ensinadas pelos Espíritos.

OS MÉDIUNS JULGADOS

Os antagonistas da doutrina espírita agarraram-se solícitos a um artigo publicado pelo *Scientific American* de 11 de julho último, sob o título *Les Médiuns jugés*. Vários jornais franceses o reproduziram como um argumento irretorquível. Nós mesmos o reproduzimos, acompanhando-o de algumas observações que lhe mostram o valor.

"Há algum tempo, por intermédio do Boston Courier, havia sido feita uma oferta de quinhentos dólares a quem quer que, em presença e conforme a vontade de um certo número de professores da Universidade de Cambridge, reproduzisse alguns desse fenômenos misteriosos que os Espíritas dizem frequentemente serem produzidos por intermédio de agentes chamados médiuns.

O desafio foi aceito pelo Dr. Gardner e por várias pessoas que se gabavam de estar em comunicação com os Espíritos. Os concorrentes reuniram-se no edifício Albion, em Boston, na última semana de junho, prontos para a prova de seu poder sobrenatural. Entre eles notavam-se as senhoritas Fox, que se haviam tornado célebres nesse gênero. A comissão examinadora das pretensões dos aspirantes ao prêmio era composta dos Professores Pierce, Agassiz, Gould e Horsford, de Cambridge, todos eles sábios de nomeada. Os ensaios espíritas duraram vários dias; jamais os médiuns tiveram tão bela oportunidade de evidenciar seu talento ou sua inspiração; mas, como os sacerdotes de Baal nos dias de Elias, em vão invocaram suas divindades, como se prova na seguinte passagem do relatório da comissão:

"A comissão declara que o Sr. Gardner, não tendo conseguido apresentar um agente ou 'médium' que, da sala vizinha, revelasse a palavra pedida aos Espíritos; que lesse a palavra inglesa escrita numa folha de papel, que fora dobrada e posta dentro de um livro; que respondesse a uma pergunta que só as inteligências superiores podem saber; que fizesse soar o piano sem tocar, ou mover-se uma pequena mesa de um só pé sem o auxílio das mãos; como se mostrou incapaz de dar à comissão o testemunho de um fenômeno que, mesmo com a mais elástica interpretação e maior boa vontade, pudesse ser considerado como equivalente das provas pedidas; de um fenômeno para cuja produção fosse exigida a intervenção de um Espírito, supondo ou, pelo menos, implicando tal intervenção; de um fenômeno até aqui desconhecido pela Ciência ou cuja causa não fosse palpável e imediatamente assinalada pela comissão, não tem o direito de exigir do Courier de Boston o pagamento da soma oferecida de quinhentos dólares".

A experiência feita nos Estados Unidos em relação aos médiuns lembra outra, feita na França há cerca de 10 anos, pró ou contra os sonâmbulos lúcidos, isto é, magnetizados. A Academia de Ciências recebeu a incumbência de conferir um prêmio de dois mil e quinhentos francos ao sensitivo magnético que lesse com os olhos vendados. De boa vontade, todos os sonâmbulos fizeram tais exercícios nos salões ou nos palcos; liam em livros fechados, decifravam uma carta, sentando-se sobre ela ou pondo-a sobre o peito, fechada e bem dobrada; mas perante a Academia não leram absolutamente nada, e o prêmio não foi conquistado por ninguém.

Essa tentativa prova, mais uma vez, a absoluta ignorância, por parte dos nossos antagonistas, dos princípios sobre os quais repousam os fenômenos das manifestações espíritas. Eles têm a ideia fixa de que tais fenômenos devem obedecer à vontade e ser produzidos com uma precisão mecânica. Esquecem completamente ou, antes, não sabem que a causa de tais fenômenos é inteiramente moral e que as inteligências que são os agentes imediatos não obedecem ao capricho de quem quer que seja – médiuns ou outras pessoas. Os Espíritos agem quando e perante quem lhes agrada; por vezes, quando menos se espera sua manifestação, é que esta ocorre com mais energia, e quando a solicitamos ela não se verifica. Os Espíritos têm condições de ser para nós desconhecidas; o que está fora da matéria não pode submeter-se ao cadinho da matéria. Julgá-los do nosso ponto de vista é enganar-se. Se acharem útil manifestar-se por sinais particulares, fá-lo-ão; mas nunca à nossa vontade, nem para satisfazer a vã curiosidade. Além disso, deve-se levar em conta uma causa muito conhecida, que afasta os Espíritos: sua antipatia por certas pessoas, principalmente pelas que querem submeter à prova sua perspicácia, fazendo perguntas sobre coisas conhecidas. Pensam que quando uma coisa existe, eles o devem saber; ora, é precisamente porque uma coisa nos é conhecida ou que nós temos meios de a verificar que eles não se dão ao trabalho de responder; tal suspeita os irrita e nada se obtém de satisfatório; ela afasta sempre os Espíritos sérios, que de boa vontade não falam senão aos que se lhes dirigem com confiança e sem segunda intenção. Não temos um exemplo diariamente entre nós? Homens superiores e que têm consciência de seu valor não gostam de responder a todas as perguntas ingênuas que visam a submetê-los a um exame de primeiras letras. Que diriam se lhes objetássemos: "Mas se o senhor não responde é porque não sabe?" Voltar-nos-iam as costas – é o que fazem os Espíritos.

Se assim é, perguntar-se-á, qual o meio de os convencer? No próprio interesse da doutrina, não devem os Espíritos desejar fazer prosélitos? Responderemos que é muito orgulho julgar-se alguém indispensável ao êxito de uma causa. Ora, os Espíritos não gostam dos orgulhosos. Convencem a quem querem; quanto aos que acreditam em sua importância pessoal, eles lhe provam o pouco caso que lhes fazem, não lhes dando ouvidos. Aliás, é esta a sua resposta às perguntas sobre o assunto:

1. – Pode-se pedir aos Espíritos provas materiais de sua existência e de seu poder? R – "Sem dúvida podem provocar-se certas manifestações; mas nem todos estão aptos a isso e, muitas vezes, aquilo que se pede não se alcança; eles não se dobram aos caprichos dos homens."

2. – Mas quando alguém pede provas para se convencer, não haveria conveniência em ser atendido, pois que seria um adepto a mais? R – "Os Espíritos não fazem o que querem, mas o que lhes é permitido. Falando e respondendo às vossas perguntas, atestam a sua presença: isso deve bastar à gente séria, que busca a verdade na palavra."

Os escribas e fariseus disseram a Jesus: "Mestre, gostaríamos de ver-te fazer algum prodígio". Jesus respondeu: "Esta geração má e adúltera pede um prodígio; mas não lhe será dado outro senão o prodígio do profeta Jonas" (São Mateus).

Acrescentaremos ainda que é conhecer muito pouco a natureza e a causa das manifestações, pensar em excitá-las por um prêmio qualquer. Os Espíritos desprezam a cupidez, tanto quanto o orgulho e o egoísmo. Esta condição única pode ser para eles um motivo de não se manifestarem. É preciso saber que se pode obter cem vezes mais de um médium desinteressado que daquele movido pelo engodo do lucro, e que um milhão não o levaria a fazer o que não deve. Se algo há para admirar é o fato de encontrarem médiuns capazes de se submeter a uma prova que tinha por objetivo uma soma em dinheiro.

VISÕES

Lemos no *Courrier de Lyon*:

"Na noite de 27 para 28 de agosto de 1857, um caso singular de visão intuitiva se passou em Croix-Rousse, nas seguintes condições:

Há cerca de três meses o casal B..., dignos tecelões, movidos por louvável comiseração, recolheram em casa, como empregada, uma mocinha atoleimada, que vivia nas imediações de Bourgoing.

Domingo passado, entre duas e três horas da manhã, o casal foi acordado pelos gritos lancinantes da empregada, que dormia num sótão anexo ao quarto.

Acendendo a lâmpada, a senhora subiu e encontrou a empregada debulhada em lágrimas e num indescritível estado de exaltação de Espírito, torcendo os braços em terríveis convulsões e chamando por sua mãe que, dizia, acabava de ver morrer.

Depois de haver consolado a pobrezinha como melhor lhe foi possível, a senhora voltou ao quarto. O incidente quase fora esquecido quando ontem, terça-feira, no período da tarde, o carteiro trouxe à Senhora B... uma carta do tutor da mocinha, informando a esta que na noite de domingo para segunda-feira, entre duas e três horas da manhã, sua mãe havia morrido em consequência de uma queda do alto de uma escada.

A pobre maluca partiu ontem pela manhã para Bourgoing, acompanhada por M. B. seu patrão, a fim de receber o quinhão na herança de sua mãe, cujo fim deplorável vira tão tristemente em sonho".

Os fatos dessa natureza não são raros e teremos frequentes ocasiões de descrever alguns de autenticidade incontestável. Por vezes se produzem durante o sono, como um sonho. Ora, como os sonhos não passam de um estado sonambúlico natural e incompleto, designaremos as visões que ocorrem nesse estado como visões sonambúlicas, para as distinguir das que se dão em vigília e que chamaremos visões pela dupla vista. Por fim, chamaremos de visões extáticas as que se verificam no êxtase. Geralmente têm como objeto seres e coisas do mundo incorpóreo. O fato que se segue pertence à segunda categoria.

Um armador nosso conhecido, residente em Paris, há poucos dias contou-nos o seguinte:

"No passado mês de abril, sentindo-me indisposto, fui passar com meu sócio nas Tulherias. Estava um dia magnífico; o jardim regurgitava de gente. De repente, a multidão desaparece ante os meus olhos; não sinto mais o meu corpo e sou como que transportado; vejo distintamente um navio entrando no porto do Havre. Reconheço-o como sendo o Clémence, que esperávamos das Antilhas; vi-o atracar aos cais e distinguia bem os mastros, as velas, os marinheiros e os menores detalhes, como se eu lá estivesse. Então disse ao meu companheiro: 'Eis o Clémence que chega; receberemos notícia ainda hoje; sua travessia foi feliz'. Chegando em casa entregaram-me um telegrama. Antes de o ler declarei: 'É o aviso da chegada do Clémence, que entrou no Havre às três horas'. O telegrama realmente confirmava a entrada, exatamente à hora em que me encontrava nas Tulherias".

Quando as visões têm como assunto seres do mundo incorpóreo, aparentemente poder-se-ia levá-las à conta da imaginação, classificando-as de alucinações, por isso que nada lhes poderia demonstrar a exatidão. Mas nos dois casos referidos aparece a realidade mais material e positiva. Desafiamos todos os fisiologistas e todos os filósofos a que no-los expliquem pelos sistemas comuns. Só a doutrina espírita o pode fazer, por meio da emancipação da alma que, escapando momentaneamente das fraldas materiais, transporta-se para além da esfera de atividade corporal. No primeiro caso descrito, é provável que a alma da mãe tivesse vindo ver a filha e avisá-la de sua morte; mas no segundo o que é certo é que o navio não veio encontrar o armador na Tulherias. Há que concordar que foi a alma deste que o foi ver no Havre.

RECONHECIMENTO DA EXISTÊNCIA DOS ESPÍRITOS E DE SUAS MANIFESTAÇÕES

Se as primeiras manifestações espíritas fizeram numerosos adeptos, não só encontraram muita incredulidade, mas adversários encarniçados e, muitas vezes até, interessados no seu descrédito. Hoje os fatos falaram tão alto que é forçoso reconhecer a evidência; e, se existem ainda incrédulos sistemáticos, podemos lhes predizer com segurança que dentro de poucos anos dar-se-á com os Espíritos o mesmo que com a maioria das descobertas que foram por todos os modos combatidas e consideradas como utopia por aqueles cujo saber deveria tê-los tornado menos cépticos quanto ao que se relacionava com o progresso. Entre os que não quiseram aprofundar-se nesse estranho fenômeno, já vemos muitos concordando que nosso século é tão fecundo em coisas extraordinárias e que a Natureza tem tantas reservas desconhecidas, que seria mais que leviandade aceitar uma mistificação: é um dos principais jornais eclesiásticos de Roma – a *Civilta Cattolica*. Reproduzimos a seguir um artigo publicado por esse jornal do mês de março último, por onde se vê que seria difícil provar a existência e a manifestação dos Espíritos por agrupamentos mais peremptórios. É verdade que divergimos quanto à natureza dos Espíritos: ele só admite a manifestação dos maus, ao passo que nós admitimos a dos bons e dos maus. É um ponto do qual trataremos mais tarde, com todo o desenvolvimento necessário. O reconhecimento das manifestações espíritas por uma autoridade tão grave e tão respeitável é ponto capital. Resta portanto julgar: é o que faremos no próximo número. Reproduzindo o artigo, L'Univers o precede das seguintes e sábias reflexões:

"A época do aparecimento de uma obra, publicada em Ferrara, sobre a prática do magnetismo animal, referimos aos nossos leitores os sábios artigos que eram estampados na *Civilta Cattolica*, de Roma, sobre a Necromancia moderna, reservando-nos para dar mais amplas informações. Damos hoje o último desses artigos, que contém nalgumas páginas as conclusões da revista romana. Além do interesse naturalmente ligado ao assunto e da confiança que deve inspirar um trabalho publicado na *Civilta*, a oportunidade especial da questão, neste momento, dispensa-nos de chamar a atenção para uma matéria que muitas pessoas, na teoria como na prática, trataram de maneira tão pouco séria, a despeito da regra de vulgar prudência, a qual recomenda que os fatos sejam examinados com tanto maior circunspeção quanto mais extraordinários".

Eis o artigo:

"De todas as teorias lançadas para explicar naturalmente os vários fenômenos conhecidos como espiritismo americano, nenhuma atinge o objetivo e, ainda menos, consegue dar a razão de todos os fenômenos. Se uma ou outra dessas hipóteses basta para explicar alguns, muitos ficarão inexplicáveis. O embuste, a mentira, o exagero, as alucinações sem dúvida devem ter uma grande parte nos fatos referidos; mas, feito o desconto, resta ainda um tal volume que, para lhes negar a realidade, seria preciso recusar fé à autoridade dos sentidos e ao testemunho humano. Entre os fatos em questão, um certo número se explica pela teoria mecânica ou mecânico-fisiológica; resta, porém, uma parte – e muito mais considerável – que de modo algum se presta a uma explicação deste gênero. A esta ordem de fatos ligam-se todos os fenômenos nos quais, dizem, os efeitos obtidos ultrapassam, evidentemente, a intensidade da força motriz que os deveria produzir. Tais são: 1° – os movimentos, os sobressaltos violentos de massas pesadas e solidamente equilibradas, a simples pressão e leve toque das mãos; 2° – os efeitos e os movimentos produzidos sem nenhum contato, consequentemente sem qualquer impulso mecânico mediato ou imediato; e enfim esses outros efeitos, de natureza a manifestar, em que os produz, uma inteligência e uma vontade distintas das dos experimentadores. Para dar a razão destas três ordens de fatos diversos, temos ainda a teoria do magnetismo; mas por maiores que sejam as concessões que estejamos dispostos a fazer e mesmo admitindo, de olhos fechados, todas as hipóteses gratuitas sobre que se fundam, todos os erros e absurdos de que está repleta e as faculdades miraculosas por ela atribuídas à vontade humana, ao fluido nervoso ou a quaisquer outros agentes magnéticos, jamais essa teoria poderá, com o auxílio de seus princípios, explicar como uma mesa magnetizada por um médium manifesta nos seus movimentos inteligência e vontade próprias, isto é, distintas das do médium e, por vezes, contrárias e superiores à sua inteligência e à sua vontade.

Como dar a razão de semelhantes fenômenos? Queremos, também nós, recorrer não sabemos a que causas ocultas, a que forças ainda desconhecidas na Natureza? As explicações novas de certas faculdades, de certas leis até agora conservadas em inércia e como que adormecidas no seio da Criação? Isso equivaleria a confessar abertamente a nossa ignorância e levar o problema a aumentar o número dos enigmas cuja decifração o pobre espírito humano não pode dar até o presente e não o poderá jamais. Aliás, não hesitamos em confessar nossa ignorância em relação a muitos fenômenos em apreço, cuja natureza é tão equívoca e tão obscura que a atitude mais inteligente, parece-nos, é não tentar explicá-los. Em compensação, há outros cuja explicação não nos parece difícil, posto seja impossível buscá-la em causas naturais. Por que então hesitaríamos em recorrer a causas pertencentes à ordem sobrenatural? Talvez fôssemos desviados pelas objeções opostas pelos cépticos e pelos que, negando essa ordem sobrenatural, nos digam que é impossível definir até onde chegam as forças da Natureza; que o campo ainda não descoberto pelas Ciências Físicas não tem limites e que ninguém conhece suficientemente os limites da ordem natural para poder indicar com precisão o ponto onde esta termina e a outra começa. Parece fácil a resposta a semelhante objeção: admitindo que se não possa determinar de modo preciso o ponto de divisão dessas duas ordens opostas, a natural e a sobrenatural, não se segue que jamais seja possível definir com certeza se um dado efeito pertence a esta ou àquela. Quem pode distinguir no arco-íris o ponto exato onde acaba uma das cores e começa a outra? Quem pode fixar o momento preciso em que termina o dia e começa a noite? Entretanto, não há ninguém tão bitolado para concluir que não se pode saber se tal zona do arco-íris é vermelha ou amarela, ou se a tal hora é dia ou noite. Quem não percebe que para conhecer a natureza de um fato, de modo algum é preciso ultrapassar o limite onde começa ou onde acaba a categoria à qual ele pertence e que basta constatar se tem os caracteres peculiares a essa mesma categoria?

Apliquemos essa observação tão simples à seguinte questão; não podemos dizer até onde vão as forças da Natureza; não obstante, sendo dado um fato, muitas vezes podemos, conforme seus caracteres certos, dizer com certeza que pertence à ordem sobrenatural. E para não sair do nosso problema, entre os fenômenos das mesas falantes há alguns que, em nossa opinião, manifestam esses caracteres da mais evidente maneira; tais são aqueles nos quais o agente que move as mesas age como causa inteligente e livre, ao mesmo tempo que mostra uma inteligência e uma vontade próprias, isto é, superiores ou contrárias à inteligência e à vontade dos médiuns, dos experimentadores, dos assistentes; numa palavra, distintas destas, qualquer que seja a maneira por que tal distinção se afirme. Em casos tais, seja como for, somos forçados a admitir que esse agente é um Espírito e não é um Espírito humano; e que assim, está fora desta ordem, dessas causas que costumamos chamar de naturais, dessas que dizemos ultrapassarem as forças do homem.

São esses precisamente os fenômenos que, como dissemos acima, resistiram a qualquer teoria baseada em princípios puramente naturais, enquanto na nossa, sua explicação é mais fácil e mais clara, pois todos sabem que o poder dos Espíritos sobre a matéria ultrapassa de muito as forças do homem. E porque não há efeito maravilhoso entre os citados da necromancia moderna que não possa ser atribuído à sua ação.

Sabemos muito bem que alguns leitores, vendo-nos trazer à cena os Espíritos, sorrir-nos-ão com piedade. Sem falar dos que, como bons materialistas, não acreditam na existência dos Espíritos e consideram como fábula tudo quanto não seja matéria ponderável e palpável, como também os que, admitindo que existem Espíritos, lhes negam qualquer influência ou intervenção, no que respeita ao nosso mundo; há em nossos dias muitas criaturas que, concedendo aos Espíritos o que nenhum bom católico lhes poderia recusar, isto é, a existência e faculdade de interferir nos fatos da vida humana de modo oculto ou patente, ordinário ou extraordinário, não obstante parece que desmentem sua fé na prática e consideram como uma vergonha, como um excesso de credulidade, como uma superstição própria das mulheres velhas, admitir a ação dos mesmos Espíritos em certos casos especiais, contentando-se em não a negar em tese. Realmente, há um século zombou-se tanto da simplicidade da Idade Média, quando por toda parte viam-se Espíritos maléficos e feiticeiros e tanto se deblaterou a tal respeito, que não é de admirar que tantas cabeças fracas, que querem parecer fortes, tenham, de então por diante, repugnância e uma espécie de vergonha em crer na intervenção dos Espíritos. Mas esse excesso de incredulidade não é menos desarrazoado do que noutras épocas o foi a atitude contrária; e se, em assunto semelhante, a excessiva credulidade arrasta a vãs superstições, por outro lado nada querer admitir conduz diretamente à impiedade do naturalismo. O homem sensato, o cristão prudente deve, pois, evitar igualmente os dois extremos, mantendo-se firme na linha média: pois nela é que estão a verdade e a virtude. Agora, na questão das mesas falantes, para que lado nos inclinaria uma fé prudente?

A primeira e mais sábia das regras impostas por essa prudência ensina que, para explicar os fenômenos que apresentam um caráter extraordinário, não devemos recorrer às causas sobrenaturais senão quando as de ordem natural não bastam para os explicar. Disso decorre, por outro lado, a obrigação de admitir as primeiras quando as últimas são insuficientes. É justamente o nosso caso. Com efeito, entre os fenômenos de que falamos, uns há para os quais nenhuma teoria, nenhuma causa puramente natural seria suficiente para lhe dar a razão de ser. Assim, pois, não só é prudente, mas necessário mesmo, procurar sua explicação na ordem sobrenatural ou, por outras palavras, atribuí-los a puros Espíritos, pois fora e acima da Natureza não existe outra causa possível.

Eis uma segunda regra, um *criterium* infalível para dizer, a respeito de um fato qualquer, se pertence à ordem natural ou à sobrenatural: é examinar bem os seus caracteres e, de acordo com esses, determinar a natureza da causa que o produziu. Ora, os mais maravilhosos fatos nesse gênero, que nenhuma outra teoria pode explicar, oferecem caracteres tais que não só demonstram uma causa inteligente e livre, mas ainda dotada de uma inteligência e de uma vontade que nada têm de humano. Então essa causa não pode deixar de ser de um puro Espírito.

Assim, por dois caminhos, um indireto e negativo, que procede por exclusão, outro direto e positivo, fundado sobre a mesma natureza dos fatos observados, chegamos a idêntica conclusão, isto é: que entre os fenômenos da necromancia moderna, há pelo menos uma categoria de fatos que, sem sombra de dúvida, são produzidos por Espíritos. Somos levados a tal conclusão por um raciocínio tão simples e tão natural que, aceitando-o, longe do temor de ceder a uma imprudente credulidade, julgaríamos, ao contrário, recusando admiti-lo, dar provas de uma fraqueza e de uma incoerência de espírito inescusável. Para confirmar a nossa assertiva não faltam argumentos; faltam-nos, entretanto, espaço e tempo para aqui os desenvolver. O que até agora temos dito é suficiente e pode resumir-se nas quatro seguintes proposições:

1°. entre os fenômenos em questão, postos de lado os que razoavelmente podem ser atribuídos à impostura, às alucinações e aos exageros, outros há, em grande número, de cuja realidade não é possível duvidar sem violar todas as leis de uma crítica sadia.

2°. todas as teorias naturais que expusemos e discutimos acima são insuficientes para explicar satisfatoriamente todos esses fatos. Se explicam uns, deixam o maior número – e estes são os mais difíceis – absolutamente inexplicados e inexplicáveis.

3°. implicando a ação de uma causa inteligente fora do homem, os fenômenos desta última ordem só podem ser explicados pela intervenção dos Espíritos, seja qual for, aliás, o caráter desses Espíritos, assunto de que nos ocuparemos a seguir.

4°. todos esses fatos podem dividir-se em quatro categorias: muitos devem ser rejeitados como falsos ou como produtos da fraude; quanto aos outros, os mais simples, os mais fáceis de compreender, tais como as mesas girantes, em determinadas circunstâncias admitem uma explicação puramente natural; por exemplo, a do impulso mecânico; uma terceira classe compõe-se dos fenômenos mais extraordinários e mais misteriosos, sobre cuja natureza ficamos em dúvida, porque, embora pareçam ultrapassar as forças da Natureza, não apresentam contudo caracteres tais que, evidentemente, para os explicar, devamos recorrer a uma causa sobrenatural. Agrupamos na quarta categoria os fatos que, oferecendo esses caracteres de maneira evidente, devem ser atribuídos à operação invisível de puros Espíritos.

Mas que são esses Espíritos? Bons ou maus? Anjos ou demônios? Almas felizes ou condenadas? A resposta a esta última parte do problema não pode oferecer dúvidas, por pouco que sejam considerados, de um lado, a natureza dos diversos Espíritos e, do outro, o caráter de suas manifestações. É o que falta mostrar".

HISTÓRIA DE JOANA D'ARC DITADA POR ELA PRÓPRIA À SENHORITA ERMANCE DUFAUX

É uma pergunta que nos tem sido feita muitas vezes, esta de saber se os Espíritos que respondem com maior ou menor precisão às perguntas que lhes são dirigidas poderiam fazer um trabalho de fôlego. A prova está na obra a que nos referimos, pois aqui já não se trata de uma série de perguntas e respostas, mas de uma narração completa e seguida, como o faria um historiador, e contendo uma infinidade de detalhes pouco ou nada conhecidos sobre a vida da heroína. Aos que poderiam crer que a Senhorita Defaux inspirou-se em conhecimentos pessoais, respondemos que ela escreveu o livro na idade de catorze anos; que sua instrução era a das meninas de família decente, educadas com cuidado, mas, ainda que tivesse uma memória fenomenal, não seria nos livros clássicos que iria encontrar documentos íntimos, dificilmente encontra-diços nos arquivos da época. Sabemos que os incrédulos farão sempre mil e uma objeções; mas para nós, que vimos a médium operar, a origem do livro não pode ser posta em dúvida.

Posto que a faculdade da Senhorita Defaux se preste à evocação de qualquer Espírito, de que nós mesmos fizemos prova em comunicações pessoais que nos foram transmitidas, sua especialidade é a História. Ela escreve do mesmo modo a de Luís XI e a de Carlos VIII que, como a de Joana D'Arc, serão publicadas. Passou-se com ela um curioso fenômeno. A princípio, era boa médium psicógrafa e escrevia com grande facilidade; pouco a pouco tornou-se médium falante[1] e, à medida que esta nova faculdade se desenvolveu, a primeira se atenua; hoje escreve pouco e com dificuldade; mas o que é original é que, falando, sente a necessidade de estar com um lápis na mão e de fingir que escreve. É necessária uma outra pessoa para registrar suas palavras, como as da Sibila. Como todos os médiuns favorecidos pelos bons Espíritos, jamais recebeu comunicações que não fossem de ordem elevada.

Voltaremos à história de Joana D'Arc, para explicar os fatos de sua vida, relacionados com o mundo invisível; então citaremos o que a respeito ela ditou ao seu mais notável intérprete (1 vol. in-12, 3 fr.; Dentu, Palais-Royal).

O LIVRO DOS ESPÍRITOS[2]

CONTENDO

OS PRINCÍPIOS DA DOUTRINA ESPÍRITA

Sobre a natureza do mundo incorpóreo, suas manifestações e suas relações com os homens; as leis morais, a vida presente, a vida futura e o futuro da Humanidade.

---

[1] Hoje diríamos de incorporação. (N. do T.)
[2] 1 vol. in-8° em 2 col., 3 fr.: Dentu, Palais-Royal e na redação do jornal, rua e galeria Sant'Ana, 59 (antiga rue des Martyrs, n° 8).

ESCRITO DE ACORDO COM O DITADO E PUBLICADO
POR ORDEM DOS ESPÍRITOS SUPERIORES

Por Allan Kardec

Como o indica o título, a obra não é uma doutrina pessoal: é o resultado do ensino direto dos próprios Espíritos sobre os mistérios do mundo aonde iremos um dia e sobre todas as questões que interessam à Humanidade; eles nos dão de algum modo um código de vida, traçando-nos a rota da felicidade porvindoura. Este livro não é fruto de nossas ideias, pois sobre muitos pontos importantes tínhamos uma maneira de ver bem diversa; por isso nossa modéstia não poderá ressentir-se de nossos elogios. Preferimos, entretanto, deixar que falem os que estão inteiramente desinteressados por essa questão.

Sobre este livro, o *Courrier de Paris*, de 11 de junho de 1857, estampou o seguinte artigo:

A DOUTRINA ESPÍRITA

Faz pouco tempo publicou o editor Dentu uma obra deveras notável; diríamos mesmo muito curiosa, se não houvesse coisas às quais repugna qualquer classificação banal.

O Livro dos Espíritos, do Sr. Allan Kardec, é uma página nova do próprio grande livro do infinito e, estamos persuadidos, uma marca será posta nesta página. Seria lamentável que pensassem estarmos aqui a fazer reclame bibliográfico: se tal se pudesse admitir, preferiríamos quebrar a pena. Não conhecemos absolutamente o autor, mas proclamamos bem alto que gostaríamos de o conhecer. Quem escreveu aquela introdução que abre *O Livro dos Espíritos* deve ter a alma aberta a todos os sentimentos nobres.

Aliás, para que não se ponha em dúvida a nossa boa-fé e nos acusem de partidarismo, diremos com toda a sinceridade que jamais fizemos um estudo aprofundado das questões sobrenaturais. Apenas se os fatos produzidos nos causaram admiração, pelo menos não nos levaram a dar de ombros. Somos um pouco da classe chamada dos sonhadores, porque não penamos como todo mundo. A vinte léguas de Paris, ao cair da tarde, quando em nossa volta tínhamos apenas algumas cabanas esparsas, pensamos naturalmente em coisas muito diversas da

Bolsa, do macadame dos bulevares ou nas corridas de Longchamps. Muitas vezes nos interrogávamos e, durante muito tempo, antes de ter ouvido falar em médiuns, a respeito do que se passava nas regiões que se convencionou chamar o Alto. Há tempos chegamos mesmo a esboçar uma teoria sobre os mundos invisíveis, guardando-a ciosamente para nós e nos sentimos muito felizes porque a encontramos, quase que por inteiro, no livro do Sr. Allan Kardec.

A todos os deserdados da Terra, a todos quantos marcham e que, nas suas quedas, regam com as lágrimas o pó da estrada, diremos: lede *O Livro dos Espíritos*; ele vos tornará mais fortes. Também aos felizes, aos que pelo caminho só encontram as aclamações e os sorrisos da fortuna, diremos: estudai-o, e ele vos tornará melhores.

O corpo da obra, diz o Sr. Allan Kardec, deve ser atribuído inteiramente aos Espíritos que o ditaram. Está admiravelmente dividido no sistema de perguntas e respostas. Por vezes estas últimas são sublimes, o que não nos surpreende. Mas não foi necessário um grande mérito a quem as soube provocar?

Desafiamos aos mais incrédulos a rir quando lerem esse livro em silêncio e na solidão. Todos honrarão àquele que lhe escreveu o prefácio.

A doutrina se resume em duas palavras: Não façais aos outros o que não quereis que vos façam. Lamentamos que o Sr. Allan Kardec não tivesse acrescentado: e fazei aos outros como quereríeis que vos fizessem. Aliás, o livro o diz claramente, sem o que a doutrina não seria completa. Não basta não fazer o mal: é preciso ainda que se faça o bem. Se fores apenas homem de bem, só terás cumprido a metade do dever. Somos um átomo imperceptível desta grande máquina chamada mundo, na qual nada é inútil. Não nos digam que é possível ser útil sem fazer o bem: seríamos forçados a responder por um volume.

Lendo as admiráveis respostas dos Espíritos na obra do Sr. Kardec, dissemos a nós mesmos que havia um belo livro a escrever. Logo verificamos, entretanto, o nosso engano: o livro já está escrito. Procurando completá-lo, apenas o estragaríamos.

O senhor é homem de estudo e tem aquela boa-fé que apenas necessita instruir-se? Então leia o Livro Primeiro sobre a doutrina espírita.

Está na classe das criaturas que apenas se ocupam consigo mesmas e que, como se costuma dizer, fazem os seus negócios muito tranquilamente e nada enxergam além dos próprios interesses? Leia as Leis Morais.

A desgraça o persegue encarniçadamente e a dúvida o tortura por vezes no seu abraço gelado? Estude o terceiro livro: Esperanças e Consolações.

Todos quantos aninham pensamentos nobres no coração e acreditam no bem, leiam o livro da primeira à última página.

Aos que encontrassem matéria para zombarias, o nosso sincero lamento.

G. Du Chalard

Das numerosas cartas que nos têm sido dirigidas desde a publicação d'*O Livro dos Espíritos*, citaremos apenas duas porque, de certo modo, resumem a impressão produzida pelo livro e o fim essencialmente moral dos princípios que ele encerra.

Bordéus, 25 de abril de 1857.

Senhor,

V. Sª submeteu minha paciência a uma grande prova, pelo retardamento da publicação d'*O Livro dos Espíritos*, há tanto tempo anunciado. Felizmente não perdi com a espera, porque ele ultrapassa toda a ideia que eu havia feito, baseado no prospecto. Impossível descrever o efeito em mim produzido: sinto-me como um homem que saiu da escuridão; parece-me que uma porta, até hoje fechada, abriu-se subitamente; minhas ideias ampliaram-se em poucas horas! Oh! Quanto a humanidade e todas essas miseráveis preocupações me parecem mesquinhas e pueris ao lado desse futuro de que não duvidava, mas que me era de tal modo obscurecido pelos preconceitos, que eu apenas o imaginava! Graças ao ensino dos Espíritos, agora se me apresenta sob uma forma definida, perceptível, maior, mais bela, e em harmonia com a majestade do Criador. Quem quer que leia esse livro meditando, como eu, nele encontrará inesgotável tesouro de consolações, pois que ele abarca todas as fases da existência. Em minha vida sofri perdas que me afetaram vivamente; hoje não me causam nenhum desgosto e toda a minha preocupação é empregar utilmente o tempo e minhas faculdades para acelerar meu progresso, pois agora para mim o bem tem uma finalidade e compreendo que uma vida inútil é uma vida egoística, que não nos ajudará a avançar na vida futura.

Se todos os homens que pensam como eu e como o senhor, e que são multidão, ao que espero, para honra da humanidade, pudessem se entender, reunir-se e trabalhar de acordo, que poder não teriam para apressar essa regeneração que nos é anunciada!

Quando eu for a Paris, terei a honra de o procurar e, se não for abusar do seu tempo, pedir-lhe-ei mais explicações sobre certos trechos e alguns conselhos sobre a aplicação das leis morais em certas circunstâncias pessoais. Receba, senhor, a expressão de todo o meu reconhecimento, porque o senhor me proporcionou um grande bem, mostrando-se o único caminho da felicidade real neste mundo e, quiçá, além disso, um lugar melhor no outro.

Seu dedicado

Capitão reformado
D...

Lião, 5 de julho de 1857.

Senhor,

Não sei como lhe exprimir meu reconhecimento pela publicação d'*O Livro dos Espíritos*, que acabo de reler. Como tudo quanto o senhor nos ensina é consolador para nossa pobre humanidade! Por mim, confesso que me sinto mais forte e mais encorajado para suportar as penas e os aborrecimentos ligados à minha pobre existência. Faço meus amigos partilharem das convicções adquiridas na leitura de sua obra; todos se sentem muito felizes; compreendem agora as desigualdades das posições sociais e não murmuram contra a Providência; a esperança fundamentada num futuro mais feliz, desde que bem se conduzam, os conforta e lhes dá coragem. Queria eu, senhor, ser-lhe útil: sou um simples filho do povo, que se criou numa posição insignificante pelo trabalho, mas a quem falta instrução, pois fui obrigado a trabalhar desde menino. Entretanto, sempre amei a Deus e fiz tudo quanto era possível para ser útil aos meus semelhantes: eis por que procuro tudo que possa aumentar a felicidade de meus irmãos. Vamos nos reunir, diversos adeptos esparsos; faremos esforços para o ajudar: o senhor levantou a bandeira e nossa obrigação é segui-lo. Contamos com seu apoio e seus conselhos.

Subscrevo-me, senhor, se me permite chamá-lo de confrade, seu dedicado.

C...

Muitas vezes nos foram dirigidas perguntas sobre a maneira por que foram obtidas as comunicações que constituem *O Livro dos Espíritos*. Resumimos aqui, com muito prazer, as respostas que temos dado a tais perguntas; é uma oportunidade para resgatarmos uma dívida de gratidão para com as pessoas que tiveram a boa vontade de nos prestar o seu concurso.

Como explicamos, as comunicações por meio de batidas, outrora chamadas signologia, são muito lentas e muito incompletas para um trabalho de fôlego; por isso tal recurso jamais foi utilizado. Tudo foi obtido pela escrita, por intermédio de diversos médiuns psicógrafos. Nós mesmos preparamos as perguntas e coordenamos o conjunto da obra; as respostas são, textualmente, as que nos deram os Espíritos; a maior parte delas foram escritas sob nossas vistas, outras foram tiradas de comunicações que nos foram remetidas por correspondentes ou que colhemos aqui e ali, onde estivemos fazendo estudos. Parece que para isso os Espíritos multiplicam aos nossos olhos os motivos de observação.

Os primeiros médiuns que concorreram para nosso trabalho foram as senhoritas B..., cuja boa vontade jamais nos faltou. O livro foi quase todo escrito por seu intermédio e em presença de numeroso público que assistia às sessões, nas quais tinha o mais vivo interesse. Mais tarde, os Espíritos recomendaram uma revisão completa em sessões particulares, tendo-se feito, então, todas as adições e correções julgadas necessárias. Essa parte essencial do trabalho foi feita com o concurso da Senhorita Japhet,[1] a qual se prestou com a melhor boa vontade e o mais completo desinteresse a todas as exigências dos Espíritos, porque eram eles que marcavam dia e hora para suas lições. O desinteresse não seria aqui

---

[1] Rua Tiquetonne, 14.

um mérito especial, desde que os Espíritos reprovam qualquer tráfico que se possa fazer da sua presença; a Senhorita Japhet, que é também uma notável sonâmbula, tinha seu tempo utilmente empregado, mas compreendeu que também lhe daria uma aplicação proveitosa ao se consagrar à propagação da doutrina. Quanto a nós, já declaramos desde o princípio, e temos a satisfação de o reafirmar agora, jamais pensamos em fazer d'*O Livro dos Espíritos* objeto de especulação: seu produto será aplicado a coisas de utilidade geral. Por isso seremos sempre gratos aos que, de coração e por amor ao bem, se associaram à obra a que nos consagramos.

Allan Kardec

ANO I
FEVEREIRO DE 1858

DIFERENTES ORDENS DE ESPÍRITOS

Um ponto capital na doutrina espírita é o das diferenças existentes entre os Espíritos, quer do ponto de vista intelectual, quer moral. Sobre o assunto, o seu ensino jamais variou; contudo, é essencial saber que não pertencem eternamente à mesma ordem e que, em consequência, essas ordens não constituem espécies distintas: são graus do desenvolvimento. Seguem os Espíritos a marcha progressiva da Natureza: os das ordens inferiores são ainda imperfeitos; depois de depurados, atingem as ordens superiores; avançam na hierarquia à medida que adquirem qualidades, experiência e conhecimentos que lhes faltam. A criança de peito não se assemelha ao que será na idade madura; contudo, é sempre o mesmo ser.

A classificação dos Espíritos é baseada em seu grau de progresso, nas qualidades adquiridas e nas imperfeições de que devem despojar-se. Aliás, tal classificação nada tem de absoluto: cada categoria só apresenta um caráter marcante no seu conjunto; mas de um a outro grau a transição é insensível e nos limites a nuança se apaga, como nos reinos da Natureza, nas cores do arco-íris ou nos vários períodos da vida humana. Pode-se pois formar um maior ou menor número de classes, conforme o ponto de vista sob o qual se considerar o assunto. Dá-se o mesmo em todos os sistemas de classificação científica: podem ser mais ou menos completos, mais ou menos racionais, mais ou menos cômodos para a inteligência, mas, sejam o que forem, nada mudam com relação ao fundamento da Ciência. Interrogados sobre a matéria, os Espíritos poderão ter variado quanto ao número de categorias, mas sem que isso tenha importância. Críticos aproveitaram essa aparente contradição, sem atentar em que eles não ligam maior importância ao que é puramente convencional. Para eles, o pensamento é tudo: deixam-nos a forma e a escolha das expressões, as classificações – numa palavra, os sistemas.

Acrescentemos ainda esta consideração, que não se deve nunca perder de vista. É que entre os Espíritos, como entre os homens, há os muito ignorantes e nunca estamos suficientemente prevenidos contra a tendência a pensar que todos devem saber tudo, pelo fato de serem Espíritos. Toda classificação exige método, análise e conhecimento aprofundado da matéria. Ora, no mundo dos Espíritos, os que têm conhecimentos limitados, como aqui os ignorantes, são incapazes de uma visão de conjunto e de formular um sistema; e aqueles que são capazes podem variar nos detalhes, conforme seu ponto de vista, especialmente quando uma divisão nada tem de absoluto. Lineu, Jussieu, Tournefort seguiram cada qual um método; nem por isso a Botânica mudou. É que eles não inventaram as plantas nem seus caracteres; observaram as analogias e, segundo estas, formaram grupos ou classes. Assim também nós: nem inventamos os Espíritos nem seus caracteres; vimos e observamos. Julgamo-los por suas palavras e atos, depois os classificamos por suas similitudes. Eis o que qualquer um, em nosso caso, teria feito.

Entretanto, não podemos reivindicar a autoria de todo o trabalho. Se o quadro que damos a seguir não foi traçado textualmente pelos Espíritos e se é nossa a iniciativa, todos os elementos que o compõem foram hauridos em seus ensinamentos: o que nos restava era apenas formular uma disposição material.

Os Espíritos geralmente admitem três categorias principais ou grandes divisões. Na última, na base da escala, estão os Espíritos imperfeitos, que devem ainda percorrer todas ou quase todas as etapas; são caracterizados pela predominância da matéria sobre o Espírito e pela inclinação para o mal. Os da segunda são caracterizados pela predominância do Espírito sobre a matéria e pelo desejo do bem: são os bons Espíritos. A primeira, enfim, compreende os Espíritos puros, os que atingiram o grau supremo de perfeição.

Essa divisão nos parece perfeitamente racional e apresenta caracteres bem definidos. Só nos restava destacar, em número suficiente de divisões, as nuanças principais do conjunto; foi o que fizemos com o concurso dos Espíritos, cujas benévolas instruções jamais nos faltaram.

Com auxílio desse quadro será fácil determinar a categoria e o grau de superioridade ou inferioridade dos Espíritos com os quais podemos nos entreter e, em consequência, o grau de confiança e de estima que merecem. Além disso, interessa-nos pessoalmente porque, como por nossa alma pertencemos ao mundo espírita, onde entraremos assim que deixarmos nosso invólucro mortal, isso nos mostra o que devemos fazer para chegarmos à perfeição e ao bem supremo. Contudo, observaremos que os Espíritos não pertencem sempre e exclusivamente a esta ou àquela classe; seu progresso só se realiza gradativamente e, muitas vezes, mais num sentido que no outro, podendo eles reunir caracteres de várias categorias, o que é fácil de observar por sua linguagem e por seus atos.

ESCALA ESPÍRITA

TERCEIRA ORDEM – ESPÍRITOS IMPERFEITOS

Caracteres gerais – Predominância da matéria sobre o Espírito; propensão para o mal; ignorância, orgulho, egoísmo e todas as más paixões que lhes são consequentes.

Têm a intuição de Deus, mas não o compreendem.

Nem todos são essencialmente maus; uns têm mais leviandade, inconsequência e malícia que verdadeira maldade. Outros nem fazem o bem nem o mal; mas pelo simples fato de não fazerem o bem, revelam inferioridade. Outros, ao contrário, alegram-se no mal e ficam satisfeitos quando encontram ocasião de o praticar.

Podem aliar a inteligência à maldade ou à malícia; mas, seja qual for o seu desenvolvimento intelectual, suas ideias são pouco elevadas e seus sentimentos mais ou menos abjetos.

Seus conhecimentos sobre as coisas do mundo espírita são limitados e o pouco que sabem se confunde com ideias e preconceitos da vida corpórea. Só nos podem dar noções falsas e incompletas; mas o observador atento descobre muitas vezes em suas comunicações, mesmo imperfeitas, a confirmação das grandes verdades ensinadas pelos Espíritos superiores.

Seu caráter é revelado pela linguagem. Todo Espírito que, nas comunicações, trai um mau pensamento pode ser classificado na terceira ordem; por conseguinte, todo mau pensamento que nos for sugerido virá de um Espírito dessa ordem.

Veem a felicidade dos bons e isto lhes é um tormento incessante, pois experimentam todas as angústias produzidas pela inveja e pelo ciúme.

Conservam a lembrança e a percepção dos sofrimentos da vida corpórea e tal impressão é por vezes mais penosa que a realidade. Sofrem, pois, realmente, os males que suportaram e os que fizeram os outros sofrer; e como sofrem longo tempo, julgam sofrer sempre. Para os castigar, quer Deus que assim o pensem.

Podem ser divididos em quatro grupos principais:

Nona classe – Espíritos Impuros – Inclinados ao mal, objeto de suas preocupações. Como espíritos, dão conselhos pérfidos, insuflam a discórdia e a desconfiança e tomam todas as máscaras para melhor enganar. Ligam-se aos caracteres suficientemente fracos para cederem às suas sugestões, a fim de os levar à perdição, satisfeitos por poderem retardar o progresso, fazendo-os sucumbir nas provas que enfrentam.

Nas manifestações, se lhes reconhece a linguagem: a trivialidade, a grosseria das expressões, nos Espíritos como nos homens, são sempre índice de inferioridade moral, senão intelectual. Suas comunicações revelam a baixeza de suas inclinações e se procuram enganar, falando de uma maneira sensata, eles não podem por muito tempo representar o papel e acabam sempre revelando sua origem.

Certos povos os fizeram divindades malfazejas; outros os designam como demônios, gênios do mal ou Espíritos do mal.

Quando encarnados, os seres vivos que animam são inclinados a todos os vícios que geram as paixões vis e degradantes: a sensualidade, a crueldade, a trapaça, a hipocrisia, a cupidez e a avareza sórdida.

Fazem o mal por prazer, o mais das vezes sem motivo e, pelo ódio ao bem, quase sempre elegem suas vítimas entre gente de bem. São flagelos para a Humanidade, seja qual for a classe a que pertençam e o verniz da civilização não os isenta do opróbrio e da ignomínia.

Oitava classe – Espíritos Levianos – São ignorantes, malévolos, inconsequentes e zombeteiros. Metem-se em tudo, a tudo respondem sem preocupação da verdade. Gostam de causar pequenos aborrecimentos e pequenas alegrias, de produzir discórdias, de induzir maliciosamente em erro por mistificações e por travessuras. A essa classe pertencem os Espíritos vulgarmente designados sob os nomes de duendes, diabretes, trasgos, gnomos. Estão sob a dependência de Espíritos superiores, que muitas vezes os empregam como nós o fazemos com os criados e os operários.

Mais que os outros, parecem ligados à matéria e ser os principais agentes das vicissitudes dos elementos do globo, quer vivam no ar, na água, no fogo, nos corpos sólidos ou nas entranhas da Terra. Muitas vezes manifestam sua presença por efeitos sensíveis, tais como pancadas, movimento e deslocamento anormal de corpos sólidos, agitação do ar, etc., o que lhes valeu o nome de Espíritos batedores. Reconhece-se que tais fenômenos não são devidos a uma causa fortuita e natural quando têm um caráter intencional e inteligente. Todos os Espíritos podem produzir esses fenômenos, mas os Espíritos elevados em geral relegam essas atribuições aos inferiores, mais aptos para as coisas materiais que para as inteligentes.

Em suas comunicações com os homens, sua linguagem é por vezes espirituosa e alegre, mas quase sempre sem profundeza. Apreendem os caprichos e o ridículo, que exprimem em traços mordazes e satíricos. Se por vezes tomam nomes supostos é mais por malícia que por maldade.

Sétima classe – Espíritos Pseudossábios – De conhecimentos bastante extensos, julgam saber mais do que sabem. Tendo feito algum progresso sob vários pontos de vista, sua linguagem tem um caráter sério e pode levar a enganos quanto à sua capacidade e às suas luzes; mas muito comumente é simples reflexo dos preconceitos e das ideias sistemáticas da vida terrena: é a mistura de algumas verdades ao lado dos maiores absurdos, em cujo meio sobressai a presunção, o orgulho, a inveja e a teimosia, de que não se despojaram.

Sexta classe – Espíritos Neutros – Nem são bastante bons para fazer o bem, nem bastante maus para fazer o mal: inclinam-se para um ou para o outro e não se alçam acima do vulgar na Humanidade, tanto para o moral quanto para a inteligência. Apegam-se às coisas do mundo, de cujas alegrias grosseiras têm saudades.

SEGUNDA ORDEM – BONS ESPÍRITOS

Caracteres gerais – Predominância do Espírito sobre a matéria; desejo do bem. As qualidades e a capacidade de fazer o bem são proporcionais ao grau atingido: uns têm ciência; outros, sabedoria e bondade; os mais adiantados reúnem o saber às qualidades morais. Como não se acham completamente desmaterializados, conservam mais ou menos, conforme sua classe, os traços da existência corporal, tanto na forma da linguagem quanto nos hábitos, aonde chegamos, mesmo, a descobrir certas manias, sem o que seriam Espíritos perfeitos.

Compreendem Deus e o infinito e já desfrutam a felicidade dos bons. Sentem-se felizes pelo bem que praticam e pelo mal que impedem. O amor que os une lhes é uma fonte de inefável felicidade, que não é alterada nem pela inveja ou os pesares, nem pelos remorsos ou quaisquer outras más paixões que atormentam os Espíritos imperfeitos; mas todos têm ainda de passar por provas antes de atingir a perfeição absoluta.

Como Espíritos, suscitam bons pensamentos, desviam os homens do mal, protegem em vida os que se tornam dignos dessa proteção e neutralizam a influência dos Espíritos imperfeitos sobre aqueles que não se comprazem em suportá-la.

Aqueles em que encarnam são bons e benevolentes para com seus semelhantes; não se movem por orgulho ou egoísmo, nem pela ambição; não experimentam ódio, rancor, inveja ou ciúme e fazem o bem pelo bem.

A essa ordem pertencem os Espíritos designados nas crenças vulgares como bons gênios, gênios protetores, Espíritos do bem. Nos tempos de superstição e de ignorância foram transformados em divindades benfazejas.

Também podem ser divididos em quatro grupos principais:

Quinta classe – Espíritos Benevolentes – A bondade é sua qualidade predominante; gostam de servir aos homens e os proteger, mas seu saber é limitado: seu progresso foi realizado mais no sentido moral que intelectual.

Quarta classe – Espíritos Cultos – O que principalmente os distingue é a extensão dos conhecimentos. Preocupam-se menos com as questões morais do que com as científicas, para as quais têm maior aptidão; mas só encaram a ciência do ponto de vista da utilidade, nela não misturando nenhuma das paixões características dos Espíritos imperfeitos.

Terceira classe – Espíritos Sábios – Seu caráter distintivo são as qualidades morais da mais elevada ordem. Seus conhecimentos não são ilimitados, mas são dotados de uma capacidade intelectual que lhes dá um juízo seguro sobre os homens e as coisas.

Segunda classe – Espíritos Superiores – Reúnem ciência, sabedoria e bondade. Sua linguagem só respira benevolência; constantemente digna, elevada, por vezes é sublime. Sua superioridade os torna, mais que os outros, aptos para nos darem as mais justas noções sobre as coisas do mundo incorpóreo, nos limites de conhecimento permitidos ao homem.

Comunicam-se de boa vontade com aqueles que de boa-fé procuram a verdade e cuja alma é bastante desprendida dos laços terrenos para a compreender, mas afastam-se dos que são animados pela curiosidade ou desviados da prática do bem pela influência da matéria.

Quando, excepcionalmente, se reencarnam na Terra, é para executar missão de progresso: então oferecem o tipo da perfeição que aqui pode aspirar a Humanidade.

PRIMEIRA ORDEM – ESPÍRITOS PUROS

Caracteres gerais – É nula a influência da matéria. Absoluta superioridade intelectual e moral em relação aos Espíritos de outras ordens.

Classe única – Percorreram todos os graus da escala e se despojaram de todas as impurezas da matéria. Tendo atingido a suprema perfeição de que é susceptível a criatura, não têm de passar por provas nem por expiações. Não mais sujeitos à encarnação em corpos perecíveis, têm a vida eterna que se realiza no seio de Deus.

Desfrutam uma felicidade inalterável, pois já não se acham sujeitos às necessidades nem às vicissitudes da vida material; mas tal felicidade não é uma ociosidade monótona passada em contemplação perpétua. São os mensageiros e os ministros de Deus, cujas ordens executam para a manutenção da harmonia universal. Comandam todos os Espíritos que lhes são inferiores, ajudam o seu aperfeiçoamento e lhes ensinam as tarefas. Assistir os homens em suas angústias, excitá-los ao bem ou à expiação das faltas que os afastam da suprema felicidade é-lhes agradável ocupação. Por vezes são designados sob o nome de anjos, arcanjos ou serafins.

Os homens podem entrar em comunicação com eles, mas seria presunção pensar que os temos sempre às nossas ordens.[1]

---

[1] Esta classificação foi ligeiramente alterada por Allan Kardec, quando deu forma definitiva a *O Livro dos Espíritos* como se pode ver na 22ª edição francesa, livro II, cap. I, ns. 101 a 113. Aí as classes são dez: Espíritos impuros, leviano, pseudossábios, neutros, batedores e perturbadores, na terceira ordem; as outras ordens não sofreram modificações (N. do T.)

ESPÍRITOS ERRANTES OU ENCARNADOS

Quanto às suas qualidades íntimas, são Espíritos de diferentes ordens, que percorrem sucessivamente, à medida que se depuram. Como estado, podem estar encarnados, isto é, unidos a um corpo, num mundo qualquer; ou errantes, isto é, desligados de um corpo material e esperando nova encarnação para melhorarem.

Os Espíritos errantes não formam uma categoria especial: trata-se de um dos estados em que se podem encontrar.

O estado errante ou a erraticidade não significa inferioridade para os Espíritos, pois que nele podemos encontrá-los de todos os graus. Todo Espírito que não está encarnado é, por isso mesmo, errante, salvo os Espíritos puros que, não devendo passar por outras encarnações, estão em estado definitivo.

Sendo a encarnação um estado transitório, a erraticidade é realmente o estado normal dos Espíritos, e esse estado não lhes é, forçosamente, uma expiação; nesse estado são felizes ou desventurados, conforme seu grau de elevação e o bem ou o mal que hajam praticado.

MADEMOISELLE CLAIRON E O FANTASMA[1]

Esta história produziu celeuma em seu tempo, pela posição da heroína e pelo grande número de pessoas que a testemunharam. A despeito de sua singularidade, provavelmente teria sido esquecida se Mlle. Clairon não a tivesse consignado em suas memórias, de onde extraímos o relato que se segue. A analogia que ela apresenta com alguns fatos que se passam em nossos dias dá-lhe um lugar natural nesta coletânea.

Como se sabe, Mlle. Clairon era tão notável por sua beleza como por seu talento, quer como cantora, quer como trágica. Havia inspirado a um jovem bretão, o Sr. de S..., uma dessas paixões que frequentemente decidem uma vida, quando não se tem suficiente força de caráter para triunfar. Mlle. Clairon a ela respondeu apenas com a amizade. Entre-

---

[1] O título original é "Le revenant de Mademoiselle Clairon", que alteramos por uma questão de clareza. A Srta. Clairon nasceu em 1723 e faleceu em 1803. Estreou numa companhia italiana aos treze anos e na Comédie Française aos vinte. Retirou-se do teatro em 1765, aos quarenta e dois anos de idade.

tanto, a assiduidade do Sr. de S... tornou-se de tal modo importuna que ela resolveu romper as relações em definitivo. A mágoa que ele sentiu produziu-lhe uma longa enfermidade, de que veio a morrer. Isso foi em 1743. Mas demos a palavra a Mlle. Clairon:

"Dois anos e meio eram decorridos entre nosso conhecimento e sua morte. Ele mandou pedir-me que concedesse aos seus últimos instantes a doçura de me ver; minhas relações mo impediram de o fazer. Morreu tendo em torno de si apenas os criados e uma velha dama, única companhia que tinha desde muito tempo. Ele morava em Remport, perto de Chaussée-d'Autin, onde começavam a construir; eu, à rua de Bussy, perto da rua do Sena e da abadia Saint-Germain. Estava com minha mãe e vários amigos que vinham jantar comigo... Acabara de cantar belos vocalizos, que haviam encantado meus amigos quando, ao soarem as onze horas, ouvimos um grito agudíssimo. Sua modulação sombria e sua duração espantaram a todos; senti-me desfalecer e estive quase um quarto de hora desacordada...

Todos da minha família, os amigos, os vizinhos, a própria polícia ouviam o mesmo grito, sempre à mesma hora, partindo sempre de sob as minhas janelas e como se viesse vagamente, do ar... Raramente eu jantava na cidade; mas nesses dias nada se ouvia e, muitas vezes, interrogando a minha mãe e aos meus domésticos quando me recolhia, ele partia do meio de nós. Uma vez o presidente de B..., com quem eu havia jantado, quis acompanhar-me, para certificar-se de que nada me havia ocorrido no caminho. Quando, à minha porta, me dava a boa-noite, o grito partiu de entre nós. Como toda Paris, ele sabia da história: entretanto foi posto na carruagem mais morto que vivo.

Outra vez pedi ao meu camarada Rosely que me acompanhasse à rua Saint-Honoré para escolher tecidos. O único assunto de nossa conversa foi o meu fantasma, como o chamavam. Esse jovem, muito talentoso, não acreditava em nada, mas tinha ficado impressionado com a minha aventura; solicitava-me que evocasse o fantasma, prometendo-me acreditar se ele me respondesse. Fosse por fraqueza ou por audácia, fiz o que ele me pedia: o grito se ouviu três vezes, terrível por seu estrépito e pela rapidez. De volta foi necessário o auxílio de todos para sermos tirados do fiacre, onde estávamos desacordados, tanto um como outro. Depois dessa cena fiquei alguns meses sem nada ouvir. Julgava-me quite para sempre; puro engano.

Todos os espetáculos haviam sido transferidos para Versalhes, para o casamento do Delfim. Tinham-me arranjado um quarto à avenida Saint-Cloud, que eu ocupava com Mme. Grandval. Às três da manhã eu lhe disse: Estamos no fim do mundo; seria muito difícil que o grito nos viesse procurar aqui... Estalou! Madame Grandval pensou que o inferno inteiro estava no quarto: correu em camisa de alto a baixo da casa, onde ninguém pôde pregar olhos durante a noite; pelo menos foi a última vez que ouvimos.

Sete ou oito dias depois, quando conversava com pessoas de minhas relações habituais, o bater das onze horas foi seguido de um tiro de fuzil, dado numa de minhas janelas. Todos nós ouvimos o tiro e vimos o fogo; mas a janela não sofrera nenhum dano. Concluímos todos que visavam a minha vida, que haviam errado o alvo e que era preciso, para o futuro, tomar precauções. O Sr. de Marville, então alferes de polícia, mandou visitar as casas fronteiras à minha; a rua ficou cheia de toda sorte de espias possíveis; mas, por mais cuidados que se tomassem, durante três meses a fio aquele tiro foi visto e ouvido, sempre à mesma hora, no mesmo caixilho, sem que, entretanto, jamais alguém tivesse podido ver de onde partira. O fato foi consignado nos registros policiais.

Acostumada ao meu fantasma, considerava-o um pobre diabo, que se limitava a fazer estrepolias e não me apercebi da hora. Como fazia calor, abri a janela malsinada e, com o intendente, nos debruçamos no balcão. Batem onze horas, ouve-se o tiro e ambos fomos atirados ao meio da sala, onde caímos como mortos. Tornando a nós mesmos e sentindo que tudo havia passado, examinando-nos para constatar que ambos havíamos recebido – ele na face esquerda e eu na face direita – a mais terrível bofetada que jamais poderia ser aplicada: e rimos como dois loucos.

Dois dias depois, convidada por Mlle. Dumesnil para uma festa à noite em sua casa, na Porta Branca, tomei um fiacre às onze horas com minha camareira. Havia um belo luar e nós fomos conduzidas por bulevares que começavam a ser guarnecidos de casas. Perguntou-me a camareira: "Não foi aqui que morreu o Sr. de S...? – Segundo as informações que me deram, respondi-lhe eu, deve ter sido aqui – e apontei uma das duas casas em nossa frente. De uma delas partiu o mesmo tiro que me perseguia: atravessou nosso fiacre; o cocheiro disparou a viatura, crente de que era assaltado por ladrões. Chegamos ao destino tendo apenas nos refeito, pois devo confessar que durante muito tempo conservamos uma impressão de terror. Mas essa façanha foi a última com arma de fogo.

À explosão sucedeu um bater de palmas, com certo compasso e repetição. Esse ruído, ao qual a vontade do público me havia acostumado, passou-me despercebido durante algum tempo; mas os meus amigos o notaram. Disseram-me: 'Nós temos espreitado; é às onze horas, quase à vossa porta, que a coisa se dá; ouvimos, mas não vemos ninguém; não pode deixar de ser a continuação daquilo que a senhora tem experimentado'. Como o ruído nada tinha de terrível, não lhe guardei a data da duração. Também não prestei atenção aos sons melodiosos que depois se ouviram: parecia uma voz celeste dando o mote de uma área nobre e tocante, prestes a ser cantada. Essa voz começava no quarteirão de Bussy e acabava em minha porta; e como acontecera antes com todos os outros sons, ouvia-se, mas nada se via. Por fim, tudo cessou em pouco mais de dois anos e meio".

Algum tempo depois, Mlle. Clairon teve, por intermédio da senhora idosa que havia ficado como única amiga dedicada do Sr. de S..., o seguinte relato de seus últimos instantes.

"Ele contava os minutos quando, às dez e meia, o lacaio lhe veio dizer que, decididamente, a senhora não viria. Depois de um momento de silêncio tomou-me a mão num impulso desesperado, que me apavorou, e disse: 'Que cruel!... nada ganhará com isso: eu a perseguirei, tanto depois de morto quanto a persegui em vida!...' Procurei acalmá-lo; mas estava morto".

Na edição que temos à vista, essa história é precedida da seguinte nota, sem assinatura:

"Eis uma anedota singularíssima, que provocou e provocará sem dúvida as mais diversas opiniões. A gente ama o maravilhoso, mesmo quando não acredita nele: Mlle. Clairon parece convencida da realidade dos fatos que descreve. Contentar-nos-emos em fazer notar que ao tempo em que foi ou se supôs atormentada por seu fantasma, ela contava de vinte e dois a vinte e cinco anos, que é a idade da inspiração e que essa faculdade nela era continuamente exercitada e exaltada pelo gênero de vida que levava, no teatro e fora dele. É preciso ainda lembrar que ela disse, no começo de suas memórias, que na infância foi entretida com aventuras de aparições e de feiticeiros e que lhe contavam tais histórias como verídicas".

Só conhecemos o fato pelo relato de Mlle. Clairon. Assim, só podemos julgar por indução. Ora, nosso raciocínio é o seguinte: descrito pela mesma Mlle. Clairon nos seus mais minuciosos detalhes, o fato tem mais autenticidade do que se fora relatado por terceiros. Acrescente-se que quando escreveu a carta onde ele vem descrito, contava cerca de sessenta anos e, pois, havia passado a idade da credulidade de que fala o autor da nota. Esse autor não põe em dúvida a boa Mlle. Clairon quanto a sua aventura: apenas admite tenha ela sido vítima de uma ilusão. Que o tivesse sido uma vez, nada tem de extraordinário; mas que o tivesse sido durante dois anos e meio já se nos afigura mais difícil; mais difícil ainda é supor que tal ilusão tenha sido partilhada por tantas pessoas, testemunhas auriculares e oculares dos fatos, inclusive a própria polícia. Para nós, que conhecemos o que se pode passar nas manifestações espíritas, a aventura nada contém de surpreendente e a aceitamos como provável. Nessa hipótese, não vacilamos em admitir que o autor de todos esses malefícios não seja outro senão a alma ou espírito do Sr. de S..., principalmente se atentarmos para a coincidência de suas últimas palavras com a duração dos fenômenos. Havia ele dito: "Eu a perseguirei, tanto depois de morto quanto a persegui em vida". Ora, suas relações com Mlle. Clairon haviam durado dois anos e meio, ou seja, tanto tempo quanto as manifestações produzidas depois de sua morte.

Ainda algumas palavras sobre a natureza desse Espírito. Não era mau; é com razão que Mlle. Clairon o classifica como um pobre diabo; mas também não se pode dizer que fosse a própria bondade. A paixão violenta sob a qual sucumbiu como homem prova que nele predominavam as ideias terrenas. Os traços profundos dessa paixão, que sobreviveu à destruição do corpo, provam que, como Espírito, ainda se achava sob a influência da matéria. Sua vingança, por mais inofensiva que fosse, denota sentimentos pouco elevados. Se, pois, nos reportarmos ao nosso quadro da classificação dos Espíritos, não será difícil determinar-lhe a classe: a ausência de maldade real o afasta naturalmente da última classe – a dos Espíritos impuros, mas evidentemente tinha muito das outras classes da mesma ordem; nada nele poderia justificar uma posição superior.

Digna de nota é a sucessão das várias maneiras pelas quais manifestava sua presença. No mesmo dia e no momento exato de sua morte, fez-se ouvir pela primeira vez e em meio a um jantar alegre. Quando vivo, via Mlle. Clairon em pensamento, cercada por essa auréola com que a imaginação envolve o objeto de uma paixão ardente; desde, porém, que a alma se desembaraçou de seu véu material, a ilusão cedeu à realidade. E lá está ele, ao seu lado, vendo-a cercada de amigos, tudo lhe excitando os ciúmes; seu canto e sua alegria parecem um insulto ao seu desespero e este se traduz por um grito de raiva, repetido diariamente, à mesma hora, como se para a censurar por se haver recusado a ir consolar seus últimos instantes. Aos gritos se sucedem os tiros, inofensivos, é certo, mas que nem por isso denotam menos uma raiva impotente e o propósito de lhe perturbar o repouso. Mais tarde seu desespero toma um caráter mais sereno; evoluindo sem dúvida para ideias mais sãs, parece haver tomado um partido: resta-lhe a lembrança dos aplausos de que ela foi objeto, e ele os repete. Mais tarde, enfim, diz-lhe adeus, fazendo-a ouvir sons que se diriam o eco dessa voz melodiosa que em vida tanto o encantara.

ISOLAMENTO DOS CORPOS PESADOS

O movimento imprimido aos corpos inertes pela vontade é hoje de tal modo conhecido, que seria quase pueril relatar fatos no gênero. Já o mesmo não acontece quando o movimento é acompanhado por fenômenos menos vulgares como, por exemplo, o de sua suspensão no espaço. Embora os anais do Espiritismo citem numerosos exemplos, esse fenômeno apresenta uma tal derrogação das leis da gravidade, que é naturalíssima a dúvida dos que a testemunham. Nós mesmos, nós o confessamos, por mais habituados que estejamos às coisas extraordinárias, ficamos muito contentes de poder constatar-lhes a realidade.

O fato que vamos relatar repetiu-se várias vezes aos nossos olhos, em reuniões verificadas outrora em casa do Sr. B..., à rua Lamartine e sabemos que se produziu inúmeras vezes noutros lugares. Podemos, portanto, atestá-lo como incontestável. Eis como as coisas se passavam:

Oito ou dez pessoas, entre as quais algumas dotadas de um poder especial, embora não fossem reconhecidas como médiuns, sentavam-se em torno de uma mesa de jantar, maciça e pesada, com as mãos às suas bordas e todos unidos pela intenção e pela vontade. Ao fim de um tempo mais ou menos longo, de dez a quinze minutos, conforme as disposições do ambiente fossem mais ou menos favoráveis, a despeito de seu peso de cem quilos, a mesa se punha em movimento, deslizava para a direita ou para a esquerda no soalho, dirigia-se para as diversas partes da sala que fossem indicadas, depois erguia-se, ora num pé, ora noutro, até formar um ângulo de 45°, balançava-se rapidamente, imitando a arfagem e o balanceio de um navio. Se em tal posição a assistência redobrasse os esforços da vontade, a mesa se levantava completamente do solo, elevava-se de dez a vinte centímetros, vibrando no espaço sem nenhum apoio, durante alguns segundos, depois caía com todo o peso.

O movimento da mesa, o levantamento sobre um pé e o balanço eram produzidos mais ou menos à vontade, com frequência, várias vezes na sessão e também sem nenhum contato das mãos; bastava a vontade para que a mesa se dirigisse para o lado indicado. O isolamento completo era mais difícil de obter; mas foi repetido muitas vezes, para que se não pudesse considerá-lo como fato excepcional. Isso não se passava na presença exclusiva de adeptos, que pudessem ser inquinados de muito acessíveis à ilusão, mas à frente de vinte ou trinta pessoas, entre as quais, por vezes, algumas muito pouco simpáticas e que não deixavam de levantar a suspeita de fraude e para as quais seria, aliás, um prazer muito singular passar algumas horas por semana a mistificar uma assembléia sem o menor proveito.

Relatamos o fato em toda a sua simplicidade, sem restrição nem exagero. Assim, não diremos que vimos a mesa volitar no espaço como uma pena; mesmo como as coisas se passaram, o fato não demonstra menos a possibilidade de isolamento dos corpos pesados sem ponto de apoio, por meio de uma força ainda desconhecida. Também não diremos que era bastante estender a mão ou fazer um sinal qualquer para que, no mesmo instante, a mesa se movesse e se elevasse como que por encanto.

Ao contrário, diremos, para sermos fiéis à verdade, que os primeiros movimentos sempre se operavam com certa lentidão, e que só gradativamente adquiriam o máximo de intensidade. O soerguimento completo só se verificava depois de alguns movimentos preparatórios, que eram como ensaios para uma espécie de arremesso. A força atuante parecia redobrar de esforços pelo encorajamento dos assistentes, como um homem ou um cavalo que cumpre uma tarefa pesada e que é excitado por gestos e palavras. Uma vez produzido o efeito, tudo caía na calma e por alguns instantes nada era obtido, como se aquela mesma força tivesse necessidade de tomar fôlego.

Teremos muitas ocasiões de citar fenômenos desse gênero, quer espontaneamente, quer provocados e realizados em proporções e circunstâncias muito fora das normais. Mas quando tivermos sido testemunha, relatá-los-emos sempre de modo a evitar qualquer interpretação falsa ou exagerada. Se no caso acima nos tivéssemos contentado em dizer que havíamos visto uma mesa de cem quilos elevar-se ao simples contato das mãos, não há dúvida de que muita gente haveria de pensar que a mesa tinha subido até o forro e com a rapidez de um olhar. É assim que as coisas mais simples se tornam prodígios, pelas proporções emprestadas pela imaginação. Que não será quando os fatos atravessarem os séculos e passarem pela boca dos poetas! Se se dissesse que a superstição é filha da realidade, o conceito seria tomado como um paradoxo. Contudo, nada mais verdadeiro: não há superstição que não repouse sobre um fundo real. Tudo está em discernir onde uma começa e o outro acaba. O verdadeiro meio de combater as superstições não é contestá-las de maneira absoluta; no espírito de certa gente há fatos que podem citar em apoio de sua opinião; ao contrário, é preciso mostrar o que há de real. Então restará apenas o exagero ridículo, ao qual o bom senso fará justiça.

A FLORESTA DE DODONA E A ESTÁTUA DE MEMNON[1]

Para chegar à floresta de Dodona passamos pela rua Lamartine e paramos um instante em casa da Sra. B..., onde vimos um móvel dócil propor-nos um novo problema de estática.

Os assistentes, em qualquer número, colocavam-se em volta da

---

[1] Dodona era uma cidade da Ilíria, notável centro religioso, célebre por seus oráculos, dados por um carvalho, que murmurava num bosque próximo e cuja interpretação era dada pelos sacerdotes de Júpiter. Memnon, personagem lendário, filho da Aurora e de Titã, rei da Etiópia. Aliado de Príamo, foi morto por Aquiles na guerra de Troia. Atendendo às súplicas maternas, Apolo o transformou em pássaro. Nas margens do Nilo havia uma estátua de um rei egípcio, que se supunha ser o mesmo Memnon. Compreende-se o simbolismo contido no título escolhido por Allan Kardec. (N. do T.)

mesa em questão, numa ordem também qualquer, pois ali nem há números nem lugares cabalísticos; as mãos apoiam-se à borda da mesa; mentalmente, ou em voz alta, fazem apelo aos Espíritos que costumam vir a seu convite. É conhecida nossa opinião a respeito desse gênero de Espíritos, razão porque os tratamos um tanto sem-cerimônia. Quatro ou cinco minutos apenas são decorridos e um ruído claro de toc, toc se faz ouvir na mesa, por vezes bastante forte a ponto de ser ouvido na sala vizinha; repete-se tanto tempo e tantas vezes quanto se queira. A vibração é sentida nos dedos e, aplicando-se o ouvido à mesa – o que não se deve esquecer –, reconhece-se que o ruído, sem engano possível, se origina na substância mesma da madeira, pois toda a mesa vibra, dos pés ao tampo.

Qual a causa desse ruído? É a madeira que estala ou, como se costuma dizer, um Espírito? Afastemos inicialmente qualquer ideia de fraude; encontramo-nos em casa de gente séria e de boa companhia, incapaz de se divertir à custa daqueles que recebem de boa vontade. Aliás, essa casa não é privilegiada: os mesmos fatos se reproduzem em outras, igualmente honestas. Permitam-nos, entretanto, antes da resposta, uma pequena digressão.

Um jovem bacharelando estava em seu quarto, estudando pontos do exame de Retórica, quando bateram à porta. Penso que todos admitem ser possível distinguir a natureza do ruído e, sobretudo, na sua repetição: se é causado por um estalo da madeira, pela agitação do vento ou por qualquer outra causa fortuita, ou se é alguém que bate, querendo entrar. Neste último caso, o ruído tem um caráter intencional, que não pode ser desprezado: é o que pensa o nosso estudante. Entretanto, para não se incomodar inutilmente, quis certificar-se, pondo à prova o visitante. Se é alguém, diz ele, bata uma, duas, três, quatro, cinco, seis vezes; bata no alto, em baixo, à direita ou à esquerda; bata o compasso musical; bata a chamada militar, etc.; e, a cada um desses pedidos, o ruído obedece com a mais perfeita exatidão. Com certeza, pensa ele, nem pode ser o estalo da madeira, nem o vento, nem mesmo um gato, por mais inteligente que seja. Eis um fato. Vejamos a que consequências seremos conduzidos pelos argumentos silogísticos. Assim, ele fez o seguinte raciocínio: ouço um barulho; logo, é alguma coisa que o produz. Esse barulho obedece às minhas ordens; portanto, a causa que o produz me compreende. Ora, o que compreende tem inteligência, portanto a causa desse barulho é inteligente. Se é inteligente, não é a madeira nem o vento; se, pois não é a madeira nem o vento, é alguém. Então foi abrir a porta. Vejamos que não é preciso ser doutor para chegar a esta conclusão e julgamos nosso futuro bacharel suficientemente aferrado aos seus princípios para concluir do seguinte modo: suponhamos que ao abrir a porta não encontre ninguém; entretanto, o barulho continua como dantes. Ele seguira o seu sorites:[1] "Acabo de provar a mim mesmo, sem contestação, que o barulho é produzido por um ser inteligente, uma vez que responde ao meu pensamento. Ouço sempre esse barulho à minha frente e é certo que não sou quem bate; é, pois, um outro; ora, se esse outro eu não vejo, claro que ele é invisível. Os seres corporais que pertencem à Humanidade são perfeitamente visíveis; este que bate sendo invisível não é um ser humano corpóreo. Ora, desde que chamamos Espíritos os seres incorpóreos, aquele que bate não sendo corpóreo é, pois, um Espírito".

Julgamos perfeitamente lógicas as conclusões do nosso estudante; apenas aquilo que nós demos como suposição é uma realidade, no tocante às experiências que se faziam em casa da Sra. B... Diremos mais, que era desnecessária a imposição das mãos e que todos os fenômenos se produzem igualmente bem, com a mesa livre de qualquer contato. Assim, conforme o desejo expresso, as batidas eram dadas na mesa, na parede, na porta e em outros lugares, designados verbal ou mentalmente. Eles indicavam a hora e o número de pessoas presentes; batiam o avanço e a chamada militares, assim como o compasso de uma música conhecida; imitavam o trabalho do toneleiro, o ruído da serra, o eco, as descargas de patrulhas ou de pelotões, e outros efeitos que seria longo descrever. Contaram-nos que em certos círculos ouvia-se a imitação do sibilar do vento, o ciciar das folhas, o rolar do trovão, o marulho das vagas, o que nada tem de surpreendente. A inteligência da causa tornava-se patente quando, por meio desses golpes, eram obtidas respostas categóricas a certas perguntas. Ora, é a esta causa inteligente que chamamos, ou, melhor dito, que ela mesma se chamou, Espírito.

---

[1] Sorites, do grego soreites, é um raciocínio ou argumento composto de uma série de proposições, de tal modo encadeadas que o atributo de uma será sujeito da imediata, e assim sucessivamente. Desse modo, a conclusão será a proposição que tem como sujeito o sujeito da primeira e como atributo, o atributo da penúltima. (N. do T.)

Quando esse Espírito queria dar uma comunicação mais desenvolvida, indicava, por um sinal particular, que queria escrever; então o médium escrevente tomava o lápis e transmitia seu pensamento por escrito.

Entre os assistentes, não falando dos que estavam em volta da mesa, mas de todas as pessoas que enchiam o salão, havia incrédulos autênticos, semicrentes e crentes fervorosos que, como se sabe, constituem uma mistura pouco favorável. Os primeiros, nós os deixamos à vontade esperando que a luz se fizesse para eles. Respeitamos todas as crenças, mesmo a incredulidade, que constitui uma espécie de crença, quando esta se respeita suficientemente para não chocar as opiniões contrárias. Assim, pois, não diremos que suas observações sejam destituídas de utilidade. Seu raciocínio, muito menos prolixo que o do nosso estudante, geralmente pode ser assim resumido: eu não creio em Espíritos; portanto, não podem ser Espíritos. E desde que não são Espíritos, é um truque. Tal suposição os leva a admitir que a mesa teria um maquinismo, à maneira de Robert Houdin.

Nossa resposta a isso é muito simples: primeiro, seria preciso que todas as mesas e todos os móveis tivessem maquinismos, uma vez que não os há privilegiados; segundo, não se conhece qualquer mecanismo suficientemente engenhoso para produzir, à vontade, todos os efeitos que acabamos de descrever; em terceiro lugar, seria necessário que a Sra. B... tivesse preparado propositalmente paredes e portas de seu apartamento, o que é pouco provável; em quarto lugar, enfim, teria sido necessário preparar ainda as mesas, as portas, as paredes de todas as casas onde semelhantes fenômenos se produzem diariamente, o que também não é de presumir-se, porque então seria conhecido o hábil construtor de tantas maravilhas.

Os semicrentes admitem todos os fenômenos, mas estão indecisos quanto à sua causa. Nós os mandamos de volta aos argumentos do nosso futuro bacharel.

Os crentes apresentam três nuanças bem características: os que nas experiências não veem mais que um divertimento e um passatempo, e cuja admiração se traduz por estas e outras expressões: É admirável! É singular! É engraçado! Mas não vão além disso. A seguir vêm os sérios, instruídos, observadores, a quem nenhum detalhe escapa e para os quais as menores coisas constituem material para estudo. Vêm por fim os ultracrentes, se assim os podemos chamar ou, melhor dito, os de crença cega, que podem ser censurados por seu excesso de credulidade; desde que sua fé não é suficientemente esclarecida, têm uma tal confiança nos Espíritos, que lhes admitem um completo conhecimento e sobretudo a presciência. Assim, é de boa-fé que fazem perguntas sobre todos os assuntos, sem pensar que teriam tido as mesmas respostas do primeiro cartomante a quem pagassem. Para estes, a mesa falante não é objeto de estudo e de observação; é um oráculo. Contra isso há apenas a forma trivial e os seus usos vulgares. Mas se a madeira de que ela é feita, em vez de ser trabalhada para as necessidades domésticas, estivesse de pé, teríamos uma árvore falante; se nela fosse esculpida uma estátua, teríamos um ídolo, ante o qual viriam prostrar-se as pessoas crédulas.

Agora transponhamos os mares e vinte e cinco séculos atrás, transportando-nos ao pé do monte Taurus, no Épiro: ali encontraremos a floresta sagrada, cujos carvalhos proferiam oráculos; acrescentemos o prestígio do culto e a pompa das cerimônias religiosas e facilmente teremos a explicação da veneração de um povo ignorante e crédulo, incapaz de descobrir a realidade mediante tantos meios de fascinação.

A madeira não é a única substância que pode servir de veículo à manifestação dos Espíritos batedores. Vimo-la produzir-se em paredes e, por conseguinte, na pedra. Temos assim, pois, as pedras falantes. Se essas pedras representam um personagem sagrado, temos a estátua de Memnon ou a de Júpiter Amon, proferindo oráculos como as árvores de Dodona.

É verdade que a História não nos diz que esses oráculos eram proferidos por pancadas, como em nossos dias. Na floresta de Dodona era pelo sibilar do vento através das árvores, pelo ciciar das folhas ou pelo murmúrio da fonte que brotava ao pé do sagrado carvalho de Júpiter. Diz-se que a estátua de Memnon emitia sons melodiosos aos primeiros raios do sol. Mas também nos diz a História, como teremos oportunidade de demonstrar, que os antigos conheciam perfeitamente os fenômenos atribuídos aos Espíritos batedores. Não é para duvidar de que nisso esteja o princípio de sua crença na existência de seres animados nas árvores, nas pedras, nas águas, etc., mas, desde que tal gênero de manifestação foi explorado, as batidas já não bastavam; eram muito numerosos os visitantes para que a cada um se oferecesse uma sessão particular; aliás, teria sido muito simples: era necessário o prestígio e, desde que enriqueciam o templo com suas oferendas, essas despesas deviam ser cobertas. O essencial era que o objeto fosse olhado como sagrado e habitado por uma divindade. Nessas condições era possível fazê-lo dizer aquilo que se quisesse, sem necessidade de tantas precauções.

Os sacerdotes de Memnon, ao que se diz, empregavam fraudes: a estátua era oca e os sons que emitia eram produzidos por processos acústicos. Isto é possível e mesmo provável. Os próprios Espíritos batedores, que em geral são menos escrupulosos que os outros, não estão sempre, como já o dissemos, à disposição do primeiro que chega; têm sua vontade, suas ocupações, suas suscetibilidades e nem todos gostam de ser explorados pela cupidez. Que descrédito para os sacerdotes se o seu ídolo não falasse convenientemente! Também era necessário suprir o seu silêncio e, se fosse necessário, dar uma ajuda. Aliás, era muito mais cômodo não ter tantas apoquentações, bastando formular a resposta conforme as circunstâncias. O que vemos hoje prova que, apesar de tudo isso, as crenças antigas tinham por princípio o conhecimento das manifestações espíritas, razão por que dissemos que o Espiritismo moderno é o despertar da Antiguidade, mas da Antiguidade esclarecida pelas luzes da civilização e da realidade.

A AVAREZA

DISSERTAÇÃO MORAL DITADA POR SÃO LUÍS À SENHORITA ERMANCE DUFAUX, A 6 DE JANEIRO DE 1858

1.

Tu que possuis, escuta-me. Um dia dois filhos do mesmo pai receberam cada um seu alqueire de trigo. O mais velho fechou o seu num lugar retirado; o outro encontrou no caminho um pobre que pedia esmolas; correu para ele a despejar em seu manto a metade do trigo que recebera; depois, seguiu seu caminho e foi semear o resto no campo paterno.

Por esse tempo veio uma grande fome e as aves do céu morriam à beira dos caminhos. O irmão mais velho correu ao seu esconderijo, mas ali só encontrou poeira; o caçula ia tristemente contemplar seu trigo seco no pé, quando deparou com o pobre que havia ajudado. – Irmão, disse-lhe o mendigo, eu estava morrendo e tu me socorreste;

agora que a esperança secou em teu coração, segue-me. Teu meio alqueire rendeu cinco vezes em minhas mãos; matarei a tua fome e viverás em abundância.

2.

Escuta-me, avarento! Conheces a felicidade? Sim, não é? Teus olhos brilham com reflexos sombrios nas órbitas que a avareza tornou mais profundas; teus lábios se cerram; tuas narinas se dilatam e teus ouvidos ficam atentos. Sim, eu escuto: é o tinir do ouro que tua mão acaricia, ao se derramar no teu escaninho. Tu dizes: que suprema volúpia! Silêncio, vem gente! Fecha depressa! Oh! como estás pálido! teu corpo todo estremece. Domina-te; os passos se afastam. Abre; olha ainda o teu ouro. Abre; não tremas; estás perfeitamente só. Ouves? não é nada; é o vento que geme nas frestas. Olha! Quanto ouro! mergulha as mãos; faze soar o metal; tu és feliz.

Feliz, tu! Mas a noite não te dá repouso; teu sono é povoado de fantasmas.

Tens frio! Aproxima-te da lareira; aquece-te a este fogo que crepita tão alegremente. Cai neve; o viajante friorento envolve-se em seu manto, o pobre tirita sob os andrajos. A chama da lareira diminui; atira mais lenha. Não; pára! é o teu ouro que consomes com essa madeira; é o teu ouro que queimas!

Tens fome! Olha, toma: sacia-te; tudo isto é teu; pagaste com o teu ouro. Com o teu ouro! esta abundância te revolta; este supérfluo será necessário para manter-se a vida? não, este pedaço de pão será bastante; ainda é muito. Tuas roupas caem em frangalhos; tua casa se fende e ameaça ruína; sofrerás frio e fome; mas que importa! Tens ouro!

Infeliz! A morte separa-te deste ouro. Deixá-lo-ás à borda de teu túmulo, como a poeira que o viajante sacode à soleira da porta, onde a família querida o espera para festejar o regresso.

Teu sangue enfraquecido, envelhecido por tua voluntária miséria, gelou-se em tuas veias. Os herdeiros ávidos atiram teu corpo a um recanto de cemitério; eis-te face a face com a eternidade. Miserável, que fizeste desse ouro que te foi confiado para aliviar o pobre? Ouves estas blasfêmias? Estas lágrimas? Vês este sangue? São as blasfêmias dos sofrimentos que terias podido acalmar; são as lágrimas que fizeste correr; é o sangue que derramaste. Tens horror a ti mesmo; desejarias fugir e não podes. Sofre! não haverá piedade para contigo! Não tiveste entranhas para o teu irmão infeliz: quem teria para ti? Sofre! Sofre sempre! Teu suplício não terá fim. Para te punir, Deus quer que assim o creias.

Observação: Ouvindo o fim dessas eloquentes e poéticas palavras, estávamos surpreendidos por ouvir São Luís falar da eternidade dos sofrimentos, quando todos os Espíritos superiores são concordes em combater tal crença, quando as últimas palavras "para te punir, Deus quer que assim o creias", tudo explicaram. Nós as reproduzimos nos caracteres gerais dos Espíritos da terceira ordem. Com efeito, quanto mais imperfeitos os Espíritos, mais restritas e circunscritas as suas ideias; para eles o futuro está vago; não o compreendem. Sofrem; seus sofrimentos são longos; e para quem sofre há muito tempo, isto é sofrer sempre. Esse próprio pensamento é um castigo.

No próximo artigo citaremos fatos de manifestações que poderão nos esclarecer quanto à natureza dos sofrimentos de além-túmulo.

PALESTRAS DE ALÉM-TÚMULO
SENHORITA CLARY D... – EVOCAÇÃO

Nota: A Senhorita Clary D... interessante menina, falecida em 1850, aos treze anos de idade, desde então ficou como o gênio da família, por quem é evocada com freqüência e para quem dá um grande número de comunicações do mais alto interesse. A palestra que damos a seguir ocorreu entre nós a doze de janeiro de 1857, por intermédio de seu irmão, que é médium.

1. – Tem uma lembrança precisa de sua existência corporal? R – O Espírito vê o presente, o passado e um pouco do futuro, conforme sua perfeição e a proximidade de Deus.

2. – Esta condição de perfeição é relativa apenas no futuro, ou se refere igualmente ao presente e ao passado? R – O Espírito vê o futuro mais claramente à medida que se aproxima de Deus. Depois da morte, a alma vê e abarca de um relance todas as passadas migrações, mas não pode ver aquilo que Deus lhe prepara. Para isso é preciso que esteja inteiramente em Deus, desde muitas existências.

3. – Sabe em que época será sua reencarnação? R – Em dez ou em cem anos.

4. – Na Terra ou em outro mundo? R. – Num outro.

5. – O mundo para onde irá, comparado com a Terra, terá condições melhores, iguais ou inferiores? R – Muito melhores que as da Terra; lá se é feliz.

6. – Desde que aqui se encontra, está num lugar qualquer; qual é ele? R – Estou em aparência etérea; posso dizer que meu Espírito, propriamente dito, estende-se muito mais longe; vejo muitas coisas e me transporto para muito longe daqui com a velocidade do pensamento; minha aparência está à direita de meu irmão e guia-lhe o braço.

7. – Este corpo etéreo de que se reveste permite-lhe experimentar sensações físicas como, por exemplo, de calor e frio? R – Quando me lembro muito de meu corpo sinto uma espécie de impressão, como quando se tira um manto e se fica com a sensação de que, por algum tempo, ainda se está com ele.

8. – Disse que pode transportar-se com a velocidade do pensamento; o pensamento não é a própria alma que se desprende de seu envoltório? R – Sim.

9. – Quando seu pensamento se dirige a alguma parte, como se dá a separação de sua alma? R – A aparência se esvai; o pensamento vai só.

10. – É, pois, uma faculdade que se destaca; o ser fica onde está? R – A forma não é o ser.

11. – Mas como age esse pensamento? Não age sempre por meio da matéria? R – Não.

12. – Quando sua faculdade de pensar se destaca, você não age, então, por meio da matéria? R – A sombra se esvai; e reproduz-se onde o pensamento a guia.

13. – Desde que você tinha apenas treze anos quando seu corpo morreu, como é que, sobre perguntas tão abstratas, pode nos dar respostas que estão fora do alcance de uma criança de sua idade? R – Minha alma é muito antiga!

14. – Entre suas existências anteriores pode citar-nos uma na qual tivesse elevado ao máximo os seus conhecimentos? R – Estive no corpo de um homem que tornei virtuoso; depois de sua morte estive no corpo de uma menina cujo rosto estampava a própria alma; Deus me recompensa.

15. – Poderia ser-nos concedido vê-la aqui tal qual é atualmente?
R – Poderia.

16. – Como seria possível? Depende de nós, de você ou das pessoas mais íntimas? R – De vocês.

17. – Que condições deveríamos satisfazer para o conseguir?
R – Recolherem-se algum tempo, com fé e fervor; ser menos numerosos, isolarem-se um pouco e arranjar um médium do gênero de Home.

O SR. HOME

Os fenômenos operados pelo Sr. Home produziram tanto maior sensação quanto é certo que vêm confirmar os maravilhosos relatos de além-mar, a cuja veracidade se liga uma certa desconfiança. Ele nos mostrou que pondo de lado a mais larga margem devida ao exagero, ainda ficava bastante para atestar a realidade dos fatos passados fora de todas as leis conhecidas.

Falou-se muito do Sr. Home e de várias maneiras; e nós confessamos que estava longe de provocar simpatia em todos: nuns por espírito de sistema, noutros por ignorância. Nestes últimos queremos até admitir uma opinião conscienciosa, desde que por si mesmos não puderam constatar os fatos; mas se, em tal caso, a dúvida é permitida, é sempre fora de propósito uma hostilidade sistemática e apaixonada. Em toda relação de causa, julgar sem conhecimento é falta de lógica e difamar sem provas é esquecer as conveniências. Por um instante, façamos abstração da intervenção dos Espíritos e não vejamos nos fatos relatados mais do que fenômenos físicos. Quanto mais estranhos forem eles, mais atenção merecem. Que os expliquem como quiserem, mas não os contestem *a priori*, se não quiserem que tal julgamento seja posto em dúvida. O que nos deve causar admiração, e que nos parece ainda mais anormal que os fenômenos em questão, é ver esses mesmos que incessantemente deblateram contra a oposição de certos grupos científicos em relação às ideias novas, que continuamente lhes são lançadas em rosto, e isso em linguagem desmedida, os dissabores experimentados por autores das mais importantes descobertas, e que a todo momento citam os Fulton e os Jenner e os Galileu, escorregarem também eles, quando ainda não há muito tempo diziam, e com razão, que quem quer que houvesse falado em corresponder-se de um extremo ao outro da Terra em alguns segundos teria passado por insensato. Se acreditam no progresso, do qual se dizem apóstolos, sejam então coerentes consigo mesmos e não atraiam para si o reproche, que atiram aos outros, de negar aquilo que não compreendem. Mas voltemos ao Sr. Home. Vindo a Paris em outubro de 1855, viu-se, desde a chegada, atirado num mundo mais elevado, circunstância que deveria ter imposto mais circunspeção no julgamento que lhe fazem, porque, quanto mais elevada e esclarecida é essa gente, menos suspeita de se ter benevolamente transformado em joguete por um aventureiro. Essa mesma posição suscitou comentários. Pergunta-se quem é o Sr. Home. Para viver nessa sociedade, fazer viagens dispendiosas, diz-se que é necessário ter fortuna. Se não a tem, deve ser sustentado por gente poderosa. Sobre esse tema levantaram-se mil e uma suposições, cada qual mais ridícula. Que não disseram de sua irmã, que ele foi buscar há cerca de um ano! Dizia-se que era uma médium mais possante que ele; que os dois deveriam realizar prodígios que fariam empalidecer os de Moisés. Mais de uma vez nos dirigiram perguntas a tal respeito. Eis agora a nossa resposta.

Vindo à França, o Sr. Home não se dirigiu ao público: ele nem gosta nem procura a publicidade. Se tivesse vindo com propósito de especulação, teria corrido o país, servindo-se da propaganda; teria procurado todas as oportunidades para manifestar-se, e, no entanto, ele as evita; teria estabelecido um preço às suas manifestações, ao passo que nada pede a ninguém. Apesar de sua reputação, o Sr. Home não é o que se pode chamar um homem público; sua vida privada pertence exclusivamente a ele. Desde que nada pede, ninguém tem o direito de perguntar como vive sem cometer uma indiscrição. É mantido por gente poderosa? Isto não nos interessa; tudo quanto podemos dizer é que nesta sociedade de escol ele conquistou simpatias reais e fez amigos dedicados, ao passo que com um pelotiqueiro, a gente paga, diverte-se e acabou-se. No Sr. Home vemos, apenas, um homem dotado de uma faculdade notável. O estudo dessa faculdade é tudo quanto nos interessa e tudo quanto deve interessar aos que não são movidos apenas por sentimentos de curiosidade. A História ainda não abriu para ele o livro de seus segredos; até lá ele pertence à Ciência. Quanto à sua irmã, eis a verdade: é uma menina de onze anos, que ele trouxe a Paris para a sua educação, de que está encarregada ilustre figura. Ela sabe apenas em que consiste a faculdade do irmão. Como se vê, é tudo muito simples e muito prosaico para os amantes de maravilhas.

Agora, por que o Sr. Home teria vindo à França? Não foi para tentar fortuna, como acabamos de provar. Para conhecer o país? Mas ele não o percorre; sai pouco e não tem absolutamente hábitos de turista. O motivo patente é o conselho dos médicos que acham o clima da Europa necessário à sua saúde, mas os fatos mais naturais são por vezes providenciais. Pensamos, pois, que se ele veio é porque devia vir. A França, ainda em dúvida no que concerne às manifestações espíritas, precisava de que lhe fosse desferido um grande golpe; foi o Sr. Home quem teve esta missão e, quanto mais alto foi o golpe, maior foi sua repercussão. A posição, o crédito, as luzes dos que o acolheram e que se convenceram pela evidência dos fatos abalaram as convicções de muita gente, mesmo entre as pessoas que foram testemunhas oculares. Terá, pois, sido a presença do Sr. Home um poderoso auxiliar na propagação das ideias espíritas; se não convenceu a todo mundo, lançou sementes que frutificarão tanto mais quanto mais se multiplicarem os médiuns. Essa faculdade, como dissemos alhures, não constitui privilégio exclusivo; existe em estado latente e em diversos graus numa porção de indivíduos, esperando apenas ocasião de se desenvolver; o princípio está em nós, por efeito mesmo da nossa organização; está na Natureza; todos o temos em germe e não está longe o dia em que veremos surgirem médiuns de todos os lados, em nosso meio, em nossas famílias, entre os pobres como entre os ricos, a fim de que a verdade seja por todos conhecida, porque, conforme o que está anunciado, é uma nova era, uma fase nova que se inicia para a Humanidade. A evidência e a vulgarização dos fenômenos espíritas darão novo curso às ideias morais, como o vapor deu novo curso às indústrias.

Se a vida privada do Sr. Home deve estar fechada às investigações de uma indiscreta curiosidade, há certos detalhes que, a justo título, podem interessar ao público e, para a apreciação dos fatos, o seu conhecimento pode ser mesmo útil.

O Sr. Daniel Dunglas Home nasceu a 15 de março de 1833, perto de Edimburgo. Tem pois, atualmente, vinte e quatro anos. Descende da antiga e nobre família dos Dunglas da Escócia, outrora soberana. É um moço de estatura mediana, louro e cuja fisionomia melancólica nada tem de excêntrica; é de compleição muito delicada, de costumes simples e meigos, de caráter afável e benevolente, sobre o qual o contato das grandezas nem lançou arrogância e ostentação. Dotado de excessiva modéstia, jamais faz praça de sua maravilhosa faculdade, jamais fala de si mesmo e se, numa expansão de intimidade, conta casos pessoais, fá-lo com simplicidade e jamais com a ênfase própria das criaturas com as quais a malevolência procura compará-lo. Muitos fatos íntimos, de nosso conhecimento pessoal, provam seus sentimentos nobres e a elevação de sua alma; nós o constatamos com tanto maior prazer quanto mais se conhece a influência das disposições morais sobre a natureza das manifestações.

Os fenômenos de que o Sr. Home é instrumento voluntário por vezes têm sido contados por amigos muito zelosos com um entusiasmo exagerado, do qual se apoderou a malevolência. Sendo como são, não necessitam de amplificação, mais nociva do que útil à causa. Como o nosso fim é o estudo sério de tudo quanto se liga à Ciência espírita, fechar-nos-emos na estrita realidade dos fatos constatados por nós mesmos ou por testemunhas oculares mais dignas de fé. Podemos, pois, comentá-los, com a certeza de que não estamos raciocinando sobre coisas fantásticas.

O Sr. Home é um médium do gênero dos que produzem manifestações ostensivas, sem excluir por isso as comunicações inteligentes. Mas as suas predisposições naturais lhe dão para as primeiras uma aptidão toda especial. Sob sua influência ouvem-se os mais estranhos ruídos, o ar se agita, os corpos sólidos se movem, levantam-se, transportam-se de um lado a outro, através do espaço, instrumentos de música produzem sons melodiosos, aparecem seres do mundo extracorpóreo, falam, escrevem e por vezes nos abraçam até produzir dor. Muitas vezes ele próprio é visto, em presença de testemunhas oculares, elevado a vários metros de altura, sem qualquer sustentáculo.

Do que nos tem sido ensinado sobre a classe de Espíritos que, em geral, produzem tais manifestações, não se deve concluir que o Sr. Home só esteja em contato com essa classe ínfima do mundo espírita. Seu caráter e as qualidades morais que o distinguem, ao contrário, lhe devem conciliar as simpatias de Espíritos superiores; para estes últimos ele não passa de um instrumento destinado a abrir os olhos aos cegos de maneira enérgica, sem que, por isso, esteja privado de comunicações de ordem mais elevada. Foi uma missão que aceitou;

missão não isenta de tribulações nem de perigos, mas que realiza com resignação e perseverança, sob a égide do Espírito de sua mãe, seu verdadeiro anjo da guarda.

A causa das manifestações do Sr. Home lhe é inata; sua alma, que parece não se prender ao corpo senão por fracos liames, tem mais afinidade com o mundo espírita que com o mundo corpóreo. Eis por que se desprende sem esforço e, mais facilmente que os outros, entra em comunicação com os seres invisíveis. Essa faculdade se lhe revelou desde a mais tenra idade. Aos seis meses seu berço se balançava sozinho, na ausência da pajem, e mudava de lugar. Em seus primeiros anos, era tão débil que apenas se sustinha; sentado no tapete, quando não alcançava os brinquedos, estes vinham pôr-se ao seu alcance. Aos três anos teve suas primeiras visões, cuja memória não conservou. Tinha nove anos quando a família se mudou para os Estados Unidos; lá continuaram os mesmos fenômenos com intensidade crescente, à medida que avançava em idade, mas a sua reputação como médium só se criou em 1855, época em que as manifestações espíritas começaram a se popularizar naquele país. Em 1854 veio à Itália, como dissemos, por motivo de saúde. Espantou Florença e Roma com verdadeiros prodígios. Convertido ao catolicismo nesta última cidade, tomou o compromisso de romper relações com o mundo dos Espíritos. Realmente, durante um ano parece ter sido abandonado por seu poder oculto; mas como tal poder está acima de sua vontade, no fim desse tempo, conforme lhe havia anunciado o Espírito de sua mãe, as manifestações reapareceram com uma nova força. Sua missão estava traçada: está marcado entre aqueles que a Providência escolheu para nos revelar, por sinais patentes, o poder que se superpõe a todas as grandezas humanas.

Se o Sr. Home fosse, como o pretendem os que julgam sem ver, somente um hábil prestidigitador, teria sempre, sem a menor dúvida, mágicas prontas em sua sacola; entretanto, não é senhor de as produzir à vontade. Ser-lhe-ia impossível dar sessões regulares, pois muitas vezes, no momento exato em que tivesse necessidade de sua faculdade, esta poderia faltar. Por vezes, os fenômenos se manifestam espontaneamente, no momento em que menos se espera, enquanto que doutras vezes é incapaz de os provocar, o que é uma circunstância pouco favorável para quem quisesse fazer exibições a hora certa.

Uma prova temos no fato seguinte, tomado entre centenas de outros.

Havia mais de quinze dias que o Sr. Home não obtinha qualquer manifestação quando, almoçando em casa de um amigo com duas ou três pessoas conhecidas, de repente ouviram-se pancadas nas paredes, nos móveis e no teto. Parece que voltam, disse ele. Nesse momento, o Sr. Home estava sentado num canapé com um amigo. Um criado trouxe a bandeja de chá e prepara-se para a colocar sobre a mesa, no meio do salão. Conquanto muito pesada, esta se levanta subitamente do solo, elevando-se a cerca de vinte ou trinta centímetros, como se tivesse sido atraída pela bandeja. Apavorado, o criado deixou a bandeja cair; de um salto, a mesa se atira para o canapé e vem pousar diante do Sr. Home e seu amigo, sem que coisa alguma sobre ela se tivesse desarranjado.

Inquestionavelmente, esse fato não é o mais curioso de quantos temos ouvido, mas apresenta esta particularidade digna de menção: é que se produziu espontaneamente, sem provocação, num círculo íntimo, onde nenhum dos assistentes, cem vezes testemunhas de fatos idênticos, necessitava de novas provas; certamente não era o caso de o Sr. Home demonstrar suas habilidades, se habilidades existem.

MANIFESTAÇÕES DE ESPÍRITOS

RESPOSTA AO SR. VIENNET, POR PAUL AUGUEZ[1]

O Sr. Paul Auguez é um adepto sincero e esclarecido da doutrina espírita; sua obra, que lemos com muito interesse, e na qual se reconhece a pena elegante do autor dos *Élus de l'avenir*,[2] é uma demonstração lógica e sábia dos pontos fundamentais desta doutrina, isto é, da existência dos Espíritos, de suas relações com os homens e, consequen-temente, da imortalidade da alma e de sua individualidade após a morte. Seu fim principal é responder às agressões sarcásticas do Sr. Viennet. E não aborda senão os pontos capitais, limitando-se a provar com os fatos, com o raciocínio e com as autoridades mais respeitáveis, que essa crença não é fundada sobre ideias sistemáticas ou preconceitos vulgares: ao contrário, repousa sobre bases sólidas. A arma do Sr. Viennet é o ridículo; a do Sr. Auguez é a Ciência. Pelas numerosas citações que atestam um

---

[1] Brochura in-12; preço 2,50 fr.: Dentu, Palais-Royal e Germer Baillière, rue de l'École de Médicine, 4.
[2] Eleitos do futuro.

estudo sério e uma profunda erudição, ele prova que se os adeptos de hoje, apesar de sua cifra sempre crescente, e as pessoas esclarecidas de todos os países que a eles se ligassem, fossem, como pretende o ilustre acadêmico, cérebros desequilibrados, tal enfermidade lhes é comum como o é à maioria dos gênios que honram a humanidade.

Nas suas refutações, o Sr. Auguez conservou sempre a dignidade de linguagem, mérito que nunca será por demais louvado: em parte alguma se encontram essas diatribes deslocadas, transformadas em lugares comuns de mau gosto e que nada provam, a não ser a falta de urbanidade. Tudo quanto diz é grave, sério, profundo, à altura do sábio a quem se dirige. Tê-lo-á convencido? Ignoramos; duvidamos mesmo, para falar com franqueza. Mas como, em definitivo, seu livro é feito para todos, as sementes que espalha não serão perdidas. Por mais de uma vez teremos ocasião de citar passagens de sua obra no curso desta publicação, à medida que formos arrastados pela natureza do assunto.

A teoria desenvolvida pelo Sr. Auguez, salvo, talvez, alguns pontos secundários, é a mesma que professamos. Assim, não faremos a respeito nenhuma crítica à sua obra marcante, que será lida com proveito. Apenas uma coisa desejaríamos: um pouco mais de clareza nas demonstrações e de método na ordenação da matéria. O Sr. Auguez tratou o assunto cientificamente, porque se dirigia a um sábio, com certeza capaz de compreender as coisas mais abstratas; mas deveria ter pensado que escrevia menos para um homem do que para um público que lê sempre com mais prazer e mais proveito aquilo que compreende sem esforço.

Allan Kardec

AOS LEITORES DA REVISTA ESPÍRITA

Vários de nossos leitores quiseram responder ao apelo que fizemos em nosso primeiro número, relativamente a informações a serem fornecidas. Grande cópia de fatos foram assinalados, entre os quais alguns muito importantes, pelo que somos infinitamente agradecidos; não o somos menos pelas reflexões que por vezes os acompanham, mesmo quando revelam incompleto conhecimento da matéria: elas permitirão esclarecimentos sobre pontos que não tiverem sido bem compreendidos. Se não fizemos menção imediata dos documentos que nos são fornecidos, nem por isso nos passam despercebidos. Sempre tomamos boa nota, a fim de que, mais cedo ou mais tarde, sejam aproveitados.

A falta de espaço não é a causa única que pode retardar a publicação, mas ainda a oportunidade das circunstâncias e a necessidade de os ligar aos artigos, aos quais podem servir de complemento útil.

A multiplicidade de nossas ocupações, junto à extensa correspondência, nos deixa por vezes na impossibilidade material de responder, como desejáramos, e como era nosso dever, às pessoas que nos honram com suas cartas. Rogamos encarecidamente que não interpretem mal o nosso silêncio, independente de nossa vontade. Esperamos que sua boa vontade não arrefecerá e que não interrompam sua interessante correspondência. Nesse particular novamente chamamos a atenção para a nota no fim da introdução do nosso primeiro número, a respeito de informações que solicitamos obsequiosamente, pedindo, além disso, que não omitam a declaração de que poderemos, quando possível e sem inconvenientes, mencionar pessoas e lugares.

As observações acima aplicam-se igualmente às questões que nos são dirigidas sobre vários pontos da doutrina. Quando essas requerem maior desenvolvimento, tanto menos possível nos é responder por escrito, quando muitas vezes a mesma coisa deve ser repetida a muitas pessoas. Como nossa revista se destina a servir de meio de correspondência, as respostas terão aqui seu lugar natural, à medida que os assuntos tratados nos oferecerem oportunidade. Isso será tanto mais vantajoso e de proveito para todos quanto mais completas puderem ser as respostas.

Allan Kardec

ANO I
MARÇO DE 1858

A PLURALIDADE DOS MUNDOS

Quem ainda não se perguntou, ao considerar a Lua e os outros astros, se esses globos são habitados? Antes que a Ciência nos houvesse iniciado na natureza desses astros, era possível a dúvida; no estado atual de nossos conhecimentos, pelo menos existe a probabilidade; mas a essa ideia, realmente sedutora, fazem-se objeções tiradas da própria Ciência. Diz-se que a Lua, ao que parece, não tem atmosfera e, possivelmente, não tem água. Em Mercúrio, à vista de sua proximidade do Sol, a temperatura média deve ser a do chumbo em fusão, de maneira que se ali houver chumbo, este deve correr como a água dos nossos rios. Em Saturno dá-se o oposto; não temos um termo de comparação para o frio que ali deve existir; a luz do Sol deve ser lá muito fraca, apesar da reflexão de suas sete luas e de seu anel, pois, àquela distância, o Sol deve aparecer apenas como uma estrela de primeira grandeza. Em tais condições pergunta-se se nele é possível a vida.

Não se compreende que semelhante objeção possa ser feita por homens sérios. Se a atmosfera da Lua não foi percebida, será racional inferir que não exista? Não poderá ser constituída de elementos desconhecidos ou bastante rarefeitos para não produzirem refração sensível? O mesmo diremos da água e dos líquidos ali existentes. Em relação aos seres vivos, não seria negar o poder divino julgar impossível uma organização diferente da que conhecemos, quando às nossas vistas a providência da Natureza se estende com uma solicitude tão admirável até o menor inseto e dá a todos os seres órgãos apropriados ao meio em que devem habitar, quer seja a água, o ar ou a terra, quer mergulhados na escuridão, quer expostos à luz do Sol? Se jamais houvéssemos visto um peixe, não poderíamos conceber seres vivendo na água; não faríamos uma ideia de sua estrutura. Até bem pouco tempo quem teria acreditado que um animal pudesse viver indefinidamente no seio de uma pedra?

Mas, sem falar desses extremos, os seres que vivem sob o fogo da zona tórrida poderiam existir nos gelos polares? Entretanto, nos gelos há seres organizados para esse clima rigoroso que não poderiam suportar a ardência de um sol vertical. Por que, então, não admitir que certos seres possam ser constituídos de maneira a viver em outros globos e num meio completamente diverso do nosso? Por certo, sem conhecer a fundo a constituição física da Lua, nós sabemos o bastante para assegurar que ali não poderíamos viver tais quais nós somos, como não o podemos, em companhia dos peixes, no seio do oceano. Pela mesma razão os habitantes da Lua, se um dia pudessem vir à Terra, uma vez que constituídos para viver sem ar ou num ar muito rarefeito, talvez completamente diverso do nosso, seriam asfixiados em nossa espessa atmosfera, como nós quando caímos na água. Ainda uma vez, se não temos a prova material e *de visu* da presença de seres que vivem em outros mundos, nada prova que não possam existir organismos apropriados a um meio ou a um clima qualquer. Ao contrário, diz-nos o simples bom senso que assim deve ser, pois repugna à razão crer que esses inumeráveis globos que circulam no espaço sejam simples massas inertes e improdutivas. A observação ali nos mostra superfícies acidentadas, como aqui, por montanhas, vales, abismos, vulcões extintos e em atividade. Por que então não haveria ali seres orgânicos? Seja, dirão; talvez haja plantas e até animais; seres humanos, porém, homens civilizados como nós, conhecendo Deus, cultivando as artes, as ciências, será possível?

Com certeza nada prova matematicamente que os seres que habitam os outros mundos sejam homens como nós, ou que sejam mais ou menos adiantados que nós, do ponto de vista moral. Mas quando os selvagens da América viram desembarcar os espanhóis, não tiveram mais dúvidas de que além dos mares existia um outro mundo cultivando artes que lhes eram desconhecidas. A Terra é pontilhada de inumerável quantidade de ilhas, grandes e pequenas e tudo o que é habitável é habitado; não surge no mar um rochedo sem que imediatamente o homem ali não plante a sua bandeira. Que diríamos nós se os habitantes de uma das menores dessas ilhas e continentes, mas não tendo tido nunca relações com os que os habitam, se considerassem os únicos seres vivos do globo? Dir-lhe-íamos: Como vocês podem crer que Deus tenha feito o mundo somente para vocês? Por que estranha singularidade a pequena ilha vossa, perdida na solidão do oceano, teria o privilégio de ser a única habitada? O mesmo poderemos dizer em relação às outras esferas. Por que a Terra, pequeno globo imperceptível na imensidade do Universo, que não se distingue dos outros planetas nem por sua posição, nem por seu volume, nem por sua estrutura, pois nem é a maior, nem a menor, nem está no centro, nem nos extremos, por que, dizia eu, entre tantas outras, seria ela a única residência de seres racionais e pensantes? Que homem sensato poderia pensar que esses milhões de astros que brilham sobre nossas cabeças foram feitos para recrear os nossos olhos? Qual seria, então, a utilidade desses milhões de globos invisíveis a olho nu e que não servem nem mesmo para nos iluminar? Não seria orgulho e impiedade pensar que assim fosse? Àqueles a quem pouco importa a impiedade, diremos que é lógico.

Chegamos, pois, por um simples raciocínio, o que muitos outros fizeram antes de nós, a concluir pela pluralidade dos mundos. E tal raciocínio acha-se confirmado pela revelação dos Espíritos. Realmente, eles nos ensinam que todos esses mundos são habitados por seres corpóreos, apropriados à constituição física de cada globo; que entre os habitantes desses mundos uns são mais, outros menos adiantados que nós, do ponto de vista intelectual, moral e mesmo físico. Ainda mais: hoje sabemos que é possível entrar em relação com eles e obter esclarecimentos sobre seu estado; sabemos ainda que não só todos os globos são habitados por seres corpóreos, mas que o espaço é povoado por seres inteligentes, invisíveis para nós, por causa do véu material lançado sobre nossa alma, e que revelam sua existência por meios ocultos ou patentes. Assim, tudo é povoado no universo; a vida e a inteligência estão por toda parte: em globos sólidos, no ar, nas entranhas da Terra, e até nas profundezas etéreas. Haverá em tal doutrina algo que repugne à razão?

Não é, ao mesmo tempo, grandiosa e sublime? Ela nos eleva por nossa mesma pequenez, bem ao contrário desse pensamento egoísta e mesquinho, que nos coloca como os únicos seres dignos de ocupar o pensamento de Deus.

JÚPITER E ALGUNS OUTROS MUNDOS

Antes de entrar em detalhes nas revelações que nos fizeram os Espíritos sobre o estado dos diferentes mundos, vejamos a que consequência lógica poderemos chegar por nós mesmos e pelo simples raciocínio. Reportemo-nos à escala espírita que demos no número anterior; às pessoas que estiverem desejosas de se aprofundar seriamente nesta nova Ciência, recomendamos o estudo cuidadoso daquele quadro e sua compenetração, pois aí encontrarão a chave de muitos mistérios.

O mundo dos Espíritos é composto das almas de todos os humanos desta Terra e de outras esferas, desprendidas dos liames corpóreos; do mesmo modo, todos os humanos são animados por Espíritos neles encarnados. Há, pois, solidariedade entre esses dois mundos: terão os homens as qualidades e as imperfeições dos Espíritos com os quais estão unidos; os Espíritos serão mais ou menos bons ou maus, conforme o progresso que hajam feito durante sua existência corpórea. Essas poucas palavras resumem toda a doutrina. Como os atos dos homens são produtos de seu livre arbítrio, conservam eles o cunho da perfeição ou imperfeição do Espírito que os provoca. Ser-nos-á, pois, fácil fazer uma ideia sobre o estado moral de um mundo qualquer, conforme a natureza dos Espíritos que o habitam; de algum modo podemos descrever sua legislação, traçar um quadro de seus costumes, de seus usos, de suas relações sociais.

Suponhamos, então, um globo habitado exclusivamente por Espíritos da nona classe, Espíritos impuros e para lá nos transportemos em pensamento. Veremos todas as paixões desencadeadas e sem freios; o estado moral no mais baixo grau do embrutecimento; a vida animal em toda sua brutalidade; falta de laços sociais, porque cada um vive e age apenas para si e para a satisfação de seus grosseiros apetites; ali reina o egoísmo como soberano absoluto e arrasta no seu cortejo o ódio, a inveja, o ciúme, a cupidez e o assassínio.

Passemos agora a uma outra esfera onde se encontram Espíritos de todas as classes da terceira ordem: Espíritos impuros, levianos, pseudossábios, neutros. Sabemos que em todas as classes dessa ordem predomina o mal; mas sem ter a ideia do bem, a do mal decresce à medida que se afastam da última classe. O egoísmo é sempre o móvel principal das ações, mas os costumes são mais suaves, a inteligência mais desenvolvida; o mal se apresenta um tanto disfarçado, enfeitado, travestido. Essas mesmas qualidades engendram outro defeito – o orgulho; pois as classes mais elevadas são suficientemente esclarecidas e têm consciência de sua superioridade, mas não o são bastante para compreenderem aquilo que lhes falta. Daí sua tendência à escravização das classes inferiores ou das raças mais fracas, que mantêm sob o seu jugo. Como não têm o sentimento do bem, têm apenas o instinto do eu e põem a inteligência ao serviço da satisfação de suas paixões. Numa tal sociedade, se dominar, o elemento impuro esmagará o outro; caso contrário, os menos maus procurarão destruir os seus adversários; em todo caso haverá luta, luta sangrenta, de extermínio, porque são dois elementos que têm interesses opostos. Para proteger os bens e as pessoas, haverá necessidade de leis; mas estas serão ditadas pelo interesse pessoal e não pela justiça; serão feitas pelo forte, em detrimento do fraco.

Suponhamos agora um mundo onde, entre os elementos maus que acabamos de ver, encontrem-se alguns da segunda ordem: então, em meio à perversidade veremos aparecerem algumas virtudes. Se os bons forem minoria, serão vítimas dos maus; à medida, porém, que se acentua seu predomínio, a legislação torna-se mais humana, mais equitativa e a caridade cristã deixa de ser para todos letra morta. Desse mesmo bem nascerá outro vício. A despeito da guerra incessante dos maus contra os bons, não podem evitar de se estimarem no seu foro íntimo; vendo o ascendente da virtude sobre o vício e não tendo força nem vontade de a praticar, procuram parodiá-la; tomam a sua máscara; daí os hipócritas, tão numerosos em toda sociedade onde a civilização é ainda imperfeita.

Continuemos nossa viagem através dos mundos e paremos neste que nos dará um pouco de repouso do triste espetáculo que acabamos de assistir. É habitado só por Espíritos da segunda ordem. Que diferença! O grau de depuração atingido exclui entre eles qualquer pensamento mau e isto é o bastante para nos dar uma ideia do estado moral dessa terra feliz. A legislação é nela muito simples, pois os homens não têm necessidade de defender-se uns contra os outros; ninguém quer mal ao próximo, ninguém se apropria do que não lhe pertence, ninguém procura viver em detrimento de seu vizinho. Tudo respira benevolência e amor; os homens não procuram prejudicar-se; não existe ódio absolutamente; o egoísmo é desconhecido e a hipocrisia não teria objetivo. Ali não reina a igualdade absoluta porque esta pressupõe uma perfeita identidade de desenvolvimento intelectual e moral. Ora, vemos pela escala espiritual que a segunda ordem compreende vários graus de desenvolvimento; nesse mundo, pois, haverá desigualdade, porque uns serão mais adiantados que outros; mas como entre todos só há o pensamento do bem, os mais adiantados nada conservarão do orgulho nem os outros, da inveja. O inferior compreende o ascendente do superior e se submete, porque tal ascendente é puramente moral e ninguém disso se serve para oprimir os outros.

As consequências que tiramos desse quadro, embora apresentadas de maneira hipotética, não são menos racionais e cada um pode deduzir o estado social de um mundo qualquer, conforme a proporção dos elementos morais de que o supomos constituído. Vimos que, abstração feita da revelação dos Espíritos, todas as probabilidades são para a pluralidade dos mundos; ora, não é menos racional pensar que nem todos estejam no mesmo grau de perfeição e que, por isso mesmo, nossas suposições bem possam ser realidades. De maneira positiva conhecemos apenas o nosso. Que posição ocupa ele nessa hierarquia? Ora! Basta considerar o que se passa nele para ver que está longe de merecer a primeira classe; e estamos convencidos de que, ao ler estas linhas, já se lhe marcou a posição. Quando os Espíritos dizem que, se não está na última, estará numa das últimas, infelizmente o simples bom senso diz que não se equivocam. Temos muito a fazer para o elevar à categoria do que descrevemos por último; e precisamos que o Cristo nos viesse mostrar o caminho.

Quanto à aplicação que podemos fazer de nosso raciocínio aos vários globos de nosso turbilhão planetário, não temos senão o ensino dos Espíritos. Ora, para os que só admitem as provas palpáveis, o fato é que, a esse respeito, sua assertiva não tem a certeza da experimentação direta. Entretanto, diariamente, não aceitamos com confiança as descrições dos viajantes sobre regiões que jamais vimos? Se só devemos crer no que vemos, creremos em pouca coisa. O que nesse caso dá certo valor ao que dizem os Espíritos é a correlação existente entre eles, pelo menos quanto aos pontos capitais. Para nós, que temos testemunhado essas comunicações centenas de vezes, que as apreciamos nos seus mínimos detalhes, que lhes sondamos os pontos fracos e fortes, que observamos as similitudes e as contradições, nelas achamos todos os caracteres da probabilidade. Contudo, não as damos senão como informações e a título de ensinamentos, aos quais cada um será livre de dar a importância que melhor lhe parecer.

Segundo os Espíritos, Marte seria ainda menos adiantado do que a Terra. Os Espíritos ali encarnados parecem pertencer quase que exclusivamente à nona classe, a dos Espíritos impuros, de sorte que o primeiro quadro que demos acima seria uma descrição desse mundo.

Vários outros pequenos globos são, com algumas nuanças, da mesma categoria. Em seguida viria a Terra. A maioria de seus habitantes pertencem incontestavelmente a todas as classes da terceira ordem e uma parte insignificante às últimas classes da segunda ordem. Os Espíritos superiores, da segunda e da terceira classe, aqui desempenham por vezes missões de civilização e de progresso, mas constituem exceções. Mercúrio e Saturno vêm depois da Terra. A superioridade numérica dos bons Espíritos lhes dá preponderância sobre os Espíritos inferiores, do que resulta uma ordem social mais perfeita, relações menos egoístas e, consequentemente, condições de existência mais feliz. A Lua e Vênus são mais ou menos do mesmo grau e, sob todos os aspectos, mais adiantados que Mercúrio e Saturno. Urano e Netuno[1] seriam ainda superiores a estes últimos. É de se supor que os elementos morais destes dois planetas sejam formados das primeiras classes da terceira ordem e de grande maioria de Espíritos da segunda. Os homens são ali infinitamente mais felizes que na Terra, por isso nem têm de sustentar as mesmas lutas, nem sofrer as mesmas tribulações, assim como não se acham expostos às mesmas vicissitudes físicas e morais.

De todos os planetas, o mais adiantado em todos os sentidos é Júpiter. É o reino exclusivo do bem e da justiça, porque só tem bons Espíritos. Pode-se fazer uma ideia do estado feliz de seus habitantes, pelo quadro que demos de um mundo habitado apenas por Espíritos da segunda ordem.

A superioridade de Júpiter não é só no estado moral dos seus habitantes; é também na sua constituição física. Eis a descrição que nos foi dada desse mundo privilegiado, onde encontramos a maior parte dos homens de bem que honraram nossa Terra com sua virtude e com seu talento.

A conformação do corpo é mais ou menos a mesma que aqui, mas é menos material, menos denso e de um peso específico muito pequeno. Enquanto nós rastejamos penosamente na Terra, o habitante

---

[1] No original está: Juno e Urano. Deve ter sido erro gráfico, pois não existe planeta com o nome de Juno, e Netuno está faltando no texto. Juno é apenas o asteróide n. 3, descoberto por Harding. (N. da Ed. Ver. Edicel.)

de Júpiter se transporta de um a outro lugar, deslizando pela superfície do solo, quase sem fadiga, como o pássaro no ar ou o peixe na água. Sendo mais depurada a matéria de que é formado o corpo, dissipa-se após a morte, sem ser submetida à decomposição pútrida. Ali não se conhece a maioria das moléstias que nos afligem, sobretudo aquelas originadas nos excessos de todo gênero e na devastação das paixões. A alimentação está em relação com essa organização eterizada; não seria suficientemente substancial para os nossos estômagos grosseiros, e a nossa seria demasiado pesada para eles: é composta de frutos e plantas; aliás, eles a haurem de alguma maneira, em sua maior parte, no meio ambiente, cujas emanações nutritivas aspiram. A duração da vida é proporcionalmente muito maior que na Terra; a média equivale a cerca de cinco dos nossos séculos. O desenvolvimento é também muito rápido e a infância dura apenas alguns meses.

Sob esse envoltório leve, os Espíritos se desprendem facilmente e entram em comunicação recíproca apenas pelo pensamento, sem contudo se excluir a linguagem articulada; também a segunda vista lhes é faculdade permanente. Seu estado normal pode ser comparado ao de nossos sonâmbulos lúcidos; é por isso que eles se nos manifestam mais facilmente que os encarnados em mundos mais grosseiros e mais materiais. A intuição que têm do seu futuro, a segurança dada por uma consciência isenta de remorsos fazem que a morte não lhes cause nenhuma apreensão; veem-na chegar sem medo e como uma simples transformação.

Os animais não estão excluídos desse estado progressivo, posto não se aproximem daquele do homem, mesmo em relação ao físico; seu corpo, mais material, está preso à gleba, como os nossos. Sua inteligência é mais desenvolvida que a dos nossos; a estrutura de seus membros adapta-se a todas as exigências do trabalho; são encarregados da execução de obras manuais; são os servos e os capatazes; as ocupações do homem são puramente intelectuais. Para eles o homem é uma divindade, mas uma divindade tutelar, que jamais abusa de seu poder para os oprimir.

Os Espíritos que habitam Júpiter geralmente se comprazem, quando querem comunicar-se conosco, em descrever seu planeta; e quando lhes perguntamos a razão, respondem que o fazem a fim de nos inspirar o amor do bem, de par com a esperança de lá chegarmos um dia. Foi com esse propósito que um deles, que viveu na Terra com o nome de Bernard Palissy, célebre oleiro do século dezesseis, tentou espontaneamente, e sem que ninguém lho pedisse, uma série de desenhos, tão notáveis por sua originalidade quanto pelo talento de execução, destinados a nos dar a conhecer, nos seus menores detalhes, esse mundo tão estranho e tão novo para nós. Uns retratam personagens, animais, cenas da vida privada; os mais admiráveis, entretanto, são os que representam habitações, verdadeiras obras-primas, de que coisa alguma na Terra nos poderia dar uma ideia, pois não se assemelham a nada que conhecemos. É um gênero de arquitetura indescritível, tão original e entretanto tão harmoniosa, de uma ornamentação tão rica e tão graciosa, que desafia a mais fecunda imaginação. Victorien Sardou, jovem literato de nossa amizade, cheio de talento e de futuro, mas sem habilidade de desenhista, lhe serviu de intermediário. Palissy prometeu-nos uma série que, de certo modo, será uma monografia ilustrada sobre esse mundo maravilhoso. Esperamos que essa original e interessante coletânea, sobre a qual falaremos em artigo especial, consagrado aos médiuns desenhistas, um dia poderá ser entregue ao público.

O planeta Júpiter, a despeito do quadro sedutor que nos foi dado, não é, entretanto, o mais perfeito dos mundos. Outros há, de nós desconhecidos, que lhe são muito superiores, quer física, quer moralmente, e cujos habitantes gozam de felicidade ainda mais perfeita: são eles o repouso dos Espíritos mais elevados, cujo envoltório etéreo nada mais tem das propriedades conhecidas da matéria.

Já muitas vezes nos têm perguntado se pensamos que a condição do homem aqui é um obstáculo a que possa passar, sem intermediário, da Terra a Júpiter. A todas as perguntas relativas à doutrina espírita jamais respondemos por nossas próprias ideias, contra as quais sempre estamos em guarda. Limitamo-nos a transmitir o ensino que nos é dado e que não aceitamos levianamente e com irrefletido entusiasmo. À pergunta acima respondemos claramente, porque tal é o sentido formal de nossas instruções e o resultado de nossas próprias observações: Sim, deixando a Terra, o homem pode ir imediatamente a Júpiter, ou a um mundo análogo, pois esse não é único na sua categoria. Pode haver certeza disso? Não. Ele poderá ir, pois existem na Terra, embora em número exíguo, Espíritos muito bons e bastante desmaterializados para não se sentirem deslocados num mundo onde o mal não tem acesso. Não há certeza, porque pode haver uma ilusão quanto ao mérito pessoal e, por outro lado, podem ter alhures outra missão a cumprir. Os que podem esperar esse favor seguramente nem são os egoístas e ambiciosos, nem os avarentos e ingratos, nem os invejosos e orgulhosos, nem os vaidosos e hipócritas, nem os sensuais ou qualquer daqueles que se deixaram dominar pelo apego às coisas terrenas. A estes talvez ainda sejam precisas longas e rudes provas. Isso depende da sua vontade.

CONFISSÕES DE LUÍS XI
HISTÓRIA DE SUA VIDA, DITADA POR ELE MESMO À SRTA. ERMANCE DUFAUX

Falando da *História de Joana D'Arc ditada por ela mesma* e propondo-nos a citar várias passagens, dissemos que a Srta. Dufaux havia igualmente escrito a *História de Luís XI*. Este trabalho, um dos mais preciosos no gênero, contém documentos preciosos do ponto de vista histórico. Nele, Luís XI se mostra o profundo político que conhecemos; além disso, dá-nos a chave de vários fatos até aqui inexplicados. Do ponto de vista espírita é uma das mais curiosas mostras de trabalho de fôlego produzidas pelos Espíritos. A esse respeito duas coisas são particularmente notáveis: a rapidez de execução – bastaram quinze dias para ditar a matéria de um grosso volume – e, em segundo lugar, a lembrança tão precisa que pode um Espírito conservar de acontecimentos da vida terrena. Aos que duvidassem da origem desse trabalho e o quisessem atribuir à memória da Srta. Dufaux, diríamos que na verdade seria preciso que uma criança de catorze anos tivesse uma memória fenomenal e uma não menos extraordinária precocidade, para que pudesse escrever de uma assentada uma obra dessa natureza. Mas, admitindo que assim fosse, perguntamos onde essa criança teria obtido as explicações inéditas da sombria política de Luís XI e se não teria sido mais interessante que seus pais lhe atribuíssem o mérito. Das diversas histórias escritas por seu intermédio, a de Joana D'Arc é a única publicada. Fazemos votos para que em breve as outras o sejam e lhes prevemos um sucesso tanto maior quanto mais espalhadas hoje se acham as ideias espíritas.

Extraímos da de Luís XI a passagem relativa à morte do Conde de Charolais:

Os historiadores, ante o fato histórico de que "Luís XI deu ao Conde de Charolais a tenência geral da Normandia", confessam que não compreendem como um rei, que era tão grande político, cometeu um erro tamanho.[1] As explicações dadas por Luís XI são difíceis de contestar, desde que confirmadas por três fatos de todos conhecidos: a conspiração de Constain, a viagem do Conde de Charolais em seguida à execução do culpado e, por fim, a obtenção por este príncipe da tenência geral da Normandia, província que reunia os Estados do Duque de Borgonha e da Bretanha, inimigos sempre ligados contra Luís XI.

Luís XI assim se exprime:

"O Conde de Charolais foi gratificado com a tenência geral da Normandia e uma pensão de trinta e seis libras. Era uma imprudência muito grande aumentar desse modo o poder da casa de Borgonha. Embora essa digressão nos afaste do encadeamento dos negócios da Inglaterra, penso que é meu dever aqui explicar os motivos que me levaram a proceder dessa maneira.

Pouco depois de sua volta dos Países Baixos, o Duque Filipe de Borgonha tinha caído gravemente enfermo. O Conde de Charolais amava realmente a seu pai, apesar dos desgostos que lhe havia causado; é certo que seu caráter fogoso e impulsivo e, sobretudo, minhas pérfidas insinuações poderiam desculpá-lo. Tratou-o com perfeita afeição filial e, dia e noite, não se arredava de seu leito.

A crise do velho duque me levara a sérias reflexões; eu odiava o conde e pensava que tudo devia temer de sua parte; por outro lado, ele tinha apenas uma filha de tenra idade, circunstância que, após a morte do duque, o qual não dava mostras de viver muito, teria ocasionado uma menoridade que os Flamengos, sempre turbulentos, teriam tornado extremamente tempestuosa. Eu então poderia ter-me apoderado facilmente, se não de todos os bens da casa de Borgonha, pelo menos de uma parte, quer mascarando essa usurpação com uma aliança, quer lhe deixando tudo quanto a força lhe dava de odioso. Havia mais razões do que era preciso para mandar envenenar o Conde de Charolais; aliás, a ideia de um crime não me espantava mais.

---

[1] Histoire de France, por Velly e continuadores.

Consegui seduzir o despenseiro do príncipe, Jean Constain. A Itália era uma espécie de laboratório dos envenenadores: foi para lá que Constain mandou Jean D'Ivy, que havia conquistado mediante soma considerável que lhe seria paga ao regressar. D'Ivy quis saber a quem se destinava o veneno; o despenseiro teve a imprudência de confessar que era para o Conde de Charolais.

Depois de se desincumbir de sua tarefa, D'Ivy apresentou-se para receber a soma combinada; mas, em vez de lha pagar, Constain o cobriu de injúrias. Furioso com a recepção, D'Ivy jurou vingar-se. Foi ao Conde de Charolais e contou-lhe tudo quanto sabia. Constain foi preso e conduzido ao castelo de Rippemonde. O medo de ser torturado levou-o a confessar tudo, salvo a minha cumplicidade, esperando talvez que eu intercedesse em seu favor. Já se achava no alto da torre, local designado para o suplício, e já se preparavam para o decapitar quando manifestou desejo de falar ao conde. Contou-lhe então o papel que eu havia desempenhado nessa tentativa. A despeito do espanto e da cólera que experimentou, o Conde de Charolais calou-se e os presentes apenas puderam fazer vagas conjecturas, baseadas nos movimentos de surpresa provocados pelos relatos. Apesar da importância dessa revelação, Constain foi decapitado e seus bens confiscados, mas foram entregues à família pelo Duque de Borgonha.

Seu delator teve a mesma sorte, devida em parte à imprudência de uma resposta dada ao príncipe de Borgonha. Este lhe havia perguntado se, caso a soma prometida lhe tivesse sido paga, ele teria denunciado o complô; ele teve a inconcebível temeridade de responder que não.

Quando o conde veio a Tours, pediu-me uma entrevista particular; nela deixou extravasar todo o seu furor e encheu-me de censuras. Acalmei-o dando-lhe a tenência geral da Normandia e a pensão de trinta e seis mil libras; a tenência geral não passou de um título decorativo; quanto à pensão, recebeu apenas a primeira parte".

A FATALIDADE E OS PRESSENTIMENTOS
INSTRUÇÕES DADAS POR SÃO LUÍS

Um dos nossos correspondentes escreveu-nos o que segue:
"Em setembro último, um barco ligeiro, fazendo a travessia de

Dunkerque a Ostende, foi surpreendido por um temporal durante a noite; o barco virou e pereceram quatro dos oito homens que compunham a tripulação; os outros quatro, entre os quais eu me achava, conseguiram manter-se sobre a quilha. Ficamos a noite inteira nessa horrível posição sem outra perspectiva senão a morte, que se nos afigurava inevitável e da qual já sentíamos todas as angústias. Ao romper do dia, o vento nos empurrou para a costa e pudemos ganhar a terra a nado.

Por que, nesse perigo, igual para todos, apenas quatro sucumbiram? Note que, a meu respeito, é a sexta ou sétima vez que escapo a um perigo tão iminente e mais ou menos nas mesmas condições. Sou realmente levado a pensar que mão invisível me protege. Que fiz eu para isso? Não sei muito; sou uma criatura sem importância e sem utilidade neste mundo e não me gabo de valer mais que os outros; longe disto: entre as vítimas do acidente havia um digno eclesiástico, modelo de virtude evangélica e uma venerável irmã de São Vicente de Paulo, que ia cumprir uma santa missão de caridade cristã. Parece que a fatalidade representa um grande papel em meu destino. Os Espíritos não se achariam ali para alguma coisa? Seria possível conseguir deles uma explicação a respeito, perguntando-lhes, por exemplo, se são eles que provocam ou contornam os perigos que nos ameaçam?..."

Conforme o desejo de nosso correspondente, dirigimos as seguintes perguntas ao Espírito de São Luís, que se comunica de boa vontade, sempre que há uma instrução útil a ministrar.

1. – Quando um perigo iminente ameaça alguém, é um Espírito que dirige o perigo e, quando dele escapa, é outro Espírito que o desvia?

R – Quando um Espírito se encarna, escolhe uma prova; escolhendo-a, cria-se uma espécie de destino que não pode conjurar, desde que se submeteu. Falo das provas físicas. Conservando seu livre arbítrio sobre o bem e o mal, o Espírito é sempre livre de suportar ou repelir a prova. Vendo-o fraquejar, um bom Espírito pode vir em seu auxílio, mas não pode influir sobre ele de modo a dominar sua vontade. Um Espírito mau, isto é, inferior, mostrando-lhe e exagerando o perigo físico, pode abalá-lo e apavorá-lo, mas nem por isso a vontade do Espírito encarnado fica menos livre de qualquer entrave.

2. – Quando um homem está na iminência de ser vítima de um acidente, parece-lhe que o livre arbítrio nada vale. Pergunto, pois, se é um mau Espírito quem provoca tal acidente; se, de algum modo, é a

sua causa; e, no caso em que escape ao perigo, se um bom Espírito veio em seu auxílio. R – Os bons ou os maus Espíritos não podem sugerir senão pensamentos bons ou maus, conforme sua natureza. O acidente está marcado no destino do homem. Quando tua vida é posta em perigo, é sinal que tu mesmo o desejaste, a fim de te desviares do mal e te tornares melhor. Quando escapas ao perigo, ainda sob a influência do perigo que correste, pensas mais ou menos fortemente, conforme a ação, mais ou menos forte, dos bons Espíritos, em te tornares melhor. Sobrevindo um mau Espírito (e digo mau subentendendo o mal que nele ainda está), pensas que igualmente escaparás a outros perigos e novamente te entregarás às tuas paixões desenfreadas.

3. – A fatalidade, que parece presidir os destinos materiais de nossa vida, ainda seria, então, um efeito de nosso livre arbítrio? R – Tu mesmo escolheste a tua prova; quanto mais rude for e melhor a suportares, tanto mais te elevas. Os que passam a vida na abundância e na felicidade humana são Espíritos fracos, que ficam estacionários. Assim, o número dos infortunados ultrapassa de muito o dos felizes deste mundo, de vez que em geral os Espíritos escolhem a prova que lhes dê mais frutos. Eles veem muito bem a futilidade de vossas grandezas e de vossos prazeres. Aliás, a vida mais feliz é sempre agitada, sempre perturbada, mesmo quando não o seja por meio da dor.

4. – Compreendemos perfeitamente esta doutrina; mas isto não explica se certos Espíritos têm uma ação direta sobre a causa material do acidente. Suponhamos que no momento em que um homem passa por uma ponte, esta se desmorona. Quem levou o homem a passar por essa ponte? R – Quando um homem passa por uma ponte que deve cair, não é um espírito que o impele, é o instinto de seu destino que o leva para ela.

5. – Quem faz a ponte desmoronar? R – As circunstâncias naturais. A matéria tem em si as causas da destruição. No caso vertente, se o Espírito tiver necessidade de recorrer a um elemento estranho à sua natureza para mover as forças materiais, recorrerá antes à intuição espiritual. Assim, devendo desmoronar-se aquela ponte, tendo a água desajustado as pedras que a compõem ou a ferrugem roído as correntes que a sustentam, o Espírito, digamos, insinuará antes ao homem que passe por esta ponte; não irá romper uma outra no momento em que ele passa. Aliás, tendes uma prova material do que digo: seja qual for

o acidente, ocorre sempre naturalmente, isto é, as causas se ligam uma às outras e o produzem insensivelmente.

6. – Tomemos um outro caso, em que a destruição da matéria não seja a causa do acidente. Um homem mal intencionado dá-me um tiro; a bala apenas passa de raspão. Teria sido desviada por um bondoso Espírito? R – Não.

7. – Podem os Espíritos advertir-nos diretamente de um perigo? Eis um fato que parece confirmá-lo: uma senhora saiu de casa e seguia pela avenida. Uma voz íntima lhe dizia que voltasse para casa. Ela vacilava. A mesma voz fez-se ouvir várias vezes; então ela voltou; mas refazendo-se, exclamou: Mas... que vim fazer em casa? Vou sair mesmo. Sem dúvida, isto é efeito de minha imaginação. Então retoma o caminho. Dados alguns passos, uma viga que tiravam de uma casa bate-lhe na cabeça e ela cai desacordada. Que voz era aquela? Não era um pressentimento do que lhe ia acontecer? R – Era o instinto. Aliás, nenhum pressentimento tem essas características: são sempre vagos.

8. – Que entendeis por voz do instinto? R – Entendo que, antes de encarnar-se, o Espírito tem conhecimento de todas as fases de sua existência; quando estas têm um caráter saliente, ele conserva uma espécie de impressão em seu foro íntimo e tal impressão, despertando ao aproximar-se o instante, torna-se pressentimento.

Nota: As explicações acima se referem à fatalidade dos acontecimentos materiais. A fatalidade moral é tratada de maneira completa em *O Livro dos Espíritos*.

UTILIDADE DE CERTAS EVOCAÇÕES PARTICULARES

As comunicações que se obtêm de Espíritos muitos elevados ou dos que animaram grandes personagens da Antiguidade são preciosas pelo alto ensino que contêm. Esses Espíritos adquiriram um grau de perfeição que lhes permite abarcar uma esfera de ideias mais extensa, penetrar mistérios que ultrapassam o alcance vulgar da Humanidade e, por conseguinte, melhor que outros, nos iniciar em certas coisas. Não se segue daí que as comunicações de Espíritos de ordens menos elevadas sejam sem utilidade. Longe disto: o observador colhe nelas diversos ensinos. Para conhecer os costumes de um povo é preciso estudá-lo em todos os graus da escala. Quem só o tivesse visto por uma face, conhecê-lo-ia mal. A história de um povo não é a história dos reis e das sumidades sociais: para o julgar é preciso vê-lo em sua vida íntima, nos seus hábitos particulares. Ora, os Espíritos superiores são as sumidades do mundo espírita; sua própria elevação os coloca de tal modo acima de nós que ficamos espantados pela distância que nos separa. Espíritos mais burgueses – permitam-nos a expressão – tornam mais palpáveis as condições de sua nova existência. Neles, a ligação entre a vida corporal e a vida espírita é mais íntima; nós a compreendemos melhor, pois nos toca mais de perto. Aprendendo com eles mesmos no que se tornaram, o que pensam, o que experimentam as pessoas de todas as condições e de todos os caracteres, tanto os homens de bem como os viciosos, tanto os grandes quanto os pequenos, os felizes como os infelizes do século, numa palavra, os homens que viveram entre nós, que vimos e conhecemos, cuja vida real nos é conhecida, como suas virtudes e seus caprichos, compreendemos suas alegrias e seus sofrimentos; a eles nos associamos e colhemos um ensino moral tanto mais proveitoso quanto mais íntimas as relações entre eles e nós. Pomo-nos mais facilmente no lugar daquele que foi igual a nós, do que no daqueles que vemos apenas através da miragem de uma glória celeste. Os Espíritos vulgares mostram-nos a aplicação prática das grandes e sublimes verdades, cuja teoria nos ensinam os Espíritos superiores. Aliás, no estudo de uma Ciência nada há de inútil: Newton encontrou a lei das forças do Universo num fenômeno simplíssimo.

Tais comunicações têm outra vantagem: a de constatar a identidade dos Espíritos de modo mais preciso. Quando um Espírito nos diz que foi Sócrates ou Platão, somos obrigados a crer sob palavra porque ele não traz carteira de identidade; podemos ver em suas palavras se desmente ou não a origem que ele se atribui: julgamo-lo Espírito elevado – eis tudo. Se realmente foi Sócrates ou Platão, pouco importa. Mas quando o Espírito de nossos parentes, de nossos amigos ou daqueles que conhecemos se nos manifesta, ocorrem mil e uma circunstâncias de detalhes íntimos, nos quais a identidade não poderia ser posta em dúvida: adquirindo, de certo modo, a prova material. Pensamos, pois, que nos agradecerão se fizermos, de vez em quando, algumas dessas evocações íntimas: é o romance dos costumes da vida espírita sem a ficção.

PALESTRAS FAMILIARES DE ALÉM-TÚMULO

O ASSASSINO LEMAIRE[1]

Condenado à pena máxima pelo Tribunal do Aisne,[2] foi executado a 31 de dezembro de 1857; evocado a 29 de janeiro de 1858.

1. – Peço a Deus Todo-Poderoso permitir que o assassino Lemaire, executado a 31 de dezembro de 1857, venha até nós. R – Eis-me aqui.

2. – Como pôde tão prontamente atender ao nosso apelo? R – Raquel o disse.[3]

3. – Que sentimento experimenta em nossa presença? R – De vergonha.

4. – Como é que uma jovem, mansa como um cordeiro, pode servir de intermediário a um ser sanguinário como tu? R – Deus o permite.

5. – Conservaste todo o conhecimento até o último instante? R – Sim.

6. – Imediatamente após a tua execução, tiveste consciência de tua nova existência? R – Eu estava mergulhado numa perturbação imensa, da qual ainda não saí. Senti uma grande dor; parece que meu coração a sentiu. Vi qualquer coisa rolar ao pé do cadafalso; vi o sangue correr e minha dor tornou-se mais pungente.

7. – É uma dor puramente física, semelhante à causada por uma ferida grave, como, por exemplo, a amputação de um membro? R – Não; imagina um remorso, uma grande dor moral.

---

[1] Esta comunicação foi transcrita na obra de Kardec "*O Céu e o Inferno*". É a segunda do capítulo VI – *Criminosos arrependidos* – mas aparece ali muito reduzida. (N. do T.)

[2] Tribunal de juízes superiores do Departamento do Aisne, no norte da França.

[3] Tendo sido evocada alguns dias antes pelo mesmo médium, a Srta. Raquel apresentou-se instantaneamente. A respeito foram-lhe feitas as seguintes perguntas:

– Como é que veio tão prontamente, no mesmo instante em que foi evocada? Dir-se-ia que já estava pronta?

– Quando Ermance (a médium) nos chama, vimos imediatamente.

– Tem, pois, muita simpatia pela senhorita Ermance?

– Há um laço entre ela e nós. Ela vinha a nós; nós vamos a ela.

– Não há, entretanto, semelhança no caráter de ambas; então como há simpatia?

– Jamais ela deixou inteiramente o mundo dos Espíritos.

8. – Quando começaste a sentir essa dor? R – Desde que fiquei livre.

9. – A dor física causada pelo suplício foi sentida pelo corpo ou pelo Espírito? R – A dor moral estava em meu Espírito; o corpo sentiu a dor física; mas, separado, o Espírito ainda a ressentia.

10. – Viste teu corpo mutilado? R – Vi algo informe, que me parecia ter deixado; entretanto sentia-me inteiro; eu era eu mesmo.

11. – Que impressão de causou essa visão? R – Sentia demais a minha dor; perdia-me nela.

12. – É verdade que o corpo vive ainda alguns instantes após a decapitação e que o supliciado tem consciência de suas ideias? R – O Espírito retira-se pouco a pouco; quanto mais o apertam os laços da matéria, menos pronta é a separação.

13. – Quanto tempo dura? R – Mais ou menos.[1]

14. – Diz-se que tem sido notada no rosto de certos supliciados uma expressão de cólera e movimentos, como se ele quisesse falar. É o efeito de uma contração nervosa ou nisso participa a vontade? R – A vontade; porque o Espírito ainda não se havia retirado.

15. – Qual o primeiro sentimento que experimentaste ao entrar na nova existência? R – Um sofrimento intolerável; uma espécie de remorso pungente, cuja causa ignorava.

16. – Tu te encontraste com os teus cúmplices, executados ao mesmo tempo? R – Por infelicidade nossa. Vermo-nos é um suplício contínuo: cada um reprova ao outro o seu crime.

17. – Encontras as tuas vítimas? R – Eu as vejo: são felizes... seu olhar me persegue. Sinto que penetra até ao fundo do meu ser... Em vão procuro fugir.

18. – Que sentimento experimentas à sua vista? R – Vergonha e remorso. Eu as elevei com minhas próprias mãos e ainda as odeio.

19. – Que sentimento elas experimentam quando te veem? R – De piedade!

20. – Têm ódio e desejo de vingança? R – Não. Seus votos atraem para mim a expiação. Não podeis avaliar que horrível suplício é tudo dever àquele a quem se odeia.

---

[1] Vide a resposta precedente.

21. – Lamentas a vida terrena? R – Só lamento os meus crimes. Se o acontecido ainda dependesse de mim, eu não sucumbiria mais.

22. – Como foste conduzido à vida criminosa que levaste? R – Escuta! Eu me julgava forte; escolhi uma rude prova; e cedi às tentações do mal.

23. – A tendência para o crime estava em tua natureza ou foste arrastado pelo meio em que viveste? R – A tendência para o crime estava em minha natureza, porque eu era apenas um Espírito inferior. Quis elevar-me rapidamente, mas pedi mais do que as minhas forças.

24. – Se tivesses recebido bons princípios de educação, poderias desviar-te da vida do crime? R – Sim; mas eu escolhi a posição em que nasci.

25. – Terias podido agir como um homem de bem? R – Como um homem fraco, tanto incapaz para o bem quanto para o mal. Eu podia paralisar o mal em minha natureza durante a existência; mas não podia elevar-me até praticar o bem.

26. – Quando vivo acreditavas em Deus? R – Não.

27. – Diz-se que te arrependeste no momento de morrer. É verdade? R – Acreditei num Deus vingador... e temi a sua justiça.

28. – Agora é mais sincero o teu arrependimento? R – Ah! Vejo aquilo que fiz!

29. – Que pensas agora de Deus? R – Eu o sinto e não o com-preendo.

30. – Achas justo o castigo que te foi infligido na Terra? R – Sim.

31. – Esperas obter o perdão de teus crimes? R – Não sei.

32. – Como pensas resgatar os crimes? R – Por novas provas; mas me parece que a Eternidade está entre mim e elas.

33. – Como poderás expiar numa nova existência as faltas anteriores, se não te lembrares delas? R – Terei a sua intuição.

34. – Estas provas serão cumpridas na Terra ou em outro mundo? R – Não sei.

35. – Onde te achas agora? R – Em meu sofrimento.

36. – Pergunto em que lugar te achas agora... R – Perto de Ermance.

37. – Estás reencarnado ou errante? R – Errante; se estivesse

reencarnado teria esperança. Já disse: parece-me que a Eternidade está entre mim e a expiação.

38. – Desde que estás aqui, se te pudéssemos ver, qual seria a tua forma? R – Sob a minha forma corporal, com a cabeça separada do tronco.

39. – Podes nos aparecer? R – Não; deixai-me!

40. – Podes dizer-nos como te evadiste da prisão de Montdidier? R – Não sei mais... meu sofrimento é tão grande que só me resta a lembrança do crime... Deixai-me!

41. – Poderíamos dar algum alívio aos teus sofrimentos? R – Fazei votos para que chegue à expiação.

A RAINHA DE AÚDE[1]

Nota: Nestas palestras suprimiremos, daqui por diante, a fórmula de evocação, que é sempre a mesma, a menos que sua resposta apresente alguma particularidade.

1. – Que sensação experimentastes ao deixar a vida terrena? R – Não poderei dizer: experimento ainda uma perturbação.

2. – Sois feliz? R – Não.

3. – Por que não sois feliz? R – Tenho saudades da vida... não sei... experimento uma dor pungente. A vida ter-me-ia livrado disso... gostaria que meu corpo se levantasse do sepulcro.

4. – Lamentais não terdes sido enterrada em vosso país, e sim entre os cristãos? R – Sim: a terra indiana pesaria menos sobre o meu corpo.

5. – Que pensais das honras fúnebres tributadas aos vossos despojos? R – Foram muito mesquinhas: eu era rainha e nem todos dobraram os joelhos perante mim... Deixai-me... Obrigam-me a falar... Não quero que saibais o que agora sou... Fui rainha, notai bem.

6. – Respeitamos a vossa hierarquia e vos pedimos que respondais para nos instruirmos. Pensais que um dia vosso filho recuperará os domínios paternos? R – Por certo meu sangue reinará, pois é digno disso.

---

[1] Esta manifestação está no livro *O Céu e o Inferno*, de Allan Kardec, capítulo VII, sob o título *Espíritos endurecidos*. Aúde é um antigo reino da Índia, cuja capital é Aódia (em inglês, Luknow), entre o Ganges e o Himalaia. (N. da Eq. Rev.)

7. – Ligais à restauração de vosso filho no trono de Aúde a mesma importância de quando vivíeis? R – Meu sangue não pode ser confundido com a multidão.

8. – Qual a vossa opinião atual sobre a verdadeira causa da revolta das Índias? R – O indiano foi feito para ser senhor em sua casa.

9. – Que pensais do futuro reservado àquele país? R – A Índia será grande entre as nações.

10. – Não foi possível escrever no atestado de óbito o lugar de vosso nascimento. Podereis dizer-nos agora? R – Nasci do mais nobre sangue da Índia. Creio que nasci em Délhi.

11. – Vós, que vivestes nos esplendores do luxo e cercada de honras, que pensais agora? R – Elas me eram devidas.

12. – A classe que ocupastes na Terra vos confere uma posição mais elevada no mundo onde hoje estais? R – Sou sempre rainha... Que me mandem escravas para me servirem!... Não sei, parece que não se preocupam comigo aqui... Entretanto eu sou sempre eu.

13. – Pertencíeis à religião muçulmana ou a uma religião indiana? R – Muçulmana; mas eu era grande demais para me ocupar de Deus.

14. – Que diferença notais entre a religião que professáveis e a religião cristã, quanto à felicidade futura do homem? R – A religião cristã é absurda, pois considera a todos como irmãos.

15. – Qual a vossa opinião sobre Maomé? R – Não era filho de rei.

16. – Teria ele missão divina? R – Que me importa isso?

17. – Qual a vossa opinião sobre o Cristo? R – O filho do carpinteiro não é digno de ocupar meu pensamento.

18. – Que pensais do costume muçulmano de subtrair as mulheres aos olhares dos homens? R – Penso que as mulheres foram feitas para dominar: eu, eu era mulher.

19. – Alguma vez invejastes a liberdade que desfrutam as mulheres da Europa? R – Não; que me importava a sua liberdade? Elas são servidas de joelhos?

20. – Qual a vossa opinião sobre a condição da mulher em geral, na espécie humana? R – Que me importam as mulheres? Se me falasses de rainhas!...

21. – Recordai-vos de ter tido outras existências na Terra, antes desta que acabais de deixar? R – Devo ter sido sempre rainha.

22. – Por que viestes tão prontamente ao nosso apelo? R – Eu não o queria; fui forçada... Pensais que me dignaria a responder? Quem sois vós junto de mim?

23. – Quem vos obrigou a vir? R – Não sei... Entretanto, aqui não deve haver ninguém maior que eu.

24. – Em que lugar aqui vos encontrais? R – Perto de Ermance.

25. – Sob que forma aqui estais? R – Sou sempre rainha... Pensais que eu haja deixado de o ser? Sois pouco respeitoso... Sabei que às rainhas se fala de outra maneira.

26. – Por que não vos podemos ver? R – Eu não quero.

27. – Se pudéssemos ver-vos seria com os vossos vestidos, ornatos e jóias? R – Certamente!

28. – Como é que tendo deixado tudo isso, vosso Espírito conservou a aparência, sobretudo de vossas vestes e jóias? R – Elas não me deixaram... Sou sempre tão bela quanto era... Não sei que ideia fazeis de mim! É verdade que nunca me vistes.

29. – Que impressão vos causa estardes em nosso meio? R – Se eu pudesse não estaria aqui. Tratais-me com tão pouco respeito! Não quero que me tratem assim... Chamai-me Majestade: do contrário não responderei mais.

30. – Vossa Majestade compreendia a língua francesa? R – Por que não? Eu sabia tudo.

31. – Gostaria Vossa Majestade de responder em inglês? R – Não... Não me deixareis tranquila?... Quero ir embora... Deixai-me. Pensais que eu esteja submetida aos vossos caprichos?... Sou rainha e não sou escrava.

32. – Pedimos apenas a bondade de responder ainda a duas ou três perguntas. R – *Resposta de São Luís, que estava presente*: Deixai-a, pobre transviada! Tende piedade de sua cegueira. Que ela vos sirva de exemplo! Não sabeis quanto sofre o seu orgulho.

Observação: Essa palestra oferece vários ensinamentos. Evocando essa grandeza decaída, agora no túmulo, não esperávamos respostas muito profundas, dado o tipo de educação das mulheres naquele país; pensávamos encontrar nesse Espírito, se não a filosofia, pelo menos um mais verdadeiro sentimento da realidade e ideias mais sadias sobre as vaidades e grandezas terrenas. Longe disso, nela as ideias terrenas conservavam toda a sua força: é o orgulho, que nada perde de suas ilusões, que luta contra sua própria fraqueza e que, na verdade, deve sofrer muito na sua impotência. Na previsão de respostas de natureza completamente diferentes, tínhamos preparado diversas perguntas que perderam a significação. As respostas foram tão diferentes daquilo que esperávamos, como também as pessoas presentes, que não poderíamos ver nelas a influência de um pensamento estranho. Elas têm, entretanto, um cunho tão característico de personalidade, que demonstram claramente a identidade do Espírito que se manifestou.

Com razão a gente se admira de ver Lemaire, o homem degradado e manchado por todos os crimes, manifestar, em sua linguagem de além-túmulo, sentimentos que denotam uma certa elevação e uma apreciação muito exata da situação, ao passo que na rainha de Aúde, cuja posição social poderia ter nela desenvolvido o senso moral, as ideias terrenas não sofreram qualquer modificação. Parece fácil explicar a razão dessa anomalia. Por mais degradado que fosse, Lemaire vivia no meio de uma sociedade civilizada e esclarecida, que tinha reagido sobre sua natureza grosseira; sem o perceber, havia absorvido alguns raios da luz que o cercava e esta luz fez nascer nele pensamentos abafados por sua abjeção, mas cujo germe, nem por isso, deixava de subsistir.

A situação é completamente outra com a rainha de Aúde: o meio em que viveu, os hábitos, a falta absoluta de cultura intelectual, tudo devia ter contribuído para manter em todo o seu vigor as ideias de que se imbuíra na infância; nada pôde modificar essa natureza primitiva, sobre a qual os preconceitos mantiveram todo o seu império.

O DR. XAVIER

DIVERSAS QUESTÕES PSICOFISIOLÓGICAS

Um médico de grande talento, que designaremos pelo nome de Xavier, falecido há alguns meses, havia-se ocupado muito de magnetismo; deixara um manuscrito, que supunha viesse revolucionar a Ciência. Antes de morrer havia lido *O Livro dos Espíritos* e desejado um contato com seu autor. A moléstia de que sucumbiu não o permitira. Sua evocação foi feita a pedido da família; e as respostas, eminentemente instrutivas, levaram-nos a inseri-las nesta coletânea, mas suprimindo tudo o que era de interesse particular.

1. – Lembrai-vos do manuscrito que deixastes? R – Ligo-lhe pouca importância.

2. – Qual a sua opinião atual sobre ele? R – Obra vã de um ser que se ignorava a si mesmo.

3. – Entretanto, pensáveis que essa obra revolucionaria a Ciência. R – Agora vejo muito claramente.

4. – Como Espírito, poderíeis corrigir e acabar o manuscrito? R – Parti de um ponto que conhecia mal; talvez tivesse que refazer tudo.

5. – Sois feliz ou infeliz? R – Espero e sofro.

6. – Que esperais? R – Novas provas.

7. – Qual a causa de vossos sofrimentos? R – O mal que fiz.

8. – Entretanto, não fizestes o mal intencionalmente. R – Conheces bem o coração humano?

9. – Sois errante ou encarnado? R – Errante.

10. – Quando vivo, qual a vossa opinião sobre a Divindade? R – Não acreditava nela.

11. – E agora? R – Não creio bastante.

12. – Desejáveis entrar em contato comigo; lembrai-vos? R – Sim.

13. – Vedes-me e reconheceis-me como a pessoa com quem desejáveis entrar em relação? R – Sim.

14. – Que impressão vos deixou *O Livro dos Espíritos*? R – Ele me desconcertou.

15. – Que pensais agora? R – É uma grande obra.

16. – Que pensais do futuro da doutrina espírita? R – É grande, mas certos discípulos a prejudicam.

17. – Quais os que a prejudicam? R – Os que atacam coisas reais: as religiões, as primeiras e mais simples crenças dos homens.

18. – Como médico e em razão dos estudos que fizestes, sem dúvida podeis responder as seguintes perguntas: Pode o corpo conservar por alguns instantes a vida orgânica após a separação da alma? R – Sim.

19. – Por quanto tempo? R – Não há tempo.

20. – Peço que esclareçais a resposta. R – Isso dura apenas alguns instantes.

21. – Como se opera a separação entre alma e corpo? R – Como um fluido que se escapa de um vaso qualquer.

22. – Há uma linha de separação real entre a vida e a morte? R – Os dois estados se tocam e se confundem; assim, o Espírito se desprende pouco a pouco de seus laços; desata-os e não os arrebenta.

23. – Esse desprendimento da alma opera-se mais prontamente nuns que noutros? R – Sim: nos que em vida se elevaram acima da matéria, pois sua alma pertence mais ao mundo dos Espíritos que ao terrestre.

24. – Em que momento se opera a união entre alma e corpo na criança? R – Quando a criança respira; como se ela recebesse a alma com o ar exterior.

Observação: Esta opinião é consequência do dogma católico. Realmente, a Igreja ensina que a alma só será salva pelo batismo; ora, como a morte natural intrauterina é muito frequente, que aconteceria a essa alma que, segundo a Igreja, fosse privada do único meio de salvação, caso existisse no corpo antes do nascimento? Para ser consequente, seria necessário que o batismo fosse realizado, senão de fato, pelo menos intencionalmente, desde o momento da concepção.

25. – Como, então, explicais a vida intrauterina? R – Como a planta que vegeta. A criança vive sua vida animal.

26. – Há crime em privar a criança da vida antes de nascer, desde que nessa época a criança não tem alma e, pois, não é um ser humano? R – A mãe ou qualquer outra pessoa que tirasse a vida a uma criança antes de nascer cometeria um crime, pois impediria uma alma de suportar as provas de que o corpo deveria ser instrumento.

27. – Não obstante dar-se-ia a expiação que deveria sofrer a alma impedida de reencarnar? R – Sim; mas Deus sabia que a alma não seria unida àquele corpo. Assim, nenhuma alma deveria unir-se àquele envoltório corporal: *era a prova da mãe*.

28. – Caso a vida da mãe corresse perigo com o nascimento da criança, haveria crime em sacrificar esta para salvar aquela? R – Não; é preciso sacrificar o ser que não existe ao que existe.

29. – A união entre alma e corpo opera-se instantânea ou gradualmente? Isto é, será necessário um tempo apreciável para que tal união seja completa? R – O Espírito não entra bruscamente no corpo. Para

medir esse tempo, imaginai que o primeiro sopro que a criança recebe é a alma que entra no corpo: o tempo em que o peito se eleva e se abaixa.

30. – A união da alma com tal ou qual corpo é predestinada ou a escolha só se verifica no momento de nascer? R – Deus a marcou. Essa questão requer maiores desenvolvimentos. Escolhendo a prova que quer passar, o Espírito pede para encarnar; ora, Deus, que tudo sabe e tudo vê, soube e viu previamente que tal alma unir-se-ia a tal corpo. Quando o Espírito nasce nas baixas camadas sociais, sabe que sua vida será de labor e sofrimento. A criança que vai nascer tem uma existência que resulta, até certo ponto, da posição dos pais.

31. – Por que pais bons e virtuosos têm filhos de natureza perversa? Por outras palavras, por que as boas qualidades dos pais não atraem sempre, por simpatia, um bom Espírito para lhes animar o filho? R – Um mau Espírito pede bons pais, na esperança de que seus conselhos o dirijam por melhor caminho.

32. – Podem os pais, pelo pensamento e pela prece, atrair para o corpo da criança um bom Espírito ao invés de um inferior? R – Não; mas podem melhorar o Espírito da criança a que deram nascimento. É seu dever: os maus filhos são uma prova para os pais.

33. – Compreende-se o amor materno pela conservação da vida do filho; mas, desde que esse amor está na Natureza, por que há mães que odeiam os filhos e, muitas vezes, desde o nascimento? R – Maus Espíritos, que procuram entravar o Espírito da criança, a fim de que sucumba na prova que desejou.

34. – Agradecemos as explicações que nos destes. R – Para vos instruir, tudo farei.

Nota: A teoria dada por esse Espírito sobre o instante da união da alma ao corpo não é bem exata. A união começa desde a concepção, isto é, desde o momento em que o Espírito, sem estar encarnado, liga-se ao corpo por um laço fluídico, que se vai reforçando cada vez mais, até o nascimento. A encarnação só se completa quando a criança respira (Vide *O Livro dos Espíritos*, nº 344 e seguintes).

O SR. HOME

II

(SEGUNDO ARTIGO. VER O NÚMERO DE FEVEREIRO DE 1858)

Como dissemos, o Sr. Home é um médium do gênero daqueles sob cuja influência se produzem, mais especialmente, fenômenos físicos, sem excluir por isso as manifestações inteligentes. Todo efeito que revela a ação de uma vontade livre é, por isso mesmo, inteligente, isto é, deixa de ser puramente mecânico e não poderia ser atribuído a um agente exclusivamente material; mas daí às comunicações instrutivas de um elevado alcance moral e filosófico há uma grande distância e não é de nosso conhecimento que o Sr. Home as obtenha de tal natureza.

Não sendo um médium escrevente, a maioria das respostas é dada por batidas vibradas, indicativas das letras do alfabeto, meio sempre imperfeito e bastante lento, que dificilmente se presta a desenvolvimentos de uma certa extensão. Entretanto, ele também consegue a escrita, mas por processo de que falaremos daqui a pouco.

Digamos, de início, como princípio geral, que as manifestações ostensivas, que nos chocam os sentidos, podem ser espontâneas ou provocadas. As primeiras são independentes da vontade; muitas vezes, mesmo, dão-se contra a vontade daquele que lhes é objeto e para quem nem sempre são agradáveis. Fatos desse gênero são frequentes e, sem remontar aos relatos mais ou menos autênticos dos tempos remotos, a História contemporânea no-los oferece em numerosos exemplos cuja causa, a princípio ignorada, está hoje perfeitamente conhecida: tais são, por exemplo, os ruídos insólitos, os movimentos desordenados dos objetos, o puxar de cortinas, o arrancar das cobertas, certas aparições, etc. Algumas pessoas são dotadas de uma faculdade especial, que lhes dá o poder de provocar esses fenômenos, ao menos parcialmente, por assim dizer, à vontade. Essa faculdade não é muito rara e, em cem pessoas, pelo menos cinqüenta a possuem, em maior ou menor grau. O que distingue o Sr. Home é que nele a faculdade está desenvolvida, como nos médiuns de sua espécie, de modo, por assim dizer, excepcional. Uns não conseguem mais do que leves pancadas ou um insignificante deslocamento de uma mesa, ao passo que, sob a influência do Sr. Home, fazem-se ouvir os ruídos mais retumbantes e todo o mobiliário de uma sala pode ser revirado e os móveis amontoados uns sobre os outros. Por mais estranhos que pareçam tais fenômenos, o entusiasmo de alguns admiradores muito zelosos ainda achou um jeito de os amplificar, por meio de pura invencionice. Por outro lado, os detratores não ficaram inativos: contaram a seu respeito toda sorte de histórias, que só se passaram em sua imaginação.

Eis um exemplo:

"O Marquês de..., uma das figuras que mais interesse demonstraram pelo Sr. Home e em cuja residência este era recebido com intimidade, achava-se um dia com ele na ópera. Na platéia estava o Sr. P..., um dos nossos assinantes, e que conhece a ambos pessoalmente. Seu vizinho estabelece a conversa com ele; o assunto é o Sr. Home.

– O Sr. acredita, diz este último, que aquele pretenso feiticeiro, aquele charlatão, encontrou meios de penetrar em casa do Marquês de ...? Mas os seus artifícios foram descobertos e ele foi posto à rua a pontapés, como um vil intrujão.

– O Sr. tem certeza? Pergunta o Sr. P... Conhece o marquês?

– Certamente, responde o interlocutor.

Nesse caso, retorquiu o Sr. P..., olhe para aquele camarote: o Sr. poderá vê-lo, em companhia do próprio Home, no qual não parece que queria dar pontapés.

Diante disso, o nosso infeliz boateiro, achando melhor não continuar a conversa, tomou o chapéu e desapareceu. Por aí se pode julgar do valor de certas afirmações. Por certo que se alguns fatos divulgados pela maledicência fossem verdadeiros, ter-lhe-iam fechado muitas portas; entretanto, como as casas mais respeitáveis sempre lhe estiveram abertas, é de concluir-se que sempre e por toda parte ele se conduziu como um cavalheiro. Aliás, basta haver conversado um pouco com o Sr. Home para ver que, com a sua timidez e sua simplicidade de caráter, ele seria o mais desajeitado dos embusteiros. Insistimos nesse ponto pela moralidade da causa.

Voltemos às suas manifestações.

Como o nosso objetivo é dar a conhecer a verdade, no interesse da Ciência, tudo quanto relatamos é colhido em fontes de tal maneira autênticas que lhe podemos garantir a mais escrupulosa exatidão: obtivemo-lo de testemunhas oculares muito sérias, muito esclarecidas e altamente colocadas, de modo que sua sinceridade não poderá ser posta em dúvida. Se se dissesse que tais pessoas houvessem sido, de boa-fé, vítimas de uma ilusão, responderíamos que há circunstâncias que escapam a toda suposição desse gênero. Aliás, tais pessoas estavam muito interessadas em conhecer a verdade para não se premunirem contra qualquer falsa aparência.

Geralmente, o Sr. Home inicia suas sessões pelos fatos conhecidos: pancadas numa mesa, ou em qualquer outra parte do apartamento, pela maneira por que já o descrevemos. Vem a seguir o movimento da mesa, que se opera, a princípio, pela imposição de mãos, dele só ou de várias pessoas reunidas, depois à distância e sem contato: é uma espécie de ensaio. Muito frequentemente não obtém mais que isto: depende da disposição em que se encontra e, algumas vezes também, da dos assistentes. Há pessoas perante as quais jamais produziu coisa alguma – mesmo pessoas amigas. Não nos alongaremos sobre esses fenômenos hoje tão conhecidos e que não se distinguem senão por sua rapidez e energia. Muitas vezes, após várias oscilações e balanços, a mesa se destaca do solo e eleva-se gradativamente, lentamente, por pequenos impulsos, não apenas alguns centímetros, mas até o teto e fora do alcance das mãos; depois de haver ficado suspensa no espaço durante alguns segundos, desce como havia subido, lentamente, gradativamente.

A suspensão de um corpo inerte e de um peso específico incomparavelmente maior que o do ar é um fato conhecido e, pois, compreende-se que o mesmo se possa dar com um corpo animado. Não nos consta que o Sr. Home tivesse agido sobre outra pessoa além dele mesmo; ainda assim o fato não ocorreu só em Paris, mas em vários lugares, tanto em Florença quanto na França, principalmente em Bordéus, em presença das mais respeitáveis testemunhas, cujos nomes citaríamos, caso fosse preciso. Como a mesa, ele foi elevado até o teto e desceu do mesmo modo. O que há de bizarro nesse fenômeno é que não se produz por um ato de sua vontade. Ele mesmo nos disse que não se apercebe do fato e pensa que está sempre no solo, salvo quando olha para baixo: são as testemunhas que o veem elevar-se. Quanto a ele, nesses momentos experimenta a sensação produzida pelo balanço do navio sobre as ondas. Aliás, esse fato não é absolutamente peculiar ao Sr. Home. A História registra diversos exemplos autênticos, que relataremos posteriormente.

De todas as manifestações produzidas pelo Sr. Home, a mais extraordinária é, sem dúvida, a das aparições, razão por que nelas mais insistimos, à vista das graves consequências daí decorrentes e da luz que elas lançam sobre uma porção de outros fatos. O mesmo se dá com os sons produzidos no ar, instrumentos de música que tocam sozinhos, etc. Examinaremos tais fenômenos detalhadamente no próximo número.

De volta de uma viagem à Holanda, onde produziu uma sensação profunda na corte e na alta sociedade, o Sr. Home acaba de partir para a Itália. Com a saúde gravemente alterada, ele necessitava de um clima mais suave.

Confirmamos prazerosamente a notícia dada por alguns jornais, de um legado de seis mil francos de renda, que lhe fez uma senhora inglesa, por ele convertida à doutrina espírita e em reconhecimento pela satisfação que ela experimentou. Por todos os títulos, o Sr. Home merecia essa prova de consideração. De parte da doadora, o ato é um precedente que terá o aplauso de todos quantos partilham de nossas convicções. Esperemos que um dia a doutrina terá os seus Mecenas: a posteridade inscreverá seus nomes entre os benfeitores da Humanidade. A Religião nos ensina a existência da alma e a sua imortalidade; o Espiritismo dá-nos a sua prova viva e palpável, não mais pelo raciocínio, mas pelos fatos. O materialismo é um dos vícios da sociedade atual, porque engendra o egoísmo. Que há, realmente, fora do *eu* para que tudo seja referido à matéria e à vida presente? Intimamente ligada às ideias religiosas, esclarecendo-nos sobre a nossa natureza, a doutrina Espírita nos mostra a felicidade na prática das virtudes evangélicas; ela lembra ao homem os seus deveres para com Deus, para com a sociedade e para consigo mesmo. Ajudar a sua propagação é desferir um golpe mortal na chaga do ceticismo que nos invade como um mal contagioso; honra pois aos que empregam nessa obra os bens com que Deus os favoreceu na Terra!

MAGNETISMO E ESPIRITISMO

Quando apareceram os primeiros fenômenos espíritas, algumas pessoas pensaram que essa descoberta, se assim a podemos chamar, iria desferir um golpe de morte no magnetismo e que aconteceria como nas invenções: a mais aperfeiçoada faz esquecer sua predecessora. Tal erro não tardou a se dissipar e prontamente se reconheceu o parentesco próximo das duas Ciências. Com efeito, baseando-se ambas na existência e na manifestação da alma, longe de se combaterem, podem e devem se prestar mútuo apoio: elas se completam e se explicam mutuamente. Entretanto, seus respectivos adeptos discordam nalguns pontos: certos magnetistas[1] ainda não admitem a existência ou, pelo menos, a manifestação dos Espíritos; pensam que podem tudo explicar só pela ação do fluido magnético, opinião que nos limitamos a constatar, reservando-nos para a discutir mais tarde. Nós mesmos a partilhávamos a princípio; mas, como tantos outros, tivemos de nos render à evidência dos fatos. Ao contrário, os adeptos do Espiritismo são todos concordes com o magnetismo, todos admitem sua ação e reconhecem nos fenômenos sonambúlicos uma manifestação da alma. Essa oposição, aliás, se enfraquece dia a dia, e é fácil prever que não está longe o dia em que cessará qualquer distinção. Tal divergência nada tem de surpreendente. No começo de uma Ciência ainda tão nova é muito fácil que cada um, olhando as coisas de seu ponto de vista, dela forme uma ideia diferente. As Ciências mais positivas tiveram sempre, e têm ainda, suas seitas, que sustentam ardorosamente teorias contrárias; os sábios criaram escola contra escola, bandeira contra bandeira e, muitas vezes, para sua dignidade, as polêmicas se tornaram irritantes e agressivas para o amor próprio ofendido e ultrapassaram os limites de uma sábia discussão. Esperemos que os sectários do magnetismo e do Espiritismo, mais bem inspirados, não deem ao mundo o escândalo de discussões muito pouco edificantes e sempre fatais à propagação da verdade, seja qual for o lado em que ela esteja. Podemos ter nossa opinião, sustentá-la e discuti-la: mas o meio de nos esclarecermos não é nos estraçalhando, processo pouco digno de homens sérios e que se torna ignóbil desde que entre em jogo o interesse pessoal.

O magnetismo preparou o caminho do Espiritismo, e os rápidos progressos desta última doutrina são incontestavelmente devidos à vulgarização das ideias sobre a primeira. Dos fenômenos magnéticos, do sonambulismo e do êxtase às manifestações espíritas há apenas um

---

[1] Magnetizador é o que pratica o magnetismo: magnetista é aquele que lhe adota os princípios. Pode-se, pois, ser magnetista sem ser magnetizador; mas não se pode ser magnetizador sem ser magnetista.

passo; sua conexão é tal que, por assim dizer, é impossível falar de um sem falar do outro. Se tivermos que ficar fora da Ciência do magnetismo, nosso quadro ficará incompleto e poderemos ser comparados a um professor de Física que se abstivesse de falar da luz. Contudo, como o magnetismo já possui entre nós órgãos especiais justamente acreditados, seria supérfluo insistirmos sobre um assunto tratado com superioridade de talento e de experiência. A ele não nos referiremos, pois, senão acessoriamente, mas de maneira suficiente para mostrar as relações íntimas das duas Ciências que, na verdade, não passam de uma.

Devíamos aos nossos leitores essa profissão de fé, que terminamos com uma justa homenagem aos homens de convicção que, enfrentando o ridículo, o sarcasmo e os dissabores, dedicaram-se corajosamente à defesa de uma causa tão humanitária. Seja qual for a opinião dos contemporâneos sobre o seu proveito pessoal, opinião que é sempre mais ou menos o reflexo das paixões vivazes, a posteridade far-lhes-á justiça: ela colocará os nomes do Barão Du Potet, diretor do *Journal du Magnétisme*, do Sr. Millet, diretor da *Union Magnétique*, ao lado de seus ilustres pioneiros, o Marquês de Puységur e o sábio Deleuze. Graças aos seus esforços perseverantes, o magnetismo, popularizado, fincou pé na Ciência oficial, onde já se fala dele aos cochichos. Este vocábulo passou à linguagem comum: já não afugenta e, quando alguém se diz magnetizador, já não lhe riem no rosto.

Allan Kardec

ANO I
ABRIL DE 1858

PERÍODO PSICOLÓGICO

Conquanto as manifestações espíritas se tenham verificado em todos os tempos, é incontestável que hoje se produzem de maneira excepcional. Interrogados sobre a matéria, os Espíritos foram unânimes na resposta: "São chegados os tempos", dizem eles, "marcados pela Providência para uma manifestação universal. Têm eles o encargo de dissipar as trevas da ignorância e dos preconceitos. É uma era nova que começa e prepara a regeneração da humanidade". Esse pensamento acha-se desenvolvido de maneira notável numa carta que recebemos de um de nossos assinantes, da qual extraímos a seguinte passagem:

"Cada coisa tem seu tempo. O período que acaba de escoar-se parece ter sido especialmente destinado pelo Todo-Poderoso ao progresso das Ciências físicas e matemáticas. E é provavelmente com o fito de dispor os homens aos conhecimentos exatos que ele se opôs, durante tanto tempo, à manifestação dos Espíritos, como se essa mesma manifestação pudesse ser prejudicial ao positivismo exigido pelo estudo das Ciências. Numa palavra, quis habituar o homem a procurar nas Ciências de observação a explicação de todos os fenômenos que a seus olhos se deviam produzir.

Parece que o período científico chega hoje a seu termo; e, após os imensos progressos nele realizados, não seria impossível que o novo período, que deve suceder àquele, fosse consagrado pelo Criador às iniciações de ordem psicológica. Na imutável lei de perfectibilidade, estabelecida para os seres humanos, que pode ele fazer, depois de os haver iniciado nas leis físicas do movimento e de lhes haver revelado motores com os quais mudam a face do globo? O homem sondou as profundezas mais longínquas do espaço; a marcha dos astros e o movimento geral do Universo já lhe não guardam segredos; lê nas camadas geológicas a história da formação do globo; a luz se transforma, à sua vontade, em imagens duradouras; domina o raio; com o vapor e a eletricidade suprime as distâncias e o pensamento atravessa o espaço com a rapidez do relâmpago. Chegado a esse ponto culminante, ao qual a História da Humanidade não oferece nenhum símile, qualquer que tenha sido o seu grau de avanço nas eras remotas, parece-me razoável pensar que a ordem psicológica lhe abre uma nova estrada na via do progresso. É, pelo menos, o que se poderia induzir dos fatos que se produzem em nossos dias e se multiplicam por todos os lados. Esperemos, pois, que se aproxime o momento – se é que ainda não chegou – em que o Todo-Poderoso nos vai iniciar em novas, grandes e sublimes verdades. A nós cabe compreendê-lo e secundá-lo na obra da regeneração".

Essa carta é do Sr. Georges, do qual falamos em nosso primeiro número. Cabe-nos apenas felicitá-lo por seu progresso na doutrina. Os elevados pontos de vista que desenvolve demonstram que a compreende sob seu verdadeiro prisma. Para ele a doutrina não se resume na crença nos Espíritos e em suas manifestações: é toda uma Filosofia. Como ele, admitimos que entramos no período psicológico; e os motivos que nos apresenta são perfeitamente racionais, posto não pensemos que o período científico tenha dito a última palavra; ao contrário, supomos que ainda nos reserva muitos outros prodígios. Estamos numa época de transição, na qual se confundem os caracteres dos dois períodos.

Os conhecimentos que os Antigos possuíam sobre as manifestações dos Espíritos não serviriam de argumento contra a ideia do período psicológico, que se prepara. Com efeito, notamos que na Antiguidade esses conhecimentos se limitavam a um estreito círculo de homens de escol; sobre eles tinha o povo apenas algumas ideias, falseadas pelos preconceitos e desfiguradas pelo charlatanismo dos sacerdotes, que delas se serviam como um meio de dominação. Como já o dissemos alhures, jamais esses conhecimentos se perderam: ficaram como fatos isolados, certamente porque não eram ainda chegados os tempos para que fossem compreendidos. Aquilo que hoje se passa tem um caráter completamente diverso: as manifestações são gerais; chocam a sociedade de alto a baixo. Os Espíritos já não ensinam nos recessos misteriosos dos templos, inacessíveis ao vulgo. Esses fatos se passam em plena luz; falam uma linguagem a todos inteligível.

Tudo, pois, anuncia, do ponto de vista moral, uma nova fase para a Humanidade.

O ESPIRITISMO ENTRE OS DRUIDAS

Sob o título Le vieux neuf,[1] o Sr. Edouard Fournier publicou há dez anos, em Le Siècle, uma série de artigos tão notáveis, do ponto de vista de erudição, quanto interessantes em relação à História. Passando em revista todas as invenções e descobertas modernas, prova o autor que se o nosso século tem o mérito da aplicação e do desenvolvimento, não tem – pelo menos quanto à maior parte delas – o da prioridade. À época em que o Sr. Fournier escrevia esses magníficos folhetins ainda não se cogitava de Espíritos, sem o que não teria ele deixado de sublinhar que tudo quanto se passa hoje é mera repetição daquilo que os Antigos sabiam tão bem ou melhor do que nós. E o lamentamos: porque suas profundas investigações ter-lhe-iam permitido escavar a antiga mística, tanto quanto escavou a Antiguidade industrial; e fazemos votos por que suas laboriosas pesquisas sejam um dia dirigidas para esse lado.

Quanto a nós, as observações pessoais nenhuma dúvida nos deixam relativamente à antiguidade e à universalidade da doutrina ensinada pelos Espíritos. A coincidência entre o que hoje nos dizem e as crenças das mais remotas eras é um fato significativo do mais elevado alcance. Faremos notar, entretanto, que se encontramos por toda parte os traços da doutrina espírita, em parte alguma a vemos completa. Parece ter sido reservada à nossa época a tarefa de coordenar esses fragmentos esparsos entre todos os povos, a fim de chegarmos à unidade de princípios, por meio de um conjunto mais completo, e, sobretudo, mais geral de manifestações que, parece, dão razão ao autor do artigo citado pouco antes, sobre o período psicológico, no qual aparentemente vai entrando a Humanidade.

Quase que por toda parte a ignorância e os preconceitos desfiguraram essa doutrina, cujos princípios fundamentais se misturam às práticas supersticiosas de todos os tempos, exploradas com o fim de abafar a razão. Entretanto, sob esse amontoado de absurdos germinam as mais sublimes ideias, como sementes preciosas ocultas sob as sarças, à espera da luz vivificante do sol para se desenvolverem. Mais universalmente esclarecida, nossa geração afasta as sarças; esse arroteamento, entretanto, não pode ser feito sem transição.

---

[1] O velho novo.

Deixemos, pois, às boas sementes o tempo necessário ao seu desenvolvimento e às más ervas, o tempo para desaparecerem.

A doutrina druídica oferece-nos um curioso exemplo daquilo que acabamos de dizer. Essa doutrina, de que não conhecemos mais que as práticas exteriores, eleva-se, sob certos aspectos, às mais sublimes verdades. Mas essas verdades eram apenas para os iniciados: apavorado pelos sacrifícios sangrentos, o público colhia com santo respeito o agárico sagrado do carvalho e via apenas a fantasmagoria. Poderemos avaliá-lo pela citação do texto que segue, extraído de um documento tão precioso quão desconhecido, o qual lança uma luz completamente nova sobre a verdadeira Teologia de nossos ancestrais.

"Oferecemos à reflexão de nossos leitores um texto céltico, há pouco publicado, e cujo aparecimento causou certa emoção no mundo culto. É impossível, ao certo, saber-lhe o autor e, mesmo, a que século remonta. Mas o que é incontestável é que pertence à tradição dos bardos da Gália.

Sabe-se com efeito que a Gália é, ainda em nossos dias, o mais fiel asilo da nacionalidade gaulesa que, entre nós, sofreu profundas modificações. Apenas roçada pela dominação romana, que nela se deteve pouco tempo e fracamente; preservada da invasão dos bárbaros pela energia de seus habitantes e pelas dificuldades de seu território; submetida, mais tarde, à dinastia normanda, a qual, entretanto, se viu obrigada a lhe deixar um certo grau de independência, o nome de Galles *Gallia*, que sempre conservou, é um traço distintivo, pelo qual se liga, sem descontinuidade, ao período antigo. A língua *kymrica*, falada outrora em toda a parte setentrional da Gália, jamais deixou de ser usada; muitos costumes são igualmente gauleses. De todas as influências estranhas, a única que logrou um triunfo completo foi o Cristianismo. Mas não o conseguiu sem grandes dificuldades, relativamente à supremacia da Igreja Romana, cuja reforma, no século dezesseis não fez mais que determinar sua queda, há muito preparada, nessas regiões cheias de um sentimento de indefectível independência.

Pode-se mesmo dizer que, convertendo-se ao Cristianismo, os druidas não se extinguiram totalmente na Gália, como na nossa Bretanha e em outras regiões de sangue gaulês. Tiveram como consequência imediata uma sociedade muito solidamente constituída, em aparência dedicada principalmente ao culto da poesia nacional, mas que, sob o manto poético, conservou com uma fidelidade notável a herança intelectual da Gália antiga: a Sociedade Bárdica na Gália que, depois de se haver mantido como sociedade secreta durante toda a Idade Média, por uma transmissão oral de seus monumentos literários e de sua doutrina, à semelhança do que faziam os druidas, decidiu-se ao redor dos séculos dezesseis e dezessete a confiar à escrita as partes mais essenciais dessa herança. Desse acervo, cuja autenticidade é assim atestada por uma cadeia tradicional ininterrupta, procede o texto de que falamos. E o seu valor, dadas essas circunstâncias, não depende, como se vê, da mão que teve o mérito de o escrever, nem da época em que sua redação pôde assumir sua forma última. O que ali transpira, acima de tudo, é o espírito dos bardos medievais, que por sua vez eram os últimos discípulos dessa corporação sábia e religiosa que, sob o nome de druidas, dominou a Gália durante o primeiro período de sua História, mais ou menos à maneira por que o fez o clero latino durante a Idade Média.

Ainda mesmo que estivéssemos privados de todas as luzes quanto à origem do texto de que se trata, é claro que estaríamos na via certa, dado o seu acordo com os ensinamentos que os autores gregos e latinos nos deixaram relativamente à doutrina religiosa dos druidas. Constitui-se este acordo de pontos indubitáveis de solidariedade que se apoiam em razões tiradas da própria substância de tais escritos. E a solidariedade, assim demonstrada em relação aos artigos capitais – os únicos de que nos falaram os Antigos –, estende-se, naturalmente, aos desenvolvimentos secundários. Com efeito, penetrados do mesmo espírito, estes derivam necessariamente da mesma fonte; fazem corpo com o fundo e não se podem explicar senão por este. E ao mesmo tempo que, por uma dedução tão lógica, remontam aos primitivos depositários da religião druídica, é impossível assinalar-lhes qualquer outro ponto de partida. Porque, fora da influência druídica, a região de onde promanam não sofreu nenhuma outra, além da influência cristã, totalmente estranha a tais doutrinas.

Os temas desenvolvidos nas tríades estão mesmo tão completamente fora do Cristianismo que as raras influências cristãs que aqui e ali se infiltraram no seu conjunto, logo à primeira vista, se distinguem do fundo primitivo. Essas influências oriundas ingenuamente da consciência dos bardos cristãos, bem podiam, se assim se pode dizer, ter sido intercaladas nos interstícios da tradição, mas não lograram fundir-se com esta. A análise do texto é, pois, tão simples quão rigorosa, por isso que pode reduzir-se a pôr de lado tudo quanto traz o selo do Cristianismo e, uma vez operada a triagem, considerar como de origem druídica tudo quanto fica visivelmente caracterizado por uma religião diferente da do Evangelho e dos Concílios. Assim, para citar apenas o que é essencial, partindo do tão conhecido princípio de que o dogma da caridade em Deus e no homem é tão peculiar ao Cristianismo quanto o da migração das almas o é ao antigo Druidismo, um certo número de tríades, nas quais respira um espírito de amor jamais conhecido na Gália primitiva, traem-se imediatamente como as marcas de um caráter comparativamente moderno; ao passo que as outras, animadas por um sopro completamente diferente, revelam ainda melhor o cunho de alta antiguidade que os distingue.

Enfim, não é demais observar que a própria forma do ensino contido nas tríades é de origem druídica. Sabe-se que os druidas tinham uma predileção particular pelo número três e o empregavam especialmente, como no-lo mostram a maioria dos monumentos gauleses, para a transmissão de suas lições que, mediante esse corte preciso, mais facilmente era gravada na memória. Diógenes Laércio nos conservou uma dessas tríades, que resume sucintamente o conjunto de deveres do homem para com a Divindade, para com os semelhantes e para consigo mesmo: 'Honrar os seres superiores, não cometer injustiça e cultivar em si a virtude viril'. A literatura dos bardos propagou uma multidão de aforismos do mesmo gênero, relativos a todos os ramos do saber humano: Ciências, História, Moral, Direito, Poesia. Não os há mais interessantes nem mais adequados a inspirar grandes reflexões que aqueles cujo texto publicamos a seguir, conforme a versão francesa do Sr. Adolphe Pictet.

Dessa série de tríades, as onze primeiras são consagradas à exposição dos atributos característicos da Divindade. É óbvio que nesta seção as influências cristãs, como era fácil de prever, tivessem a maior ação. Se não se pode negar que o Druidismo tenha conhecido o princípio da unidade de Deus, talvez por sua mesma predileção pelo número ternário se tenha elevado a conceber, de certo modo confuso, algo como a divina Trindade. É contudo incontestável que o que completa esta alta concepção teológica – a saber, a distinção das pessoas e, particularmente, da terceira – ficou completamente estranho a essa antiga religião. Tudo conduz à prova de que seus antigos sectários se preocupavam muito mais em fundar a liberdade do homem do que a caridade. E foi mesmo em consequência dessa falsa posição do ponto de partida que ela pereceu. Também parece razoável referir a uma influência cristã, mais ou menos determinada, todo esse exórdio, principalmente a partir da quinta tríade.

Em seguida aos princípios gerais relativos à natureza de Deus, passa o texto a expor a constituição do Universo. O conjunto dessa constituição é formulado superiormente em três tríades que, mostrando o ser particular numa ordem absolutamente diferente daquela de Deus, completam a ideia que deve ser feita do Ser único e imutável. Sob fórmulas mais explícitas, essas tríades mais não fazem, entretanto, que reproduzir aquilo que já era sabido, pelo testemunho dos antigos, sobre a doutrina da circulação das almas, passando alternativamente da vida à morte e da morte à vida. Podem ser consideradas como o comentário de um verso célebre da *Farsália*,[1] no qual o poeta exclama, dirigindo-se aos sacerdotes da Gália, que, se aquilo que ensinam é certo, a morte não é mais que o meio de uma longa vida: *Longae vitae mors media est*.

DEUS E O UNIVERSO

I – Há três unidades primitivas e de cada uma delas não poderia existir mais que uma: um Deus, uma verdade e um ponto de liberdade, isto é, o ponto onde se encontra o equilíbrio de toda oposição.

II – Três coisas procedem das três unidades primitivas: toda vida, todo bem e todo poder.

III – Deus é necessariamente três coisas: a maior parte da vida, a maior parte da ciência e a maior parte do poder; e de cada coisa não poderia haver uma parte maior.

IV – Três coisas Deus não pode deixar de ser: o que deve constituir o bem perfeito, o que deve querer o bem perfeito e o que deve realizar o bem perfeito.

V – Três garantias do que Deus faz e fará: seu poder infinito, sua sabedoria infinita, seu amor infinito; pois não há nada que não possa

---

[1] Farsália, localidade que se tornou célebre pela batalha que marcou o triunfo de César sobre Pompeu, em 48 a. C. Poema de Lucano, poeta latino natural de Córdoba, na Espanha. Consta de dez livros e narra a guerra civil entre César e Pompeu. (N. do T.)

ser efetuado, que não possa tornar-se verdadeiro e que não possa ser desejado por um atributo.

VI – Três fins principais da obra de Deus, como Criador de todas as coisas: diminuir o mal, reforçar o bem e esclarecer toda diferença; de modo que se possa saber o que deve ser ou, ao contrário, o que não deve ser.

VII – Três coisas que Deus não pode deixar de conceder: o que há de mais vantajoso, o que há de mais necessário e o que há de mais belo para cada coisa.

VIII – Três forças da existência: não pode ser de outro modo, não ser necessariamente outra e não poder ser melhor pela concepção; nisto está a perfeição de todas as coisas.

IX – Três coisas prevalecerão necessariamente: o supremo poder, a suprema inteligência e o supremo amor de Deus.

X – As três grandezas de Deus: vida perfeita, ciência perfeita, poder perfeito.

XI – Três causas originais dos seres vivos: o amor divino, de acordo com a suprema inteligência; a sabedoria suprema, pelo conhecimento perfeito de todos os meios; e o poder divino, de acordo com a vontade, o amor e a sabedoria de Deus.

OS TRÊS CÍRCULOS

XII – Há três círculos de existência: *o círculo da região vasia (cegant)* onde – exceto Deus – não há nada vivo nem morto e nenhum ser que Deus não possa atravessar; *o círculo da migração (abred)* onde todo ser animado procede da morte, que o homem atravessou; e *o círculo da felicidade (gwynfyd)*, onde todo ser animado procede na vida, que o homem atravessará no céu.

XIII – Três estados sucessivos dos seres animados: o estado de humilhação no abismo *anufn*, o estado de liberdade na humanidade e o estado de felicidade no céu.

XIV – Três fases necessárias de toda existência em relação à vida: o começo em *annoufn*, a transmigração em *abred* e a plenitude em *gwynfyd*; e sem estas três coisas nada pode existir, exceto Deus.

Assim, em resumo, sobre este ponto capital da Teologia cristã, de que Deus, por seu poder criador, tira as almas do nada, as tríades não se pronunciam de maneira precisa. Depois de haver mostrado Deus na esfera eterna e inacessível, elas simplesmente mostram as almas se originando nas últimas camadas do Universo, no abismo (*anufn*); daí passam para o círculo das migrações (*abred*), onde seu destino é determinado por uma série de existências, segundo o bom ou mau uso que hajam feito de sua liberdade; por fim elevam-se ao círculo supremo (*gwynfyd*), onde cessam as migrações, onde não se morre, onde a vida se escoa na felicidade, conservando, entretanto, uma atividade perpétua e a plena consciência de sua individualidade. Na verdade, o Druidismo não cai no erro das teologias orientais, que levam o homem a ser finalmente absorvido no seio imutável da Divindade: pois, ao contrário, distingue um círculo especial, o círculo do vazio ou do infinito (*cegant*), que forma o privilégio incomunicável do Ser supremo, e no qual nenhum ser, seja qual for o grau de sua santidade, jamais poderá penetrar. É o ponto mais elevado da religião, porque marca o limite fixado ao progresso das criaturas.

O traço mais característico dessa Teologia, posto seja puramente negativo, consiste na ausência de um círculo particular, tal como o Tártaro da Antiguidade pagã, destinado à punição sem fim das almas criminosas. Para os druidas não existe o inferno propriamente dito. *A distribuição dos castigos, aos seus olhos, efetua-se no círculo das migrações, pela ligação das almas em condições de existência mais ou menos infelizes, onde, sempre senhoras de sua liberdade, expiam suas faltas pelo sofrimento e se dispõem, pela reforma de seus vícios, a um futuro melhor.* Em certos casos pode mesmo acontecer que as almas retrogradem até aquela região do *anufn*, onde nascem, e à qual quase não se pode dar outro significado senão o da animalidade. Por este lado perigoso da retrogradação, que nada justifica, por isso que a diversidade de condições de existência no círculo da humanidade é perfeitamente suficiente à penalidade de todos os graus, o druidismo teria, então, chegado a deslizar até à metempsicose. Mas esse extremo desagradável, *ao qual não conduz nenhuma necessidade da doutrina do desenvolvimento das almas pela via das migrações*, como se verá pela série de tríades relativas ao regime do círculo de abred, parece ter ocupado no sistema da religião um lugar secundário.

Salvo algumas obscuridades, devidas talvez às dificuldades de uma língua cujas profundezas metafísicas ainda não se nos tornaram bem conhecidas, as declarações das tríades relativas às condições inerentes ao círculo de *abred* derramam as mais vivas luzes sobre o conjunto da religião druídica. Sente-se que nela perpassa um sopro de superior originalidade. O mistério que à inteligência oferece o espetáculo de nossa existência atual adquire nela uma feição singular, que não se encontra em parte alguma. Dir-se-ia que um grande véu, rompendo-se aquém e além da vida, deixa a alma nadar de repente, com uma força inesperada, através de uma extensão indefinida, de que jamais foi capaz de suspeitar por si mesma na sua prisão entre as portas espessas do nascimento e da morte. Seja qual for o julgamento a que cheguemos quanto à veracidade dessa doutrina, não podemos deixar de convir que é profunda. Refletindo sobre o efeito que, inevitavelmente, devia produzir sobre as almas simples estes princípios sobre sua origem e seu destino, é fácil compreendermos a enorme influência que os druidas tinham adquirido, naturalmente, sobre o espírito de nossos antepassados. Em meio às trevas da Antiguidade, esses ministros sagrados não podiam deixar de aparecer, aos olhos da população, como os reveladores do Céu e da Terra.

Eis o texto notável de que se trata:

O CÍRCULO DE ABRED

XV – Três coisas necessárias no círculo de *abred*: o menor grau possível de toda a vida e, daí, o seu começo; a matéria de todas as coisas e, daí, o crescimento progressivo, o qual não se realiza no estado de carência; e a formação de todas as coisas da morte e, daí, a debilidade das existências.

XVI – Três coisas das quais todo ser vivo participa necessariamente, pela justiça de Deus: o socorro de Deus em *abred*, porque sem isso ninguém poderia conhecer coisa alguma; o privilégio de participar do amor de Deus; e o acordo com Deus quanto à realização pelo poder de Deus, enquanto for justo e misericordioso.

XVII – Três causas da necessidade do círculo de *abred*: o desenvolvimento da substância material de todo ser animado; o desenvolvimento do conhecimento de todas as coisas; e o desenvolvimento da força moral para superar todo contrário e a *Cythrôl* (o mau Espírito) e para libertar-se de Drug (o mal). E sem esta transição de cada estado de vida, não poderia haver nele a realização de nenhum ser.

XVIII – Três calamidades primitivas de *abred*: a necessidade, a ausência de memória e a morte.

XIX – Três condições necessárias para chegar à plenitude da Ciência: transmigrar em *abred*, transmigrar em *gwynfyd* e recordar-se de todas as coisas passadas, até em *annoufn*.

XX – Três coisas indispensáveis no círculo de *abred*: a transgressão da lei, pois não pode ser de outro modo; o resgate pela morte ante *Drug* e *Cythrôl*; o desenvolvimento da vida e do bem pelo afastamento de *Droug* no resgate da morte; e isso pelo amor de Deus, que abrange todas as coisas.

XXI – Três meios eficazes de Deus em *abred* para dominar *Drug* e *Cythrôl* e para superar a sua posição, em relação ao círculo *gwynfyd*: a necessidade, a perda da memória e a morte.

XXII – Três coisas são primitivamente contemporâneas: o homem, a liberdade e a luz.

XXIII – Três coisas necessárias à vitória do homem sobre o mal: a firmeza contra a dor, a mudança, a liberdade de escolha; e com o poder que tem o homem de escolher, não é possível ter a certeza prévia de para onde irá.

XXIV – Três alternativas oferecidas ao homem: *abred* e *gwynfud*, necessidade e liberdade, mal e bem; o todo em equilíbrio, e pode o homem à vontade ligar-se a um ou outro.

XXV – Por três coisas cai o homem na necessidade de *abred*: pela ausência de esforços para o conhecimento, pelo não apego ao bem e pelo apego ao mal. Em consequência dessas coisas, desce em *abred* até o seu análogo e recomeça o curso de sua transmigração.

XXVI – Por três coisas retorna o homem necessariamente a *abred*, embora noutros sentidos esteja ligado ao que é bom: pelo orgulho, cai até o *anufn*; pela falsidade, até o ponto do demérito equivalente; e pela crueldade, até o grau correspondente de animalidade. Daí transmigra novamente para a humanidade como antes.

XXVII – As três principais coisas a obter no estado de humanidade: a Ciência, o amor, a força moral, no mais alto grau possível de desenvolvimento, antes que sobrevenha a morte. Isso não pode ser obtido anteriormente ao estado de humanidade, e não o pode ser senão pelo privilégio da liberdade e da escolha. Essas três coisas são chamadas as três vitórias.

XXVIII – Há três vitórias sobre *Drug* e *Cythrôl*: a Ciência, o amor e a força moral; porque o saber, o querer e o poder realizam o que quer que seja em sua conexão com as coisas. Essas três vitórias começam na condição de humanidade e se desenvolvem eternamente.

XXIX – Três privilégios da condição do homem: o equilíbrio do bem e do mal, e da faculdade de comparar; a liberdade na escolha e, daí, o julgamento e a preferência; e o desenvolvimento da força moral em consequência do julgamento e, daí, a preferência. Essas três coisas são necessárias à realização do que quer que seja.

"Assim, em resumo, o início dos seres no seio do Universo dá-se no mais baixo ponto da escala da vida; e se não é levar muito longe as consequências da declaração contida na vigésima sétima tríade, pode-se conjecturar que na doutrina druídica esse ponto inicial estava supostamente no abismo confuso e misterioso da animalidade. Daí, consequentemente, desde a origem mesma da história da alma, a necessidade lógica do progresso, por isso que os seres não são por Deus destinados a ficar em condição tão baixa e tão obscura. Contudo, nos estágios inferiores do Universo esse progresso não se desenrola segundo uma linha contínua; esta longa vida, nascendo tão baixo para elevar-se tanto, quebra-se em segmentos, solidários na base de sua sucessão; mas a sua misteriosa solidariedade, graças à falta de memória, escapa, pelo menos por algum tempo, à consciência do indivíduo. São essas interrupções periódicas, no secular curso da vida, que constituem aquilo a que chamamos morte. De maneira que a morte e o nascimento que, por uma consideração superficial, formam dois acontecimentos tão diversos, na realidade, não são mais que as duas faces do mesmo fenômeno: uma voltada para o período que se acaba, a outra para o que se inicia.

Considerada em si mesma, não é pois, a morte, desde então, uma calamidade verdadeira, mas um benefício de Deus que, rompendo os hábitos estreitíssimos, que havíamos contraído com a nossa vida presente, transporta-nos a novas condições e dá lugar, assim, a que nos elevemos mais livremente a novos progressos.

Assim como a morte, a perda da memória, que a acompanha, não deve ser tomada senão como um benefício. É uma consequência do primeiro ponto. Porque, se no curso dessa longa vida, a alma conservasse claramente suas lembranças de um período a outro, a interrupção seria meramente acidental e não haveria nem morte, propriamente dita, nem nascimento, pois que esses dois acontecimentos perderiam, desde então, o caráter absoluto que os distingue e lhes dá força. E, mesmo do ponto de vista dessa Teologia, não é difícil perceber diretamente, no que respeita aos períodos passados, em que a perda da memória possa ser considerada um benefício, relativamente ao homem, na sua condição presente. Porque se esses períodos passados, como a posição atual do homem num mundo de sofrimentos, constituem uma prova, infelizmente foram manchados de erros e de crimes, causa primeira das misérias e das expiações de hoje, evidentemente é uma vantagem para a alma achar-se livre da visão de uma tão grande quantidade de faltas e, ao mesmo tempo, dos mais acabrunhadores remorsos que daí nasceriam. Como não a obriga a um arrependimento formal senão relativamente às culpas da vida atual, assim se compadecendo de sua fraqueza, Deus realmente lhe concede uma grande graça.

Enfim, segundo esta mesma maneira de considerar o mistério da vida, as necessidades de toda natureza a que somos aqui submetidos e que, desde o nosso nascimento, por um desígnio por assim dizer fatal, determinam a forma de nossa existência no presente período, constituem um último benefício, tão sensível quanto os dois outros. Porque, em definitivo, são essas necessidades que dão à nossa vida o caráter que melhor convém às nossas expiações e às nossas provas e, consequentemente, ao nosso desenvolvimento moral. E são ainda essas mesmas necessidades, tanto de nossa organização física quanto das circunstâncias exteriores, em cujo meio somos colocados que, arrastando-nos forçosamente ao termo da morte, arrastam-nos, por isso mesmo, à nossa suprema libertação. Em resumo, como dizem as tríades em sua concisão enérgica, nelas se acham reunidas as três calamidades primitivas e os três meios eficazes de Deus em *abred*.

Entretanto, por meio de que conduta a alma realmente se eleva nesta vida e merece, após a morte, alcançar um modo superior de existência?

A resposta dada a essa pergunta pelo Cristianismo é de todos conhecida: é com a condição de destruir em si o egoísmo e o orgulho, de desenvolver no íntimo de sua substância as forças da humildade e da caridade, únicas eficazes e meritórias aos olhos de Deus: Bem-aventurados os mansos, diz o Evangelho; bem-aventurados os humildes! A resposta do Druidismo é bem diversa e contrasta claramente com esta última. Conforme suas lições, a alma eleva-se na escala das existências, com a condição de, pelo trabalho sobre si mesma, fortificar a própria personalidade. E esse resultado ela o obtém naturalmente, pelo desenvolvimento da força de caráter, aliada ao desenvolvimento do saber. É o que exprime a vigésima quinta tríade, que declara que a alma recai na necessidade de transmigrações, isto é, nas vidas confusas e mortais, não só por alimentar as paixões más, como pelo hábito do desleixo na realização das ações justas, pela falta de firmeza no apego ao que é prescrito pela consciência; em uma palavra, pela fraqueza de caráter. E, além dessa falta de virtude moral, a alma é ainda retida em seu progresso para o céu pela falta de aperfeiçoamento do Espírito. A iluminação intelectual, necessária à plenitude da felicidade, não se opera simplesmente na alma feliz por uma irradiação do Alto absolutamente graciosa; e só se produz na vida celeste se a própria alma soube fazer esforços desde esta vida para a adquirir. Assim, a tríade não fala apenas da ausência de saber, mas da falta de esforços para saber, o que, no fundo, como para a virtude precedente, é um preceito de atividade e de movimento.

Realmente, nas tríades seguintes, a caridade é recomendada ao mesmo título que a ciência e a força moral. Mas aqui, ainda, naquilo que tange à natureza divina, é sensível à influência do Cristianismo. É a este e não à forte, mas dura religião de nossos antepassados, que pertence a prédica e a entronização, no mundo, da lei da caridade em Deus e no homem. E se esta lei brilha nas tríades, é por efeito de uma aliança com o Evangelho, ou melhor, de um feliz aperfeiçoamento da Teologia dos druidas pela ação da dos apóstolos, e não por uma tradição primitiva. Subtraiamos esse raio divino e teremos, em sua rude grandeza, a moral da Gália, moral que pôde produzir, na ordem do heroísmo e da ciência, poderosas personalidades, mas que não as soube unir entre si, nem as unir à multidão dos humildes".[1]

A doutrina espírita não consiste apenas na crença nas manifestações dos Espíritos – mas em tudo quanto estes nos ensinam sobre a natureza e o destino das almas. Se, pois, nos reportarmos aos preceitos

---

[1] Extraído do Magasin Pittoresque, 1857.

contidos em *O Livro dos Espíritos*, onde encontraremos formulado todo o seu ensino, ficaremos admirados ante a identidade de alguns princípios fundamentais com os da doutrina druídica, dos quais um dos mais notáveis é, incontestavelmente, a reencarnação. Nos três círculos, nos três estados sucessivos dos seres animados, encontramos todas as fases apresentadas por nossa escala espírita. Realmente, que é o círculo de *abred* ou o da *migração*, senão as duas ordens de Espíritos que se depuram pelas existências sucessivas? No círculo *gwynfyd* o homem não transmigra mais; desfruta a suprema felicidade. Não é a primeira ordem da escala, a dos puros Espíritos, que, tendo realizado todas as provas, não mais necessitam da reencarnação e gozam a vida eterna? Notemos ainda que, segundo a doutrina druídica, o homem conserva o livre arbítrio; que se eleva gradativamente, por sua vontade, por sua perfeição progressiva e pelas provas por que passou, do *annoufn* ou abismo à perfeita felicidade em *gwynfyd*, com a diferença, entretanto, que o druidismo admite a volta possível às camadas inferiores, ao passo que, segundo o Espiritismo, o Espírito pode ficar estacionário, mas não pode degenerar.

Para completar a analogia bastaria acrescentar à nossa escala, abaixo da terceira ordem, o círculo de *anufn*, que caracteriza o abismo ou a origem desconhecida das almas e, acima da primeira ordem, o círculo de *cegant*, morada de Deus, inacessível às criaturas. O quadro seguinte tornará mais clara a comparação.

ESCALA ESPÍRITA[1]			ESCALA DRUÍDICA
1ª ordem	1ª classe	Espíritos puros. Não mais reencarnação.	*Cegant*. Sede de Deus.
2ª ordem Bons Espíritos	2ª classe 3ª classe 4ª classe 5ª classe 6ª classe	Espíritos superiores* Espíritos sábios* Espíritos cultos* Espíritos benevolentes* Espíritos neutros* Espíritos pseudossábios*	*Gwynfyd*. Sede dos bem-aventurados. Vida eterna. *Abred*. Círculo das migrações ou das diversas existência corpóreas, que as almas percorrem
3ª ordem Espíritos imperfeitos	7ª classe 8ª classe 9ª classe	Espíritos levianos* Espíritos impuros*	para chegar de *anufn* a *gwynfyd*.
		* Depurando-se e elevando-se pelas provas da reencarnação.	*Anufn*. Abismo; ponto de partida das almas.

---

[1] Vide *Revista Espírita*, n. 2, pág. 39 e seg.; especialmente a nota da pág. 43. (N. do T.)

EVOCAÇÃO DE ESPÍRITOS NA ABSSÍNIA

Em sua *Voyage aux sources du Nil*,[1] em 1768, conta James Bruce o que damos a seguir, a respeito de Gingiro, pequeno reino situado na parte sul da Abissínia, a leste do reino de Adel. Trata-se de dois embaixadores que Socínios, rei da Abissínia, enviou ao papa, por volta de 1625, e que tiveram de atravessar o Gingiro.

"Então, diz Bruce, foi necessário prevenir o rei de Gingiro da chegada da caravana e lhe pedir audiência. Mas naquele momento estava ele ocupado em importante operação de magia, sem a qual jamais o soberano ousaria empreender coisa alguma.

O reino de Gingiro pode ser considerado como o primeiro desse lado da África em que se estabeleceu a estranha prática de predizer o futuro pela *evocação dos Espíritos* e por uma comunicação direta com o Diabo.

O rei de Gingiro achou que devia deixar passar oito dias para receber em audiência o embaixador e o seu companheiro, o jesuíta Fernandez. Em consequência, ao nono dia eles receberam permissão para ir à corte, onde chegaram na mesma tarde.

Em Gingiro, nada se faz sem recorrer à magia. Por aí se vê quanto a razão humana se acha degradada a algumas léguas de distância. Que não nos venham dizer que tal fraqueza deve ser atribuída à ignorância ou ao calor da região. Por que um clima quente induziria os homens a se transformarem em magos, o que não se verificaria num clima frio? Por que a ignorância dilataria o poder do homem a ponto de fazê-lo transpor os limites da inteligência ordinária e dar-lhe a faculdade de se corresponder com uma nova ordem de seres, habitantes de um outro mundo? Os etíopes, que abrangem quase toda a Abissínia, são mais negros que os gingiranos; sua terra é mais quente e, como aqueles, são indígenas dos lugares que habitam desde o começo dos séculos. Entretanto nem adoram o Diabo, nem pretendem ter com ele qualquer comunicação; não sacrificam homens em seus altares; enfim, entre eles nenhum traço se encontra dessa revoltante atrocidade.

---

[1] *Viagem às Nascentes do Nilo*. Seu autor, o explorador inglês James Bruce, descobriu as nascentes do Nilo Azul, no lago de Tana. Bruce nasceu em 1730 e faleceu em 1794. (N. do T.)

Nas partes da África que têm comunicação aberta com o mar, o comércio de escravos está em uso, desde os mais remotos séculos, mas o rei de Gingiro, cujos domínios se acham encerrados quase que no centro do continente, sacrifica ao Diabo os escravos que não pode vender ao homem. É ali que começa esse horrível costume de derramar o sangue humano em todas as solenidades. Ignoro, diz o Sr. Bruce, até onde ele se estende para o sul da África, mas considero Gingiro como o limite geográfico do reino do Diabo, do lado setentrional da península".

Se o Sr. Bruce tivesse visto aquilo que hoje testemunhamos, nada de assombroso acharia na prática das evocações usadas em Gingiro. Ele só vê, nelas, uma crença supersticiosa, enquanto nós encontramos a sua causa na existência de manifestações falsamente interpretadas, que puderam produzir-se lá como alhures. O papel que a credulidade atribui nelas ao Diabo nada tem de surpreendente. Inicialmente, é preciso observar que todos os povos bárbaros atribuem a um poder maléfico os fenômenos que não podem explicar. Em segundo lugar, um povo bastante atrasado, a ponto de sacrificar seres humanos, por certo não pode atrair ao seu meio Espíritos superiores. Por sua natureza, os que o visitam só poderão confirmá-los em sua crença. Além disso, há a considerar que os povos de certa parte da África conservaram um grande número de tradições judaicas, mais tarde mescladas com algumas ideias informes do Cristianismo, fonte em que, por força de sua ignorância, beberam a doutrina do Diabo e dos Demônios.

PALESTRAS FAMILIARES DE ALÉM-TÚMULO
BERNARD PALISSY (9 DE MARÇO DE 1858)
DESCRIÇÃO DE JÚPITER

Nota: Por evocações anteriores sabíamos que Bernard Palissy, o célebre oleiro do século dezesseis, habita Júpiter. As respostas que se seguem confirmam em todos os pontos quanto nos foi dito sobre esse planeta, em várias ocasiões, por outros Espíritos e por intermédio de diferentes médiuns. Pensamos que serão lidas com interesse, como complemento do quadro que traçamos em nosso último número. A identidade que apresentam com as descrições anteriores é um fato notável que vale pelo menos como uma presunção de exatidão.

1. – Onde te encontraste ao deixar a Terra? R – Ainda me demorei nela.

2. – Em que condições estavas aqui? R – Sob o aspecto de uma mulher amorosa e dedicada. Era uma simples missão.

3. – Essa missão durou muito? R – Trinta anos.

4. – Lembras-te do nome dessa mulher? R – Era obscuro.

5. – Agrada-te a estima em que são tidas as tuas obras? Isto te compensa os sofrimentos que suportaste? R – Que me importam as obras materiais de minhas mãos? *O que me importa é o sofrimento que me elevou.*

6. – Com que fim traçaste, pela mão do Sr. Victorien Sardou,[1] os admiráveis desenhos que nos deste sobre o planeta Júpiter, onde habitas? R – Com o fim de vos inspirar o desejo de vos tornardes melhores.

7. – Desde que vens com frequência a esta Terra que habitaste várias vezes, deves conhecer bastante o seu estado físico e moral para estabelecer uma comparação entre ela e Júpiter. Pediríamos que nos elucidasses sobre diversos pontos. R. – Ao vosso globo venho apenas como Espírito; o Espírito não tem mais sensações materiais.

ESTADO FÍSICO DO GLOBO

8. – Pode-se comparar a temperatura de Júpiter a de uma de nossas latitudes? R – Não. Ela é suave e temperada; é sempre igual, enquanto a vossa varia. Lembrai-vos dos Campos Elíseos, cuja descrição já vos fizeram.

9. – O quadro que os antigos nos deram dos Campos Elíseos seria resultado do conhecimento intuitivo que eles tinham de um mundo superior, tal como Júpiter, por exemplo? R – Do conhecimento positivo. A evocação permanecia nas mãos dos sacerdotes.

10. – A temperatura, como aqui, varia conforme a latitude? R – Não.

11. – Segundo os nossos cálculos, o Sol deve aparecer aos habitantes de Júpiter num ângulo muito pequeno e, consequentemente, dar muito pouca luz. Podes dizer-nos se a intensidade da luz é ali igual à

---

[1] Victorien Sardou, médium psicógrafo que trabalhou com Allan Kardec: embora não soubesse desenho, foi o instrumento para os esplêndidos quadros de cenas de outros planetas. Foi membro da Academia Francesa e um dos mais fecundos comediógrafos franceses. (N. do T.)

da Terra ou se é menos forte? R – Júpiter é cercado de uma espécie de luz espiritual, em relação com a essência de seus habitantes. A luz grosseira de vosso Sol não foi feita para eles.

12. – Há uma atmosfera? R – Sim.

13. – A atmosfera de Júpiter é formada dos mesmos elementos que a atmosfera terrestre? R – Não: os homens não são os mesmos; suas necessidades mudaram.

14. – Lá existem água e mares? R – Sim.

15. – A água é formada dos mesmos elementos que a nossa? R – Mais etérea.

16. – Há vulcões? R – Não. Nosso globo não é atormentado como o vosso: lá a Natureza não teve suas grandes crises. É a morada dos bem-aventurados. Nele, a matéria quase não existe.

17. – As plantas têm analogia com as nossas? R – Sim; mas são mais belas.

ESTADO FÍSICO DOS HABITANTES

18. – A conformação do corpo dos seus habitantes tem relação com a nossa? R – Sim: ela é a mesma.

19. – Podes dar-nos uma ideia de sua estatura, comparada com a dos habitantes da Terra? R – Grandes e bem proporcionados. Maiores que os vossos maiores homens. O corpo do homem é como a impressão de seu espírito: belo, onde ele é bom. O invólucro é digno dele: não é mais uma prisão.

20. – Lá os corpos são opacos, diáfanos ou translúcidos? R – Há uns e outros. Uns têm tal propriedade; outros têm outra, conforme o seu destino.

21. – Compreendemos isso em relação aos corpos inertes. Mas nossa pergunta refere-se aos corpos humanos. R – O corpo envolve o Espírito sem o ocultar, como um tênue véu lançado sobre uma estátua. Nos mundos inferiores, o envoltório grosseiro oculta o Espírito aos seus semelhantes. Mas os bons nada mais têm para se ocultar: podem ler reciprocamente em seus corações. Que aconteceria se assim fosse aqui?

22. – Lá existe diferença de sexo? R – Sim: há por toda parte onde existe a matéria; é uma lei da matéria.

23. – Qual a base da alimentação dos habitantes? É animal e vegetal como aqui? R – Puramente vegetal. O homem é o protetor dos animais.

24. – Disseram-nos que parte de sua alimentação é extraída do meio ambiente, cujas emanações eles aspiram. É verdade? R – Sim.

25. – Comparada com a nossa, a duração da vida é mais longa ou mais curta? R – Mais longa.

26. – Qual é a duração média da vida? R – Como medir o tempo?

27. – Não podes tomar um dos nossos séculos como termo de comparação? R – Creio que mais ou menos cinco séculos.

28. – O desenvolvimento da infância é proporcionalmente mais rápido que o nosso? R – O homem conserva sua superioridade: a infância não comprime a inteligência nem a velhice a extingue.

29. – Os homens são sujeitos a doenças? R – Não estão sujeitos aos vossos males.

30. – A vida está dividida entre o sono e a vigília? R – Entre a ação e o repouso.

31. – Poderias dar-nos uma ideia das várias ocupações dos homens? R – Teria que falar muito. As suas principais ocupações são o encorajamento dos Espíritos que habitam os mundos inferiores, a fim de que perseverem no bom caminho. Não havendo entre eles infortúnios a serem aliviados, vão procurá-los onde esses existem: são os bons Espíritos que vos amparam e vos atraem para o bom caminho.

32. – Lá são cultivadas algumas artes? R – Lá elas são inúteis. As vossas artes são brinquedos que distraem as vossas dores.

33. – A densidade específica do corpo humano permite ao homem transportar-se de um a outro ponto, sem ficar, como aqui, preso ao solo? R – Sim.

34. – Existem lá o tédio e o desgosto da vida? R – Não: o desgosto da vida origina-se no desprezo de si mesmo.

35. – Sendo os corpos dos habitantes de Júpiter menos densos que os nossos, são formados de matéria compacta e condensada ou vaporosa? R – Compacta para nós; mas não o seria para vós: ela é menos condensada.

36. – O corpo, considerado como feito de matéria, é impenetrável? R – Sim.

37. – Os habitantes têm, como nós, uma linguagem articulada? R – Não; há entre eles a comunicação pelo pensamento.

38. – A segunda vista é, como nos informaram, uma faculdade normal e permanece entre vós? R – Sim. O Espírito não conhece entraves: nada lhe é oculto.

39. – Se nada é oculto ao Espírito, conhece ele o futuro? Referimo-nos aos Espíritos encarnados em Júpiter. R – O conhecimento do futuro depende do grau de perfeição do Espírito: isso tem menos inconvenientes para nós do que para vós; é-nos mesmo necessário, até certo ponto, para a realização das missões de que nos incumbem. Mas dizer que conhecemos o futuro sem restrições seria nivelar-nos a Deus.

40. – Podereis revelar-nos tudo quanto sabeis sobre o futuro? R – Não. Esperai até que tenhais merecido sabê-lo.

41. – Comunicai-vos mais facilmente que nós com os outros Espíritos? R – Sim; sempre. Não existe mais a matéria entre eles e nós.

42. – A morte inspira o mesmo horror e pavor que entre nós? R – Por que seria ela apavorante? Entre nós já não existe o mal. Só o mau se apavora ante o seu último instante: teme o seu juiz.

43. – Em que se transformam os habitantes de Júpiter depois da morte? R – Crescem sempre em perfeição, sem passar por mais provas.

44. – Não haverá em Júpiter Espíritos que se submetam a provas a fim de cumprir uma missão? R – Sim; mas não é uma prova: só o amor do bem os leva ao sofrimento.

45. – Podem eles falhar em sua missão? R – Não, porque são bons. Só existe fraqueza onde haja defeitos.

46. – Poderias nomear alguns dos Espíritos habitantes de Júpiter que tivessem desempenhado uma grande missão na Terra? R – São Luís.

47. – Não poderias nomear outros? R – Que vos importa? Há missões desconhecidas, cujo objetivo é a felicidade de um só. Por vezes são as maiores; e as mais dolorosas.

DOS ANIMAIS

48. – O corpo dos animais é mais material que o dos homens? R – Sim. O homem é o rei, o deus planetário.

49. – Há animais carnívoros? R – Os animais não se estraçalham mutuamente. Vivem todos submetidos ao homem e se amam entre si.

50. – Há porém animais que escapam à ação do homem, assim como os insetos, os peixes e os pássaros? R – Não: todos lhe são úteis.

51. – Disseram-nos que os animais são os operários e os capatazes que executam os trabalhos materiais, constroem as habitações, etc. É exato? R – Sim. O homem não mais se rebaixa para servir ao semelhante.

52. – Os animais servidores estão ligados a uma pessoa ou família, ou são tomados e trocados à vontade, como aqui? R – Todos estão ligados a uma família particular. Vós mudais à procura do melhor.

53. – Os animais servidores vivem em escravidão ou no estado de liberdade? São uma propriedade, ou podem, à vontade, mudar de patrão? R – Estão no estado de submissão.

54. – Os animais trabalhadores recebem alguma remuneração por seus trabalhos? R – Não.

55. – As faculdades dos animais são desenvolvidas por uma espécie de educação? R – Eles as desenvolvem por si mesmos.

56. – Têm os animais uma linguagem mais precisa e caracterizada que a dos animais terrenos? R – Certamente.

ESTADO MORAL DOS HABITANTES

57. – As habitações de que nos deste uma mostra nos teus desenhos estão reunidas em cidades como aqui? R – Sim. Aqueles que se amam se reúnem. Só as paixões estabelecem a solidão em torno do homem. Se o homem ainda mau procura o seu semelhante, que é para ele um instrumento de dor, por que o homem puro e virtuoso deveria fugir de seu irmão?

58. – Os Espíritos são iguais ou de várias graduações? R – De diversos graus, mas da mesma ordem.

59. – Pedimos que te reportes especialmente à escala espírita que demos no segundo número da *Revista* e que nos digas a que ordem pertencem os Espíritos encarnados em Júpiter. R – Todos bons, todos superiores. Por vezes o bem desce até o mal; entretanto, o mal jamais se mistura com o bem.

60. – Os habitantes formam diferentes povos como aqui na Terra? R – Sim: mas todos unidos entre si pelos laços do amor.

61. – Sendo assim, as guerras são desconhecidas? R – Pergunta inútil.

62. – O homem poderia chegar, na Terra, a um tal grau de perfeição que a guerra fosse desnecessária? R – Ele chegará a isto, sem a menor dúvida. A guerra desaparecerá com o egoísmo dos povos e à medida que melhor seja compreendida a fraternidade.

63. – Os povos são governados por chefes? R – Sim.

64. – Em que consiste a autoridade dos chefes? R – No seu grau superior de perfeição.

65. – Em que consiste a superioridade e a inferioridade dos Espíritos em Júpiter, de vez que todos são bons? R – Têm maior ou menor soma de conhecimentos e de experiência; depuram-se à medida que se esclarecem.

66. – Como aqui na Terra, lá existem povos mais ou menos avançados que outros? R – Não; mas entre os povos há diversos graus.

67. – Se o povo mais adiantado da Terra fosse transportado para Júpiter, que posição ocuparia? R – A que entre vós é ocupada pelos macacos.

68. – Lá os povos se regem por leis? R – Sim.

69. – Há leis penais? R – Não há mais crimes.

70. – Quem faz as leis? R – Deus as fez.

71. – Há ricos e pobres? Por outras palavras: há homens que vivem na abundância e no supérfluo e outros a quem falta o necessário? R – Não: todos são irmãos. Se um possuísse mais que o outro, com este repartiria; não seria feliz quando seu irmão fosse necessitado.

72. – De acordo com isso, as fortunas de todos seriam iguais? R – Eu não disse que todos sejam igualmente ricos. Perguntaste se haveria gente com o supérfluo enquanto a outros faltasse o necessário.

73. – As duas respostas se nos afiguram contraditórias. Pedimos que estabeleças a concordância. R – A ninguém falta o necessário; ninguém tem o supérfluo. Por outras palavras, a fortuna de cada um está em relação com a sua condição. Estais satisfeitos?

74. – Agora compreendemos. Mas te perguntamos, entretanto, se aquele que tem menos não é infeliz em relação àquele que tem mais? R – Ele não pode sentir-se infeliz, desde que nem é invejoso nem ciumento. A inveja e o ciúme produzem mais infelizes que a miséria.

75. – Em que consiste a riqueza em Júpiter? R – Em que isto vos importa?

76. – Há desigualdades sociais? R – Sim.

77. – Em que estas se fundam? R – Nas leis da sociedade. Uns são mais adiantados que outros na perfeição. Os superiores têm sobre os outros uma espécie de autoridade, como um pai sobre os filhos.

78. – As faculdades do homem são desenvolvidas pela educação? R – Sim.

79. – Pode o homem adquirir bastante perfeição na Terra para merecer passar imediatamente a Júpiter? R – Sim. Mas na Terra é o homem submetido a imperfeições a fim de estar em relação com os seus semelhantes.

80. – Quando um Espírito deixa a Terra e deve reencarnar-se em Júpiter, fica errante durante algum tempo, até encontrar o corpo a que se deve unir? R – Fica errante durante algum tempo, até que se tenha livrado das imperfeições terrenas.

81. – Há várias religiões? R – Não. Todos professam o bem e todos adoram um só Deus.

82. – Há templos e um culto? R – Por templo há o coração do homem; por culto, o bem que ele faz.

MEHMET-ALI, ANTIGO PACHÁ DO EGITO[1]

16 DE MARÇO DE 1858

1. – O que vos induziu a atender ao nosso apelo? R – Vim para vos instruir.

2. – Estais contrariado por vir até nós e por terdes de responder

---

[1] Mehemet-Ali nasceu em 1769 em Kavala, na Romélia. Em 1805 foi feito pachá do Egito. Participou, ao lado do sultão, ao qual há uma alusão neste diálogo, da guerra greco-turca. Depois voltou-se contra o sultão, em duas guerras contra a Porta, em 1832 e 1839. Vitorioso, com a ajuda de seu filho Ibrahim, foi aquele sultão obrigado a reconhecer a hereditariedade do pachalato do Egito. Para tanto, destruiu a milícia turca do Cairo, em 1811; organizou o Estado à maneira européia, principalmente a agricultura, as indústrias e o exército. Faleceu em 1849. Foi o verdadeiro criador do Egito moderno. (N. do T.)

às perguntas que desejamos fazer? R – Não. Desejo mesmo responder às que tiverem por fim a vossa instrução.

3. – Que provas poderemos ter de vossa identidade? Como é possível saber que não foi um outro Espírito que tomou o vosso nome? R – Qual seria a vantagem?

4. – Sabemos por experiência que muitas vezes os Espíritos inferiores tomam nomes supostos. Eis por que vos fizemos essa pergunta. R – Eles tomam também os elementos de prova. Mas o Espírito que põe uma máscara também se revela pelas próprias palavras.

5. – Sob que forma e em que lugar vos encontrais entre nós? R – Sob aquela que tem o nome de Mehemet-Ali; perto de Ermance.

6. – Gostaríeis que vos déssemos um lugar especial? R – Sim: a cadeira vazia.

Observação: Havia uma cadeira vaga, a que ninguém havia prestado atenção.

7. – Tendes uma lembrança nítida de vossa última existência corpórea? R – Não a tenho ainda nítida, pois a morte me deixou sua perturbação.

8. – Sois feliz? R – Não. Sou desgraçado.

9. – Estais errante ou reencarnado? R – Errante.

10. – Recordais-vos daquilo que fostes na existência anterior a esta? R – Eu era um pobre na Terra. Invejei as grandezas terrenas e subi para sofrer.

11. – Se puderdes renascer na Terra, que condição escolhereis de preferência? R – A obscura: os deveres são menores.

12. – Que pensais agora da posição que ocupastes ultimamente na Terra? R – Vaidade do nada! Quis conduzir os homens. Sabia eu conduzir-me a mim mesmo?

13. – Dizia-se que já há algum tempo a vossa razão estava alterada. É verdade? R – Não.

14. – A opinião pública aprecia aquilo que fizestes pela civilização do Egito; por isso vos coloca entre os grandes príncipes. Ficais satisfeito por isso? R – Que me importa? A opinião dos homens é o vento do deserto que levanta o pó.

15. – Vedes com prazer os vossos descendentes seguindo o mesmo

caminho? Os seus esforços vos interessam? R – Sim, porque eles têm por objetivo o bem comum.

16. – Entretanto sois acusado de atos de grande crueldade: agora vos lamentais? R – Eu os expio.

17. – Vedes aqueles a quem mandastes massacrar? R – Sim.

18. – Que sentimento experimentam eles a vosso respeito? R – Ódio e piedade.

19. – Desde que deixastes esta vida não mais revistes o sultão Mahmud? R – Sim: em vão fugimos um do outro.

20. – Que sentimento experimentais reciprocamente? R – O de aversão.

21. – Qual a vossa opinião atual sobre as penas e recompensas que nos esperam depois da morte? R – A expiação é justa.

22. – Qual o maior obstáculo que tivestes de vencer para a realização de vossos planos progressistas? R – Eu reinava sobre escravos.

23. – Pensais que se o povo que tivestes de governar fosse cristão, teria sido menos rebelde à civilização? R – Sim: a religião cristã eleva a alma; a maometana apenas fala à matéria.

24. – Quando vivo, vossa fé na religião muçulmana era absoluta? R – Não: eu considerava Deus maior.

25. – Que pensais agora dessa religião? R – Ela não forma os homens.

26. – Na vossa opinião, Maomé tinha missão divina? R – Sim, mas a desvirtuou.

27. – Em que a desvirtuou? R – Ele quis reinar.

28. – Que pensais de Jesus? R – Este vinha de Deus.

29. – Na vossa opinião quem fez mais pela felicidade humana: Jesus ou Maomé? R – Por que o perguntas? Qual o povo que foi regenerado por Maomé? A religião cristã saiu pura das mãos de Deus; a maometana é obra de um homem.

30. – Credes que uma dessas duas religiões esteja destinada a apagar-se da face da Terra? R – O homem progride sempre: a melhor perdurará.

31. – Que pensais da poligamia, consagrada pela religião mu-

çulmana? R – É um dos laços que retêm na barbárie os povos que a professam.

32. – Credes que a escravidão da mulher seja conforme os desígnios de Deus? R – Não: a mulher é igual ao homem, de vez que o Espírito não tem sexo.

33. – Diz-se que o povo árabe não pode ser conduzido senão pelo rigor. Não pensais que os maus tratos, em vez de o submeterem, apenas o embrutecem? R – Sim; é o destino do homem: avilta-se quando escravizado.

34. – Podeis vos transportar à Antiguidade, quando o Egito era florescente, e dizer-nos as causas de sua decadência moral? R – A corrupção dos costumes.

35. – Parece que ligais pouca importância aos monumentos históricos que cobrem o solo do Egito. Não podemos compreender tal indiferença por parte de um príncipe amigo do progresso. R – Que importa o passado! O presente não o substituiria.

36. – Poderieis explicar-vos mais claramente? R – Sim. Era desnecessário relembrar ao egípcio degradado um passado muito brilhante, pois não o teria compreendido. Desdenhei aquilo que me parecia inútil. Eu não podia enganar-me?

37. – Os sacerdotes do antigo Egito conheciam a doutrina espírita? R – Era a deles.

38. – Recebiam manifestações? R – Sim.

39. – As manifestações recebidas pelos sacerdotes egípcios tinham a mesma fonte que as recebidas por Moisés? R – Sim. Este foi iniciado por aqueles.

40. – Por que, então, as manifestações recebidas por Moisés eram mais potentes que as recebidas pelos sacerdotes egípcios? R – Moisés queria revelar, enquanto os sacerdotes egípcios queriam apenas ocultá-las.

41. – Pensais que a doutrina dos sacredotes egípcios tivesse quaisquer ligações com a dos indianos? R – Sim. Todas as religiões-mães estão ligadas entre si por laços quase invisíveis: procedem de uma mesma fonte.

42. – Destas duas religiões, isto é, a dos egípcios e a dos indianos, qual a matriz? R – Elas são irmãs.

43. – Como é que vós, que em vida éreis tão pouco esclarecido sobre esses assuntos, podeis agora responder com tanta profundeza? R – Outras existências me ensinaram.

44. – Então no estado de erraticidade, em que agora vos encontrais, tendes pleno conhecimento de vossas existências anteriores? R – Sim; salvo da última.

45. – Então vivestes ao tempo dos faraós? R – Sim; três vezes vivi na terra egípcia: como sacerdote, como mendigo e como príncipe.

46. – Sob que reinado fostes sacerdote? R – Já faz tanto tempo! O príncipe era o vosso Sesóstris.

47. – Assim sendo, dir-se-ia que não progredistes, pois que agora expiais os erros de vossa última existência. R – Sim; progredi lentamente. Acaso eu era perfeito por ser um sacerdote?

48. – É porque fostes sacerdote naqueles tempos que nos pudestes falar com conhecimento de causa da antiga religião dos egípcios? R – Sim. Mas não sou suficientemente perfeito para poder tudo saber: outros leem no passado como num livro aberto.

49. – Poderíeis nos explicar o motivo da construção das pirâmides? R – É muito tarde.

Nota: Eram quase onze horas da noite.

50. – Não vos faremos senão essa pergunta. Pedimos que tenhais a bondade de a responder. R – Não; é muito tarde. Esta pergunta traria outras mais.

51. – Poderíeis fazer-nos o favor de responder em outra ocasião? R – Não me comprometo.

52. – Não obstante, nós vos agradecemos a benevolência com que nos respondestes às outras perguntas. R – Bem! Eu voltarei.

O SR. HOME

(TERCEIRO ARTIGO – VIDE OS NÚMEROS DE FEVEREIRO E MARÇO DE 1858)

Não é de nosso conhecimento que o Sr. Home tenha feito aparecer, pelo menos visivelmente a todos, outras partes do corpo além das mãos. Cita-se, entretanto, um general, morto na Criméia, como tendo aparecido à sua viúva e visível só para ela, posto não tenhamos nem mesmo constatado a autenticidade do relato, principalmente no que concerne à intervenção do Sr. Home no caso. Limitamo-nos àquilo que podemos afirmar.

Por que mãos em vez de pés ou de uma cabeça?

Eis o que ignoramos e o que ignora ele também.

Interrogados a respeito, os Espíritos responderam que outros médiuns poderiam fazer aparecer todo o corpo. Aliás não é isto o mais importante: se só as mãos aparecem, as outras partes do corpo não são menos patentes, como veremos logo a seguir.

Em geral o aparecimento da mão se manifesta primeiramente sob a toalha da mesa, por ondulações produzidas ao percorrer a superfície desta. Depois se mostra às bordas da toalha, que ela levanta; por vezes vem postar-se sobre a toalha, bem no meio da mesa; outras vezes toma um objeto e o leva para baixo da toalha. Essa mão, a todos visível, nem é vaporosa nem translúcida: tem a cor e a opacidade naturais; termina pelo vago, no pulso. Se alguém a toca com precaução, confiança e sem segunda intenção hostil, ela oferece a resistência, a solidez e a impressão de mão viva; seu calor é suave, um tanto úmido e comparável ao de um pombo morto há cerca de meia hora. Não é absolutamente inerte, pois age, presta-se aos movimentos que se lhe imprimem, ou resiste, acaricia-nos ou nos aperta. Se, pelo contrário, a quisermos pegar bruscamente e de surpresa, apenas tocaremos o vazio.

Contou-nos uma testemunha ocular o fato que se segue, e que se passou com ela.

Tinha entre os seus dedos uma campainha de mesa; uma mão, invisível a princípio, pouco depois perfeitamente visível, veio pegá-la, fazendo esforços para arrebatá-la; não o tendo conseguido, passou a puxá-la por cima, a fim de a fazer escorregar. O esforço de tração era sensível quanto teria sido o de qualquer mão humana. Havendo tentado segurar violentamente essa mão, a sua apenas encontrou o ar; tendo aberto os dedos; a campainha ficou suspensa no ar e foi lentamente pousar no soalho.

Algumas vezes há várias mãos.

A mesma testemunha contou-nos este outro fato:

Várias pessoas achavam-se reunidas em torno de uma dessas mesas de sala de jantar que se abrem em duas. Ouvem-se batidas; a mesa se agita, abre-se por si mesma e através da fenda aparecem três mãos: uma de tamanho normal, outra muito grande e uma terceira muito peluda. Tocam-nas, apalpam-nas, elas apertam as mãos dos circunstantes e depois se dissolvem.

Em casa de um dos nossos amigos que havia perdido uma criança em tenra idade, o que aparece é a mão de um recém-nascido; todos podem vê-la e tocá-la. Essa criança senta-se no colo da mãe, que sente distintamente a impressão de todo o seu corpo sobre os joelhos.

Muitas vezes a mão vem pousar sobre vós. Então a vedes, e se não, sentis a pressão de seus dedos. Por vezes ela vos acaricia; outras vos belisca até produzir dor. Em presença de várias pessoas, o Sr. Home sentiu que lhe pegavam o pulso, e os assistentes puderam ver-lhe a pele distendida. Um instante depois ele sentiu que o mordiam; a marca dos dentes ficou impressa durante mais de uma hora.

A mão que aparece também pode escrever. Algumas vezes ela para ao meio da mesa, toma um lápis e traça as letras num papel adrede preparado. Na maioria das vezes, porém, leva o papel para debaixo da mesa e o devolve todo escrito. Se a mão fica invisível, a escrita parece produzir-se por si mesma. Por esse meio conseguem-se respostas às diversas perguntas que possam ser feitas.

Um outro gênero de manifestações não menos notável, mas que se explica pelo que acabamos de dizer, é o dos instrumentos de música que tocam sozinhos. Em geral são pianos ou acordeons. Em tais circunstâncias veem-se distintamente as teclas se moverem, bem como o fole. A mão que toca ora é visível, ora invisível. A ária que se ouve pode ser conhecida e tocada a pedido. Se o artista invisível é deixado à vontade, produz acordes harmoniosos, cujo efeito lembra a vaga e suave melodia da harpa eólia.

Em casa de um de nossos assinantes, onde tais fenômenos se produziram muitas vezes, o Espírito que assim se manifestava era o de um moço falecido há algum tempo, amigo da família e que, quando vivo, revelava notável talento musical. A natureza das árias que preferia tocar não deixava a menor dúvida quanto à sua identidade para todos aqueles que o haviam conhecido.

O mais extraordinário fato nesse gênero de manifestações, não é, em nossa opinião, o da aparição. Se esta fosse sempre aeriforme, concordaria com a natureza etérea que atribuímos aos Espíritos. Ora, nada se oporia a que essa matéria eterizada se tornasse perceptível à vista, por uma espécie de condensação, sem perder a sua propriedade vaporosa. O que há de mais estranho é a solidificação dessa mesma matéria, suficientemente resistente para deixar uma visível impressão em nossos órgãos. No próximo número daremos a explicação desse fenômeno singular, conforme o ensinamento dos próprios Espíritos. Hoje nos limitaremos a deduzir-lhe uma consequência relativa ao toque espontâneo dos instrumentos de música. Com efeito, desde que a ocasional tangibilidade dessa matéria eterizada é um fato constatado, desde que em tal estado a mão, aparente ou não, oferece resistência suficiente para exercer pressão sobre os corpos sólidos, não é de admirar que ela possa exercer uma pressão suficiente para mover as teclas de um instrumento. Por outro lado, fatos não menos positivos provam que essa mão pertence a um ser inteligente. Nada, pois, de admirar que essa inteligência se manifeste por sons musicais, de vez que o pode fazer pela escrita e pelo desenho.

Uma vez entrados nessa ordem de ideias, as batidas vibradas, o movimento dos objetos e todos os fenômenos espíritas de ordem material se explicam muito naturalmente.

VARIEDADES

Em certos indivíduos, a malevolência não conhece limites. A calúnia tem sempre veneno contra todo aquele que se eleva acima da multidão. Os adversários do Sr. Home acharam que o ridículo é uma arma muito frágil: ela devia amolgar-se contra os nomes respeitáveis que o cercam com a sua proteção. Desde que não podiam rir à sua custa, procuraram denegri-lo. E espalharam o boato, com o objetivo que bem compreendemos – e as mas línguas o repetem –, de que o Sr. Home não havia partido para a Itália, conforme fora anunciado, mas que estava na prisão de Mazas, sob o peso de graves acusações, que são contadas como anedotas, de que são sempre ávidos os desocupados e os amigos de escândalos.

Podemos afirmar que nada há de verdadeiro em todas essas maquinações infernais. Temos à vista várias cartas do Sr. Home, datadas de

Pisa, de Roma e de Nápoles, onde atualmente ele se encontra. Estamos, pois, em condições de provar aquilo que afirmamos.

Bem razão têm os Espíritos de afirmar que os verdadeiros demônios se acham entre os homens.

Lê-se num jornal: "Conforme a *Gazette des Hôpitaux*, neste momento contam-se no hospital de 'alienados' de Zurique 25 pessoas que perderam a razão graças às mesas girantes e aos Espíritos batedores".

Para começar, perguntamos se está bem averiguado que esses 25 alienados devem *todos* a perda da razão aos Espíritos batedores, o que é contestável, pelo menos até haver provas autênticas. Admitindo que esses estranhos fenômenos tenham podido impressionar de modo prejudicial a certos caracteres fracos, perguntaríamos, além disso, se o medo do Diabo não fez mais loucos de que a crença nos Espíritos. Ora, de vez que os Espíritos não são impelidos de bater, o perigo está na crença de que todos aqueles que se manifestam são demônios. Afaste-se essa ideia, dando a conhecer a verdade, e não haverá mais medo que dos vagalumes. A ideia de que se é assediado pelo Diabo é feita sob medida para perturbar a razão.

Em contraposição, temos uma outra notícia, de outro jornal, que diz: "Há um curioso documento estatístico, das funestas consequências a que, entre os ingleses, arrasta o hábito da intemperança e das bebidas fortes. De cada cem indivíduos entrados no hospital de alienados de Hamwel, há setenta e dois cuja alienação mental deve ser atribuída à embriaguez".

Recebemos de nossos assinantes numerosos relatos de fatos muito interessantes, que nos apressaremos a publicar em nossas próximas edições, de vez que a falta de espaço não nos permite fazê-lo nesta.

Allan Kardec

ANO I
MAIO DE 1858

TEORIA DAS MANIFESTAÇÕES FÍSICAS

I

É fácil conceber a influência moral dos Espíritos e as relações que possam ter com a nossa alma, ou com o Espírito em nós encarnado. Compreende-se que dois seres da mesma natureza possam comunicar-se pelo pensamento, que é um de seus atributos, sem o concurso dos órgãos da palavra. Já é, entretanto, mais difícil dar-nos conta dos efeitos materiais que eles podem produzir, tais como os ruídos, o movimento dos corpos sólidos, as aparições e, sobretudo, as aparições tangíveis.

Vamos tentar dar a explicação, segundo os próprios Espíritos e segundo a observação dos fatos.

A ideia que fazemos da natureza dos Espíritos torna à primeira vista incompreensíveis esses fenômenos. Diz-se que o Espírito é a ausência completa da matéria e, pois, que ele não pode agir materialmente. Ora, isto é errado. Interrogados sobre se são imateriais, assim responderam os Espíritos: "Imaterial não é bem o termo, porque o Espírito é alguma coisa; do contrário seria o nada. É material, se se quiser, mas de uma matéria de tal modo etérea que para vós é como se não existisse". Assim, o Espírito não é uma abstração, como pensam alguns; é um ser, mas cuja natureza íntima escapa aos nossos sentidos grosseiros.

Encarnado no corpo, o Espírito constitui a alma. Quando o deixa com a morte, não sai despojado de todo o envoltório. Dizem-nos todos que conservam a forma que tinham quando vivos; e, realmente, quando nos aparecem, em geral é sob a forma por que os conhecíamos.

Observemo-los, atentamente, no instante mesmo em que deixam a vida; acham-se em estado de perturbação; ao seu redor tudo é confuso; veem o próprio corpo, inteiro ou mutilado, conforme o gênero de morte. Por outro lado veem-se e sentem-se vivos; algo lhes diz que aquele é o seu corpo, mas não compreendem como estejam separados. O laço que os unia ainda não está, pois, rompido completamente.

Dissipado esse primeiro momento de perturbação, o corpo se torna para eles como uma roupa velha, da qual se despojaram sem pesar, mas continuam a se ver em sua forma primitiva. Ora, isto não é um sistema: é o resultado de observações feitas com inúmeros sensitivos. Poderemos agora nos reportar ao que nos contaram de certas manifestações produzidas pelo Sr. Home e por outros médiuns do mesmo gênero: aparecem mãos que têm todas as propriedades das mãos vivas, que tocamos, que nos seguram e que se desfazem repentinamente.

Que devemos concluir disso?

Que a alma não deixa tudo no caixão: leva algo consigo.

Assim, haveria em nós duas espécies de matéria: uma grosseira, que constitui o envoltório exterior; a outra sutil e indestrutível. A morte é a destruição, ou melhor, a desagregação da primeira, daquela abandonada pela alma; a outra destaca-se e segue a alma que, assim, continua tendo sempre um invólucro. É a este que denominamos perispírito. Essa matéria sutil, por assim dizer extraída de todas as partes do corpo a que estava ligada durante a vida, conserva a forma daquele. Eis por que todos os Espíritos são vistos e por que nos aparecem tais quais eram em vida.

Mas essa matéria sutil não tem a tenacidade nem a rigidez da matéria compacta do corpo: é, se assim podemos dizer, flexível e expansiva. Eis por que a forma que toma, muito embora calcada sobre a do corpo, não é absoluta: dobra-se à vontade do Espírito, que lhe dá, conforme queira, esta ou aquela aparência, enquanto o envoltório sólido lhe oferece uma resistência intransponível. Desembaraçando-se desse entrave que o comprimia, o perispírito distende-se ou se contrai, transforma-se e, numa palavra, presta-se a todas as metamorfoses, de acordo com a vontade que sobre ele atua.

Prova a observação – e insistimos sobre o vocábulo observação, porque toda a nossa teoria é consequência dos fatos estudados – que a matéria sutil, que constitui o segundo envoltório do Espírito, só pouco a pouco se desprende do corpo e não instantaneamente. Assim, os laços que unem alma e corpo não se rompem de súbito pela morte. Ora, o estado de perturbação, que observamos, dura todo o tempo em que se opera o desprendimento: somente quando esse desprendimento é completo o Espírito recobra a inteira liberdade de suas faculdades e a consciência clara de si mesmo.

A experiência ainda prova que a duração desse desprendimento varia conforme os indivíduos. Em alguns opera-se em três ou quatro dias, ao passo que noutros não se completa senão ao cabo de vários meses. Assim, a destruição do corpo, a decomposição pútrida não bastam para que se opere a separação. Eis a razão por que certos Espíritos dizem: sinto que os vermes me roem.

Em algumas pessoas a separação começa antes da morte: são as que em vida se elevaram pelo pensamento e pela pureza de seus sentimentos acima das coisas materiais. Nelas a morte encontra apenas fracos liames entre a alma e o corpo e que se rompem quase instantaneamente. Quanto mais materialmente viveu o homem, quanto mais seus pensamentos foram absorvidos nos prazeres e nas preocupações da personalidade, tanto mais tenazes são aqueles laços. Parece que a matéria sutil se identifica com a matéria compacta e que entre elas se estabelece uma coesão molecular. Eis por que só se separam lentamente e com dificuldade.

Nos primeiros instantes que se seguem à morte, quando ainda existe união entre o corpo e o perispírito, este conserva muito melhor a impressão da forma corpórea, da qual, por assim dizer, reflete todas as nuanças e mesmo todos os acidentes. Eis por que um supliciado nos dizia, alguns dias após a sua execução: se pudésseis ver, ver-me-íeis com a cabeça separada do tronco. Um homem que tinha sido assassinado nos dizia: vede a ferida que me fizeram no coração. Pensava ele que poderíamos vê-lo.

Essas considerações conduzir-nos-iam ao exame da interessante questão da sensação dos Espíritos e de seus sofrimentos. Fá-lo-emos em outro artigo, a fim de que aqui nos limitemos ao estudo das manifestações físicas.

Imaginemos, pois, o Espírito revestido de seu envoltório semimaterial, ou perispírito, tendo a forma ou aparência que possuiu quando vivo. Alguns até se servem dessa expressão para se designarem; dizem: minha aparência está em tal lugar. Evidentemente são esses os manes dos antigos. A matéria desse invólucro é suficientemente sutil para escapar à nossa vista em seu estado normal; mas não é completamente invisível. Para começar, vemo-lo pelos olhos da alma, nas visões produzidas durante os sonhos. Mas não é disso que nos queremos ocupar.

Nessa matéria eterizada pode haver uma modificação; o próprio Espírito pode fazê-la sofrer uma espécie de condensação que a torna perceptível aos olhos do corpo. É o que ocorre nas aparições vaporosas. A sutileza dessa matéria lhe permite atravessar os corpos sólidos, razão por que tais aparições não encontram obstáculos e por que tantas vezes se extinguem através das paredes.

A condensação pode chegar ao ponto de produzir a resistência e a tangibilidade. É o caso das mãos que podemos ver e tocar. Mas essa condensação – e esta é a única palavra de que nos podemos servir, para dar uma ideia, embora imperfeita, de nosso pensamento – esta condensação, íamos dizendo, ou ainda essa solidificação da matéria etérea é apenas temporária ou acidental, porque esse não é o seu estado normal. Eis por que, em um dado momento, as aparições tangíveis nos escapam como uma sombra. Assim, do mesmo modo que um corpo se nos apresenta em estado sólido, líquido ou gasoso, conforme o grau de condensação, assim a matéria etérea do perispírito pode aparecer-nos em estado sólido, vaporoso visível ou vaporoso invisível.

Veremos, a seguir, como se opera essa modificação.

A mão aparente tangível oferece uma resistência: exerce pressão, deixa impressões; opera uma tração sobre os objetos que seguramos. Nela há, pois, uma força. Ora, esses fatos, que não são hipóteses, podem levar-nos à explicação das manifestações físicas.

Notemos, antes de mais nada, que essa mão obedece a uma inteligência, pois age espontaneamente, dá sinais inequívocos de uma vontade e obedece a um pensamento: pertence, pois, a um ser completo, que só nos mostra essa parte de si mesmo, e a prova é que deixa impressões das partes invisíveis, os dentes deixam marcas na pele e produzem dor.

Entre as diversas manifestações, uma das mais interessantes é, sem dúvida, o toque espontâneo de instrumentos de música. Os pianos e acordeons são aparentemente os instrumentos prediletos. Esse fenômeno é explicado muito naturalmente pelo que precede. A mão que tem a força para apanhar um objeto também a pode ter para fazer pressão sobre as teclas e fazê-las soar. Aliás, por diversas vezes vimos os dedos em ação, e quando a mão não é vista, veem-se as teclas em movimento e o fole a distender-se e fechar-se. As teclas só podem ser movidas por mão invisível, a qual dá mostras de inteligência, tocando árias perfeitamente ritmadas e não sons incoerentes.

Desde que essa mão pode enfiar-nos as unhas na carne, beliscar-nos, arrebatar aquilo que temos na mão; desde que a vemos apanhar e transportar um objeto, assim como nós o faríamos, também nos pode dar pancadas, erguer e derrubar uma mesa, tocar uma companha, puxar uma cortina e até mesmo nos dar uma bofetada invisível.

Perguntarão talvez como essa mão, no estado vaporoso invisível, pode ter a mesma força que no estado tangível. E por que não? Vemos o ar derrubar edifícios, o gás lançar projéteis, a eletricidade transmitir sinais, o fluido do ímã levantar massas. Por que seria menos poderosa a matéria do perispírito? Mas não a queiramos submeter às nossas experiências de laboratório e às nossas fórmulas algébricas; principalmente pelo fato de havermos tomado os gases como termo de comparação, não lhes vamos atribuir propriedades idênticas, nem computar sua força do mesmo modo por que calculamos a do vapor. Até agora ela escapa a todos os nossos instrumentos. É uma nova ordem de ideias, fora da competência das ciências exatas. Eis por que essas ciências não nos oferecem a aptidão especial para as apreciar.

Damos esta teoria do movimento dos corpos sólidos sob a influência dos Espíritos apenas para mostrar a questão sob todos os seus aspectos e provar que, sem nos afastarmos muito das ideias recebidas, é possível dar-nos conta da ação dos Espíritos sobre a matéria inerte. Há, porém, uma outra, de alto alcance filosófico, dada pelos próprios Espíritos, e que lança sobre esse problema uma luz inteiramente nova. Será mais bem compreendida depois que a tiverem lido. Aliás, é útil conhecer todos os sistemas, a fim de poder compará-los.

Resta agora explicar como se opera essa modificação da substância etérea do perispírito; por que processo o Espírito opera e, em consequência, o papel dos médiuns de influência física na produção desses fenômenos; aquilo que em tais circunstâncias neles se passa, a causa e a natureza de suas faculdades, etc.

É o que faremos no próximo artigo.

O ESPÍRITO BATEDOR DE BERGZABERN

Já tínhamos ouvido falar de certos fenômenos espíritas que em 1852 haviam causado enorme celeuma na Baviera renana, nas cercanias de Spira; sabíamos até que havia sido publicada uma brochura em alemão, com um relato autêntico. Depois de longas e infrutíferas buscas, uma senhora, nossa assinante da Alsácia, demonstrando grande interesse e perseverança, pelo que lhe somos imensamente agradecidos, conseguiu um exemplar daquela brochura e no-la ofereceu.

Damos aqui a sua tradução *in extenso*, esperando seja lida com tanto maior interesse quanto mais uma vez vem provar que fatos desse gênero são de todos os tempos e lugares, desde que esses ocorreram numa época em que apenas se começava a falar em Espíritos.

PROÊMIO

"Há vários meses um acontecimento singular constitui o assunto de todas as conversas em nossa cidade e suas imediações. Referimo-nos ao "Batedor", como é chamado, da casa do alfaiate Pedro Sänger.

Até aqui nos abstivemos de qualquer relato em nossa folha – o *Jornal de Bergzabern* – das manifestações que desde 1º de janeiro de 1852 se produzem naquela casa. Como, porém, chamaram a atenção geral a tal ponto que as autoridades se sentiram no dever de pedir ao Dr. Bentner uma explicação para o caso, e o Dr. Dupping, de Spira, chegou a ir ao local para observar os fatos, não nos podemos por mais tempo furtar ao dever de lhes dar publicidade.

Sentir-nos-íamos muito embaraçados se os leitores esperassem de nós um pronunciamento sobre a questão: deixamos essa tarefa àqueles que, pela direção de seus estudos e por sua posição, estão mais aptos a julgar, o que farão sem maiores dificuldades, se conseguirem descobrir a causa daqueles efeitos.

Quanto a nós, limitar-nos-emos ao simples relato dos fatos, principalmente daqueles que testemunhamos ou que ouvimos de pessoas dignas de fé: o leitor que forme a sua opinião.

F. A. Blanck
Redator do Jornal de Bergzabern

Maio de 1852.

A 1º de janeiro deste ano, em Bergzabern, na casa de sua residência e no quarto vizinho à sala de estar, a família de Pedro Sänger ouviu um como martelar, que começava por golpes surdos, como se viessem de longe, e que se tornavam progressivamente mais fortes e distintos. Esses golpes pareciam desferidos na parede, junto à qual se achava o leito de sua filha de doze anos de idade. Habitualmente, o ruído era ouvido entre nove e meia e dez e meia. A princípio, o casal não ligou importância; como, porém, essa singularidade se repetisse todas as noites, pensaram que viesse da casa vizinha, onde talvez um doente se distraísse tamborilando na parede. Logo, entretanto, se convenceram de que não havia tal doente, nem ele poderia ser a causa do ruído. Foi revolvido o chão do quarto, a parede foi derrubada, mas tudo sem resultado. A cama foi mudada para o lado oposto do quarto: então – coisa admirável – o ruído mudou de lugar e era percebido assim que a menina dormia.

Era claro que de algum modo a garota participava da manifestação daquele ruído e, depois das inúteis pesquisas da polícia, começou-se a pensar que o fato deveria ser atribuído a uma doença da criança ou a uma particularidade de sua conformação. Entretanto, até agora nada veio confirmar tal suposição. É ainda um enigma para os médicos.

Com a espera, a coisa se desenvolveu: o ruído prolongou-se por mais de uma hora e os golpes eram vibrados com mais força. A menina mudou de cama e de quarto, mas o batedor se manifestou nesse outro quarto, debaixo da cama, na cama e na parede. Os golpes não eram idênticos: ora mais fortes, ora mais fracos e isolados, ora, enfim, sucedendo-se rapidamente e seguindo o ritmo das marchas militares e das danças.

A menina ocupava desde alguns dias o quarto mencionado, quando notaram que durante o seu sono ela emitia palavras curtas e incoerentes. As palavras logo se tornaram mais distintas e mais inteligíveis; parecia que a criança falava com outra pessoa sobre a qual ela tinha autoridade. Entre os fatos que diariamente se produziam, o autor desta brochura relata um, do qual foi testemunha:

A criança achava-se na cama, deitada sobre o lado esquerdo. Apenas adormecida, os golpes começaram e assim começou ela a falar: "Você, você! Bata uma marcha!" E o batedor marcou uma que se parecia muito com uma marcha bávara. À ordem de "alto!" dada pela menina, o batedor parou. Então ela ordenou: "Bata três, seis, nove vezes". O batedor executou a ordem. A uma nova ordem de bater dezenove golpes, ouviram-se vinte batidas, ao que retorquiu a menina adormecida: "Não está certo; foram vinte batidas". Logo foi possível contar dezenove golpes. A seguir ela pediu trinta pancadas e as trinta foram ouvidas. À ordem de cem pancadas só foi possível contar até quarenta, tão rápidos eram os golpes. Soado o último golpe, a menina disse: "Muito bem; agora cento e dez". Então só nos foi possível contar até cerca de cinquenta. Ao último golpe, disse a dorminhoca: "Não está certo; deu apenas cento e seis"; e logo se fizeram ouvir as quatro pancadas que completavam aquele número. Depois ela pediu: "Mil!" Foram batidas apenas quinze. "Ora, vamos!" O batedor marcou ainda cinco golpes e parou.

Então os assistentes tiveram a ideia de dar ordens diretamente ao batedor, o qual as executou. Parava quando recebia a ordem de "Alto! Silêncio! Basta!" Depois, por si mesmo e sem comando, recomeçava a bater. Um dos assistentes disse, em voz baixa, num canto do quarto, que queria comandar apenas por pensamento, para que fossem dadas seis batidas. Então o experimentador postou-se junto ao leito e não disse uma só palavra: foram ouvidas as 6 pancadas. Ainda por pensamento foram pedidas quatro e os quatro golpes foram ouvidos. A mesma experiência foi tentada por outras pessoas, mas nem sempre deu bom resultado.

Em breve, a menina espreguiçou-se, afastou as cobertas e levantou-se.

Quando lhe perguntaram o que havia acontecido, respondeu que tinha visto um homem grande e mal-encarado, junto a seu leito e que lhe apertava os joelhos. Acrescentou que sentia dor nos joelhos quando o homem batia. Ela adormeceu novamente e as manifestações prosseguiram até que o relógio bateu onze horas. De repente o batedor parou, a menina entrou em sono tranquilo, reconhecido pela regularidade da respiração e naquela noite nada mais foi ouvido.

Observamos que o batedor obedecia à ordem de marcar marchas militares. Várias pessoas afirmaram que quando se lhe pedia uma marcha russa, austríaca ou francesa, ela era marcada com muita exatidão.

A 25 de fevereiro, estando adormecida, a menina disse: "Agora você não quer mais bater; quer arranhar. Está bem! Quero ver como você o fará". Com efeito, no dia seguinte, 26, em vez dos golpes ouvia-se um arranhar que parecia vir da cama e que se manifestou até hoje. As batidas se misturaram à raspagem, ora alternadas, ora simultaneamente, de tal modo que nas árias de marcha ou de dança a raspagem marcava os tempos fortes e a batida, os tempos fracos. Conforme os pedidos, a hora do dia ou a idade das pessoas eram indicadas por golpes secos ou pela raspagem. Em relação à idade das pessoas, às vezes havia erros, logo corrigidos na segunda ou terceira tentativa, desde que se dissesse que o número tinha sido marcado erradamente. Algumas vezes, em lugar de dar a idade pedida, o batedor executava uma marcha.

Dia a dia a linguagem da criança, durante o sono, tornava-se mais perfeita. Aquilo que a princípio não passava de simples palavras ou de ordens rápidas ao batedor, transformou-se, com o tempo, numa conversa encadeada com os pais. Assim, um dia se entreteve com a irmã mais velha sobre assuntos religiosos, num tom de exortação e de ensino, dizendo-lhe que devia ir à missa, fazer as preces todos os dias e mostrar submissão e obediência aos pais. À noite retomou o mesmo assunto. Em seus ensinamentos nada havia de Teologia, mas apenas algumas daquelas noções que se aprendem na escola.

Antes dessas palestras ouviam-se durante uma hora, pelo menos, pancadas e arranhões, não só durante o sono da menina, mas até em seu estado de vigília. Vimo-la comer e beber enquanto as batidas e raspagens eram ouvidas, do mesmo modo que, estando acordada, tínhamos ouvido a transmissão de ordens ao batedor, as quais foram todas executadas.

Na noite de sábado, 6 de março, várias pessoas se reuniram em casa dos Sänger, pois estando desperta a menina, havia predito durante o dia que o batedor apareceria às nove horas da noite. Ao bater essa hora, quatro golpes tão violentos foram desferidos na parede que os assistentes se assustaram. Logo e pela primeira vez, as batidas foram dadas na madeira da cama e exteriormente; o leito foi todo abalado. Esses golpes se manifestaram de todos os lados da cama, ora num, ora noutro lugar. Pancadas e arranhões alternavam-se. A uma ordem da menina e das pessoas presentes, ora os golpes se ouviam no interior da cama, ora externamente. De repente o leito levantou-se em sentidos diferentes, enquanto os golpes eram desferidos com força. Mais de cinco pessoas em vão tentaram repor o leito no lugar, e quando desistiram da tentativa, ele ainda se balançou por alguns instantes, depois do que tomou a sua posição natural. Esse fato já havia ocorrido uma vez, antes dessa manifestação pública.

Todas as noites a menina fazia uma espécie de discurso, de que falaremos de modo sucinto.

Antes de mais nada é preciso notar que ela, assim que baixava a cabeça, logo adormecia e começavam os golpes e as arranhaduras. Com as batidas ela gemia, agitava as pernas e parecia sentir-se mal. Já o mesmo não acontecia com as raspagens. Chegado o momento de falar, a menina deitava-se em decúbito dorsal, o rosto tornava-se pálido, assim como as mãos e os braços. Acenava com a mão direita e dizia: "Vamos! Venha para perto de minha cama e junte as mãos. Vou lhe falar do Salvador do mundo". Então cessavam batidas e arranhaduras e todos os assistentes ouviam com respeitosa atenção o discurso da adormecida.

Falava com vagar e de modo muito inteligível em puro alemão, o que surpreendia tanto mais quanto mais se sabia que ela era menos adiantada que seus colegas de colégio, o que certamente era devido a uma doença dos olhos, que lhe dificultava o estudo. Suas palestras discorriam sobre a vida e as ações de Jesus desde os doze anos, sua presença no templo entre os escribas, seus benefícios à humanidade e os seus milagres. Depois entretinha-se em descrever os seus sofrimentos e censurava duramente os judeus por terem crucificado a Jesus, apesar de seus atos de bondade e de suas bênçãos. Terminando, a menina dirigia a Deus uma fervorosa prece, pedindo que "lhe concedesse a graça de suportar com resignação os sofrimentos que lhe tinha enviado, pois que a havia escolhido para entrar em comunicação com o Espírito". Pedia a Deus para não morrer ainda, pois era criança e não queria descer ao túmulo escuro. Terminadas as suas prédicas, recitava com uma voz solene o *Pater noster*, depois do que dizia: "Agora você pode vir". Imediatamente recomeçavam as batidas e arranhaduras. Ainda falou duas vezes ao Espírito e, a cada uma delas, parava o batedor. Dizia ainda algumas palavras e acrescentava: "Agora você pode ir, em nome de Deus". E despertava.

Durante essas palestras os olhos da menina ficavam bem fechados; mas os lábios se mexiam. As pessoas mais próximas do leito podiam observar-lhe os movimentos. A voz era pura e harmoniosa.

Despertando, perguntavam-lhe o que tinha visto e o que se havia passado. Ela respondia: "O homem que vem me ver". – "Onde está ele?" – "Perto de minha cama, com as outras pessoas". – "Viu as outras pessoas?" – "Vi todos os que estavam perto da cama".

É fácil compreender que tais manifestações encontrassem muitos incrédulos; chegou-se mesmo a pensar que toda essa história era pura mistificação. Mas o pai era incapaz de palhaçadas, sobretudo de uma palhaçada que exigia toda a habilidade de um prestidigitador profissional. Ele goza da reputação de homem decente e honesto.

Para responder e fazer cessar a suspeita, a menina foi levada para uma casa estranha. Apenas lá chegando, ouviram-se as batidas e arranhaduras. Além disso, alguns dias antes ela tinha ido com a mãe a uma pequena aldeia chamada Capela, a cerca de meia légua de distância, à casa da viúva Klein. Sentiu-se fatigada; deitaram-na num canapé e imediatamente o mesmo fenômeno se produziu. Várias testemunhas o podem afirmar. Posto tivesse um aspecto saudável, devia ser afetada por uma doença que, se não ficasse provada pelas manifestações acima relatadas, pelo menos pelos movimentos involuntários dos músculos e dos abalos nervosos.

Para terminar, faremos notar que há algumas semanas a menina foi levado ao Dr. Bentner, com quem ficou, a fim de que este sábio pudesse estudar mais de perto os fenômenos em apreço. Desde então cessou todo barulho em casa da família Sänger, passando a produzir-se na do Dr. Bentner.

São estes, com toda a sua autenticidade, os fatos passados. Entregamo-los ao público sem emitir opinião. Possam os homens da Medicina dar-lhes em breve uma explicação satisfatória."

Blanck

CONSIDERAÇÕES SOBRE O ESPÍRITO BATEDOR DE BERGZABERN

É fácil a explicação solicitada pelo narrador que acabamos de citar: há uma única – a que é dada pela doutrina espírita. Esses fenômenos nada têm de extraordinário para as pessoas familiarizadas com aqueles a que nos habituaram os Espíritos. Sabe-se o papel que certas criaturas emprestam à imaginação. Sem dúvida, se a menina apenas tivesse tido visões, os partidários da alucinação ter-se-iam embandeirado. Mas aqui havia efeitos materiais de natureza inequívoca e que tiveram um grande número de testemunhas. Era preciso admitir que todos estivessem alucinados a ponto de pensarem ouvir aquilo que não ouviam e verem movimento em coisas imóveis. Ora, nisso estaria um fenômeno ainda mais extraordinário.

Aos incrédulos resta apenas um recurso: negar. É mais fácil e dispensa o raciocínio.

Examinando as coisas do ponto de vista espírita, torna-se evidente que o Espírito que se manifestou era inferior ao da menina, pois lhe obedecia; subordinava-se até aos assistentes, pois estes lhe davam ordens. Se não soubéssemos pela doutrina que os chamados Espíritos batedores estão embaixo na escala, aquilo que se passou nos seria uma prova. Realmente não se conceberia que um Espírito elevado, assim como os nossos sábios e nossos filósofos, viesse se divertir em bater marchas e valsas e, numa palavra, representar o papel de jogral ou submeter-se aos caprichos dos seres humanos. Ele se mostra com as feições de criatura mal-encarada, circunstância que apenas corrobora essa opinião. Em geral a moral se reflete no envoltório. Está, pois, demonstrado para nós que o *batedor* de Bergzabern é um Espírito inferior, da classe dos Espíritos levianos, que se manifestou como antes outros o fizeram e ainda o fazem em nossos dias.

Mas com que propósito se manifestou? A notícia não diz que tenha sido chamado. Hoje, que estamos mais experimentados nessas coisas, não se deixaria entrar um visitante tão estranho sem que ele informasse quais os seus propósitos. Apenas podemos fazer uma conjectura. É verdade que nada fez ele que revelasse maldade ou má intenção; a menina não sofreu nenhum distúrbio físico ou moral: só os homens poderiam ter chocado a sua moral, ferindo-lhe a imaginação com os contos ridículos. E é uma sorte que não o tenham feito. Esse Espírito, por muito inferior que fosse, nem era mau nem malévolo: era apenas um desses Espíritos tão numerosos, dos quais, por vezes e malgrado nosso, estamos rodeados. Ele pode ter agido naquelas circunstâncias por um mero capricho, como também o poderia fazer por instigação de Espíritos elevados, com o fito de despertar a atenção dos homens e os convencer da realidade de um poder superior, fora do mundo corpóreo.

Quanto à criança, é certo que era um desses médiuns de influência física, dotados, malgrado seu, de tal faculdade e que estão para os outros médiuns assim como os sonâmbulos naturais estão para os sonâmbulos magnéticos. Dirigida com prudência por um homem experimentado nesta nova Ciência, poderia ter produzido coisas ainda mais extraordinárias e de natureza a lançar nova luz sobre esses fenômenos, que são maravilhosos apenas porque não os compreendem.

O ORGULHO

DISSERTAÇÃO MORAL DITADA POR SÃO LUÍS À SRTA. HERMANCE DUFAUX[1]

(19 e 26 de JANEIRO DE 1858)

I

Um homem soberbo possuía algumas jeiras de boa terra. Sentia-se orgulhoso das pesadas espigas que carregavam o seu campo e baixava o olhar desdenhoso sobre o campo estéril do humilde. Este se levantava ao cantar do galo e ficava o dia todo curvado sobre o solo ingrato: recolhia pacientemente os seixos e ia atirá-los à beira do caminho; revolvia profundamente a terra e arrancava com dificuldade os espinheiros que a cobriam. Ora, seu suor fecundou o campo e ele colheu o melhor trigo.

Entretanto, o joio crescia no campo do homem soberbo e afogava o trigo, enquanto o dono se vangloriava de sua fecundidade e olhava com piedade os esforços silenciosos do humilde.

Em verdade vos digo que o orgulho é semelhante ao joio que afoga o bom grão. Aquele de entre vós que se julga mais que seu irmão e que se vangloria é insensato. Mas sábio é o que trabalha por si mesmo, como o humilde em seu campo, sem se envaidecer de sua obra.

II

Havia um homem rico e poderoso que desfrutava o favor do príncipe. Morava em palácios e numerosos servos esforçavam-se por lhe adivinhar os desejos.

Um dia suas matilhas batiam o cervo das profundezas da floresta.

---

[1] O prenome desta médium ora está grafado no original com h, ora sem h. Posto o tenhamos registrado pela primeira vez sem h, Ermance, de agora em diante preferiremos a forma Hermance, por se mais conforme a etimologia. (N. do T.)

Ele avistou um pobre lenhador, vergando ao peso de um feixe de lenha. Chamou-o e lhe disse:

– Vil escravo! Por que passas teu caminho sem te inclinares perante mim? Sou igual ao Senhor: nos conselhos minha voz decide a paz e a guerra, e os grandes do reino curvam-se em minha presença. Sabe que sou sábio entre os sábios, poderoso entre os poderosos, grande entre os grandes e minha elevação é obra de minhas mãos.

– Senhor! – respondeu o pobre homem – temi que minha saudação humilde vos fosse uma ofensa. Sou pobre e o único bem que possuo são os meus braços; mas não desejo vossas grandezas enganosas. Durmo o meu sono e não temo, como vós, que o prazer do senhor me faça cair em minha obscuridade.

Ora, o príncipe se enjoou do orgulho do soberbo. Os grandes humilhados ergueram-se sobre ele, que foi precipitado do pináculo de seu poder, como uma folha seca que o vento varre do cume da montanha. Mas o humilde continuou pacificamente seu rude trabalho, sem preocupação pelo dia seguinte.

III

Soberbo, humilha-te; porque a mão do Senhor curvará o teu orgulho até a poeira!

Escuta! Nasceste onde te lançou a sorte; saíste do seio materno fraco e nu como o último dos homens. Por que levantas a fronte mais alto que os teus semelhantes, tu que, como eles, nasceste para a dor e para a morte?

Escuta! Tuas riquezas e tuas grandezas, vaidades do nada, escaparão de tuas mãos quando vier o grande dia, como as águas inconstantes da torrente que o sol evapora. Não levará de tuas riquezas mais que as tábuas do esquife; e os títulos gravados na lápide funerária serão palavras vazias de sentido.

Escuta! O cão do coveiro brincará com os teus ossos, e eles serão misturados aos do mendigo; a tua poeira confundir-se-á com a dele porque um dia vós ambos sereis apenas pó. Então amaldiçoarás os dons que recebeste, quando vires o mendigo revestido na sua glória, e chorarás o teu orgulho.

Humilha-te, soberbo. Porque a mão do Senhor curvará o teu orgulho até o pó.

* * *

1. – Por que São Luís nos fala em parábolas? R – O Espírito humano gosta do mistério. A lição se grava melhor no coração quando nós a procuramos.

2. – Parece que hoje a lição nos deve ser dada de maneira mais direta, sem termos que recorrer à alegoria. R – Encontrá-la-eis no desenvolvimento. Desejo ser lido; e a moral necessita de um disfarce sob a atração do prazer.

PROBLEMAS MORAIS
PERGUNTAS DIRIGIDAS A SÃO LUÍS

1. – De dois homens ricos, o primeiro nasceu na opulência e jamais conheceu a necessidade; o segundo deve a fortuna ao próprio trabalho. Ambos a empregam exclusivamente na satisfação pessoal. Qual deles é o mais culpável? R – O que conheceu o sofrimento. Ele sabe o que é sofrer.

2. – Aquele que acumula continuamente, sem fazer o bem a ninguém, terá uma desculpa aceitável no pensamento de acumular para deixar bastante aos filhos? R – É um compromisso com a consciência má.

3. – De dois avarentos, o primeiro se priva do necessário e morre de privações sobre o seu tesouro; o segundo só é avarento para com os outros: é pródigo para consigo mesmo. Enquanto foge ao menor sacrifício a fim de prestar um obséquio ou fazer algo de útil, não põe limite aos seus prazeres pessoais. Aborrece-se quando lhe pedem um favor; quer entregar-se aos seus caprichos, que nunca lhe faltam. Qual o mais culpado e qual deles terá o pior lugar no mundo dos Espíritos? R – O que goza: o outro já recebeu a sua punição.

4. – Aquele que em vida não empregou utilmente a sua fortuna encontra alívio em fazer o bem após a morte, pelo destino que lhe dá? R – Não: o bem vale o que custa.

AS METADES ETERNAS

A passagem que se segue foi extraída da carta de um dos nossos assinantes.

(...) "Perdi, há alguns anos, uma esposa boa e virtuosa e, embora me houvesse deixado seis filhos, sentia-me em completo isolamento, quando ouvi falar de manifestações espíritas. Em breve eu me encontrava num pequeno grupo de bons amigos, que todas as noites se ocupavam desse assunto. Aprendi então, por meio das comunicações obtidas, que a verdadeira vida não está na Terra, mas no mundo dos Espíritos; que a minha Clemência ali era feliz e que, como outras, trabalhava pela felicidade dos que aqui havia conhecido.

Ora, eis um ponto sobre o qual desejo ardentemente que me esclareçais.

Uma noite eu dizia à minha Clemência: – minha cara amiga, por que, a despeito do nosso amor, acontece que nem sempre tivemos o mesmo ponto de vista nas diversas circunstâncias de nossa vida comum, e por que tantas vezes fomos obrigados a concessões recíprocas a fim de vivermos em boa harmonia?

Ela me respondeu – Meu amigo, nós éramos bons e honestos; vivemos juntos e, poderíamos dizer, do melhor modo possível nesta Terra de provas; mas não éramos *nossas metades eternas*. Tais uniões são raras na Terra; embora possam ser encontradas, representam um grande favor de Deus. Aqueles que desfrutam essa felicidade experimentam alegrias que desconheces.

– Podes dizer-me se vês a tua metade eterna?

– Sim, respondeu ela; é um pobre diabo que vive na Ásia; poderá unir-se a mim só daqui a 175 anos, segundo a vossa maneira de contar.

– Vossa união será na Terra ou em outro mundo?

– Na Terra. Mas, escuta: eu não te posso descrever bem a felicidade dos seres assim reunidos. Pedirei a Heloísa e a Abelardo que te venham informar.

Então, senhor, estes entes felizes vieram nos falar dessa indizível felicidade.

– À nossa vontade, disseram eles, dois não fazem mais que um; viajamos os espaços; gozamos de tudo; amamo-nos com um amor sem fim, acima do qual só existe o amor de Deus e dos seres perfeitos.

Vossas maiores alegrias não valem um só de nossos olhares e de nossos apertos de mão.

Alegra-me o pensamento das metades eternas. Parece que Deus, criando a humanidade, a fez dupla e, separando as duas metades da mesma alma, lhes disse: ide por esse mundo e procurai encarnações. Se fizestes o bem, a viagem será curta e permitirei a vossa união; do contrário passar-se-ão séculos antes que possais gozar dessa felicidade. Tal é, ao que me parece, a causa primeira do movimento instintivo que arrasta a humanidade a buscar a felicidade, essa felicidade que a gente não compreende nem tem tempo para a compreender.

Desejo ardentemente, senhor, um esclarecimento sobre esta teoria das metades eternas e sentir-me-ia feliz se tivesse uma explicação sobre o assunto num dos vossos próximos números...

Interrogados sobre a matéria, Abelardo e Heloísa nos deram as respostas seguintes:

— As almas foram criadas duplas?

— Se tivessem sido criadas duplas, as simples seriam imperfeitas.

— É possível que duas almas possam reunir-se na eternidade, formando um todo?

— Não.

— Você e Heloísa formam, desde a origem, duas almas perfeitamente distintas?

— Sim.

— Ainda agora são duas almas distintas?

— Sim, mas sempre unidas.

— Os homens acham-se todos nas mesmas condições?

— Conforme sejam mais ou menos perfeitos.

— As almas são todas destinadas a um dia se unirem a uma outra alma?

— Cada Espírito tem a tendência para procurar um outro Espírito que lhe seja semelhante. É o que chamais de simpatia.

— Nessa união existe uma condição de sexo?

— As almas não têm sexo."

Tanto para satisfazer o desejo de nosso assinante quanto para nossa própria instrução, dirigimos ao Espírito de São Luís as perguntas que seguem:

1. – As almas que se devem unir estão predestinadas, desde a origem, a essa união e cada um de nós tem, em qualquer parte do Universo, *a sua metade*, à qual deverá um dia unir-se fatalmente? R – Não. Não existe uma união particular e fatal de duas almas. Existe a união entre todos os Espíritos, mas em graus diferentes, segundo a posição que ocupam, isto é, segundo a perfeição adquirida: quanto mais perfeitos, mais unidos. Da discórdia brotam todos os males humanos; da concórdia, a felicidade completa.

2. – Em que sentido devemos entender o vocábulo *metade*, de que se servem por vezes alguns Espíritos para a designação dos Espíritos simpáticos? R – A expressão é inexata. Se um Espírito fosse metade de outro e dele separado, seria incompleto.

3. – Uma vez unidos dois Espíritos perfeitamente simpáticos, o são para a eternidade ou podem separar-se e unir-se a outros Espíritos? R – Todos os Espíritos estão unidos entre si. Falo dos que chegaram à perfeição. Nas esferas inferiores, quando um Espírito se eleva não é mais simpático àqueles que deixou.

4. – Dois Espíritos simpáticos são complementos um do outro ou esta simpatia é o resultado de uma perfeita identidade? R – A simpatia que atrai um Espírito para outro resulta da perfeita concordância de suas inclinações e de seus instintos. Se um devesse completar o outro, perderia sua individualidade.

5. – A identidade necessária à simpatia perfeita não consistiria senão na similitude de pensamentos e de sentimentos, ou ainda na uniformidade de conhecimentos adquiridos? R – Na igualdade do grau de elevação.

6. – Os Espíritos que hoje não são simpáticos poderão sê-lo mais tarde? R – Sim; todos o serão. Assim, o Espírito que hoje se acha em tal esfera inferior alcançará, pelo aperfeiçoamento, a esfera onde reside um outro. Seu encontro dar-se-á mais prontamente se o Espírito mais elevado, suportando mal as provas a que se submeteu, demorou-se no mesmo estado.

7. – Dois Espíritos simpáticos poderão deixar de o ser? R – Por certo, se um deles for preguiçoso.

Essas respostas resolvem perfeitamente a questão.

A teoria das metades eternas é uma figura referente à união de dois Espíritos simpáticos; é uma expressão usada mesmo na linguagem comum, tratando-se dos esposos, e que não se deve tomar ao pé da letra. Os Espíritos que dela se serviram certamente não pertencem à mais alta ordem: a esfera de seus conhecimentos é necessariamente limitada e eles exprimiram o pensamento em termos de que se teriam servido na vida corpórea. É, pois, necessário rejeitar esta ideia de que dois Espíritos, criados um para o outro, um dia deverão unir-se na eternidade, depois de terem estado separados durante um lapso de tempo mais ou menos longo.

PALESTRAS FAMILIARES DE ALÉM-TÚMULO
MOZART

Um dos nossos assinantes nos enviou as duas entrevistas que se seguem, com o Espírito de Mozart. Ignoramos onde e quando se realizaram; não conhecemos o interpelante nem o médium; somos completamente estranhos a tudo isso. Entretanto, é notável a perfeita concordância que há entre as respostas obtidas e as que foram dadas por outros Espíritos sobre vários pontos capitais da doutrina, em circunstâncias completamente diferentes, quer quanto a nós, quer quanto a outras pessoas, e que transcrevemos em números anteriores em *O Livro dos Espíritos*. Sobre tal similitude chamamos a atenção dos nossos leitores, que dela tirarão a conclusão que lhes parecer mais adequada. Aqueles, pois, que ainda pudessem pensar que as respostas às nossas perguntas são um reflexo de nossa opinião pessoal verão por aqui se, nessa ocasião, nos foi possível exercer qualquer influência.

Felicitamos as pessoas que sustentaram essas palavras pela maneira que as perguntas foram feitas. Apesar de certas falhas que demonstram a inexperiência dos interlocutores, em geral são formuladas com ordem, clareza e precisão e não fogem à linha de seriedade que constitui condição essencial para obter boas comunicações. Os Espíritos elevados se dirigem às pessoas sérias, que de boa-fé desejam esclarecimentos; os Espíritos levianos divertem-se com as criaturas frívolas.

PRIMEIRA PALESTRA

1. – Em nome de Deus, é o Espírito de Mozart? R – Sim.

2. – Por que é Mozart e não outro Espírito? R – Foi a mim que evocaste: então vim.

3. – Que é um médium? R – O agente que une o meu ao teu Espírito.

4. – Quais as modificações fisiológicas e anímicas que, malgrado seu, sofre o médium ao entrar em ação intermediária? R – Seu corpo nada sente; mas seu Espírito, parcialmente desprendido da matéria, está em comunicação com o meu, unindo-me a vós.

5. – Que é o que se passa nele neste momento? R – Nada com o corpo; apenas uma parte de seu Espírito é atraída para mim; faço sua mão agir pelo poder que o meu Espírito exerce sobre ele.

6. – Assim, o médium entra em comunicação com uma individualidade espiritual diferente da sua? R – Por certo; tu também, sem seres médium, estás em contato comigo.

7. – Quais os elementos que concorrem para a produção desse fenômeno? R – A atração dos Espíritos, com o fim de instruir os homens; leis de eletricidade física.

8. – Quais as condições indispensáveis? R – Uma faculdade concedida por Deus.

9. – Qual o princípio determinante? R – Não posso dizê-lo.

10. – Poderias revelar-nos as suas leis? R – Não, não; pelo menos agora. Mais tarde tudo sabereis.

11. – Em que termos positivos poder-se-ia anunciar a fórmula sintética desse fenômeno maravilhoso? R – Leis desconhecidas que não poderíeis compreender.

12. – Poderia o médium pôr-se em relação com a alma de uma pessoa viva? Em que condições? R – Facilmente, se a pessoa estiver adormecida.[1]

13. – O que entendes pelo vocábulo *alma*? R – Centelha divina.

14. – E por Espírito? R – Espírito e alma são a mesma coisa.

---

[1] Se uma pessoa viva for evocada em estado de vigília, pode adormecer no momento da evocação ou, pelo menos, sofrer um entorpecimento e uma suspensão das faculdades sensitivas. Muitas vezes, entretanto, a evocação nada produz, sobretudo se não for feita com intenção séria e benevolente.

15. – Como Espírito imortal, tem a alma a consciência do ato da morte, a consciência de si mesma ou do *eu* imediatamente após a morte? R – A alma nada sabe do passado e não conhece o futuro senão após a morte do corpo. Então vê sua vida pretérita e suas últimas provas; escolhe sua nova expiação para uma outra existência, bem como a prova a passar. Assim, ninguém se deve lamentar do que sofre na Terra, mas deve suportá-lo com coragem.

16. – Depois da morte acha-se a alma desligada de todo elemento, de todo laço terrestre? R – De todo elemento, não: tem ainda um fluido que lhe é próprio, que extrai da atmosfera de seu planeta e que representa a aparência de sua última encarnação. Os laços terrenos nada mais são para ela.

17. – Sabe ela de onde vem e para onde vai? R – A resposta décima quinta resolve essa questão.

18. – Nada leva ela consigo daqui de baixo? R – Nada, além da lembrança das boas obras, o pesar de suas faltas e o desejo de passar a um mundo melhor.

19. – Abarca ela num relance retrospectivo o conjunto de sua vida passada? R – Sim: para servir à sua vida futura.

20. – Ela entrevê o objetivo da vida terrena e o significado, o sentido desta vida, assim como a importância do destino que aqui se cumpre, em relação à vida futura? R – Sim; ela compreende a necessidade de depuração para chegar ao infinito; quer purificar-se para atingir os mundos bem-aventurados. Sou feliz; mas ainda não me encontro nos mundos onde se desfruta a visão de Deus!

21. – Existe na vida futura uma hierarquia dos Espíritos? Qual a sua lei? R – Sim. É o grau de depuração que a caracteriza: a bondade e as virtudes são os títulos de glória.

22. – Como potência progressiva, é a inteligência que nela determina a marcha ascendente? R – São sobretudo as virtudes, principalmente o amor ao próximo.

23. – Uma hierarquia dos Espíritos faz supor uma hierarquia de residências. Existe esta? Sob que forma? R – A inteligência, que é dom de Deus, é sempre a recompensa das virtudes: caridade, amor ao próximo. Os Espíritos habitam diferentes planetas, conforme o seu grau de perfeição. Neles desfrutam maior ou menor felicidade.

24. – Que é o que se deve entender por Espíritos superiores? R – Os Espíritos purificados.

25. – Nosso globo terrestre é o primeiro desses degraus, o ponto de partida, ou vimos ainda de um ponto inferior? R – Há dois globos antes do vosso, que é um dos menos perfeitos.

26. – Qual o mundo que habitas? Ali és feliz? R – Júpiter. Ali desfruto de uma grande calma; amo a todos os que me rodeiam. Não temos o ódio.

27. – Se tens lembrança da vida terrena deves recordar-te do casal A.., de Viena. Já os viste a ambos depois de tua morte? Em que mundo e em que condições? R – Não sei onde se encontram; não te posso dizer. Um é mais feliz que o outro. Por que me falas deles?

28. – Por uma única palavra, indicativa de um fato capital de tua vida, e que não poderás ter esquecido, podes fornecer-me uma prova certa dessa recordação. Concito-te a dizer tal palavra. R – Amor; reconhecimento.

SEGUNDA PALESTRA

Já não é o mesmo o interlocutor. Parece, pela natureza da conversa, que se trata de um músico, feliz por se entreter com um mestre. Depois de diversas perguntas, que nos pareceram de reprodução inútil, diz Mozart:

1. – Acabemos com as perguntas de A... Falarei contigo. Dir-te-ei o que em nosso mundo entendemos por melodia. Por que não me evocaste mais cedo? Ter-te-ia respondido.

2. – Que é melodia? R – Para ti é muitas vezes uma lembrança da vida passada: teu Espírito recorda aquilo que entreviu num mundo melhor. No planeta Júpiter, onde habito, há melodia em toda parte: no murmúrio das águas, no ciciar das folhas, no canto do vento; as flores rumorejam e cantam; tudo produz sons melodiosos. Sê bom; alcança esse planeta por tuas virtudes. Bem escolheste, cantando Deus: a música religiosa auxilia a elevação da alma. Como eu gostaria de vos poder inspirar o desejo de ver esse mundo onde somos tão felizes! Ali somos todos caridosos; tudo é belo! A Natureza tão admirável! Tudo nos inspira o desejo de estar com Deus. Coragem! Coragem! Acreditai em minha comunicação espírita: sou eu mesmo que aqui me encontro:

desfruto o poder de vos dizer aquilo que experimentamos. Posso vos inspirar bastante o amor ao bem, a fim de vos tornardes dignos dessa recompensa, que nada é em comparação com outras a que aspiro!

3. – Nossa música é a mesma em outros planetas? R – Não. Nenhuma música vos pode dar uma ideia da que temos ali: é divina! Ó felicidade! Procura merecer o gozo de semelhantes harmonias: luta; tem coragem! Não temos instrumentos: são as plantas e os pássaros os coristas. O pensamento compõe e os ouvintes gozam sem audição material, sem o concurso da palavra – e isso a uma distância incomensurável. Nos mundos superiores isto é ainda mais sublime.

4. – Qual a duração da vida de um Espírito encarnado em outro planeta que não o nosso? R – Curta, nos planetas inferiores; mais longa nos mundos como esse onde tenho a felicidade de estar. Em Júpiter ela é, em média, de trezentos a quinhentos anos.

5. – Haverá grande vantagem em voltar a habitar a Terra? R – Não; a menos que em missão, porque, então, avançamos.

6. – Não seríamos mais felizes se ficássemos como Espírito? R – Não, não! Estacionaríamos. Pedimos a reencarnação a fim de avançarmos para Deus.

7. – É a primeira vez que me encontro na Terra? R – Não. Mas não posso falar do passado de teu Espírito.

8. – Poderia eu ver-te em sonho? R – Se Deus o permitir, far-te-ei ver em sonho a minha habitação, da qual guardarás uma lembrança.

9. – Onde te achas aqui? R – Entre ti e tua filha. Vejo-te. Estou sob a forma que tinha quando vivo.

10. – Poderia eu ver-te? R – Sim: crê e verás. Se tivésseis mais fé, ser-nos-ia permitido dizer por quê. Tua própria profissão é um laço entre nós.

11. – Como entraste aqui? R – O Espírito atravessa tudo.

12. – Ainda te achas muito longe de Deus? R – Oh! Sim!

13. – Compreendes melhor que nós o que seja a eternidade? R – Sim, sim. No corpo não a podeis compreender.

14. – Que entendes por Universo? Houve um começo e haverá um fim? R – Segundo pensais, o Universo é a vossa Terra. Insensatos!

O Universo não teve começo nem terá fim: pensai que é obra de Deus. O Universo é o infinito.

15. – Que devo fazer para me acalmar? R – Não te preocupes tanto com o corpo: tens o Espírito perturbado. Resiste a essa tendência.

16. – Que é essa perturbação? R – Temes a morte.

17. – Que fazer para não a temer? R – Crer em Deus. Sobretudo crer que Deus não priva a família de um pai útil.

18. – Como alcançar essa calma? R – Pela vontade.

19. – Onde haurir essa vontade? R – Desvia o teu pensamento disso pelo trabalho.

20. – Que devo fazer para apurar a minha habilidade? R – Podes evocar-me. Eu obtive a permissão de te inspirar.

21. – Quando eu estiver trabalhando? R – Certamente! Quando quiseres trabalhar, por vezes estarei ao teu lado.

22. – Ouvirás a minha obra? (Uma obra musical do interpelante.) R – És o primeiro músico que me evoca. Venho a ti com prazer e escuto as tuas obras.

23. – Como é que te não evocaram? R – Fui evocado, mas não por músicos.

24. – Por quem? R – Por várias senhoras e amadores em Marselha.

25. – Por que a *Ave-Maria* me comove até às lágrimas? R – Teu Espírito se desprende, junta-se ao meu e ao de Pergolèse, que me inspirou aquela obra, mas eu esqueci aquele trecho.

26. – Como pudeste esquecer a música composta por ti mesmo? R – A que tenho aqui é tão linda! Como recordar aquilo que era só matéria?

27. – Vês minha mãe? R – Ela está reencarnada na Terra.

28. – Em que corpo? R – Nada posso dizer a respeito.

29. – E meu pai? R – Está errante, para ajudar o bem. Fará tua mãe progredir. Reencarnarão juntos e serão felizes.

30. – Ele me vem ver? R – Algumas vezes. A ele deves os teus impulsos caritativos.

31. – Foi minha mãe quem pediu para se reencarnar? R – Sim.

Ela tinha grande vontade de se reencarnar, a fim de subir por uma nova prova e entrar num mundo superior à Terra. Já deu um passo imenso.

32. – Que queres dizer com isso? R – Ela resistiu a todas as tentações; sua vida na Terra foi sublime em comparação com seu passado, que foi o de um Espírito inferior. Assim subiu alguns degraus.

33. – Tinha então escolhido uma prova acima de suas forças? R – Sim, isso mesmo.

34. – Então quando sonho vê-la, vejo-a mesmo? R – Sim, sim.

35. – Se tivessem evocado Bichat no dia da inauguração de sua estátua teria ele respondido? Ele estaria lá? R – Sim, estava; e eu também.

36. – Por que estavas lá? R – Como vários outros Espíritos que gozam o bem e que se sentem felizes quando glorificais aqueles que se preocupam com a humanidade sofredora.

37. – Obrigado, Mozart; adeus. R – Acreditai-me; acreditai que lá estou... Sou feliz... Crede que há mundos acima do vosso... Crede em Deus... Evocai-me mais frequentemente em companhia de músicos. Sentir-me-ei feliz em vos instruir, em contribuir para o vosso progresso e vos ajudar a subir para Deus. Evocai-me; adeus.

O ESPÍRITO E OS HERDEIROS

Um de nossos assinantes de Haia, Holanda, comunica-nos o fato que se segue, ocorrido num grupo de amigos que se ocupavam com as manifestações espíritas. Isso prova mais uma vez, diz ele, e sem possível contestação, a existência de um elemento inteligente e invisível, agindo individual e diretamente sobre nós.

Os Espíritos se anunciam movendo uma pesada mesa e dando pancadas. Perguntamos pelos nomes: estes são os finados Sr. M. e Sra. G., muito afortunados durante a existência; o marido, do qual provinha a fortuna, não tinha filhos e deserdou os parentes próximos em favor da família da mulher, falecida pouco antes dele. Entre as nove pessoas presentes à sessão estavam duas senhoras deserdadas, bem como o marido de uma delas.

O Sr. M. fora sempre um pobre diabo e um criado humilde da esposa. Depois da morte desta, sua família instalou-se em sua casa, para cuidar dela. O testamento foi feito com um atestado médico, declarando que o moribundo gozava da plenitude de suas faculdades.

O marido da senhora deserdada, que designaremos pela letra R., tomou a palavra nestes termos: "Como ousais vos apresentar aqui, depois do escandaloso testamento que fizestes?" Depois, exaltando-se cada vez mais, acabou por lhe dizer injúrias. Então a mesa deu um salto e atirou a lâmpada com força na cabeça do interlocutor. Este lhe pediu desculpas por aquele primeiro impulso de cólera e lhes perguntou o que vinham ali fazer.

– Vimos dar-vos conta dos motivos de nossa conduta.

(As respostas eram dadas por meio de pancadas indicando as letras do alfabeto.)

Conhecendo a inépcia do marido, o Sr. R. lhe disse bruscamente que devia retirar-se e que escutaria apenas sua esposa.

Então o Espírito desta disse que a Sra. R. e sua irmã eram bastante ricas e podiam privar-se de sua parte da herança; que outros eram maus e que outros, enfim, deveriam sofrer aquela prova; que por tais motivos aquela fortuna convinha mais à sua própria família. O Sr. R. não se satisfez com a explicação e despejou sua cólera em reproches injuriosos. Então a mesa agitou-se violentamente, pulou, bateu fortes pancadas no soalho e atirou mais uma vez a lâmpada sobre o Sr. R. Depois, mais calmo, procurou o Espírito persuadir que, após sua morte, tinha sido informado de que o testamento fora ditado por um Espírito superior. O Sr. R. e as senhoras, vendo a inutilidade de uma contestação, o perdoaram sinceramente. Logo a mesa se levantou para o lado do Sr. R., desceu brandamente junto a seu peito, como que para o abraçar; as duas senhoras receberam a mesma demonstração de agradecimento. A mesa tinha uma vibração muito pronunciada. Restabelecido o entendimento, o Espírito lamentou a herdeira atual, dizendo que ela acabaria louca.

Ainda o Sr. R. o censurou, mas afetuosamente, por não haver feito o bem em vida, quando dispunha de tão grande fortuna, acrescentando que ela não era chorada por ninguém. "Sim, respondeu o Espírito; há uma pobre viúva, residente à rua... que algumas vezes pensa em mim, porque algumas vezes lhe dei alimento, roupa e aquecimento."

Como o Espírito não houvesse dado o nome da pobre mulher,

um dos assistentes a procurou, encontrando-a no endereço indicado. E – o que não é menos digno de registro – desde a morte da Sra. G., o seu domicílio era outro. Este último é o que foi indicado pelo Espírito.

MORTE DE LUÍS XI
(DO MANUSCRITO DITADO POR LUÍS XI À SRTA. HERMANCE DUFAUX)

Nota: Chamamos a atenção do leitor para as observações feitas sobre estas notáveis comunicações em nosso artigo de março último.

Não me sentindo bastante firme para ouvir pronunciar o vocábulo morte, muitas vezes eu havia recomendado a meus oficiais que apenas me dissessem quando me vissem em perigo: "Falai pouco". E eu saberia o que isto significava.

Quando não restavam mais esperanças, Olivier le Daim me disse duramente, em presença de Francisco de Paula e de Coittier:

– Majestade, temos de nos desobrigar de um dever. Não tenhais mais esperança neste santo homem, nem em qualquer outro; chegais ao fim; pensai em vossa consciência; não há mais remédio.

A essas palavras cruéis operou-se em mim uma revolução completa: eu já não me sentia o mesmo homem e admirava-me de mim mesmo. O passado desenrolou-se rapidamente a meus olhos e as coisas me apareceram sob um aspecto novo. Um não sei que de estranho se passava em mim. Fixando-me, o duro olhar de Olivier le Daim parecia interrogar-me. Para me subtrair a esse olhar frio e inquisidor, respondi com aparente tranquilidade:

– Espero que Deus me ajude. É possível, talvez, que eu não esteja tão mal como pensais.

Ditei minhas últimas vontades e mandei para junto do jovem rei aqueles que ainda me rodeavam. Vi-me só com o meu confessor, Francisco de Paula, le Daim e Coittier. Francisco me fez uma tocante exortação. Parece que a cada uma de suas palavras apagavam-se-me os vícios e a natureza retomava seu curso. Senti-me aliviado e comecei a recobrar um pouco de esperança na clemência de Deus.

Recebi os últimos sacramentos com uma piedade firme e resignada. A cada instante repetia: "Nossa Senhora de Embrun,[1] minha boa Senhora, ajudai-me!".

Terça-feira, 30 de agosto, pelas sete horas da noite, caí em nova prostração. Todos os presentes me julgaram morto e se retiraram. Olivier le Daim e Coittier, sentindo a execração pública, haviam ficado junto ao meu leito, já que não tinham outro asilo.

Em breve recuperei completamente a consciência. Ergui-me, sentei-me na cama e olhei em torno. Não havia ninguém de minha família; nenhuma mão amiga procurava a minha, nesse supremo instante, para suavizar a minha agonia num último contato. Àquela hora talvez meus filhos brincassem enquanto seu pai morria. Ninguém pensou que o culpado ainda podia contar com um coração que compreendesse o seu. Procurei ouvir um soluço abafado e só ouvi as risadas dos dois miseráveis que estavam junto de mim.

Divisei a um canto a minha galga favorita, que morria de velha. Meu coração pulsou de alegria, pois eu tinha um amigo, um ser que me estimava.

Fiz-lhe um sinal com a mão. A lebreira arrastou-se com esforço até junto ao leito e veio lamber-me a mão agonizante. Olivier percebeu esse movimento; levantou-se de um salto, praguejando, e esbordoou a infeliz cadela com um bastão até matá-la. Expirando, meu único amigo lançou-me um longo e doloroso olhar.

Olivier empurrou-me violentamente sobre o leito. Deixei-me cair e entreguei a Deus a minha alma culposa.

VARIEDADES

O FALSO HOME

Lemos há tempos, nos jornais de Lião, o seguinte anúncio, que também andava pregado nas paredes da cidade:

"O Sr. Hume, célebre médium americano, que teve a honra de fazer experiências perante S. M. o Imperador, a partir de quinta-feira, 1º de

---

[1] Embrun é uma antiquíssima cidade do sul da França, situada na bacia do Ródano, na Provença. Seu antigo nome latino era Ebraduno. Tem cerca de quatro mil habitantes.

abril, dará sessões de espiritualismo no grande teatro de Lião. Reproduzirá aparições, etc., etc. Haverá cadeiras especiais para os senhores médicos e sábios, a fim de que estes possam certificar-se de que nada foi preparado. As sessões serão variadas pelas experiências da célebre vidente, Sra..., sonâmbula extralúcida, que reproduzirá um a um todos os sentimentos, à vontade dos espectadores. Preço das localidades: 5 francos em primeira classe, 3 francos em segunda".

Os antagonistas do Sr. Home (alguns escrevem Hume)[1] não quiseram perder essa ocasião de o expor ao ridículo. Em seu ardente desejo de achar onde morder, acolheram essa grossa mistificação com um entusiasmo que desabona o seu equilíbrio e ainda menos o seu respeito pela verdade. Porque, antes de atirar pedras aos outros, é preciso verificar se elas não irão a outro alvo. Mas a paixão é cega: não raciocina e, muitas vezes, ao tentar prejudicar a outrem, se desencaminha. "Olhem só", exclamaram jubilosos, "este homem tão elogiado, reduzido a apresentar-se nos palcos, dando espetáculos a tanto por cabeça!" E os seus jornais a darem crédito ao fato sem mais exame. Infelizmente para eles sua alegria não durou muito.

Logo nos escreveram de Lião, pedindo informações suficientes para o desmascaramento da fraude, o que não foi difícil, sobretudo graças ao empenho de numerosos aderentes com que o Espiritismo conta naquela cidade.

Assim que o diretor do teatro soube do que se tratava, dirigiu aos jornais a carta seguinte: "Sr. Redator. Apresso-me a informar-vos que o espetáculo anunciado para quinta-feira, 1º de abril, no grande teatro, não mais se realizará. Eu pensava haver cedido o teatro ao Sr. Home e não ao Sr. Lambert Laroche, que se diz Hume. As pessoas que antecipadamente obtiveram frisas poderão apresentar-se à bilheteria do teatro para reembolso".

Por outro lado, o mencionado Lambert Laroche, natural de Langres, interpelado quanto à sua identidade, viu-se obrigado a responder nos termos que a seguir reproduzimos na íntegra, pois não queremos que nos acusem da menor alteração.

"*Vous m'avez soumis diversse extre de vos correspondance de*

---

[1] Como se verá, o farsante usava o nome Home de propósito, substituindo o "o" pelo "u". Kardec lembra que por engano também se fazia essa troca. (N. da Eq. Rev.)

Paris, desquellesil résulterez que un M. Home qui donne des séancedans quelque salon de la capitale se trouve en ce moment en Itali etne peut par conséquent se trouvair à Lyon. Monsieur gignore 1° la connaissance de ce M. Home, 2° je nessait quellais son talent 3° je nais jamais rien nue de commun à veque ce M. Home, 4° jait tavaillez et tavaille sout mon nom de gaire qui est Hume et dont je vous justi par les article de journaux étrangers et français que je vous est soumis, 5° je voyage à vecque deux sugais mon genre d'experriance consiste en spiritualisme ou évocation vision, et en um mot reproduction des idais du spectateur par un sugais, ma cepécialité est d'opere par c'est procedere sur les personnes étrangere comme on la pue le voir dans les jornaux je vien despagne et d'afrique. Seci M. le rédacteur vous démontre que je n'ais poin voulu prendre le nom de ce prétendu Home que vous dites en réputation, le min est sufisant connu par sa grande notoriété et par les expérience que je produi. Agreez M. le redacteur mes salutation empressait".[1]

Cremos inútil dizer que o Sr. Lambert Laroche deixou Lião com as honras da guerra. Certamente irá a outros lugares procurar lograr mais facilmente. Ainda uma palavra para significar o nosso pesar, por vermos com que avidez deplorável certas criaturas que se dizem sérias acolhem tudo quanto possa servir à sua animosidade. O Espiritismo está hoje muito acreditado e nada deve temer das palhaçadas; ele não é

---

[1] Julgamos preferível transcrever o trecho na íntegra, respeitando-lhe a cacografia. Entretanto, para que o leitor não afeito à língua francesa possa fazer uma idéia dos meios de que se servem os adversários do Espiritismo, damos uma tradução equivalente. Como se vê, "cá e lá más fadas há." Ei-la:

"Vós me submeteu diversas extra da vossa correspondência de Paris, das quais resulta que um Sr. Home qui dá sessões nargum salão da capital se acha nesse momento na Intalia e não pode por consequença se achar em Lião. Meu senhor eu ingnoro 1° o conhecimento desse Sr. Home, 2° eu não sei quale o seu talento 3° eu nuncative nada di cumum com esse Sr. Home, 4° eu trabaiei e trabaio cum nomi de guerra qui é Hume e esse nomi eu justifico pelos artigo das folhas istrangeira e francesa que vos é submetido, 5° eu viajo cum duas companhêra meu geno de ixpriença consta de spiritualismo ou evocação visão e em uma palavra reprodução das idéias do spectador por um sujeito, minha especialdade é de operá por esse processo nas pessoas estranha como se pode ver nos jornal que vem da espanha e da africa. Com isso seu redator eu vos demonstro qui nunca quis tomá o nomi desse suposto Home qui vos diz que tem reputação, o meu é suficentemente conhecido pela sua grande notoriedade e pelas ixpriença qui posuo. Recebe senhor redator as minhas atenciosa saudações."

mais aviltado pelos charlatões do que a verdadeira ciência médica pelos curandeiros das encruzilhadas; encontra por toda parte, mas principalmente entre as pessoas esclarecidas, zelosos e inúmeros defensores que sabem enfrentar as zombarias. Longe de o prejudicar, o caso de Lião apenas serve à sua propagação, chamando a atenção dos indecisos para a realidade. Quem sabe se não foi mesmo provocado por uma força superior? Quem se pode gabar de sondar os desígnios da Providência? Quanto aos adversários sistemáticos, que se lhes permita rir, mas não caluniar. Alguns anos mais e veremos quem dirá a última palavra. Se é lógico duvidar daquilo que se não conhece, é sempre imprudente inscrever-se em falso contra as ideias novas que, mais cedo ou mais tarde, podem opor um desmentido humilhante à nossa perspicácia. Aí está a História para prová-lo. Aqueles que, no seu orgulho, aparentam piedade dos adeptos da doutrina espírita estarão tão elevados como se julgam? Esses Espíritos que eles procuram ridicularizar recomendam que se faça o bem e proíbem o mal, mesmo aos inimigos; eles nos dizem que nos rebaixamos pelo só desejo do mal. Qual é, pois, o mais elevado: aquele que procura fazer o mal ou aquele que não encerra no coração nem ódio nem rancor?

Faz pouco tempo o Sr. Home regressou a Paris: mas partirá em breve para a Escócia e de lá para São Petersburgo.

L'Independant de la Charente-Inférieure relatava, em março último, o fato que se segue e que teria ocorrido no Hospital Civil de Saintes:[1]

"Há oito dias, nesta cidade, contam-se as mais maravilhosas histórias e não se fala senão dos singulares ruídos que, todas as noites, ora imitam o trote de um cavalo, ora a marcha de um cachorro ou de um gato. Garrafas colocadas sobre a lareira são levadas para o outro lado da sala. Certa manhã foi encontrado um pacote de farrapos torcidos e cheios de nós, impossíveis de desatar. Sobre a lareira foi deixado uma noite um papel, no qual havia sido escrito: 'Que queres? Que pedes?' No dia seguinte, pela manhã, lá estava a resposta, escrita em caracteres

---

[1] O Independente da Charente-Inferior, título de um jornal, tirado do nome de um dos departamentos franceses, à margem da foz do rio Garona. Esses departamentos tiram o nome de Charente, rio que os banha, atravessando a região do Angoulême: a Charente-superior e a inferior. Saintes é uma pequena cidade deste último, célebre por seu conhaque. (N. do T.)

desconhecidos e indecifráveis. Fósforos colocados sobre a mesa, durante a noite, desapareciam como que por encanto. Enfim, todos os objetos mudam de lugar e se espalham por todos os cantos. Tais sortilégios só se realizam com a obscuridade da noite. Desde que se faça a luz, tudo volta ao silêncio; extinguindo-a, os ruídos recomeçam imediatamente. É um Espírito amigo das trevas. Várias pessoas, entre as quais eclesiásticos e antigos militares, deitaram-se nesse quarto enfeitiçado e foi-lhes impossível algo descobrir ou explicar aquilo que ouviam.

Um empregado do hospital, suspeito de ser o autor dessas brincadeiras, acaba de ser despedido. Assegura-se, entretanto, que ele não só não é culpado, mas, ao contrário, muitas vezes foi a própria vítima.

Parece que essa história começou há mais de um mês. Durante muito tempo nada foi dito, pois cada um desconfiava de seus sentidos e temia ser levado a ridículo. Só depois de alguns dias é que surgiram os comentários".

Observação: Ainda não tivemos tempo de verificar a autenticidade dos fatos acima. Publicamo-los com as devidas reservas. Fazemos notar, entretanto que, se inventados, não são menos *possíveis* e nada apresentam de mais extraordinário que muitíssimos outros do mesmo gênero e que estão perfeitamente constatados.

SOCIEDADE PARISIENSE DE ESTUDOS ESPÍRITAS FUNDADA EM PARIS A 1º DE ABRIL DE 1858

E autorizada por portaria do Sr. Prefeito de Polícia, conforme o aviso de S. Exa., o Sr. Ministro do Interior e da Segurança Geral, em data de 13 de abril de 1858.

A extensão, por assim dizer universal, que tomam, diariamente, as crenças espíritas fazia desejar-se vivamente a criação de um centro regular de observações. Essa lacuna acaba de ser preenchida. A Sociedade cuja formação temos o prazer de anunciar, composta exclusivamente de pessoas sérias, isentas de prevenções e animadas do sincero desejo de esclarecimento, contou, desde o início, entre os seus associados, com homens eminentes por seu saber e por sua posição social. Estamos convictos de que ela é chamada a prestar incontestáveis serviços à constatação da verdade. Sua lei orgânica lhe assegura uma homogeneidade sem a qual não haverá vitalidade possível; está baseada na experiência dos homens e das coisas e no conhecimento das condições necessárias às observações que são o objeto de suas pesquisas. Vindo a Paris, os estranhos que se interessam pela doutrina espírita encontrarão, assim, um centro ao qual poderão dirigir-se para obter informações e onde poderão também comunicar suas próprias observações.[1]

---

[1] Para informações relativas à Sociedade, dirigir-se ao Sr. Allan Kardec, rue Sainte-Anne, n. 59, das três às cinco horas; ou ao Sr. Ledoyen, livreiro, Galeria d'Orléans, n. 31, no Palais-Royal.

Allan Kardec

ANO I
JUNHO DE 1858

TEORIA DAS MANIFESTAÇÕES FÍSICAS

II

Pedimos ao leitor que se reporte ao primeiro artigo que publicamos sobre o assunto. Este é a sua continuação e seria pouco inteligível se não se tivesse em mente aquele começo.

Como dissemos, as explicações que demos para as manifestações físicas fundam-se na observação dos fatos e na sua dedução lógica: concluímos de acordo com o que vimos. Como, porém, se processam na matéria eterizada as modificações que a tornam perceptível e tangível?

Para começar, deixaremos falar os Espíritos a quem interrogamos a respeito, juntando depois os nossos comentários. As respostas que se seguem foram dadas pelo Espírito de São Luís: concordam com o que anteriormente nos havia sido dito por outros Espíritos.

1. – Como pode aparecer um Espírito com a solidez de um corpo vivo? R – Ele combina uma parte do fluido universal com o fluido que se desprende do médium apto para tal efeito. À sua vontade, o fluido toma a forma que ele deseja; mas em geral a forma é impalpável.

2. – Qual a natureza desse fluido? R – Fluido: isso diz tudo.

3. – O fluido é material? R – Semimaterial.

4. – É esse fluido que compõe o perispírito? R – Sim: é a ligação do Espírito à matéria.

5. – É esse fluido que dá a vida, o princípio vital? R – Sempre ele. Eu disse ligação.

6. – Esse fluido é uma emanação da Divindade? R – Não.

7. – É uma criação da Divindade? R – Sim: tudo é criado, exceto o próprio Deus.

8. – O fluido universal tem alguma relação com o fluido elétrico, cujos efeitos conhecemos? R – Sim; é o seu elemento.

9. – A substância etérea que existe entre os planetas é o fluido universal em questão? R – Ele envolve o mundo: sem o princípio vital, nada viveria. Se uma pessoa subisse além do envoltório fluídico dos globos, pereceria porque seu envoltório fluídico dele se retiraria, para juntar-se à massa. Esse fluido vos anima, é ele que respirais.

10. – Esse fluido é o mesmo em todos os globos? R – É o mesmo princípio, mais ou menos eterizado, conforme a natureza dos mundos. O vosso é um dos mais materiais.

11. – Desde que é esse fluido que compõe o perispírito, deve haver uma espécie de estado de condensação que, até certo ponto, o aproxima da matéria. R – Sim; até um certo ponto. Pois não tem as suas propriedades. É mais ou menos condensado, conforme os mundos.

12. – São os Espíritos solidificados que levantam a mesa? R – Essa pergunta ainda não conduzirá ao ponto que desejais. Quando a mesa se move debaixo de vossas mãos, o Espírito evocado pelo vosso Espírito vai retirar do fluido universal aquilo com que há de animar essa mesa com uma vida factícia. Esses são sempre produzidos por Espírito inferiores, ainda não inteiramente desprendidos de seu fluido ou perispírito. Assim preparada à sua vontade, isto é, à vontade dos Espíritos batedores, o Espírito a atrai e a movimenta, sob a influência de seu próprio fluido, desprendido por sua vontade. Quando a massa que quer levantar ou mover lhe é demasiado pesada, ele chama em auxílio Espíritos que se acham em condições idênticas às dele. Penso que me expliquei com bastante clareza para ser compreendido.

13. – Os Espíritos chamados em seu auxílio são seus inferiores? R – Quase sempre são iguais. Frequentemente vêm por si mesmos.

14. – Compreendemos que os Espíritos superiores não se ocupem de coisas que lhes são inferiores. Mas perguntamos se, pelo fato de serem desmaterializados, teriam o poder de o fazer, caso tivessem vontade? R – Têm a força moral, como os outros têm a força física. E quando necessitam desta, servem-se daqueles que a possuem. Não vos foi dito que eles se servem dos Espíritos inferiores como vos servis dos carregadores?

15. – De onde vem o poder especial do Sr. Home? R – De sua organização.

16. – Que há nela de particular? R – A pergunta não é precisa.

17. – Perguntamos se se trata de sua organização física ou moral. R – Eu disse organização.

18. – Entre as pessoas presentes há alguém que possa ter a mesma faculdade do Sr. Home? R – Têm-se em certo grau. Não foi um de vós quem fez mover a mesa?

19. – Quando uma pessoa faz mover um objeto, é sempre com o auxílio de um Espírito estranho ou tal ação pode ser exclusiva do médium? R – Algumas vezes o Espírito do médium pode agir sozinho; na maioria das vezes, entretanto, é com o auxílio dos Espíritos evocados. Isso é fácil de reconhecer.

20. – Como é que os Espíritos aparecem com a indumentária que usavam na Terra? R – Muitas vezes têm apenas a sua aparência. Aliás, para quantos fenômenos entre vós não tendes solução! Como é que o vento, que é impalpável, arranca e quebra árvores, que são matéria sólida?

21. – Que entendeis ao dizer que a indumentária "tem apenas a sua aparência?" R – Ao tocá-la, nada se encontra.

22. – Se bem compreendemos o que dissestes, o princípio vital reside no fluido universal; dele o Espírito extrai o envoltório semimaterial que constitui o seu perispírito e é por meio desse fluido que atua sobre a matéria inerte. É isso mesmo? R – Sim; isto é, ele anima a matéria por uma espécie de vida factícia; a matéria se anima pela vida animal. A mesa que se move sob as vossas mãos vive e sofre como o animal; obedece por si mesma ao ser inteligente. Não é ele que a dirige, como o homem com um fardo. Quando a mesa se ergue, não é o Espírito que a levanta: é a mesa animada que obedece ao Espírito inteligente.

23. – Desde que o fluido universal é a fonte da vida, será ao mesmo tempo a fonte da inteligência? R – Não; o fluido apenas anima a matéria.

Esta teoria das manifestações físicas oferece vários pontos de contato com a que demos, embora difira em certos aspectos. De uma e da outra ressalta um ponto capital: o fluido universal, no qual reside o princípio da vida, é o agente principal dessas manifestações e esse agente recebe o impulso do Espírito, quer seja encarnado, quer errante. Esse fluido condensado constitui o perispírito ou invólucro semimaterial do Espírito. Quando encarnado, o perispírito está unido à matéria do corpo; quando em estado de erraticidade, fica livre.

Ora, duas questões se apresentam: a da aparição dos Espíritos e a do movimento que imprimem aos corpos sólidos.

Quanto ao primeiro, diremos que, no estado normal, a matéria eterizada do perispírito escapa à percepção dos nossos órgãos; só a alma pode vê-la, quer em sonhos, quer em estado sonambúlico ou, ainda, semiadormecida; numa palavra, sempre que houver suspensão total ou parcial da atividade dos sentidos. Quando o Espírito está encarnado, a substância do perispírito acha-se mais ou menos intimamente ligada à matéria do corpo, mais ou menos aderente, se assim podemos dizer. Em algumas pessoas há uma como que emanação desse fluído, em consequência de sua organização e é isto o que constitui propriamente os médiuns de influências físicas. Emanado do corpo, esse fluído se combina, segundo leis que ainda nos são desconhecidas, com aquele que forma o envoltório semimaterial de um Espírito estranho. Disso resulta certa modificação, uma espécie de reação molecular, que lhe altera momentaneamente as propriedades, a ponto de o tornar visível e, em certos casos, tangível. Esse efeito pode produzir-se com ou sem o concurso da vontade do médium; e é isto o que distingue os médiuns naturais dos médiuns facultativos. A emissão do fluido pode ser mais ou menos abundante: daí os médiuns mais ou menos potentes. E como não é permanente, explica a intermitência daquele poder. Enfim, se levarmos em conta o grau de afinidade que pode existir entre o fluido do médium e o de tal ou qual Espírito, compreender-se-á que sua ação se possa exercitar sobre uns e não sobre outros.

Aquilo que acabamos de dizer evidentemente se aplica também à força mediúnica, no que concerne ao movimento dos corpos sólidos. Resta saber como se opera esse movimento.

Conforme as respostas acima, a questão se apresenta sob um aspecto inteiramente novo. Assim, quando um objeto é posto em movimento, arrebatado ou lançado no ar, não será o Espírito que o pega, o empurra ou o levanta, como nós o faríamos com a mão: ele, por assim dizer, o *satura* com o seu fluido, pela combinação com o do médium e, assim momentaneamente vivificado, o objeto age como se fosse um ser vivo, com a diferença de que, não tendo vontade própria, segue o impulso da vontade do Espírito; e essa vontade tanto pode ser do Espírito do médium quanto do Espírito estranho e, algumas vezes, de ambos, agindo de acordo, conforme sejam ou não simpáticos. A simpatia ou antipatia que pode existir entre o médium e os Espíritos que se ocupam desses efeitos materiais explica por que nem todos são aptos a provocá-los.

Desde que o fluido vital, emitido de alguma maneira pelo Espírito, dá uma vida factícia e momentânea aos corpos inertes; desde que outra coisa não é o perispírito senão o próprio fluido vital, segue-se que, quando encarnado, é o Espírito quem dá vida ao corpo, por meio de seu perispírito: fica-lhe unido enquanto a organização o permite; e quando se retira, o corpo morre. Agora se, em lugar da mesa, a madeira for talhada em estátua, e se agirmos sobre essa do mesmo modo que sobre a mesa, teremos uma estátua que se desloca do lugar, que responderá por movimentos e por pancadas; numa palavra, uma estátua momentaneamente animada de uma vida artificial. Que luz lança essa teoria sobre uma porção de fenômenos até aqui inexplicados! Quantas alegorias e efeitos maravilhosos ela explica! É toda uma filosofia.

O ESPÍRITO BATEDOR DE BERGZABERN[1]

II

Extraímos as passagens que se seguem de uma nova brochura alemã, publicada em 1853 pelo Sr. Blanck, redator do jornal de Bergzabern, sobre o Espírito batedor de que falamos em nosso número de maio. Os fenômenos extraordinários ali relatados, cuja autenticidade não poderia

---

[1] Para que o leitor não fique confuso diante de alguns senões nestes dois artigos e ainda no seguinte, versando o mesmo assunto, queremos esclarecer.

Quanto ao primeiro artigo:

I – No original encontramos, de referência a um médico, as grafias *Beutner* e *Bentner*. Parece tratar-se de um erro tipográfico. Por mais conforme à língua alemã, preferimos a grafia *Bentner*.

II – O nome da família onde ocorreram os fenômenos aparece como *Sanger* e depois com o *Senger*. O certo deve ser *Sänger* ou *Saenger*, que significa cantor. Este, como muitos nomes semelhantes (adjetivos e adjetivos substantivos), deriva-se de uma forma verbal, tomando terminação *er*, que significa o agente da ação expressa pelo verbo, mas determinam uma alteração na vogal tônica do radical. Ex.: *singen* (cantar); *sang* (cantava); *sänger* (cantor). No alemão moderno o trema sobre o *a*, *o* e *u* é substituído por um *e*. Assim, pode escrever-se *Saenger*. Preferimos, no caso, a forma antiga.

III – Não há declaração do nome do médium. O texto se refere a uma criança de onze anos. Traduzimos por *menino*, *rapaz* ou outra forma masculina, porque, conquanto no original lêssemos *enfant*, que é forma epicena, os adjetivos que o acompanham estão sempre no masculino. Assim, lá está *enfant... agé, endormi, avancé* etc. É possível que

ser posta em dúvida, provam que, no particular, nada temos a invejar da América. Observe-se no relato o cuidado de minúcias com que os fatos foram registrados. Fora desejável que, em casos semelhantes, houvesse sempre a mesma atenção e a mesma prudência. Sabe-se hoje que os fenômenos desse gênero não resultam de um estado patológico: antes denotam uma excessiva sensibilidade, sempre fácil de excitar, nas pessoas em quem se manifestam. O estado patológico não é a causa eficiente; pode, entretanto, ser-lhe consecutivo. Em casos análogos, a mania de experimentação mais de uma vez tem causado acidentes graves, que teriam sido evitados se houvessem deixado desenvolver-se a ação natural. Em nossa *Instrução Prática Sobre as Manifestações Espíritas*[1] encontram-se os conselhos necessários para tais casos.

Acompanhemos o relatório do Sr. Blanck.

"Os leitores de nossa primeira brochura intulada *Os Espíritos Batedores* viram que as manifestações de Filipina Sänger têm um caráter enigmático e extraordinário. Relatamos esses fatos maravilhosos desde o seu começo até o momento em que a menina foi levada ao médico real do Cantão. Vamos examinar agora o que se passou desde então.

---

o lapso de quem traduziu esse primeiro artigo do alemão para o francês se explique pelo emprego original da voz *das Kind* (a criança) que é neutra em alemão, podendo ser aplicada a ambos os sexos.

Entretanto o segundo artigo começa com uma referência à volta da criança da casa do Dr. Bentner para o seu próprio lar; aí a voz *enfant* é empregada no feminino: l'enfant fut *conduite*; mais adiante há uma referência à cura *de la jeune fille* e seu nome é declinado – *Philippine Senger* – conforme a grafia francesa.

Tudo, pois, leva a crer que houve um equívoco cometido pela pessoa que traduziu o primeiro artigo do alemão para o francês.

No terceiro artigo, que sairá no próximo número, há uma nota no rodapé, página 183 do original, com um agradecimento ao Sr. Alfred Pireaux, funcionário dos correios, pela tradução desta interessante brochura. Como, porém, se vê claramente do início do segundo artigo, o relato é extraído de *uma nova brochura alemã*, cuja citação é continuada no terceiro. Está visto, pois, que havia uma primeira brochura e, assim, o lapso quanto ao nome do médium não se deve ao tradutor citado linhas acima, nem à nossa versão brasileira, já corrigida neste volume.

Para finalizar: o médium foi a menina *Filipina Sänger*, de onze anos e não um seu irmão, pois no texto dos artigos segundo e terceiro o único Sänger masculino que é citado é *papá Sänger*. (N. do T.).

[1] Este livrinho de Kardec foi abolido pelo autor, assim que lançou *O Livro dos Médiuns*. (N. do T.)

Quando a menina deixou a casa do Dr. Bentner e regressou ao lar, as batidas e arranhaduras recomeçaram na casa dos Sänger. Até aquele momento e mesmo depois da sua cura completa, as manifestações foram mais marcantes e mudaram de natureza.[1] Neste mês de novembro de 1852, o Espírito começou a assoviar; a seguir ouvia-se um ruído comparável ao de uma roda de carrinho de mão que girasse sobre o eixo seco e enferrujado; mas, de tudo isso, o incontestavelmente mais extraordinário foi a derrubada de móveis no quarto de Filipina, desordem essa que durou quinze dias.

Parece-me necessário fazer uma ligeira descrição do lugar.

O quarto tem cerca de dezoito pés de comprimento por oito de largura e a ele se chega pela sala de estar. A porta de comunicação entre as duas peças fica à direita. O leito da menina estava colocado à direita; ao meio havia um armário e no canto à esquerda, a mesa de trabalho de Sänger, na qual há duas cavidades circulares, cobertas por duas tampas.

Na tarde em que começou o rebuliço, a Sra. Sänger e sua filha mais velha, Francisca, estavam sentadas na primeira peça, junto a uma mesa, e se ocupavam em descascar vagens. De repente, caiu a seus pés um pequeno fuso, atirado do quarto de dormir. Ficaram muito assustadas, tanto mais quanto sabiam que não se encontrava ninguém no quarto além de Filipina, então mergulhada em sono profundo. Além disso, o fuso fora lançado do lado esquerdo, embora se achasse na prateleira do pequeno armário, colocado à direita. Se tivesse sido atirado do leito, teria sido interceptado pela porta. Era, pois, evidente que a menina nada tinha com o caso. Enquanto a família Sänger externava a sua surpresa com o acontecimento, algo caiu da mesa no soalho: era um retalho de pano que antes estava mergulhado numa bacia com água. Ao lado do fuso jazia também uma cabeça de cachimbo, cuja metade tinha ficado sobre a mesa. O que tornava a coisa ainda mais incompreensível era que a porta do armário onde estava o fuso, antes de ser atirado, achava-se fechada, que a água da bacia não tinha sido agitada e nem uma só gota tinha caído sobre a mesa. De repente a menina, sempre adormecida,

---

[1] Teremos ocasião de falar da indisposição da criança. Como, porém, após a sua cura reproduziram-se os mesmos efeitos, temos uma prova evidente de que eles independiam de seu estado de saúde.

grita da cama: *"Pai! Saia! Saiam! Ele atira em vocês! Saia! Ele atiraria em você também!"* Obedeceram à ordem e assim que passaram à primeira peça a cabeça do cachimbo foi atirada com muita força, mas não se quebrou. Uma régua que Filipina usava na escola seguiu o mesmo caminho. O pai, a mãe e a filha mais velha olhavam-se com espanto e, como procurassem o partido a tomar, uma grande plaina do Sr. Sänger e um grande pedaço de madeira foram atirados do banco de carpinteiro para o outro quarto. Sobre a mesa de trabalho, as tampas estavam em seus lugares; entretanto, os objetos cobertos por elas também tinham sido jogados sobre um armário e a colcha atirada à porta.

Num outro dia tinham posto aos pés da menina, debaixo das cobertas, um ferro de engomar de cerca de seis libras. Logo foi atirado na outra sala; o cabo havia sido tirado e foi encontrado sobre uma poltrona, no quarto.

Testemunhamos as cadeiras colocadas a três pés da cama serem derrubadas, as janelas serem abertas, quando antes estavam bem fechadas, e isso assim que viramos as costas para entrar na sala. De outra feita duas cadeiras foram levadas para cima da cama, sem desarranjar as cobertas. A 7 de outubro tinha sido fechada a janela, diante da qual fora estendido um pano branco. Assim que deixamos o quarto, foram dados golpes repetidos e com tanta violência que tudo ficou abalado e as pessoas que passavam na rua fugiam espavoridas. Correram para o quarto: a janela estava aberta, o pano atirado sobre o pequeno armário ao lado, as cobertas da cama e o travesseiro no chão, as cadeiras de pernas para o ar e a menina no leito, abrigada apenas pela camisa. Durante catorze dias a senhora Sänger não fez outra coisa senão refazer a cama.

Uma vez tinham deixado uma harmônica sobre uma cadeira. Ouviram-se sons. Entrando precipitadamente no quarto, encontraram, como sempre, a menina tranquila em seu leito; o instrumento estava sobre a cadeira, mas já não tocava. Uma noite, ao sair do quarto da filha, Sänger recebeu nas costas, de arremesso, a almofada de uma cadeira. De outras vezes eram um par de chinelos velhos, sapatos que estavam debaixo da cama, ou tamancos que lhe iam ao encontro. Muitas vezes sopravam a vela acesa sobre a mesa de trabalho. As pancadas e arranhaduras alternavam com essa demonstração do mobiliário. A cama parecia movimentada por mão invisível. À ordem de: *"Balance a cama"* ou *"Nine a criança"*, a cama ia e vinha, num e noutro sentido, com ruído; à ordem de "*Alto*! Ela parava. Nós, que vimos, podemos afirmar que quatro homens se sentaram na cama e eram erguidos também, não conseguiram paralisar o movimento: foram levantados com o móvel. Ao fim de catorze dias cessou o rebuliço dos móveis e as manifestações foram substituídas por outras.

Na noite de 26 de outubro achavam-se no quarto, entre outras pessoas, os Srs. Luís Söhnee, licenciado em direito, o Capitão Simon, ambos de Wissenburg, bem como o Sr. Sievert, de Bergzabern. Nesse momento Filipina Sänger encontrava-se mergulhada em sono magnético.[1] O Sr. Sievert apresentou-lhe um papel contendo cabelos, para ver o que faria com eles. Ela abriu o embrulho, sem entretanto descobrir os cabelos, aplicou-os sobre as pálpebras fechadas, afastou-os como que para os examinar a distância e disse: "Eu bem queria saber o que está neste embrulho... São cabelos de uma senhora que não conheço... Se ela quiser vir, que venha... Não a posso convidar, pois não a conheço". Não respondeu às perguntas dirigidas pelo Sr. Sievert; mas, tendo colocado o papel na palma da mão, a estendia e revirava, e o papel continuava suspenso. Depois a colocou na ponta do indicador e, durante muito tempo, fez a mão descrever um semicírculo, dizendo: "*Não caia!*" e o papel ficava na ponta do dedo. Depois, à ordem de "*Agora caia!*" ele se destacou, sem que ela tivesse feito o menor movimento para lhe determinar a queda. Súbito, voltando-se para a parede, disse: "*Agora quero pregar-te à parede*". E aplicou a esta o papel que ali ficou durante cinco a seis minutos, depois do que o retirou. Um exame minucioso do papel e da parede não permitiu descobrir nenhuma causa da aderência. Parece-nos um dever advertir que o quarto estava perfeitamente iluminado, o que permitia verificar todas essas particularidades com exatidão.

Na noite seguinte deram-lhe outros objetos: chaves, moedas, cigarreiras, relógios, anéis de ouro e de prata. E todos, sem exceção, ficavam suspensos à sua mão. Notou-se que a prata aderia mais facilmente que as outras substâncias, pois houve dificuldade em retirar-lhe as moedas e tal operação causou-lhe dor. Um dos mais curiosos fatos nesse gênero foi o seguinte: sábado, 11 de novembro, um oficial presente deu-lhe sua espada com o talabarte, no todo pesando quatro libras; constatou-se que tudo ficou suspenso ao dedo da médium, balançando-se durante

---

[1] Uma sonâmbula de Paris se havia posto em contato com a jovem Filipina e, desde então, esta caía espontaneamente em sonambulismo. Nessa ocasião passavam-se fatos notáveis, que relataremos de outra feita. (Nota do tradutor francês.)

muito tempo. O que não é menos singular é que todos esses objetos, fosse qual fosse a matéria, também ficavam suspensos. Tal propriedade magnética comunicava-se, por simples contato das mãos, às pessoas suscetíveis da transmissão do fluido. Disso tivemos vários exemplos.

Um capitão, o Cav. Zentner, então servindo na guarnição de Bergzabern, testemunhou esses fenômenos e teve a ideia de colocar uma bússola perto da menina, para observar as variações. Na primeira tentativa a agulha fez um desvio de 15°, mas nas outras ficou imóvel, embora a menina a sustivesse numa das mãos, acariciando-a com a outra. Essa experiência provou que tais fenômenos não se poderiam explicar pela ação do fluido mineral, mesmo porque a atração magnética não se exerce indiferentemente sobre todos os corpos.

Habitualmente, quando a pequena sonâmbula se dispunha a começar a sessão, chamava para o quarto todas as pessoas presentes. Dizia apenas: *"Venham! venham!"* ou então *"Deem! deem!"* Muitas vezes só se tranquilizava quando todos, sem exceção, estavam junto ao seu leito. Então pedia com solicitude e impaciência um objeto qualquer e, assim que lho entregavam, este se ligava aos seus dedos. Frequentes vezes acontecia que dez, doze e mais pessoas estavam presentes e cada uma lhe apresentava vários objetos. Durante a sessão não admitia que lhe tomassem nenhum deles. Parecia preferir os relógios: abria-os com muita habilidade, examinava o movimento, fechava-os e os colocava próximo, para examinar outra coisa. Por fim, devolvia a cada um o que lhe havia sido entregue; examinava os objetos com os olhos fechados e jamais lhes confundia o dono. Se alguém estendesse a mão para receber o que lhe não pertencia, ela o repelia. Como explicar essa distribuição múltipla e sem erros a tão grande número de pessoas? Em vão se tentaria que fizesse o mesmo com os olhos abertos. Terminada a sessão e retiradas as pessoas, recomeçavam as pancadas e arranhaduras, momentaneamente interrompidas.

Acrescente-se que a menina não queria que ninguém ficasse aos pés da cama, junto ao armário, onde o espaço entre os móveis era apenas de cerca de um pé. Se alguém aí se metesse, afastava-o por meio de gestos. E se teimassem, ela demonstrava uma grande inquietação e com gestos imperiosos mandava que saíssem do lugar. Uma vez advertiu aos assistentes de que jamais ocupassem aquele lugar proibido, porque, dizia, não queria que sobreviesse uma desgraça a alguém. Esse aviso foi tão positivo que ninguém o esqueceu daí por diante.

Depois de algum tempo às batidas e arranhaduras juntou-se um zumbido comparável ao som produzido por uma corda grossa de contrabaixo; uma espécie de assovio se misturava a esse zumbido. Se alguém pedisse uma marcha ou uma dança, logo era atendido o seu desejo: o músico invisível mostrava-se muito complacente. Por meio das arranhaduras chamava nominalmente as pessoas da casa ou os estranhos presentes. Todos compreendiam facilmente a quem era dirigido o apelo. A esse chamado, a pessoa designada respondia *sim*, para dar a entender que sabia tratar-se de si mesma. Então era executada, em sua homenagem, um trecho de música, que por vezes ocasionava cenas cômicas. Se outra que não a pessoa indicada respondesse *sim*, o raspador fazia compreender por um *não*, expresso a seu modo, que nada lhe tinha a dizer naquele momento.

Esses fatos se produziram pela primeira vez na noite de 10 de novembro, e continuaram até o presente.

Eis como procedia o Espírito batedor para designar as pessoas:

Desde muitas noites se havia notado que, ao fazer um pedido para que fizesse tal ou qual coisa, ele respondia por um golpe seco ou por uma arranhadura prolongada. Assim que o golpe era dado, o batedor começava a executar aquilo que se desejava; ao contrário, quando arranhava, não era satisfeito o pedido. Então um médico teve a ideia de tomar o primeiro ruído modulado de certa maneira. Embora não lhes tivesse interpretação foi sempre confirmada. Notou-se também que por uma série de arranhões mais ou menos fortes o Espírito exigia certas coisas das pessoas presentes. À força de atenção e observando a maneira por que se produzia o ruído, pôde-se compreender a intenção do batedor. Assim, por exemplo, o velho Sänger contou que certa manhã, ainda pela madrugada, ouvira ruídos modulados de certa maneira. Embora lhes não tivesse ligado, de início, nenhum significado, notou que não cessavam enquanto se achasse na cama, pelo que entendeu o sentido: "*Levanta-te!*" Foi assim que pouco a pouco familiarizou-se com essa linguagem, e que por certos sinais se podia saber quais eram as pessoas designadas.

Chegou o aniversário do dia em que o Espírito batedor se havia manifestado pela primeira vez: muitas mudanças se haviam operado no estado de Filipina Sänger. Continuavam as pancadas, as arranhaduras e o zumbido, mas a todas essas manifestações juntou-se um grito especial, que ora parecia o de um ganso, ora o de um papagaio ou de qualquer outra ave grande; ao mesmo tempo ouvia-se uma espécie de repicar na parede, semelhante ao ruído produzido pelas bicadas de um pássaro. Nesse período Filipina falava muito durante o sono e sobretudo parecia preocupada com um certo animal, semelhante a um papagaio, o qual ficava ao pé do leito, gritando e dando bicadas na parede. Quando desejávamos ouvir o papagaio, este soltava gritos agudos. Várias perguntas foram feitas, tendo como resposta gritos do mesmo gênero; algumas pessoas pediram que dissesse *Kakatoès*, e foi ouvida distintamente a palavra *Kakatoès*, como se pronunciada pela própria ave.[1] Passaremos em silêncio sobre fatos menos interessantes, limitando-nos a relatar aquilo que há de mais importante, no que diz respeito às modificações sobrevindas ao estado físico da menina.

Algum tempo antes do Natal as manifestações se renovaram com mais energia: os golpes e as arranhaduras tornaram-se mais violentos e duravam mais tempo. Mas agitada que de costume, muitas vezes Filipina pedia para não dormir em sua cama, mas na dos pais; rolava no leito, clamando: "Não posso mais ficar aqui; vou sufocar; eles vão encerrar-me na parede; socorro!" E a calma só se restabelecia quando a transportavam para outra cama. Apenas aí se encontrava, ouviam-se no alto pancadas muito fortes, como se viessem do sótão e como se um carpinteiro martelasse o vigamento. Por vezes eram mesmo tão fortes que abalavam a casa, as janelas eram sacudidas e as pessoas presentes sentiam o solo tremer sob os pés; outras vezes pancadas semelhantes eram dadas na parede, perto da cama. As perguntas eram, como de hábito, respondidas pelas pancadas, sempre alternadas com as arranhaduras.

Os fatos que se seguem, não menos curiosos, reproduziram-se inúmeras vezes:

Quando havia cessado o ruído e a menina repousava em sua caminha, com freqüência a víamos prosternar-se, juntar as mãos, de olhos

---

[1] Variedade de papagaio do arquipélago indiano, característico por um topete de penas amarelas, que se eriçam, em forma de crista. O nome *kakatua* ou *kakatoa* é onomatopaico: deriva-se do próprio grito da ave que, como as nossas araras, o repetem continuamente.

fechados virar a cabeça para todos os lados, às vezes para a direita e às vezes para a esquerda como se algo de extraordinário tivesse atraído sua atenção. Um amável sorriso então se espalhava em seus lábios; dir-se-ia que se dirigisse a alguém: estendia as mãos e pelo gesto depreendia-se que apertava as mãos de amigos e conhecidos. Também se via, depois de cenas tais, recair na sua atitude súplice, juntar novamente as mãos, curvar a cabeça até tocar as cobertas, depois endireitar-se e derramar lágrimas. Então suspirava e parecia orar com grande fervor. Nesses momentos seu rosto se transformava: ficava pálida e adquiria a expressão de uma mulher de vinte e quatro a vinte e cinco anos. Por vezes tal estado durava cerca de meia hora, durante a qual só dizia ah! ah! Pancadas, arranhaduras, zumbidos e gritos cessavam até que ela despertasse. Então o batedor novamente se fazia ouvir, procurando executar árias alegres, a fim de dissipar a penosa impressão deixada na assistência. Ao despertar, a menina achava-se muito abatida; apenas podia levantar os braços, e os objetos que lhe eram apresentados não ficavam mais suspensos em seus dedos.

Curiosos de saber o que experimentava, interrogaram-na várias vezes. Somente após reiterados pedidos foi que se decidiu a contar que tinha visto conduzir e crucificar o Cristo no Gólgota; que a dor das santas mulheres prosternadas ao pé da cruz e a crucificação lhe haviam produzido uma impressão indescritível. Também tinha visto uma porção de mulheres e de virgens vestidas de preto e mocinhas com longos vestidos brancos percorrendo em procissão as ruas de bonita cidade e, por fim, viu-se transportada a uma vasta igreja onde assistiu a um serviço fúnebre.

Em pouco tempo o estado de Filipina Sänger mudou a ponto de causar apreensão quanto à sua saúde porque, estando desperta, divagava e sonhava em voz alta. Não reconhecia os pais, nem a irmã, nem qualquer outra pessoa. A esse estado veio juntar-se uma completa surdez, que persistiu durante quinze dias.

Não podemos silenciar sobre o que se passou nesse lapso de tempo.

A surdez de Filipina manifestou-se de meio-dia às três horas e ela mesma declarou que ficaria surda por algum tempo e que cairia doente. O que há de singular é que por vezes recobrava a audição durante cerca de meia hora, com o que se mostrava contente. Ela própria predizia o momento em que ensurdeceria e em que recuperaria a audição. Uma vez, entre outras, anunciou que à noite, às oito e meia, ouviria claramente durante uma meia hora. Com efeito, à hora predita voltou a ouvir, o que durou até às nove horas.

Durante a surdez os traços se lhe alteravam: o rosto tomava uma expressão de estupidez, que perdia assim que voltava ao estado normal. Outras vezes não lhe produzia impressão: ficava sentada, olhando os presentes fixamente e sem os reconhecer. Ninguém podia fazer-se compreender senão por sinais, aos quais em geral não respondia, limitando-se a fitar os olhos na pessoa que lhe dirigia a palavra. Uma vez agarrou pelo braço a um dos presentes e lhe perguntou, enquanto o empurrava: *Quem és tu?* Nessa situação ficava por vezes mais de hora e meia imobilizada na cama. Seus olhos meio abertos paravam num ponto qualquer; de vez em quando giravam à direita e à esquerda, depois voltavam ao mesmo ponto. Toda a sensibilidade parecia então embotada: o pulso apenas batia e, quando se colocava uma luz diante de seus olhos, não fazia nenhum movimento: dir-se-ia morta.

Aconteceu uma tarde, durante a surdez, que estando deitada pediu uma lousa e um giz. Então escreveu: "Às onze horas direi alguma coisa; mas exijo que fiquem tranquilos e silenciosos". Depois dessas palavras acrescentou cinco sinais semelhantes à escrita latina, mas que nenhum dos presentes pôde decifrar. Foi escrito na lousa que ninguém compreendia aqueles sinais. Em resposta ela acrescentou: "Não é que não possais ler!" E, mais embaixo: "Não é alemão: é uma língua estrangeira." Em seguida, virando a ardósia, escreveu do outro lado: "Francisca" (sua irmã) "sentar-se-á à mesa e escreverá o que eu ditar". Acompanhou as palavras por cinco sinais semelhantes aos primeiros e entregou a ardósia. Notando que os sinais não eram ainda compreendidos, pediu novamente a lousa e acrescentou: "São ordens particulares".

Um pouco antes das onze horas, disse: "Ficai tranquilos. Que todos se sentem e prestem atenção!" e, ao soarem as onze, caiu no leito e entrou em sono magnético habitual. Alguns instantes depois começou a falar; e isto durou, ininterruptamente, cerca de meia hora. Entre outras coisas declarou que durante o ano em curso produzir-se-iam fatos que ninguém poderia compreender e que seriam infrutíferas todas as tentativas feitas para os explicar.

Durante a surdez da jovem Sänger renovaram-se algumas vezes o rebuliço dos móveis, o inexplicável abrir das janelas, o apagar das luzes sobre a mesa de trabalho. Aconteceu uma noite, que dois bonés que estavam pendurados num cabide do quarto de dormir foram atirados sobre a mesa do outro quarto e entornaram uma xícara cheia de leite, espalhando-a pelo chão. As pancadas desferidas na cama eram tão violentas que esta se deslocou de seu lugar; outras vezes até a cama se desmontava ruidosamente, sem que, entretanto, se tivessem ouvido as pancadas.

Como ainda houvesse pessoas incrédulas ou que atribuíam essas ocorrências a uma brincadeira da menina que, em sua opinião, batia e arranhava com os pés ou com as mãos, apesar de que os fatos tivessem sido verificados por mais de cem testemunhas e se tivesse constatado que a menina tinha os braços estendidos sobre as cobertas enquanto se produziam os ruídos, o Cap. Zentner imaginou um meio de as convencer. Mandou vir da caserna dois cobertores muito grossos, os quais foram postos um sobre o outro, e ambos envolveram o colchão e os lençóis da cama; os cobertores eram muito felpudos, de modo que seria impossível neles produzir o menor ruído por simples atrito. Vestindo uma leve camisa e uma camisola de dormir, Filipina foi posta debaixo das cobertas e, apenas agasalhada, os golpes e arranhaduras se produziram como dantes, ora na madeira da cama, ora no armário vizinho, segundo o que tinham a exprimir.

Acontece muitas vezes que quando alguém cantarola ou assobia uma ária qualquer, o batedor a acompanha e os sons que se percebem parecem vir de dois, três ou quatro instrumentos: ouve-se ao mesmo tempo arranhar, bater, assobiar e roncar, conforme o ritmo da ária cantada. Muitas vezes, também, o batedor pede a um dos assistentes que cante uma canção. Designa-o pelo processo já nosso conhecido e quando a pessoa compreende que é a si mesma que o Espírito se dirige, por sua vez pergunta ao Espírito se quer que cante esta ou aquela canção. A resposta é dada por *sim* ou *não*. Ao cantar a ária indicada, ouve-se um acompanhamento perfeito de zumbidos e assobios. Depois de uma canção alegre, muitas vezes o Espírito pedia o hino *Grande Deus, nós te louvamos* ou a canção de Napoleão I. Se lhe pedíssemos para tocar sozinho esta última ou qualquer outra, ele a executava do começo ao fim.

Assim iam as coisas na casa de Sänger, quer de dia, quer de noite, durante o sono da menina ou quando em vigília, até o dia 4 de março de

1853, data em que as manifestações entraram em outra fase. Esse dia foi marcado por um fato ainda mais extraordinário que os precedentes."

(Continua no próximo número).

Observação: Os leitores hão de perdoar a extensão dada a estes curiosos detalhes: pensamos, entretanto, que a continuação será lida com não menor interesse. Queremos fazer notar que os fatos não nos vêm de além-mar, onde a distância é um argumento, apesar de tudo, para certos céticos: eles não vêm de além-Reno, pois se passaram em nossas fronteiras, quase aos nossos olhos e há seis anos apenas.

Como se vê, Filipina Sänger era uma médium natural muito complexa: além da influência que exercia sobre os fenômenos bem conhecidos de ruídos e de movimentos, era uma sonâmbula extática. Conversava com os seres incorpóreos que via; ao mesmo tempo via os assistentes e lhes dirigia a palavra, mas nem sempre lhes respondia, o que prova que em certos momentos achava-se isolada. Para aqueles que conhecem os efeitos da emancipação da alma, as visões que descrevemos nada possuem que não possa ser facilmente explicado. É provável que, nesses momentos de êxtase, o Espírito da menina se visse transportado para qualquer lugar distante, onde assistiria, talvez em recordação, a uma cerimônia religiosa. Podemos nos admirar da lembrança que trazia ao despertar, mas o fato não é insólito: aliás, podemos notar que a lembrança era confusa e que se tornava necessário insistir muito para a provocar.

Se observarmos atentamente o que se passava durante a surdez, reconheceremos sem dificuldade um estado cataléptico. Por isso que a surdez era apenas temporária, é evidente que não causava alterações nos órgãos respectivos. O mesmo se dava com a obliteração das faculdades mentais, o que nada tinha de patológico, de vez que, em dado momento, tudo voltava ao estado normal. Esta espécie de estupidez aparente era devida a um mais completo desprendimento da alma, cujas excursões eram feitas com maior liberdade e não deixavam aos sentidos mais do que a vida orgânica. Imagine-se o efeito desastroso que teria produzido um tratamento terapêutico em semelhantes condições! A cada momento podem produzir-se fenômenos do mesmo gênero. Neste caso não poderemos senão recomendar muita circunspeção. Uma imprudência pode comprometer a saúde e até a própria vida.

A PREGUIÇA

DISSERTAÇÃO MORAL DITADA POR SÃO LUÍS À SRTA. HERMANCE DUFAUX

(5 DE MAIO DE 1858)

I

Um homem saiu muito cedo e foi à praça para contratar operários. Ora, ali viu dois homens do povo, sentados e de braços cruzados. Chegou-se a um deles e assim o abordou: "Que fazes aí?" Ao que o mesmo lhe respondeu: "Não tenho trabalho". Disse então aquele que procurava trabalhadores: "Toma a tua ferramenta e vem ao meu campo, na vertente da colina; cortarás o mato da gleba e lavrarás a terra até o cair da noite. A tarefa é dura, mas terás um bom salário." O homem do povo pôs a enxada no ombro e lho agradeceu de todo o coração.

Ouvindo isso, o outro operário levantou-se e aproximou-se, dizendo: "Senhor, deixe-me ir também trabalhar no campo". E, tendo-lhes dito a ambos que o seguissem, marchou à frente, para mostrar o caminho. Depois, quando chegaram à encosta da colina, dividiu o trabalho em dois e se foi.

Quando ele partiu, o último dos operários contratados pôs fogo no mato da gleba que lhe coube por sorte e lavrou a terra com a enxada. Ao calor do sol o suor porejava-lhe a fronte. O outro o imitou, a princípio murmurando; em breve parou o trabalho e, enterrando a enxada no chão, sentou-se ao lado, olhando o trabalho do companheiro.

Ora, ao cair da tarde veio o dono do campo e examinou o trabalho. Chamando o operário diligente, felicitou-o dizendo: "Trabalhaste bem; eis o teu salário". E despediu-o, dando-lhe uma moeda de prata. O outro também se aproximou, reclamando o preço de seu salário. Mas o dono lhe disse: "Mau trabalhador, meu pão não matará a tua fome, porque tu deixaste inculta a parte de meu campo que te foi confiada. Não é justo que aquele que nada fez seja recompensado como o que trabalhou bem."

E o despediu sem nada lhe dar.

II

Eu vos digo que a força não foi dada ao homem, nem a inteligência ao seu espírito para que consuma seus dias na ociosidade, mas para ser útil aos seus semelhantes. Ora, aquele cujas mãos estiverem desocupadas e o espírito ocioso será punido e deverá recomeçar a sua tarefa.

Em verdade vos digo: sua vida será posta de lado como coisa imprestável, quando seu tempo se cumprir. Compreendei isso como uma comparação. Qual de vós, possuindo no pomar uma árvore que não dá frutos, não dirá ao servo: "Corte aquela árvore e lance-a no fogo, pois seus ramos são estéreis?" Ora, assim como aquela árvore será cortada por causa de sua esterilidade, também a vida do preguiçoso será lançada no refugo, por ter sido estéril em boas obras.

PALESTRAS FAMILIARES DE ALÉM-TÚMULO
O SR. MORISSON, MONOMANÍACO

Em março último noticiava um jornal inglês o que se segue, a respeito do Sr. Morisson, recentemente falecido na Inglaterra, deixando uma fortuna de cem milhões de francos. Segundo aquele jornal, nos dois últimos anos de vida, ele era presa de singular monomania: imaginava-se reduzido à extrema pobreza e devia ganhar o pão de cada dia com um trabalho manual. A família e os amigos haviam reconhecido a inutilidade dos esforços para lhe tirar aquilo da cabeça. Era pobre, não possuía um ceitil e devia trabalhar para viver: essa a sua convicção. Todas as manhãs punham-lhe uma enxada nas mãos e mandavam-no trabalhar em seus próprios jardins. Daí a pouco vinham procurá-lo, pois a tarefa estava concluída; pagavam-lhe um modesto salário pelo trabalho feito e ele ficava contente. Seu espírito ficava tranquilo e sua mania satisfeita.

Se o tivessem contrariado teria sido o mais infeliz dos homens.

1. – Peço a Deus Todo-poderoso que permita venha comunicar-se conosco o Espírito de Morisson, recém-falecido na Inglaterra, deixando uma fortuna considerável. R – Aqui está ele.

2. – Lembra-se do estado em que se achava durante os dois últimos anos de sua existência corpórea? R – É sempre o mesmo.

3. – Depois da morte seu Espírito ficou ressentido da aberração das faculdades durante a sua vida? R – Sim.

São Luís completa a resposta, dizendo espontaneamente: "Desprendido do corpo, o Espírito sente, durante algum tempo, a compressão dos seus laços".

4. – Assim, após a morte, seu Espírito não recobrou imediatamente a plenitude de suas faculdades? R – Não.

5. – Onde está agora? R – Atrás de Hermance.

6. – É feliz ou infeliz? R – Algo me falta... Não sei o quê... Procuro... Sim, sofro.

7. – Por que sofre? R – Sofre pelo bem que não fez. (Resposta de São Luís.)

8. – Por que essa mania de julgar-se pobre, quando possuía tão grande fortuna? R – Eu o era: verdadeiramente rico é aquele que não tem necessidades.

9. – De onde vinha essa ideia de que era necessário trabalhar para viver? R – Eu era louco e ainda o sou.

10. – Como lhe veio essa loucura? R – Que importa? Eu tinha escolhido essa expiação.

11. – Qual é a origem de sua fortuna? R – Que te importa?

12. – Entretanto a sua invenção não visava a aliviar a humanidade? R – E enriquecer-me.

13. – Que uso fazia da fortuna quando gozava da plenitude da razão? R – Nenhum; creio que a gozava.

14. – Por que lhe teria Deus concedido fortuna, desde que não devia empregá-la utilmente para os outros? R – Eu tinha escolhido a prova.

15. – Aquele que goza de uma fortuna adquirida no trabalho não é mais excusável por se apegar a ela do que o que nasceu no seio da opulência e jamais conheceu a necessidade? R – Menos.

São Luís acrescenta: "Aquele conhece a dor a que não dá alívio".

16. – Lembra-se de sua existência precedente a esta que acaba de deixar? R – Sim.

17. – Que era então? R – Um operário.

18. – Disse-nos que é infeliz. Vê um termo para o seu sofrimento? R – Não.

São Luís acrescenta: "É cedo demais".

19. – De quem depende isso? R – De mim. Assim mo disse aquele que está ali.

20. – Conhece aquele que está ali? R – Vós o chamais Luís.

21. – Sabeis o que foi ele em França no século XIII? R – Não... Eu o conheço por vosso intermédio... Agradeço por aquilo que me ensinou.

22. – Acredita numa outra existência corporal? R – Sim.

23. – Se deve renascer na vida corpórea, de quem dependerá sua futura posição social? R – De mim, suponho eu. Tantas vezes escolhi que isto só de mim poderá depender.

Observação: As palavras *tantas vezes escolhi* são características. Seu estado atual prova que, apesar das numerosas existências, pouco progrediu, o que para ele é um constante recomeçar.

24. – Que posição social escolheria se pudesse recomeçar? R – Baixa. Avança-se com mais segurança. Só se está encarregado de si mesmo.

25. – (A São Luís): Não haverá um sentimento de egoísmo na escolha de uma posição humilde, na qual não se deve ter o encargo senão de si mesmo? R – Em parte alguma se têm encargos apenas para consigo mesmo. O homem responde pelos que o cercam e não só pelas almas cuja educação lhe foi confiada, mas ainda pelos outros: o exemplo faz todo o mal.

26. – (A Morisson): Nós lhe agradecemos a bondade com que nos respondeu e rogamos a Deus lhe dê forças para suportar novas provas. R – Vós me aliviastes. Eu aprendi.

Observação: Reconhece-se facilmente nas respostas acima o estado moral do Espírito: elas são curtas e, quando não monossilábicas, têm algo de sombrio e de vago. Um louco melancólico não falaria diferentemente. Essa persistência da aberração das ideias após a morte é um fato notável, apesar de não ser constante, ou por vezes apresente um caráter completamente diverso. Teremos ocasião de citar vários outros exemplos, onde se estudam as diferentes formas de loucura.

O SUICIDA DA SAMARITANA[1]

Recentemente os jornais noticiaram o seguinte fato: "Ontem (7 de abril de 1858) pelas sete horas da noite, um homem de cerca de cinqüenta anos, vestido decentemente, apresentou-se no estabelecimento da Samaritana e pediu um banho. O empregado admirou-se de que, após duas horas, o indivíduo não chamasse; decidiu-se a entrar no banheiro para ver se não se sentia indisposto. Testemunhou então um horrível espetáculo: o infeliz havia golpeado a garganta com uma navalha e todo o sangue se havia misturado à água da banheira. Desde que a identidade não pode ser estabelecida, o cadáver foi transportado para o necrotério".

Pensamos que seria possível tirar um ensinamento útil à nossa instrução da conversa com o Espírito desse homem. Assim, evocamo-lo a 13 de abril, seis dias, portanto, após a sua morte.

1. – Peço a Deus Todo-poderoso permita ao Espírito do indivíduo que se suicidou a 7 de abril de 1858, nos banhos da Samaritana, venha comunicar-se conosco. R – Espere. (Depois de alguns instantes): Ei-lo.

Observação: Para compreender esta resposta é preciso que se saiba que, em geral, em todas as reuniões regulares, há um Espírito familiar, do médium ou da família, o qual está sempre presente, sem ser preciso chamá-lo. É ele quem faz virem os que são evocados e, conforme seja mais ou menos elevado, serve como mensageiro ou dá ordens aos Espíritos que lhe são inferiores. Quando nossas reuniões têm como intérprete a Srta. Hermance Dufaux, é sempre o Espírito de São Luís que, voluntariamente, toma esse encargo. Foi ele quem deu a resposta acima.

2. – Onde se acha agora? R – Não sei... Dizei-me, onde me encontro?

3. – À rua Valois, Palais-Royal, n. 35, numa reunião de pessoas que se ocupam de estudos espíritas e que lhe são benevolentes. R – Dizei-me se estou vivo... Eu sufoco no caixão.

4. – Quem o convidou a vir até nós? R – Senti-me aliviado.

5. – Que motivo o levou ao suicídio? R – Estou morto?... Não!...

---

[1] Esse caso, com ligeiras alterações de forma, mas não de fundo, foi aproveitado em *O Céu e o Inferno*. Com ele Allan Kardec abriu o capítulo V daquela obra. (N. do T.).

Estou em meu corpo... Não sabeis quanto sofro!... Eu sufoco!... Que mão piedosa virá pôr-me um fim?

Observação: Sua alma, embora separada do corpo, ainda está completamente mergulhada naquilo que poderíamos chamar o turbilhão da matéria corpórea; as ideias terrenas ainda se acham vivazes. Não se crê morto.

6. – Por que não deixou nenhum elemento de identificação? R – Estou abandonado: fugi do sofrimento para encontrar a tortura.

7. – Tem ainda os mesmos motivos para ficar incógnito? R – Sim. Não coloqueis um ferro em brasa na ferida que sangra.

8. – Poderia dar-nos o seu nome, idade, profissão e domicílio? R – Não... A tudo: não!...

9. – Tinha família? Mulher e filhos? R – Eu estava abandonado: ninguém me amava.

10. – Que fez para não ser amado por ninguém? R – Quantos há como eu!... Um homem pode estar abandonado no meio da própria família, quando nenhum coração o ama.

11. – Experimentou alguma hesitação ao realizar o suicídio? R – Eu tinha sede de morrer... Esperava o repouso.

12. – Como é que a ideia do futuro não o levou a renunciar àquele desígnio? R – Eu não cria mais no futuro: estava sem esperanças. O futuro é a esperança.

13. – Que reflexões fez ao sentir extinguir-se a vida? R – Não refleti; senti... Mas a minha vida não se extinguiu... minha alma está ligada ao corpo... não morri... entretanto sinto que os vermes me roem.

14. – Que sentimento experimentou no momento em que se completou a morte? R – É ela completa?

15. – Foi doloroso o momento em que se extinguiu a vida? R – Menos doloroso do que depois. Só o corpo sofreu.

São Luís continua: O Espírito libertava-se de um fardo que o esmagava; sentia a volúpia da dor.

– (A São Luís): Esse estado é o que sempre se segue ao suicídio? R – Sim. O Espírito do suicida fica ligado ao corpo até o termo de sua vida. A morte natural é o enfraquecimento da vida: o suicídio a interrompe bruscamente.

16. – Esse estado será o mesmo em toda morte acidental, inde-

pendente da vontade e que abrevia a duração natural da vida? R – Não. Que entendeis por suicídio? O Espírito só é culpado por suas obras.

Observação: Havíamos preparado uma série de perguntas que faríamos ao Espírito desse homem sobre a sua nova existência. Diante das respostas, elas perderam a oportunidade: era evidente que nenhuma consciência tinha ele da situação. A única coisa que nos pôde descrever foi o seu sofrimento.

Essa dúvida da morte é muito comum nos recém-falecidos e principalmente naqueles que em vida não elevaram a alma acima da matéria. À primeira vista é um fenômeno bizarro, mas explicável muito naturalmente. Se perguntarmos a uma pessoa que, pela primeira vez é levada ao sonambulismo, se está adormecida, ela responderá quase sempre *não* e sua resposta é lógica. O interrogante é que formula mal a pergunta, servindo-se de um termo impróprio. A ideia de sono, no falar comum, está ligada à da suspensão de todas as faculdades sensitivas. Ora, o sonâmbulo, que pensa e vê, que tem consciência de sua liberdade moral, não crê que durma e, com efeito, não dorme, na acepção vulgar do vocábulo. Eis por que responde *não*, até familiarizar-se com essa nova maneira de entender a coisa. O mesmo acontece com o homem que acaba de morrer: para ele a morte era o nada. Ora, como o sonâmbulo, vê, sente e fala; para ele, pois, não está morto e o diz até adquirir a intuição de seu novo estado.

CONFISSÕES DE LUÍS XI
EXTRAÍDAS DA VIDA DE LUÍS XI, DITADA POR ELE MESMO
À SRTA. HERMANCE DUFAUX

(Ver os números de março e de maio de 1858)

ENVENENAMENTO DO DUQUE DE GUYENNE[1]

(...) Ocupei-me depois da Guyenne. Odet d'Aidies, senhor de Lescun, que se tinha intrigado comigo, fazia os preparativos da guerra com uma atividade maravilhosa. Era com muito esforço que alimentava o ardor belicoso de meu irmão, o Duque de Guyenne. Tinha de combater um adversário temível no espírito de meu irmão: a Senhora Thouars, amante de Carlos, Duque de Guyenne.

Essa mulher não procurava senão tirar partido do poder que exercia sobre o jovem duque, a fim de o desviar da guerra, pois não ignorava que a guerra tinha por fim o casamento do seu amante. Seus inimigos secretos tinham afetado, em sua presença, louvar a beleza e

---
[1] Antiga região da França, tendo Bordéus como capital. (N. do T.)

as brilhantes qualidades da noiva: foi isso o suficiente para a persuadir de que sua desgraça seria certa se aquela princesa desposasse o Duque de Guyenne. Certa da paixão de meu irmão, recorreu às lágrimas, às preces e a todas as extravagâncias de uma mulher perdida em semelhante situação. Homem fraco, Carlos cedeu e preveniu ao Duque da Bretanha e aos interessados, os quais, alarmados, mandaram representações a meu irmão. Estas, porém, não surtiram senão o efeito de o mergulhar novamente em suas irresoluções.

Entretanto, a favorita conseguiu, não sem dificuldade, dissuadi-lo da nova guerra e do casamento. Desde então a morte da favorita foi decidida por todos os príncipes. Com receio de que meu irmão viesse atribuí-la a Lescun, cuja antipatia pela Senhora Thouars lhe era conhecida, decidiram conquistar a Jean Faure Duversois, monge beneditino, confessor de meu irmão e abade de Saint-Jean d'Angely. Era um dos maiores entusiastas da Senhora de Thouars e ninguém ignorava o ódio que votava a Lescun, cuja influência política invejava. Não era provável que jamais meu irmão lhe atribuísse a morte da amante, pois aquele sacerdote era um dos favoritos que maior confiança lhe mereciam. Desde que apenas a sede de grandeza o ligava à favorita, deixou-se facilmente corromper.

Há muito que eu havia tentado seduzir o abade. Sempre, porém, repelira minhas ofertas. Entretanto, deixava-se a esperança de atingir o meu objetivo.

Compreendeu facilmente a posição em que se meteria, prestando aos príncipes o serviço que lhe pediam; sabia que não lhes era difícil desembaraçar-se de um cúmplice. Por outro lado conhecia a inconstância de meu irmão e temia tornar-se sua vítima.

Para conciliar segurança e interesses, resolveu sacrificar seu jovem senhor. Tomando tal partido, tinha tantas chances de êxito quantas de fracasso. Para os príncipes, a morte do jovem Duque de Guyenne deveria ser o resultado do desprezo ou de um incidente imprevisto. Mesmo quando imputada ao Duque da Bretanha e seus comparsas, a morte da favorita teria passado despercebida, por assim dizer, pois que ninguém teria descoberto os motivos que lhe emprestavam uma importância real, do ponto de vista político.

Admitindo que pudessem ser acusados pela morte de meu irmão, achar-se-iam eles expostos aos maiores perigos, porque teria sido meu dever castigá-los rigorosamente. Sabiam que não era a boa vontade que me faltava e que no caso o povo poderia voltar-se contra eles. Então o próprio Duque de Borgonha, alheio ao que se tramava em Guyenne, teria sido forçado a aliar-se a mim, sob pena de ser ver acusado de cumplicidade. Mesmo nesta última hipótese tudo teria saído a meu favor. Eu poderia fazer com que Carlos, o Temerário, fosse declarado criminoso de lesa-majestade e levar o Parlamento a condená-lo à morte, pelo assassinato de meu irmão. Tais condenações, pronunciadas por aquele alto tribunal tinham sempre grandes resultados, sobretudo quando eram de uma incontestável legitimidade.

Vê-se facilmente que interesse tinham os príncipes em manejar o abade. Por outro lado, nada mais fácil do que desfazer-se dele em segredo.

Mas comigo o abade de Saint-Jean tinha maiores chances de impunidade. O serviço que prestava era-me da maior importância, sobretudo naquele momento: a liga formidável que se formava e da qual o Duque de Guyenne era o centro deveria perder-me infalivelmente. O único meio de destruí-la seria a morte de meu irmão, o que representava a minha salvação. Ele aspirava o favor de Tristão, o Eremita, pensando que, por este meio, elevar-se-ia acima deste ou pelo menos partilharia minhas boas graças e minha confiança nele. Aliás, os príncipes tinham cometido a imprudência de lhe deixar em mãos provas incontestes de sua culpabilidade: eram escritos vários. E como estes estavam redigidos em termos muito vagos, não era difícil substituir a pessoa de meu irmão pela de sua favorita, ali designada em subentendidos. Entregando-me esses documentos, ele afastava de mim qualquer dúvida relativa à minha inocência; por isto subtraía-se ao único perigo que corria do lado dos príncipes e, provando que de nenhum modo eu me achava envolvido no envenenamento, deixava de ser meu cúmplice e me eliminava qualquer interesse em mandar matá-lo.

Restava provar que ele próprio não estava metido nisso. Era uma dificuldade menor: para começar, estava seguro de minha proteção; depois os príncipes não tinham provas de sua culpabilidade; e ele poderia devolver-lhes as acusações, a título de calúnias.

Tudo bem ponderado, enviou-me o abade um emissário que fingiu ter vindo espontaneamente dizer-me que o abade de Saint-Jean estava descontente com meu irmão. Vi imediatamente todo o partido que poderia tirar de tal disposição e caí na armadilha preparada pelo astuto abade. Não suspeitando que aquele homem tivesse sido enviado por ele, despachei um de meus espiões de confiança. Saint-Jean representou tão bem o seu papel, que o emissário foi enganado. Baseado no relatório deste, escrevi ao abade, a fim de o conquistar. Ele aparentou muitos escrúpulos, mas eu triunfei, embora com alguma dificuldade. Concordou em ficar encarregado do envenenamento de meu jovem irmão. Eu estava tão pervertido que não hesitei em cometer esse crime horrível.

Henri de la Roche, escudeiro da repostaria[1] do duque, ficou encarregado de preparar um pêssego que seria oferecido pelo próprio abade à Sra. De Thouars, enquanto merendava à mesa de meu irmão. A beleza desse fruto era notável; ela chamou a atenção do príncipe e o partilhou com ele. Apenas tinham ambos comido, a favorita sentiu dores violentas nas entranhas e dentro em pouco expirou no meio de atrozes sofrimentos. Meu irmão experimentou os mesmos sintomas, mas com muito menor violência.

Talvez pareça estranho que o abade se tivesse servido de tal meio para envenenar o seu jovem senhor. Na verdade, o menor incidente poderia transformar o seu plano. Era, entretanto, o único que a prudência poderia autorizar: ele admitia a possibilidade de um fracasso. Tocada pela beleza do pêssego, era muito natural que a Sra. De Thouars chamasse a atenção de seu amante e lhe oferecesse a metade; ele não poderia deixar de aceitá-la e de comer um pouco, ao menos por consideração. Admitindo que comesse apenas um pedacinho, isso seria suficiente para provocar os primeiros sintomas necessários; um envenenamento posterior poderia determinar a morte, como consequência do primeiro.

Os príncipes ficaram tomados de terror assim que souberam das consequências funestas do envenenamento da favorita; não tiveram a menor suspeita da premeditação do abade. Pensaram apenas em dar todas as aparências de naturalidade à morte da jovem senhora e à doença de seu amante; nenhum deles tomou a iniciativa de oferecer um contraveneno ao infeliz príncipe, com receio de se comprometer. Realmente tal atitude daria a entender que o veneno era conhecido e,

---

[1] O que trabalha na repostaria, lugar onde se confeccionam doces e licores nas casas nobres. Reposteiro. (N. da Eq. Revisora)

consequentemente, que alguém era cúmplice do crime.

Graças à sua juventude e à força de seu temperamento, Carlos resistiu ao veneno por algum tempo. Seus sofrimentos físicos não fizeram outra coisa senão reconduzi-lo aos antigos projetos com mais ardor. Temendo que a doença diminuísse o zelo de seus oficiais, quis que estes renovassem o juramento de fidelidade. Como exigisse que se atirassem, no seu serviço, contra tudo e contra todos, mesmo contra mim, alguns de entre eles, temerosos de sua morte, que parecia próxima, recusaram-se a fazê-lo e passavam para a minha corte.

Observação: No número anterior vimos os detalhes interessantes, dados por Luís XI, relativamente à sua morte. O fato que acabamos de relatar não é menos notável sob o duplo ponto de vista da História e do fenômeno das manifestações. Aliás, só tínhamos dificuldades quanto à escolha: a vida desse rei, tal qual foi ditada por ele próprio, é incontestavelmente a mais completa que possuímos e, podemos dizer, a mais imparcial. O estado do espírito de Luís XI lhe permite hoje apreciar as coisas em seu justo valor. Pelos três fragmentos escolhidos pode-se ver como faz o próprio julgamento: explica sua política melhor que qualquer de seus historiadores; não se absolve de sua conduta; e em sua morte, tão triste e tão vulgar para um monarca algumas horas antes todo-poderoso, vê um castigo antecipado.

Como fenômeno de manifestações, este trabalho oferece um interesse especial: prova que as comunicações espíritas podem esclarecer-nos sobre a História, desde que nos saibamos colocar em condições favoráveis. Fazemos votos para que a publicação da vida de Luís XI, bem como a não menos interessante de Carlos VIII, igualmente concluída, venham em breve colocar-se ao lado da de Joana D'Arc.

HENRI MARTIN[1]

SUA OPINIÃO SOBRE AS COMUNICAÇÕES EXTRACORPÓREAS

Vemos certos escritores eméritos dar de ombros ao simples enunciado de uma história escrita pelos Espíritos. – Como? Dizem eles, como os seres do outro mundo podem vir controlar o nosso saber, controlar-nos a nós, sábios da Terra? Ora esta! Isto é possível?

Senhores, não vos forçamos a acreditar; nem mesmo faremos o

---

[1] Louis Henri Martin, patriota e historiador francês, autor de uma notável História da França. Nasceu em Saint-Quentin, Aisne, em 1810, e faleceu em Paris, em 1883. (N. do T.)

menor esforço no sentido de vos tirar tão cara ilusão. No interesse de vossa glória futura, vos convidamos, até, a inscrever os vosso nomes em caracteres indestrutíveis ao pé desta modesta sentença: *Todos os partidários do Espiritismo são insensatos, pois a nós tão somente cabe julgar até onde vai o poder de Deus.* Isto para que a posteridade não vos possa esquecer. Ela verá se lhes deve dar lugar ao lado daqueles que pouco antes repeliam os homens a quem a Ciência e o reconhecimento público hoje elevam estátuas.

Eis aqui, contudo, um escritor, cuja alta capacidade todos reconhecem e que, também ele, se arrisca a passar por um cabeça oca: também ele arvora a bandeira das ideias novas sobre as relações do mundo físico com o mundo extracorpóreo.[1] Na *Histoire de France* de Henri Martin, tomo 6, página 143, lemos o seguinte, a propósito de Joana D'Arc:

"(...) Existe na Humanidade uma ordem excepcional de fatos morais e físicos que aparentemente derrogam as leis ordinárias da Natureza: são os estados de êxtase e de sonambulismo, quer artificial, quer espontâneo, com todos os admiráveis fenômenos de deslocamento dos sentidos, de insensibilidade total ou parcial do corpo, de exaltação da alma, de percepções fora de todas as condições da vida habitual. Os fatos dessa classe foram julgados sob pontos de vista opostos. Vendo perturbadas ou deslocadas as relações costumeiras dos órgãos, os fisiologistas admitem a realidade daqueles fenômenos que podem enquadrar na patologia e negam todo o resto, isto é, tudo aquilo que parece fora das leis constatadas da Física. A seus olhos a doença se converte em loucura, quando ao deslocamento da ação dos órgãos se juntam alucinações dos sentidos e visões de objetos que só existem para o visionário. Um eminente fisiologista sustentou muito austeramente que Sócrates era um louco, porque julgava conversar com seu demônio. Os místicos não só afirmam serem reais os extraordinários fenômenos de percepções magnéticas. Tendo sobre esta questão inúmeras provas e testemunhos fora do misticismo, como sustentam que as visões dos extáticos têm objetos reais, certamente não vistos pelos olhos do corpo, mas pelos do espírito. Para eles o êxtase é a ponte lançada do mundo visível ao

---

[1] No original lê-se ...*relation du monde physique avec le monde corporel*, visível engano, como se depreende do subtítulo do artigo – *Son opinion sur lês communications extra-corporelles* – e da citação que se segue. Trata-se de um descuido da revisão, onde se devia ler... avec le monde extra-corporel. (N. do T.)

invisível, o meio de comunicação do homem com os seres superiores, a lembrança e a promessa de uma existência melhor, de onde decaímos e que devemos reconquistar.

Neste debate que partido devem tomar a História e a Filosofia? A História não poderia determinar com precisão os limites nem a extensão dos fenômenos, nem das faculdades extáticas e sonambúlicas; mas constata que ocorrem por toda parte; que os homens sempre lhes deram crédito; que eles exerceram uma ação considerável sobre os destinos do gênero humano; que se manifestaram não apenas entre os contemplativos, mas nos gênios mais potentes e mais ativos e na maioria dos grandes iniciados; que por mais desarrazoados que sejam muitos extáticos, nada existe de comum entre as divagações da loucura e as visões de tantos outros; que as visões podem ser ligadas a certas leis; que os extáticos de todos os lugares e de todos os tempos têm aquilo que se poderia chamar uma linguagem comum, a linguagem dos símbolos, da qual a poesia não é mais que um derivado, linguagem que exprime, mais ou menos constantemente, as mesmas ideias e os mesmos sentimentos pelas mesmas imagens.

Talvez seja temerário concluir algo em nome da Filosofia. Entretanto, depois de haver reconhecido a importância moral desses fenômenos, por mais obscura que nos seja a sua lei e a sua finalidade, depois de os haver distinguido em dois graus, um inferior, que não passa de uma estranha extensão ou deslocamento inexplicável da ação dos órgãos, e outro superior, que é uma prodigiosa exaltação das forças morais e intelectuais, o filósofo poderia, ao que nos parece, sustentar que a ilusão do inspirado consiste em tomar como revelação feita por seres exteriores, anjos, santos ou gênios, as revelações interiores dessa personalidade infinita que está em nós e que, por vezes, nos melhores e nos maiores, manifesta, em relâmpagos, forças latentes que ultrapassam, quase sem medida, as faculdades de nossa atual condição. Numa palavra, em linguagem acadêmica, são para nós *fatos de subjetividade*; mas na linguagem das antigas filosofias místicas e das mais adiantadas religiões, são revelações do *feruer* mazdeísta, do bom demônio (de Sócrates), do anjo da guarda, *deste* outro *Eu*, que não passa do *eu* eterno, em plena posse de si mesmo, planando sobre o *eu* mergulhado nas sombras desta vida – figura do magnífico símbolo zoroastriano representado por toda parte em Persépolis e em Nínive; o *feruer* alado ou o *eu* celeste, planando sobre a pessoa terrena.

Negar a ação dos seres exteriores sobre o inspirado, não ver em suas pretensas manifestações mais que a forma dada às intuições do extático pelas crenças de seu tempo e de seu meio, buscar a solução do problema nas profundezas da personalidade humana, não é absolutamente pôr em dúvida a intervenção divina nos grandes fenômenos e nas grandes existências. O autor e sustentáculo de toda vida, por mais essencialmente independente que seja de cada criatura e de toda a criação, por mais distinta que seja de nosso ser contingente a sua personalidade absoluta, não é um ser exterior, isto é, estranho a nós e não é do exterior que ele nos fala. Quando a alma mergulha em si mesma, nela o encontra e, em toda inspiração salutar, nossa liberdade se associa à sua Providência. Aqui, como em tudo, é necessário prever o duplo perigo da incredulidade e da piedade mal esclarecida: uma não vê senão ilusões e impulsos puramente humanos; a outra se recusa a admitir qualquer parcela de ilusão, de ignorância ou de imperfeição onde só vê o dedo de Deus. Como se os enviados de Deus cessassem de ser homens, homens de um certo tempo e de um certo lugar, e como se os relâmpagos sublimes que lhes atravessam a alma nela depositassem a Ciência universal e a perfeição absoluta. Nas mais evidentemente providenciais inspirações, os erros que vêm dos homens se misturam à verdade que vem de Deus. O ser infalível a ninguém comunica a sua infabilidade.

Julgamos que essa digressão não será tida por supérflua. Deveríamos pronunciar-nos sobre o caráter e sobre a obra daquela das inspiradas que no mais alto grau deu testemunho das faculdades extraordinárias de que falamos acima e que as aplicou à mais brilhante missão dos tempos modernos. Era necessário procurar exprimir uma opinião relativamente à categoria dos seres excepcionais a que pertence Joana D'Arc".

VARIEDADES

OS BANQUETES MAGNÉTICOS

A 26 de maio, aniversário natalício de Mesmer, realizaram-se os dois banquetes anuais que reúnem o escol dos magnetizadores de Paris e os adeptos estrangeiros que a eles aderem. Sempre temos perguntado por que motivo essa solenidade comemorativa é celebrada por dois banquetes rivais, onde cada grupo bebe à saúde do outro e onde, sem resultado, ergue-se um brinde à união. Naquele momento, tem-se a impressão de que estão prestes a se entenderem. Por que, então, uma cisão entre homens que se dedicam ao bem da Humanidade e ao culto da verdade? A verdade não se lhes apresenta sob a mesma luz? Têm eles duas maneiras de entender o bem da humanidade? Estão divididos quanto a princípios de sua Ciência? Absolutamente. Têm as mesmas crenças e o mesmo mestre: Mesmer. Se esse mestre, cuja memória invocam, atende a seu apelo, como o cremos, deve sofrer ao ver a desunião entre os discípulos. Felizmente, essa desunião não desencadeará guerras, como as que, em nome do Cristo, ensanguentaram o mundo para eterna vergonha dos que se dizem cristãos. Entretanto, por mais inofensiva que seja, e embora se limite aos golpes de pena e ao fato de beber cada um para o seu lado, não é menos lamentável. Gostaríamos de ver os homens de bem unidos por um mesmo sentimento de confraternização. Com isso, a ciência magnética lucraria em progresso e em consideração.

Uma vez que os dois campos não estão divididos por divergências doutrinárias, em que se funda, então, o seu antagonismo? Não lhe podemos descobrir a causa senão nas suscetibilidades inerentes à imperfeição de nossa natureza, das quais nem mesmo os homens superiores por vezes estão isentos. Em todos os tempos, o gênio da discórdia agitou o seu facho sobre a humanidade; isto é, do ponto de vista espírita, os Espíritos inferiores, invejosos da felicidade dos homens, encontram entre eles acesso muito fácil. Felizes aqueles que têm bastante força moral para repelir suas sugestões.

Deram-nos a honra de nos convidar para ambas as reuniões. Como se realizaram simultaneamente, e porque não passamos ainda de um Espírito muito materialmente encarnado, não possuindo o dom da ubiquidade, não nos foi possível satisfazer senão a um desses atenciosos convites: fomos à reunião presidida pelo Dr. Duplanty.

É preciso dizer que ali os partidários do Espiritismo não constituem maioria. Contudo, verificamos prazerosamente que, salvo alguns piparotes dados nos Espíritos, em coplas espirituosas cantadas pelo Sr. Julio Lovi e naquelas não menos divertidas, cantadas pelo Sr. Fortier, que teve as honras de um bis, a doutrina espírita não sofreu de ninguém críticas inconvenientes, em que são férteis alguns adversários, a despeito da educação de que se gabam.

Longe disso, num discurso notável e justamente aplaudido, o Dr. Duplanty proclamou, alto e bom som, o respeito que devemos ter pelas crenças sinceras, mesmo quando não as compartilhamos. Sem se pronunciar pró ou contra o Espiritismo, fez sabiamente observar que os fenômenos do magnetismo, revelando-nos um poder até então desconhecido, devem tornar-nos ainda mais circunspetos em relação aos que ainda se podem revelar e que, pelo menos, seria imprudência negar os que não compreendemos ou não chegamos a constatar, principalmente quando se apóiam na autoridade de homens honrados, cujas luzes e cuja lealdade não poderiam ser postas em dúvida. São palavras sensatas, que agradecemos ao Sr. Duplanty. Elas contrastam singularmente com as de certos adeptos do Magnetismo, que inconsideradamente atiram o ridículo sobre uma doutrina que confessam desconhecer, esquecidos de que outrora também eles foram alvo dos sarcasmos, foram também enviados aos hospícios e atacados pelos céticos como inimigos do bom senso e da religião. Hoje, que o Magnetismo se reabilitou pela força das circunstâncias, que dele não mais riem, que podemos sem sustos confessar-nos magnetizadores, é pouco digno e pouco caritativo usarem dessas represálias contra uma ciência irmã, que só lhes pode dar um benéfico apoio.

Nós não atacamos os homens, dizem eles; apenas rimos daquilo que parece ridículo, enquanto esperamos que se nos faça luz. Em nossa opinião, a ciência magnética, que professamos há trinta e cinco anos, deveria ser inseparável da seriedade. Parece-nos que neste mundo não falta pasto para a sua verve satírica, não havendo necessidade de tomarem como alvo as coisas sérias. Esquecem-se de que foi usada contra eles a mesma linguagem; que eles próprios acusavam os incrédulos por julgarem levianamente e diziam, como nós agora, por nossa vez: "Paciência! rirá melhor quem rir por último!"

ERRATUM

No n.5 (maio de 1858), uma falha tipográfica desfigurou um nome próprio que, por isso mesmo, perdeu o sentido. À pág. 142, primeira linha, em vez de Poryolise, ler Pergolèse.[1]

Allan Kardec

---

[1] Nesta edição a falha foi corrigida a tempo (N. do T.)

ANO I
JULHO DE 1858

A INVEJA

DISSERTAÇÃO MORAL DITADA POR SÃO LUÍS AO SR. D.

São Luís nos havia prometido uma dissertação sobre a inveja, para uma das sessões da Sociedade. O Sr. D., que começava a desenvolver a mediunidade e que ainda duvidava um pouco, não da doutrina, da qual é um dos mais fervorosos adeptos, compreendendo-a na sua essência, isto é, do ponto de vista moral – mas da faculdade que se lhe revelava –, evocou São Luís em particular e lhe dirigiu a seguinte pergunta:

– Poderíeis dissipar minhas dúvidas, minha inquietação, relativamente à minha faculdade mediúnica, escrevendo por meu intermédio a dissertação, que prometestes à Sociedade para terça-feira, 1º de junho?

– Sim. Fá-lo-ei para te tranquilizar.

Então foi ditado o trecho adiante.

Notaremos que o Sr. D. se dirigia a São Luís com o coração puro e sincero, sem segundas intenções, condição indispensável a toda boa comunicação. Não era uma prova que fazia: apenas duvidava de si mesmo e Deus permitiu que fosse atendido, como para lhe dar meios de tornar-se útil. Hoje, o Sr. D. é um dos médiuns mais completos, não só pela grande facilidade de execução, como por sua aptidão em servir de intérprete a todos os Espíritos, mesmo os das mais elevadas categorias, os quais por seu intermédio se exprimem facilmente e de boa vontade.

São essas, sobretudo, as qualidades que devemos procurar nos médiuns e que podem sempre ser adquiridas com paciência, vontade e exercício. O Sr. D. não necessitou de muita paciência; dispunha da vontade e do fervor, aliados à aptidão natural. Poucos dias bastaram para levar sua faculdade ao mais alto grau.

Eis o ditado que recebeu sobre a Inveja:

"Vede este homem. Seu Espírito está inquieto, sua infelicidade terrena chega ao auge: inveja o ouro, o luxo, a felicidade aparente ou fictícia de seus semelhantes; seu coração está devastado, sua alma surdamente consumida por esta luta incessante do orgulho, da vaidade não satisfeita; carrega consigo, em todos os instantes de sua miserável existência, uma serpente que alimenta e que lhe sugere incessantemente os mais fatais pensamentos: 'Terei esta volúpia, esta felicidade? Tenho tanto direito a isso quanto aqueles; sou um homem como eles, por que seria eu deserdado?'

E se debate na sua impotência, vítima do horrível suplício da inveja. Feliz ainda quando essas ideias funestas não o levam às bordas de um abismo. Entrando nessa via, a si mesmo pergunta se não deve obter pela violência aquilo que julga lhe ser devido: se não irá expor aos olhos de todos o terrível mal que o devora. Se esse infeliz tivesse olhado somente para baixo de sua posição, teria visto o número daqueles que sofrem sem um lamento e ainda bendizem o Criador. Porque a desgraça é um benefício de que Deus se serve para fazer a pobre criatura avançar até o seu trono eterno.

Fazei a vossa felicidade e o vosso verdadeiro tesouro na Terra das obras de caridade e de submissão – as únicas que vos dão entrada no seio de Deus. Estas obras do bem farão a vossa alegria e a vossa felicidade eternas. A inveja é uma das mais feias e mais tristes misérias do vosso globo. A caridade e a constante *emissão* da fé farão desaparecer todos esses males, que se irão um a um, à medida que os homens de boa vontade vos seguirem, se multiplicarem. Amém".

UMA NOVA DESCOBERTA FOTOGRÁFICA

Vários jornais relatam o fato seguinte:

"O Sr. Badet, falecido a 12 de novembro último, após uma enfermidade de três meses, costumava, segundo a *Union bourguignone*, de Dijon, toda vez que lhe permitiam as forças, postar-se a uma janela do primeiro andar, com a face constantemente voltada para a rua, distraindo-se em ver os transeuntes. Há alguns dias a Sra. Peltret, cuja casa é fronteira à da viúva Badet, percebeu numa vidraça da janela o próprio Sr. Badet, com seu boné de algodão, seu rosto emagrecido, etc., enfim tal qual o vira durante a doença. Grande foi sua emoção, para não dizer mais nada. Não só chamou os vizinhos, cujo testemunho poderia ser suspeito, mas ainda homens respeitáveis, os quais viram mui distintamente a figura do Sr. Badet no vidro da janela, à qual costumava ficar. Mostraram essa imagem à família do defunto, e esta imediatamente fez desaparecer o vidro.

Fica provado o fato de que o vidro tinha impresso o rosto do doente, como que nele daguerreotipado,[1] fenômeno só explicável se, do lado oposto da janela houvesse uma outra, por onde os raios solares pudessem ter chegado ao Sr. Badet. Mas não existe tal janela: o quarto possui apenas uma. Esta a verdade nua e crua sobre esse caso admirável, cuja explicação deve ser pedida aos sábios".

Confessamos que, ao ler a notícia, nosso primeiro impulso foi o de considerá-la vulgar, como se faz com as notícias apócrifas; a ela não ligamos a menor importância. Poucos dias depois, o Sr. Jobard, de Bruxelas[2] assim nos escrevia:

"À leitura do fato que se segue" (o que acabamos de referir), "passado em minha terra e *com um de meus parentes*, dei de ombros ao ver o jornal que o relata remeter aos sábios a sua aplicação e ver que essa boa família retirara a vidraça, através da qual Badet olhava os transeuntes. Evoquem-no, para ver o que ele pensa".

Esta confirmação do fato por um homem do caráter do Sr. Jobard, cujos méritos e honorabilidade todo mundo reconhece, e a circunstância especial de ser o herói um de seus parentes, não nos poderiam deixar dúvidas quanto à veracidade. Em consequência disso evocamos o Sr. Badet na sessão da Sociedade Parisiense de Estudos Espíritas, a 15 de junho de 1858, terça-feira; eis as explicações obtidas:

1. – Peço a Deus Todo-poderoso permitir que venha comunicar-se

---

[1] O verbo "daguerreotipar" precedeu o seu sinônimo "fotografar." Originou-se do nome de Louis Jaque Mandé Daguerre, artista francês (1789-1851), inventor do diorama e aperfeiçoador da fotografia, inventada por Nicephore Niepce, químico francês (1765-1833). (N. do T.)

[2] Esse Jobard é o mesmo que deu comunicações na Sociedade Espírita de Paris, as quais Allan Kardec transcreveu em *O Céu e o Inferno*, segunda parte, capítulo II. Jobard era francês, do Alto Marne, engenheiro, diretor do Museu Real da Indústria, de Bruxelas, Bélgica, onde faleceu a 27 de outubro de 1861. Foi presidente honorário da Sociedade Espírita de Paris e dele ainda se fala neste número, na notícia sob o título *"Correspondência"*. (N. do T.)

conosco o Espírito do Sr. Badet, morto em Dijon, a 11 de novembro último. R – Eis-me aqui.

2. – É verdadeiro o fato que vos concerne e que acabamos de relembrar? R – Sim: é verdadeiro.

3. – Poderíeis dar-nos a sua explicação? R – Agentes físicos que são ainda desconhecidos, mas que, mais tarde, tornar-se-ão comuns. É um fenômeno muito simples, semelhante a uma fotografia produzida por forças que ainda não descobristes.

4. – Poderíeis, por vossas explicações, precipitar essa descoberta? R – Eu gostaria; mas isso é tarefa de outros Espíritos e trabalho humano.

5. – Poderíeis reproduzir outra vez o mesmo fenômeno? R – Não fui eu quem o produziu: foram as condições físicas, independentes de mim.

6. – Por vontade de quem e com que objetivo se produziu o fato? R – Produziu-se quando eu era vivo, e independente de minha vontade. Um estado particular da atmosfera o revelou depois.

Tendo-se estabelecido uma discussão entre os assistentes, relativamente às causas prováveis do fenômeno, e emitidas várias opiniões sem que ao Espírito tivessem sido feitas outras perguntas, disse este espontaneamente:

– E não levais em conta a eletricidade e a galvanoplastia, que agem também sobre o perispírito?

7. – Ultimamente disseram-nos que os Espíritos não têm olhos. Ora, se essa imagem é a reprodução do perispírito, como foi possível reproduzir os órgãos da visão? R – O perispírito não é o Espírito: a aparência, ou perispírito, tem olhos; mas o Espírito não o tem. Bem que vos disse, falando do perispírito, que eu estava vivo.

Observação: Enquanto esperamos que essa nova descoberta seja feita, dar-lhe-emos o nome provisório de *fotografia espontânea*. Todo mundo lamentará que, por um sentimento difícil de compreender, hajam destruído o vidro sobre o qual se havia reproduzido a imagem do Sr. Badet. Tão curioso monumento[1] teria facilitado as pesquisas e as observações para o adequado

---

[1] A palavra *monumento* tem no caso um sentido figurado, mais comum no francês do que no português. (N. da Equipe Revisora Edicel.)

estudo da questão. Talvez tivessem visto nessa imagem uma arte do diabo. Em todo caso, se de alguma sorte o diabo está metido nisso, é seguramente na destruição do vidro, porque ele é inimigo do progresso.

CONSIDERAÇÕES SOBRE A FOTOGRAFIA ESPONTÂNEA

Decorre das explicações acima que o fato, em si mesmo, não é sobrenatural, nem miraculoso. Quantos fenômenos em condições semelhantes, nos tempos da ignorância, deveriam ter chocado a imaginação tão inclinada para o maravilhoso! É, pois, um efeito puramente físico, que pressagia um novo passo na ciência fotográfica.

Como se sabe, o perispírito é o envoltório semimaterial do Espírito; não é apenas depois da morte que dele está revestido o Espírito; durante a vida está unido ao corpo: é o laço entre este e o Espírito. A morte é apenas a destruição do envoltório mais grosseiro; o Espírito conserva o segundo, que mantém a aparência do primeiro, como se esta lhe guardasse a imagem. Geralmente o perispírito é invisível; entretanto, em certas circunstâncias, condensa-se e, combinando-se com outros fluídos, torna-se perceptível à vista e por vezes até mesmo tangível. É o que se vê nas aparições.

Sejam quais forem a sutileza e a imponderabilidade do perispírito, não deixa de ter uma espécie de matéria, cujas propriedades físicas ainda nos são desconhecidas. E uma vez que é matéria, pode agir sobre a matéria. Esta ação é patente nos fenômenos magnéticos; vem revelar-se nos corpos inertes pela impressão que a imagem do Sr. Badet deixou no vidro. Tal impressão se deu quando ele vivo; conservou-se depois de sua morte, mas era invisível. Ao que parece, foi necessária a ação fortuita de um agente desconhecido, provavelmente atmosférico, para torná-la aparente.

Que há nisso de admirável?

Não se sabe que podemos, à vontade, fazer aparecer e desaparecer a imagem daguerreotipada?

Citamos isso como comparação, sem pretendermos estabelecer similitude de processos. Assim, seria o perispírito que, exteriorizando-se do corpo do Sr. Badet, teria lentamente, e sob o império de circunstâncias desconhecidas, exercido uma verdadeira ação química sobre a substância vítrea, análoga à da luz. Incontestavelmente a luz e a eletricidade devem representar um grande papel neste fenômeno. Resta saber quais são os agentes e as circunstâncias. É o que provavelmente saberemos mais tarde e não será essa uma das menos curiosas descobertas dos tempos modernos.

Se é de um fenômeno natural que se trata, perguntarão aqueles que tudo negam: por que é a primeira vez que se produz? Nós lhes perguntamos, por nossa vez, por que as imagens daguerreotipadas só se fixaram depois de Daguerre, de vez que nem foi ele quem inventou a luz, nem as placas de cobre, nem a prata, nem os cloretos? Há muito tempo que se conhecem os efeitos da câmara escura; uma circunstância casual abriu a via da fixação; depois, auxiliados pelo gênio, de perfeição em perfeição, chegamos às obras-primas que hoje vemos. Provavelmente dar-se-á o mesmo com o estranho fenômeno que acaba de manifestar-se. E quem sabe se ele já não se produziu e passou despercebido, por falta de um observador atento?

A reprodução de uma imagem sobre um vidro é um fato comum; mas a fixação dessa imagem em condições diferentes daquelas da fotografia, o estado latente dessa imagem, depois a sua reaparição, eis o que deve ser marcado nos fastos da Ciência.

Se cremos nos Espíritos, devemos esperar muitas outras maravilhas, algumas das quais nos são indicadas por eles. Honra, pois, aos sábios suficientemente modestos para não julgarem que a Natureza lhes haja voltado a última página de seu livro.

Se esse fenômeno se produziu uma vez, é possível repetir-se. É, possivelmente, o que se dará quando lhe possuirmos a chave. E enquanto esperamos, eis o que contava um dos membros da Sociedade na sessão a que nos referimos:

"Eu morava em Montrouge. Era verão e o sol dardejava pela janela. Na mesa havia uma botelha cheia d'água, sobre uma esteira de palha. De repente, a palha pegou fogo. Se ninguém ali estivesse, podia ter-se dado um incêndio, sem que se lhe soubesse a causa. Experimentei centenas de vezes produzir o mesmo efeito e jamais o consegui".

A causa física da combustão é bem conhecida: a botelha produziu o efeito de um vidro ardente. Mas por que não se pode repetir a experiência? É que, independentemente da botelha e da água, houve o concurso de circunstâncias que agiam de modo excepcional, concentrando os raios solares: talvez o estado da atmosfera, dos vapores, as qualidades da água, a eletricidade, etc.; e tudo isto, provavelmente, em certas proporções adequadas. Daí a dificuldade de se repetir exatamente as mesmas condições e a inutilidade para produzir um efeito semelhante. Eis, pois, um fenômeno inteiramente do domínio da Física, cujo princípio conhecemos, mas que não podemos repetir à vontade. Ocorrerá ao mais endurecido cético negar o fato? Certo que não. Por que, então, os mesmos céticos negam a realidade dos fenômenos espíritas – falando das manifestações em geral – pelo fato de não poderem manipulá-las à vontade? Não admitir que fora do conhecido possa haver agentes novos, regidos por leis especiais; negar esses agentes pelo fato de não obedecerem a leis que conhecemos; é em verdade dar prova de pouca lógica e mostrar um espírito estreito.

Voltemos à imagem do Sr. Badet. Como o nosso colega da frasqueira, far-se-ão certamente numerosos ensaios infrutíferos, antes de obter qualquer êxito, até que um acaso feliz ou o esforço de um gênio poderoso possa dar a chave do mistério. Então isso se tornará, provavelmente, uma nova arte, com a qual a indústria se enriquecerá. Podemos ouvir desde já numerosas pessoas dizerem: Mas há um meio muito simples de arranjar esta chave: por que não a pedem aos Espíritos?

É então o caso de acentuar um erro em que caem muitos dos que julgam a Ciência espírita sem a conhecer. Inicialmente lembremos o princípio fundamental de que todos os Espíritos estão longe de saber tudo, como outrora se pensava.

Dá-nos a escala espírita a medida de sua capacidade e de sua moralidade; e a experiência diariamente confirma as nossas observações a respeito. Os Espíritos, pois, nem tudo sabem; e alguns há que, em todos os sentidos, são muito inferiores a certos homens. Eis o que não se deve perder de vista.

O Espírito do Sr. Badet, autor involuntário do fenômeno que nos ocupa, revela, por suas respostas, uma certa elevação, mas não uma grande superioridade; ele próprio se reconhece inábil para dar uma explicação completa. Diz ele: "Isto é tarefa de outros espíritos e do trabalho humano; essas últimas palavras são todo um ensinamento. Com efeito, seria demasiado cômodo não precisar mais do que perguntar aos

Espíritos, para termos as mais maravilhosas descobertas. Onde, pois, estaria o mérito dos inventores se mão oculta lhes viesse preparar a tarefa e poupar o trabalho de pesquisa? Sem dúvida não faltaria pessoa sem escrúpulos para tirar no próprio nome uma patente de invenção, sem mencionar o verdadeiro inventor. Acrescente-se que semelhantes perguntas são sempre feitas visando a interesses e na esperança de fortuna fácil, coisas estas que constituem péssima recomendação junto aos bons Espíritos. Aliás, estes não se acham em condições de servir como instrumentos de tráfico. O homem deve ter a sua iniciativa, sem o que se reduz à condição de máquina: deve aperfeiçoar-se pelo trabalho; é uma das condições de sua existência terrena. Também é necessário que cada coisa venha a seu tempo e pelos meios que a Deus agrada empregar: os Espíritos não podem torcer os caminhos da Providência. Querer forçar a ordem estabelecida é pôr-se à mercê de Espíritos zombadores, que lisonjeiam a ambição, a cupidez, a vaidade, para depois se rirem das decepções que causam. De natureza muito pouco escrupulosa, dizem tudo o que a gente quer, dão todas as receitas que lhes pedem e, se necessário, as justificarão em fórmulas científicas, mesmo que elas não tenham mais valor que as receitas dos charlatães. Desiludam-se aqueles que acreditavam que os Espíritos lhes abririam minas de ouro: sua missão é mais séria. "Trabalhai, esforçai-vos; eis na realidade o que vos falta", disse um célebre moralista, do qual daremos em breve uma notável palestra de além-túmulo. A essa máxima sábia, acrescenta a doutrina espírita: é a esses que os Espíritos sérios vêm ajudar pelas ideias que lhes sugerem ou por conselhos diretos e não aos preguiçosos, que querem gozar sem fazer nada, nem aos ambiciosos que querem ter mérito sem esforço. Ajuda-te e o céu te ajudará.

O ESPÍRITO BATEDOR DE BERGZABERN

III

Continuamos a citar a brochura do Sr. Blanck, redator do *Jornal de Bergzabern*[1].

"Os fatos que vamos relatar ocorreram de sexta-feira, 4, a quarta-

---

[1] Devemos a tradução dessa interessante brochura à gentileza de um de nossos amigos, o Sr. Alfred Pireaux, funcionário da administração dos Correios.

feira, 9 de março de 1853. Nada de semelhante ocorreu depois dessa data. Então Filipina já não dormia no quarto nosso conhecido: sua cama havia sido transferida para a peça vizinha, onde se acha presentemente. As manifestações tomaram um caráter de tal modo estranho que é impossível admitir a sua explicação por intervenção humana. Aliás, são tão diferentes das que haviam sido observadas anteriormente, que todas as primeiras hipóteses caíram por terra.

Sabe-se que no quarto onde dormia a menina, frequentemente as cadeiras e outros móveis eram revirados, as janelas abertas com fragor, à força de golpes repetidos. Há cinco semanas está ela instalada na sala comum onde, desde o cair da noite até a manhã seguinte, há sempre uma luz. Pode-se, pois, ver perfeitamente o que ali se passa.

Eis o que foi observado na sexta-feira, 4 de março.

Filipina ainda não se havia deitado: achava-se com algumas pessoas que conversavam sobre o Espírito batedor. De repente a gaveta de uma mesa, grande e pesada, que se achava no meio da sala, foi puxada e empurrada ruidosamente e com extraordinária rapidez. Surpreenderam-se os assistentes com essa nova manifestação. No mesmo instante, a própria mesa se pôs em movimento em todos os sentidos e avançou para a lareira, perto da qual estava Filipina. Por assim dizer perseguida pelo móvel, ela teve de deixar o seu lugar e correr para o meio da sala; mas a mesa voltou-se nessa direção e parou a quinze centímetros da parede. Colocaram-na em seu lugar habitual, de onde não mais saiu; mas as botas, que estavam debaixo dela e que todos viam, foram atiradas no meio da sala, com grande espanto dos presentes. Uma das gavetas começou a correr nas corrediças, abrindo-se e fechando-se por duas vezes, a princípio muito rapidamente; a seguir, com progressiva lentidão. Quando se achava completamente aberta era sacudida com fragor. Um pacote de fumo, deixado sobre a mesa, mudava continuamente de lugar. As pancadas e arranhaduras eram ouvidas sobre a mesa. Filipina, que então gozava de ótima saúde, achava-se no meio do grupo e de modo algum se mostrava inquieta com essas coisas estranhas que se repetiam todas as noites, desde sexta-feira.

Mas no domingo elas foram ainda mais notáveis.

A gaveta foi por várias vezes aberta e fechada com violência. Depois de haver estado em seu antigo dormitório, Filipina voltou subitamente, caiu em sono magnético, atirou-se numa poltrona, onde por várias vezes foram ouvidas as arranhaduras. Suas mãos apoiavam-se nos joelhos e a cadeira se movia, ora para a direita, ora para a esquerda ou para a frente e para trás. Transportada para o meio da sala, tornou-se fácil observar esse novo fenômeno. Então, a uma palavra de ordem, a cadeira girava, avançava, recuava com maior ou menor rapidez, ora num sentido, ora noutro. Durante essa dança original, os pés da menina arrastavam-se no solo, como que paralisados, ela se queixava de dores de cabeça, gemia e punha as mãos na fronte. Depois, despertando de súbito, pôs-se a olhar para todos os lados, sem compreender a situação. Mas havia passado o mal-estar. Deitou-se. Então as pancadas e arranhaduras, antes produzidas na mesa, foram ouvidas na cama, batidas com força e de maneira alegre.

Pouco antes, uma campainha havia sido tocada espontaneamente. Então ocorreu a ideia de a prender à cama: logo começou a balançar e a tocar. O que houve de mais notável nesta circunstância foi que, tendo sido levantada e deslocada a cama, a campainha ficou imóvel e em silêncio. Quase à meia noite cessou todo ruído e a assistência retirou-se.

Segunda-feira à noite, 15 de maio, prenderam ao leito uma grande campainha. Imediatamente ouviu-se um barulho desagradável e ensurdecedor. No mesmo dia, à tarde, as janelas e a porta do quarto de dormir foram abertas, mas silenciosamente.

Devemos dizer que a poltrona em que se sentava Filipina na sexta-feira e no sábado, levada pelo velho Sänger para o meio da sala, pareceu-lhe muito mais leve que de costume: dir-se-ia que uma força invisível a levantava. Querendo um dos assistentes empurrá-la, não encontrou resistência: a poltrona parecia deslizar por si sobre o soalho.

O Espírito batedor ficou silencioso durante três dias da Semana Santa: quinta, sexta e sábado. Só no domingo de Páscoa recomeçaram os seus golpes na sineta: golpes ritmados, compondo uma ária. A 1º de abril, ao ser trocada a guarnição, as tropas que deixavam a cidade marchavam puxadas pela banda de música. Ao passarem em frente à casa de Sänger, o Espírito batedor executou na cama, à sua maneira, a mesma peça que era tocada na rua. Pouco antes haviam escutado no quarto como que os passos de alguém e como se tivessem jogado areia no soalho.

Preocupado com os fatos que acabamos de relatar, o governo do Palatinato propôs a Sänger internar sua filha numa casa de saúde em Frankenthal, o que foi aceito. Estamos informados de que em sua nova residência, a presença de Filipina deu lugar aos prodígios de Bergzabern e que os médicos de Frankenthal, bem como os de nossa cidade, não lhes podem determinar a causa. Além disso, estamos informados de que só os médicos têm acesso à menina.

Por que uma tal medida?

Ignoramo-lo e nada podemos censurar. Mas se o que a motivou não é resultado de alguma circunstância particular, cremos que se nem todos poderiam ter acesso à interessante menina, pelo menos as pessoas recomendáveis deveriam ter permissão".

Observação: Não tivemos notícia dos diversos fatos aqui expostos senão pelo relato publicado pelo Sr. Blanck. Uma circunstância, entretanto, acaba de nos por em contato com uma das pessoas que mais aparecem neste caso e que, a respeito, teve a gentileza de nos fornecer documentos circunstanciados do mais alto interesse. Tivemos ainda, por evocação, explicações muito curiosas e instrutivas sobre esse Espírito batedor, dadas por ele próprio. Como tais documentos nos vieram um pouco tarde, adiaremos sua publicação até o próximo número.

PALESTRAS FAMILIARES DE ALÉM-TÚMULO
O TAMBOR DE BERESINA[1]

Tendo-se reunido em nossa casa algumas pessoas com o propósito de constatar certas manifestações, em diversas sessões produziram-se os fatos que se seguem, e deram lugar à palestra que vamos relatar, pois apresenta um grande interesse do ponto de vista do estudo.

Manifestou-se o Espírito por golpes, não batidos pelo pé da mesa, mas na própria contextura da madeira. A troca de ideias que então ocorreu entre os assistentes e o ser invisível não dá margem a dúvidas quanto à intervenção de uma inteligência oculta. Além das respostas a várias perguntas, ora pelo *sim*, ora pelo *não*, ou por meio da tiptologia alfabética, os golpes espontaneamente tocaram uma marcha, uma ária, imitaram a fuzilaria, o canhoneiro de uma batalha, o barulho do tano-

---

[1] Rio da Rússia, afluente da margem direita do Dnieper. (N. do T.)

eiro ou do sapateiro, faziam eco com admirável precisão, etc. Depois ocorreu o movimento de uma mesa e sua translação *sem qualquer contato das mãos*, pois os assistentes se mantinham afastados; uma saladeira posta sobre a mesa, em vez de girar, deslizou em linha reta, também sem contato das mãos. Os golpes eram igualmente ouvidos em diversos móveis do quarto, por vezes simultaneamente, outras como se fossem respostas.

O Espírito parecia ter uma predileção especial pelo rufo de tambor, pois o tocava a cada momento, independentemente de pedido. Muitas vezes, em lugar de responder a certas perguntas, tocava a generala ou o reunir.[1] Interrogado sobre algumas particularidades de sua vida, disse chamar-se Célima, ter nascido em Paris, morrido aos quarenta e cinco anos e ter sido tambor.

Entre os assistentes, além do médium especial de influência física, que produzia as manifestações, havia um excelente psicógrafo que pôde servir de intérprete do Espírito. Assim, obtivemos respostas mais explícitas. Tendo confirmado pela escrita o que havia dito pela tiptologia, quanto ao nome, lugar do nascimento e data de sua morte, foram-lhe feitas as perguntas que seguem e cujas respostas apresentam vários traços característicos e corroboram certas partes essenciais da teoria.

1. – Escreve-nos qualquer coisa, o que quiserdes. R – Ran plan plan, ran plan plan.

2. – Porque escreves isso? R – Porque fui tambor.

3. – Tinhas alguma instrução? R – Sim.

4. – Onde fizeste os teus estudos? R – Nos "Ignorantins".[2]

5. – Pareces alegre. R – Sou bastante.

6. – Disseste que em vida gostavas demais de beber. R – Eu gostava de tudo quanto é bom.

7. – Eras militar? R – Claro que sim, pois eu era tambor.

8. – Sob que governo serviste? R – Sob Napoleão, o Grande.

9. – Podes citar uma batalha na qual participaste? R – A de Beresina.

---

[1] Toques militares de tambor. (N. da Eq. Rev.)

[2] Nome que a ordem dos Irmãos de Saint-Jean-de-Dieu adotara na França, por humildade. Extensão pejorativa aos Irmãos das Escolas Cristãs, de ensino primário. (N. da Eq. Rev.)

10. – Foi nela que morreste? R – Não.
11. – Estiveste em Moscou? R – Não.
12. – Onde morreste? R – Na neve.
13. – Em que corpo servias? R – Nos fuzileiros da guarda.
14. – Gostavas de Napoleão, o Grande? R – Como nós todos o amávamos sem saber por quê!
15. – Sabes o que aconteceu depois da morte de Napoleão? R – Depois da minha morte não me ocupei senão de mim mesmo.
16. – Reencarnaste? R – Não, pois se venho conversar convosco.
17. – Por que te manifestas por pancadas sem teres sido chamado? R – É preciso barulho para aqueles cujo coração não acredita. Se ainda não foi suficiente, eu vos darei mais.
18. – Vieste bater por tua própria vontade ou foi um outro Espírito que te obrigou? R – Venho por mim mesmo e de boa vontade. Há um outro a quem chamais *Verdade* e que também me pode obrigar. Mas há muito tempo que eu queria vir.
19. – Com que propósito querias vir? R – Para entreter-me convosco: eis o que eu queria. Mas havia algo que mo impedia. Fui forçado por um Espírito familiar da casa, que me convenceu a tornar-me útil às pessoas que me fizessem perguntas.

– Então esse Espírito tem muito poder, uma vez que assim domina os outros. R – Mais do que pensais: e só o emprega para o bem.

Observação: O Espírito familiar da casa dá-se a conhecer pelo nome alegórico de *Verdade*, circunstância que era ignorada pelo médium.

20. – Que era o que te impedia? R – Não sei: alguma coisa que não compreendo.
21. – Deploras a vida? R – Não. Nada deploro.
22. – Qual a que preferes: tua existência atual ou a vida terrena? R – Prefiro a existência do Espírito à do corpo.
23. – Por quê? R – Porque estamos bem melhor do que na Terra. A Terra é um purgatório; e todo o tempo que aí vivi sempre desejei a morte.
24. – Sofres em tua nova condição? R – Não; mas ainda não sou feliz.
25. – Ficarias satisfeito se tivesses uma nova existência corpórea?

R – Sim; pois sei que devo elevar-me.

26. – Quem to disse? R – Eu bem o sei.

27. – Reencarnarás brevemente? R – Não sei.

28. – Vês outros Espíritos ao teu redor? R – Sim; muitos.

29. – Como sabes que são Espíritos? R – Entre nós, vemo-nos tais quais somos.

30. – Com que aparência os vês? R – Como se podem ver Espíritos; mas não pelos olhos.

31. – E tu, sob que forma aqui estás? R – Sob a que tinha quando vivo; isto é, como tambor.

32. – E vês os outros Espíritos com as formas que tinham em vida? R – Não. Nós não tomamos uma aparência senão quando somos evocados. Fora disso vemo-nos sem forma.

33. – Tu nos vês claramente como quando vivias? R – Sim; perfeitamente.

34. – É pelos olhos que nos vês? R – Não. Temos uma forma, mas não temos os sentidos. Nossa forma não é senão aparente.

Observação: Seguramente os Espíritos têm sensações, pois que percebem. Do contrário seriam inertes. Mas as suas sensações não são localizadas, como quando têm um corpo: são inerentes a todo o seu ser.

35. – Dize-nos positivamente em que lugar estás aqui. R – Perto da mesa, entre vós e o médium.

36. – Quando bates estás sobre a mesa, debaixo dela ou na espessura da madeira? R – Fico ao lado; não me meto na madeira; basta-me tocar a mesa.

37. – Como produzes os ruídos que fazes ouvir? R – Creio que por uma espécie de concentração de nossa força.

38. – Poderias explicar-nos por que maneira se produzem os diversos ruídos que imitas, como, por exemplo, as arranhaduras? R – Eu não poderia precisar muito a natureza dos ruídos. É difícil de explicar. Sei que arranho, mas não posso explicar como produzo esse ruído a que chamais arranhadura.

39. – Poderias produzir os mesmos ruídos com qualquer outro médium? R – Não. Há especialidades em todos os médiuns. Nem todos podem agir do mesmo modo.

40. – Vês entre nós, além do jovem S... (o médium de influência física por cujo intermédio se manifesta o Espírito) alguém que te possa ajudar a produzir os mesmos efeitos? R – No momento não vejo ninguém. Com ele estou bem aparelhado a fazer.

41. – Por que com ele e não com outrem? R – Porque o conheço bastante e também por ser ele mais apto que qualquer outro para esse gênero de manifestações.

42. – Conhece-o de longa data? Anteriormente à presente existência? R – Não; conheço-o de pouco tempo. Fui de certo modo atraído para ele, para que fosse meu instrumento.

43. – Quando a mesa se ergue no ar sem ponto de apoio, quem é que a sustenta? R – Nossa vontade, que a obrigou a obedecer-nos e, ainda, o fluido que lhe transmitimos.

Observação: Essa resposta vem em abono à teoria que apresentamos nos números 5 e 6 desta Revista, sobre as causas das manifestações físicas.

44. – Poderias fazê-lo? R – Creio que sim. Tentarei quando o médium estiver presente. (No momento ele se achava ausente.)

45. – De quem depende isso? R – De mim, pois me sirvo do médium como de um instrumento.

46. – Mas a qualidade do instrumento não conta? R – Sim. Ela me ajuda muito, pois, como disse, hoje não poderia fazê-lo com outros.

Observação: No curso da sessão tentamos levantar a mesa, mas sem resultado, talvez porque não tivesse havido suficiente perseverança. Houve esforços evidentes e movimentos de translação, sem contato nem imposição das mãos. Entre as experiências feitas está a da abertura da mesa, que era elástica. Mas ela oferecia muita resistência, por defeito de construção. Foi posta de lado, enquanto o Espírito conseguia abrir e fechar uma outra.

47. – Por que, outro dia, os movimentos da mesa cessavam cada vez que um de nós tomava de uma luz para examiná-la por baixo? R – Porque eu queria punir a vossa curiosidade.

48. – De que te ocupas em tua existência de Espírito, de vez que não passas o tempo a bater? R – Muitas vezes tenho missões a cumprir: devemos obedecer às ordens superiores e, sobretudo, temos que, por nossa influência, fazer bem aos humanos.

49. – Sem dúvida tua vida terrena não foi isenta de faltas. Reconhece-as agora? R – Sim. Justamente as expio, ficando estacionário entre

os Espíritos inferiores. Não me poderei purificar bastante enquanto não tomar um outro corpo.

50. – Quando davas pancadas sobre um outro móvel ao mesmo tempo que sobre a mesa, eras tu ou um outro Espírito? R – Era eu.

51. – Tu só? R – Não: mas o trabalho de bater era meu só.

52. – Os outros Espíritos que aí se encontravam te ajudavam nalguma coisa? R – Não para bater; mas para falar.

53. – Então não eram Espíritos batedores? R – Não: mas só a mim cabia a missão de bater.

54. – Por vezes não se grupam uns tantos Espíritos batedores, com o fim de haver maior força na produção de certos fenômenos? R – Sim. Mas para o que eu queria fazer, eu me bastava.

55. – Em tua existência de Espírito, estás sempre na Terra? R – Mais frequentemente no espaço.

56. – Vais algumas vezes a outro mundo, isto é, a outro globo? R – Não nos mais perfeitos: só nos mundos inferiores.

57. – Algumas vezes te divertes a ver e a ouvir o que fazem os homens? R – Não. Contudo, algumas vezes tenho piedade deles.

58. – Quais os que procuras de preferência? R – Os que querem crer de boa-fé.

Observação: A pergunta 58 visava a saber para quem, espontaneamente, ia a sua preferência na vida de Espírito, sem ser evocado. Como Espírito de uma ordem pouco elevada, ele pode pela evocação ser constrangido a vir a um meio que lhe desagrada. Por outro lado, sem ler propriamente os nossos pensamentos, ele por certo poderia ver se as pessoas se reuniam com um objetivo sério e, pela natureza das perguntas e da conversa que *ouvisse*, julgar se a assembléia era composta de pessoas sinceramente desejosas de esclarecimento.

59. – Poderias ler os nossos pensamentos? R – Não: não leio nas almas, pois para tanto não sou bastante perfeito.

60. – Entretanto, deves conhecer nossos pensamentos, já que vens ao nosso meio. Por outras palavras: podes saber se cremos de boa-fé? R – Não leio, mas compreendo.

61. – Nesse mundo dos Espíritos encontraste alguns dos teus companheiros de armas? R – Sim; mas suas posições eram tão diferentes que não os reconheci a todos.

62. – Em que consistia essa diferença? R – Na situação feliz ou infeliz de cada um.

– Que disseste nesses encontros? R – Eu lhes dizia: Vamos subir para Deus, que o permite.

63. – Como entendias essa subida para Deus? R – Cada degrau transposto é um passo a mais para ele.

64. – Disseste que havias morrido na neve. Queres dizer que morreste de frio? R – De frio e de fome.

65. – Tiveste a consciência imediata de tua nova existência? R – Não. Mas já não sentia frio.

66. – Voltaste alguma vez ao local onde ficou teu corpo? R – Não: ele me havia feito sofrer demais.

67. – Nós te agradecemos as explicações que tiveste a bondade de nos dar. Elas nos forneceram úteis pontos de observação para o nosso aperfeiçoamento na Ciência espírita. R – Estou às vossas ordens.

Observação: Como se vê, este Espírito é pouco adiantado na hierarquia espírita: ele próprio reconhece sua inferioridade. Seus conhecimentos são limitados; mas tem bom senso, sentimentos louváveis e benevolência. Como Espírito, sua missão é muito insignificante, pois desempenha o papel de Espírito batedor, *para chamar os incrédulos à fé*. Mas, como no teatro, a humilde vestimenta de comparsa pode cobrir um coração bondoso. Suas respostas têm a simplicidade da ignorância; mas, posto não tenha a elevação da linguagem filosófica dos Espíritos superiores, nem por isso são menos instrutivas, como estudo dos costumes espíritas, se assim nos podemos exprimir. É somente estudando todas as classes desse mundo que nos espera que poderemos chegar a conhecê-lo e nele marcar, com certa antecipação, o lugar que cada um de nós pode ocupar. Vendo a situação que, por seus vícios ou por suas virtudes, criaram os homens daqui de baixo, iguais a nós, sentimo-nos encorajados para nos elevarmos o mais possível desde aqui: é o exemplo ao lado do preceito. Nunca seria demais repetir a fim de bem conhecer uma coisa e dela fazer uma ideia isenta de ilusões: é preciso vê-la sob todos os seus aspectos, assim como o botânico não pode conhecer o reino vegetal senão observando desde o mais humilde criptógamo, oculto sob o musgo, até o carvalho que se alça nos ares.

ESPÍRITOS IMPOSTORES

O FALSO PADRE AMBRÓSIO

Um dos escolhos apresentados pelas comunicações espíritas é o dos Espíritos impostores, que podem induzir em erro quanto a sua identidade e que, ao abrigo de um nome respeitável, tentam passar os mais grossos absurdos. Em muitas ocasiões, esse perigo nos tem sido explicado; entretanto ele nada é para quem perscruta, ao mesmo tempo, a forma e o conteúdo da linguagem dos seres invisíveis com os quais entra em comunicação.

Não é possível repetir aqui o que temos dito a tal respeito. Leia-se atentamente o que dizemos nesta Revista, em *O Livro dos Espíritos* e em nossa *Instrução Prática*[1] e ver-se-á que nada mais fácil do que se premunir contra fraudes semelhantes, desde que entre uma pequena dose de boa vontade. Reproduzimos apenas a comparação que segue, por nós citada alhures: suponhamos que no quarto vizinho a este que ocupais estejam vários indivíduos desconhecidos e que não os possais ver, embora os escuteis perfeitamente. Não seria fácil, por sua conversa, reconhecer se se trata de ignorantes ou de sábios, de gente decente ou de malfeitores, de homens sérios ou de estouvados, de pessoas finas ou de gente rústica?

Façamos uma outra comparação, sem sairmos de nossa humanidade material. Suponhamos que se vos apresente alguém com o nome de um distinto literato. Ao ouvir o nome, recebê-lo-eis com toda a consideração devida ao seu suposto mérito; mas se ele se exprimir como um mariola, reconhecê-lo-eis imediatamente e o expulsareis como um impostor.

Dá-se o mesmo com os Espíritos: são reconhecidos pela linguagem. A dos Espíritos superiores é sempre digna e em harmonia com a sublimidade dos pensamentos: jamais uma trivialidade lhes macula a pureza. A grosseria das expressões baixas é peculiaridade dos Espíritos inferiores. Todas as qualidades e imperfeições dos Espíritos se revelam na sua linguagem; pode-se assim, e com razão, aplicar-lhes a frase de célebre escritor: "O estilo é o homem".

Essas reflexões nos são sugeridas por um artigo no *Spiritualiste de la Nouvelle-Orléans*, do mês de dezembro de 1857. É uma conversa estabelecida, através de um médium, entre dois Espíritos: um dizendo-se

---

[1] Obra esgotada, substituída pelo *O Livro dos Médiuns*. Entretanto, conforme os direitos concedidos a Cairbar Schutel, foi feita uma tradução brasileira para a Livraria d'*O Clarim*, de Matão. (N. do T.)

o Padre Ambrósio, o outro Clemente XIV. O Padre Ambrósio fora um respeitável sacerdote, morto em Louisiana, no século passado; era um homem de bem, de grande inteligência e deixou uma memória venerada.

Neste diálogo, onde o ridículo corre parelha com o ignóbil, é impossível nos enganarmos quanto à qualidade dos interlocutores e é preciso convir que aqueles Espíritos tomaram poucas precauções com o seu disfarce; pois qual seria a criatura de bom senso que, ao menos por um minuto, admitisse que o Padre Ambrósio e Clemente XIV tivessem podido descer àquelas trivialidades, que mais parecem uma exibição de saltimbancos? Não se exprimiriam de modo diferente comediantes de última classe que parodiassem essas duas personagens.

Estamos convencidos de que o círculo de Nova Orléans, onde se passou o fato, o compreendeu como nós. Duvidar disso seria uma injúria: apenas lamentamos que ao publicá-lo não o tivessem acompanhado de observação corretiva, no sentido de impedir que as criaturas superficiais o tomassem como modelo de estilo sério de além-túmulo. Apressemo-nos, entretanto, em declarar que o nosso círculo não recebe comunicações de tal ordem: elas têm caráter muito diverso, e toda a sublimidade do pensamento e da expressão dos Espíritos superiores.

Pensamos que a evocação do verdadeiro e do falso Padre Ambrósio pudesse oferecer material útil para observações relativas aos Espíritos impostores. Foi o que fizemos, como se pode ver do que segue:

1. – Peço a Deus Todo-poderoso permitir que o Espírito do verdadeiro Padre Ambrósio, morto em Louisiana no século passado, e que deixou uma memória venerável, venha comunicar-se conosco. R – Aqui estou.

2. – Teríeis a bondade de dizer se fostes realmente vós e Clemente XIV, que tivestes a palestra referida no *Spiritualist de la Nouvelle-Orléans*, cuja leitura fizemos na sessão passada? R – Lamento os homens que foram vítimas dos Espíritos, tanto quanto lamento a estes.

3. – Qual foi o Espírito que tomou o vosso nome? R – Um pelotiqueiro.

4. – E o interlocutor era realmente Clemente XIV? R – Era um Espírito semelhante ao que me tomou o nome.

5. – Como pudestes permitir coisas semelhantes em vosso nome? Por que não viestes desmascarar os impostores? R – Porque nem sempre

posso impedir que homens e Espíritos se divirtam.

6. – Compreendemo-lo quanto aos Espíritos. Mas quanto às pessoas que recolheram as palavras, são gente séria; não buscavam divertimentos. R – Uma razão a mais. Eles deviam pensar logo que tais palavras não poderiam deixar de ser a linguagem de Espíritos zombadores.

7. – Por que os Espíritos não ensinam em Nova Orléans princípios perfeitamente semelhantes aos que aqui ensinam? R – Em breve lhes servirá a doutrina que vos é ditada: haverá apenas uma.

8. – Desde que essa doutrina deve ser ali ensinada mais tarde, parece-nos que se o fosse imediatamente aceleraria o progresso e evitaria que alguns tivessem dúvidas prejudiciais. R – Os desígnios de Deus são sempre impenetráveis: Não há outras coisas que, à vista dos meios empregados para atingir o objetivo, vos parecem incompreensíveis? *É preciso que o homem se habitue a distinguir o verdadeiro do falso*, pois nem todos poderão receber a luz de um jato: ficariam ofuscados.

9. – Teríeis a bondade de nos dizer vossa opinião pessoal relativamente à reencarnação? R – Os Espíritos são criados ignorantes e imperfeitos. Uma encarnação única não bastaria para que tudo aprendessem. É necessário que reencarnem, a fim de gozarem a felicidade que Deus lhes reserva.

10. – Dá-se a reencarnação na Terra ou somente em outros globos? R – A reencarnação se dá conforme o progresso do Espírito, em mundos mais perfeitos ou menos perfeitos.

11. – Isso não esclarece se pode ocorrer na Terra. R – Sim: pode ocorrer na Terra. E se o Espírito a pede como missão, ser-lhe-á mais meritório do que se a pedisse para avançar mais rapidamente, em mundos mais perfeitos.

12. – Rogamos a Deus Todo-poderoso permita que o Espírito que tomou o nome do Padre Ambrósio venha comunicar-se conosco. R – Aqui estou; mas não me queirais confundir.

13. – És realmente o Padre Ambrósio? Em nome de Deus, conjuro-te a dizer a verdade! R – Não.

14. – Que pensas do que disseste em seu nome? R – Penso como pensavam os que me escutavam.

15. – Por que te serviste de um nome respeitável para dizer semelhantes tolices? R – Aos nossos olhos, os nomes nada valem: as obras são tudo. *Como pelo que eu dizia, podiam ver o que eu era realmente*, não liguei importância à substituição do nome.

16. – Por que não sustentas a impostura em nossa presença? R – Porque minha linguagem é uma pedra de toque, com a qual não vos podeis enganar.

Observação: Por diversas vezes nos foi dito que a impostura de certos Espíritos é uma prova para a nossa capacidade de julgar. É uma espécie de *tentação* permitida por Deus, a fim de que, como disse o Padre Ambrósio, o *homem se habitue a distinguir o verdadeiro do falso*.

17. – Que pensas de teu companheiro Clemente XIV? R – Não merece mais do que eu. Ambos necessitamos de indulgência.

18. – Em nome de Deus Todo-poderoso, eu lhe peço que venha. R – Aqui estou, desde que chegou o falso Padre Ambrósio.

19. – Por que abusaste da credulidade de pessoas respeitáveis, para dar uma falsa ideia da doutrina espírita? R – Por que nos inclinamos ao erro? Porque não somos perfeitos.

20. – Não pensastes ambos que um dia vosso embuste seria descoberto e que os verdadeiros Padre Ambrósio e Clemente XIV não se exprimiriam como vós? R – Os embustes já eram conhecidos e castigados por Aquele que nos criou.

21. – Pertenceis à mesma classe de Espíritos que chamamos batedores? R – Não; pois ainda é necessário raciocínio para fazer o que fizemos em Nova Orléans.

22. – (Ao verdadeiro Padre Ambrósio.) Esses impostores vos estão vendo aqui? R – Sim. E sofrem o meu olhar.

23. – São eles errantes ou reencarnados? R – Errantes. Não são suficientemente perfeitos para o desprendimento, caso estivessem encarnados.

24. – E vós, Padre Ambrósio, em que estado vos encontrais? R – Encarnado num mundo feliz e desconhecido para vós.

25. – Nós vos agradecemos os esclarecimentos que tivestes a bondade de nos dar. Teríeis a gentileza de voltar outras vezes, trazendo-nos boas palavras e deixando-nos um ditado que mostrasse a diferença entre

o vosso estilo e o daquele que usurpou o vosso nome? R – Estou com aqueles que buscam o bem na verdade.

UMA LIÇÃO DE CALIGRAFIA POR UM ESPÍRITO

De um modo geral não são os Espíritos professores de caligrafia, pois de ordinário a escrita pelo médium não prima pela elegância. A respeito disso um dos nossos médiuns, o Sr. D., apresentou um fenômeno excepcional – o de escrever muito melhor sob a influência dos Espíritos que no seu natural. Sua caligrafia normal é muito má. Entretanto não se envaidece dizendo ser isso uma característica dos grandes homens. Mas adquire um caráter especial, muito distinto, conforme o Espírito comunicante e é sempre a mesma para o mesmo Espírito, sempre mais nítida, mais legível e mais correta. Com alguns, tem um talhe inglês, lançado e de certa ousadia. Um dos membros da Sociedade, o Dr. V., teve a ideia de evocar distinto calígrafo, com o fito de observação, do ponto de vista da letra. Conhecia um, chamado Bertrand, falecido há cerca de dois anos, com o qual tivemos, numa outra sessão, a seguinte palestra:

1. – À fórmula de evocação, respondeu: Eis-me aqui.

2. – Onde se achava quando o evocamos? R – Já estava junto a vós.

3. – Sabe o principal objetivo que nos levou a pedir sua vinda? R – Não; mas desejo sabê-lo.

Observação: O Espírito do Sr. Bertrand ainda se acha sob a influência da matéria, como era de supor, dada a sua vida terrena. Sabe-se que tais Espíritos são menos aptos a ler o pensamento que os já mais desmaterializados.

4. – Desejaríamos que o senhor reproduzisse, através do médium, uma escrita caligráfica com um daqueles caracteres que tínheis em vida. É possível? R – Eu posso.

Observação: A partir desse momento o médium, que não se conduz conforme às regras ensinadas pelos professores de caligrafia, tomou, sem se aperceber, uma postura correta, tanto no corpo quanto na mão. Todo o resto da palestra foi escrito como um fragmento, cujo *fac-símile* reproduzimos. Como termo de comparação, damos acima a escrita normal do médium.[1]

5. – Lembra-se das circunstâncias de sua vida terrena? R – De algumas.

6. – Poderia dizer-nos em que ano faleceu? R – Faleci em 1856.
7. – Com que idade? R – Com 56 anos.
8. – Em que cidade morava? R – Saint-Germain.
9. – Qual foi o seu gênero de vida? R – Procurava satisfazer a matéria.
10. – Cuidava um pouco das coisas de além-túmulo? R – Quase nada.
11. – Lamenta não pertencer mais a este mundo? R – Lamento não haver bem empregado a minha existência.
12. – É mais feliz do que na Terra? R – Não; sofro pelo bem que deixei de fazer.
13. – Que pensa do seu futuro? R – Penso que me é necessária toda a misericórdia de Deus.
14. – Quais as suas relações no mundo em que se encontra? R – Relações lamentáveis e infelizes.
15. – Quando vem à Terra há lugares que frequenta, de preferência a outros? R – Procuro as almas que se condoem de minhas penas ou que oram por mim.
16. – Vê as coisas terrenas com a mesma clareza de outrora? R – Não me preocupo com as ver. Se o fizesse, seria mais uma causa de desgostos.
17. – Diz-se que em vida foi muito pouco tolerante. É verdade? R – Era muito violento.
18. – Que pensa do objetivo de nossas reuniões? R – Gostaria de as haver conhecido em vida. Elas me teriam tornado melhor.
19. – Vê aí outros Espíritos? R – Sim; mas me sinto muito confuso em sua presença.
20. – Rogamos a Deus que o tenha em sua santa misericórdia. Os sentimentos que acaba de externar devem permitir que ache graça

---

[1] Este *fac-símile*, junto à primeira edição da *Revue*, não existe mais (nota original).
OBS. Noutras passagens, Kardec se refere à reprodução de desenhos. Estes não são mais encontrados na revista. Teriam sido eliminados nas suas novas edições? (N. do T.)

perante ele; e não duvidamos que ajudem o seu progresso. R – Agradeço-vos. Deus vos protege. Bendito seja ele por isso. Espero que chegue a minha vez.

Observação: Os ensinamentos fornecidos pelo Espírito do Sr. Bertrand são absolutamente exatos e concordes com o gênero de vida e o caráter que lhe conheciam. Apenas ao confessar a sua inferioridade e os seus erros, a linguagem é mais séria e mais elevada do que fora dado esperar. Ainda uma vez temos a prova da mais penosa situação dos que na Terra se prendem muito à matéria. É assim que os próprios Espíritos inferiores por vezes nos dão, pelo exemplo, valiosas lições de moral.

CORRESPONDÊNCIA

Bruxelas, 15 de junho de 1858.

Meu Caro Senhor Kardec.

Recebo e leio com avidez a vossa *Revista Espírita* e recomendo aos meus amigos, não a simples leitura, mas o estudo aprofundado do vosso *O Livro dos Espíritos*. Muito lamento que minhas preocupações físicas não me deixem tempo para os estudos metafísicos, embora os tenha levado bastante longe para sentir quanto estais perto da verdade absoluta, sobretudo quando vejo a perfeita coincidência que existe entre as respostas que nos dão – a mim e a vós. Aqueles próprios que vos atribuem a redação dos vossos escritos ficam estupefatos com a profundeza e com a lógica encerradas neles. Vós vos elevastes em um salto ao nível de Sócrates e de Platão pela moral e pela Filosofia estética. Quanto a mim, que conheço o fenômeno e a vossa lealdade, não duvido da exatidão das explicações que vos são dadas e abjuro todas as ideias que a respeito publiquei quando, com o Sr. Babinet, eu pensava que só houvesse nisso fenômenos físicos ou palhaçadas indignas da atenção dos sábios.

Não desanimeis, como eu não desanimo, ante a indiferença de vossos contemporâneos. O que está escrito, está escrito, o que está semeado germinará. A ideia de que a vida é uma afinação das almas, uma prova e uma expiação, é grande, consoladora, progressiva e natural. Os que a ela aderem são felizes em todas as posições: em vez de se lamentarem dos sofrimentos físicos e morais que os abatem, devem regozijar-se ou, pelo menos, suportá-los com resignação cristã.

Para ser feliz, foge ao prazer:	Pour être hereux, fuis le plaisir:
Eis do filósofo a divisa;	Du philosophe est la divise;
O esforço para o obter	L'effort qu'on fait pour le saisir
Custa bem mais do que a camisa;	Coûte plus que la marchandise;
Mas cedo ou tarde o vamos ter,	Mais il vient à nous tôt ou tard,
Porque em surpresa se improvisa;	Sous la forme d'une surprise;
É um terno que no jogo de azar	C'est un terne au jeu du hasard
vale dez mil vezes o lance.	qui vaut dix Mille fois la mise.

Espero passar em breve por Paris, onde tenho muitos amigos a ver e muitas coisas que fazer. Entretanto, tudo deixarei para procurar vos levar um aperto de mãos.

Jobard
Diretor do Museu Real da Indústria

A adesão tão clara e tão franca de um homem do valor do Sr. Jobard é, incontrastavelmente, uma preciosa conquista que todos os partidários da doutrina espírita aplaudirão. Entretanto, em nossa opinião pouco vale aderir, mas reconhecer publicamente que se cometeu um equívoco, abjurar ideias anteriores, já publicadas, sem que haja pressão ou interesse, unicamente porque a verdade se tornou clara, eis o que se pode chamar a verdadeira coragem da opinião, principalmente quando se tem um nome popular. Agir assim é peculiar aos grandes caracteres que só eles sabem colocar-se acima dos preconceitos. Todos os homens se podem enganar, mas há grandeza em reconhecer os próprios erros, ao passo que há mesquinhez em perseverar numa opinião que se sabe falsa, unicamente para estadear aos olhos do vulgo o prestígio da infalibilidade. Tal prestígio não poderia iludir a posteridade, que arranca impiedosamente todos os ouropéis do orgulho. Só ela funda as reputações; só ela tem o direito de inscrever no seu templo: "Este era realmente grande pelo Espírito e pelo coração". Quantas vezes, também, não escreveu ela: "Este grande homem foi muito mesquinho".

Os elogios contidos na carta do Sr. Jobard nos teriam impossibilitado de a publicar, se tivessem sido dirigidos pessoalmente a nós. Como, entretanto, reconhece a obra dos Espíritos, dos quais fomos apenas intérprete muito humilde, todo o mérito a estes pertence a nossa modéstia não suporta uma comparação que provaria apenas uma coisa: que esse livro não pode ter sido ditado senão por Espíritos de uma ordem superior.

Respondendo ao Sr. Jobard, nós lhe havíamos pedido autorização para publicar sua carta; ao mesmo tempo tínhamos recebido da Sociedade Parisiense de Estudos Espíritas o encargo de lhe oferecer o título de membro honorário e correspondente. Eis a resposta que teve a bondade de nos enviar, e cuja reprodução temos o prazer de oferecer.

Bruxelas, 22 de junho de 1858.

Meu caro Colega,

Com perífrases espirituais, perguntais se ouso confessar publicamente a minha crença nos Espíritos e no perispírito, se vos autorizo a publicar minhas cartas e se aceito o título de correspondente da Academia de Espiritismo, que fundastes, o que seria, como se costuma dizer, ter a coragem de sua opinião.

Confesso que me sinto um pouco humilhado por vos ver empregando as mesmas fórmulas e as mesmas frases usadas para os tolos, pois deveis saber que toda a minha vida foi consagrada à sustentação da verdade e ao testemunho em seu favor, sempre que a encontrava, tanto em Física, quanto em Metafísica. Bem sei que o papel do adepto das ideias novas nem sempre é isento de inconvenientes, mesmo no século das luzes, e que se pode ser ridicularizado por dizer que é dia às doze horas; pois o menor risco é o de sermos considerados loucos. Como, entretanto, a Terra gira e as doze horas chegarão para todos, é muito necessário que os incrédulos cheguem à evidência. É também natural ouvirmos a existência do Espírito ser negada por aqueles que não creem, tanto quanto a existência da luz o é pelos que ainda se acham privados de seus raios.

É possível comunicarmo-nos com eles? Eis toda a questão. Vede e observai.

O tolo nega sempre o que não [compreende;	Le sot nîra toujours ce qu'il ne peut [comprendre;
Para ele a maravilha é simples [aparato;	Pour lui le merveilleux est denué [d'attrait;

Não sabe nada, nada quer e [nada aprende; – Tal é do incrédulo um fiel [retrato.	Il ne sait rien, et ne veut rien [apprendre; – Tel est de l'"incredule un fidèle [portrait

Disse de mim para mim: evidentemente o homem é duplo, por isso que a morte o desdobra. Quando uma metade fica aqui, a outra vai para algum lugar e conserva a sua individualidade. Está, pois, o Espiritismo, perfeitamente de acordo com as Escrituras, com o dogma, com a religião, a qual tanto crê nos Espíritos, que exorciza os maus e evoca os bons: o *Vade retro* e o *Veni Creator* dão uma prova disso. A evocação é, portanto, uma coisa séria e não uma obra diabólica ou uma charlatanice como pensam alguns.

Sou curioso: não nego coisa alguma, mas quero ver. Eu não disse: tragam-me o fenômeno. Corri à sua procura, em vez de o esperar em minha poltrona, segundo um hábito ilógico. A propósito do magnetismo, vai para mais de quarenta anos fiz este raciocínio simples: é impossível que homens tão apreciáveis escrevam milhares de volumes para me fazerem crer na existência de uma coisa inexistente. Então experimentei por muito tempo, mas em vão, enquanto não tinha fé em obter aquilo que buscava. Fui, entretanto, bem recompensado por minha perseverança, pois consegui produzir todos os fenômenos de que ouvia falar. Depois fiz uma pausa de quinze anos. As mesas tinham surgido e eu quis ter uma ideia clara; hoje surge o *Espiritismo* e eu ajo da mesma maneira.

Quando aparecer algo de novo, correrei com o mesmo ardor que emprego em acompanhar todas as descobertas modernas. É a curiosidade que me arrasta, e lamento que os selvagens não sejam curiosos, pois assim continuam selvagens. A curiosidade é a mãe da instrução.

Sei perfeitamente que essa febre de aprender muito me prejudicou e que se tivesse ficado nessa respeitável mediocridade que conduz às honras e à fortuna, eu lhe teria tirado uma boa fatia. Mas há muito tempo que disse, de mim para mim, que me achava de passagem neste albergue ordinário, onde não vale a pena arrumar as malas. O que me fez suportar sem dor as adversidades, as injustiças e os roubos de que fui vítima privilegiada foi a ideia de que aqui não existe uma felicidade ou uma desgraça pela qual valha a pena nos alegrarmos ou nos afligirmos. Trabalhei, trabalhei, trabalhei, o que me deu força para fustigar os meus mais encarniçados adversários e impor respeito aos outros, de modo que agora sou mais feliz e mais tranquilo que as pessoas que me escamotearam uma herança de vinte milhões. Lamento-os, porque não lhes invejo a posição no mundo dos Espíritos. Se lamento essa fortuna não é por mim: não tenho estômago para comer vinte milhões – mas pelo bem que isso me impediu de fazer. Como uma alavanca nas mãos de um homem que a soubesse manejar, que impulso poderia ter dado à Ciência e ao progresso! Aqueles que têm fortuna frequentemente ignoram os verdadeiros gozos que se poderiam permitir.

Sabeis o que falta à Ciência espírita para se propagar rapidamente? É um homem rico, que a ela consagrasse sua fortuna, por puro devotamente, sem misturar orgulho e egoísmo, que fizesse as coisas com grandeza, sem parcimônia e sem mesquinharia. Tal homem faria a Ciência avançar meio século. Por que me foram tirados os meios de o fazer?

Esse homem aparecerá. Algo me diz que sim. Honra lhe seja feita!

Vi evocar uma pessoa viva. Ela teve uma síncope até que seu Espírito voltou. Evocai-me, para ver o que vos direi. Evocai também o Dr. Mure, morto no Cairo, a 4 de junho: era um grande espírita e médico homeopata. Perguntai-lhe se ainda crê nos gnomos. Certamente está em Júpiter, pois era um grande Espírito, mesmo aqui na Terra, um verdadeiro profeta a ensinar e o meu melhor amigo. Estará ele contente com o artigo-necrológico que lhe escrevi?

Direis que esta carta está muito longa: mas não é muito fácil ter-me como correspondente. Vou ler vosso último livro, que acabo de receber. Ao primeiro relance não duvido que fazeis muito bem em destruir uma porção de preconceitos, pois soubestes mostrar o lado grave da coisa. O caso Badet é muito interessante. Dele falaremos depois.

Sempre vosso,

Jobard

Qualquer comentário seria supérfluo. Cada um apreciará o alcance e facilmente reconhecerá essa profundeza e essa sagacidade que, aliadas a pensamentos nobres, colocaram o autor em tão honrosa posição entre os seus contemporâneos. Podemos honrar-nos de ser *loucos*, à maneira por que nos consideram os adversários, quando temos tais companheiros de infortúnio.

A esta observação do Sr. Jobard: "É possível comunicar-nos com os Espíritos? Eis toda a questão. Vede e observai", podemos acrescentar: As comunicações com os seres do mundo invisível nem são uma descoberta, nem uma invenção moderna. Desde a mais alta Antiguidade foram praticadas por homens que foram nossos mestres em Filosofia e cujos nomes invocamos, diariamente, como autoridade. Por que aquilo que então se passava não pode repetir-se hoje?

* * *

A carta que segue nos foi dirigida por um dos nossos assinantes. Como encerra uma parte instrutiva, que pode interessar à maioria dos nossos leitores e é uma prova a mais da influência moral da doutrina espírita, sentimo-nos no dever de a publicar na íntegra, respondendo, para todos, às perguntas que ela encerra.

Bordéus, 24 de junho de 1858.

Senhor e caro confrade no Espiritismo,

Certamente permitireis a um dos vossos assinantes e um dos vossos leitores mais atentos vos dar esse título, porque esta admirável doutrina deve ser um laço fraternal entre todos os que a compreendem e a praticam.

Num de vossos números anteriores falastes de desenhos notáveis, feitos pelo Sr. Victorien Sardou e que representam habitações no planeta Júpiter. A descrição que nos fazeis, como sem dúvida a muitos outros, dá-nos o desejo de os conhecer. Poderíeis dizer-nos se esse senhor tem intenção de os publicar? Não duvido que constituam um sucesso, à vista da extensão que dia a dia toma a crença espírita. Seria o complemento necessário da descrição tão sedutora que dão os Espíritos desse mundo feliz.

Direi a respeito, meu caro Senhor, que há cerca de dezoito meses evocamos em nosso pequeno círculo íntimo um antigo magistrado nosso antepassado, morto em 1756, o qual foi em vida um modelo de todas as virtudes e um Espírito muito superior, embora não classificado na História. Disse-nos estar encarnado em Júpiter e deu-nos um ensinamento moral de admirável sabedoria e em tudo conforme ao que encerra o vosso precioso *O Livro dos Espíritos*. Naturalmente tivemos a curiosidade de lhe pedir algumas informações relativas ao estado do mundo que ele habita, o que fez com extrema benevolência. Agora julgai a nossa surpresa e a nossa alegria quando lemos na vossa *Revista* uma descrição absolutamente idêntica desse planeta, pelo menos nas suas linhas gerais, pois levamos as perguntas tão longe quanto vós. Tudo ali é conforme no físico e à moral, mesmo a condição dos animais. Até foram mencionadas as habitações aéreas, das quais não falais.

Como houvesse coisas que tínhamos dificuldade de compreender, nosso parente ajuntou estas palavras notáveis: "Não é de admirar que não compreendais coisas para as quais não foram feitos os vossos sentidos; mas, à medida que avançardes na Ciência, compreendê-las-eis melhor pelo pensamento e elas deixarão de vos parecer extraordinárias. Não está longe a época em que, sobre esse ponto, recebereis mais completos esclarecimentos. Estão os Espíritos encarregados de vos instruir a respeito, a fim de vos dar um objetivo e de vos excitar ao bem." Lendo vossa descrição e o anúncio dos desenhos de que falais, naturalmente pensamos que era chegado o momento.

Sem dúvida, os incrédulos glosarão esse paraíso dos Espíritos, como glosam tudo, mesmo a imortalidade e as coisas mais santas. Bem sei que nada prova materialmente a veracidade dessa descrição. Mas para todos os que acreditam na existência e nas revelações dos Espíritos, essa coincidência não conduz à reflexão? Fazemos uma ideia de países que nunca vimos pela descrição dos viajantes, quando entre eles há coincidência. Por que não se daria o mesmo em relação aos Espíritos? Haverá no estado sob o qual nos descrevem Júpiter algo que repugne à razão? Não. Tudo está conforme à ideia que nos dão de existências mais perfeitas. Direi mais: conforme as Escrituras, o que um dia terei empenho em demonstrar. A mim isso se afigura tão lógico e tão consolador, que será penoso renunciar à esperança de habitar um mundo afortunado, onde não haja maus nem invejosos, inimigos, nem egoístas ou hipócritas. Eis por que todos os meus esforços tendem a merecer ir para lá.

Quando, no nosso pequeno círculo, algum de nós parece ter pensamentos muito materiais, dizemos-lhe: "Tome cuidado; senão você não irá para Júpiter". E somos felizes em pensar que esse futuro nos está reservado, senão na próxima etapa, pelo menos numa das seguintes.

Obrigado a vós, meu caro irmão, por nos terdes aberto esta nova via da esperança.

Desde que obtivestes preciosas revelações sobre aquele mundo, deveis tê-las tido igualmente sobre os outros que compõem o nosso sistema planetário. Tendes intenção de as publicar? Isto daria um conjunto dos mais interessantes. Olhando os astros, alegrar-nos-íamos em pensar nos seres tão variados que os povoam; o espaço nos parece menos vazio. Como é que, crendo no poder e na sabedoria de Deus, pôde o homem abrigar o pensamento de que esses milhões de globos sejam corpos inertes e sem vida? Que sejamos únicos nesse minúsculo grão de areia que chamamos Terra? Direi que é impiedade. Semelhante ideia me entristece; se assim fosse, pensaria estar num deserto.

Todo vosso, do coração,

Marius M.
Funcionário aposentado

O título que nosso digno assinante nos quis conceder é muito lisonjeiro para que lhe não sejamos muito reconhecido por nos haver julgado merecedor. Com efeito, o Espiritismo é um laço fraternal, que deve conduzir à prática da verdadeira caridade cristã *todos quantos o compreendem na sua essência*, porque ele tende a fazer desaparecer os sentimentos de ódio, de inveja e de ciúme que dividem os homens. Mas essa fraternidade não será a de uma seita; para ser segundo os divinos preceitos do Cristo, deve abarcar a humanidade inteira, pois todos os homens são filhos de Deus; se alguns estão tresmalhados, ela ordena que os lamentemos; proíbe que os odiemos. "Amai-vos uns aos outros", disse Jesus; ele não disse: "Não ameis senão aos que pensam como vós"; eis porque, quando nossos adversários nos atiram uma pedra, não lhe devemos devolver maldições: estes princípios converterão aqueles que os professam em homens pacíficos, que não buscam satisfazer as suas paixões na desordem e no mal do próximo.

Os sentimentos de nosso digno correspondente são impregnados de muita elevação para que nos persuadamos de que entende a fraternidade tal qual deve ser, na sua mais larga acepção.

Somos felizes pela comunicação que nos promete a respeito de Júpiter. A coincidência que assinala não é a única, como se pôde ver do artigo sobre o assunto. Ora, seja qual for a opinião que se tenha a respeito, não é menos matéria de observação. O mundo espírita está cheio de mistérios que devem ser estudados com muito cuidado. As consequências morais que daí extrai o nosso correspondente são marcadas de um cunho de lógica que a ninguém escapará.

Com referência à publicação dos desenhos, o mesmo desejo nos é expresso por vários assinantes. Mas é tal a sua complicação, que a reprodução em gravura determinaria despesas excessivas e inabordáveis; os próprios Espíritos haviam dito que ainda não tinha chegado o momento de publicá-los, talvez por esse motivo. Felizmente a dificuldade está hoje superada. O médium desenhista, Sr. Victorien Sardou, tornou-se *médium gravador*, embora jamais tivesse pegado num buril. Agora faz os desenhos diretamente sobre o cobre, o que permitirá sua reprodução sem o concurso de qualquer artista estranho. Assim, ficou simplificada a questão financeira e poderemos dar uma prova notável em nosso próximo número, acompanhada de uma descrição técnica, que ele terá a bondade de redigir, de acordo com os documentos que lhe forneceram os Espíritos.

Esses desenhos são muito numerosos e seu conjunto mais tarde formará um verdadeiro atlas. Conhecemos um outro médium desenhista por quem os Espíritos traçam não menos curiosos desenhos relativos a um outro mundo. Quanto ao estado dos diversos globos conhecidos, sobre alguns recebo ensinamentos gerais e sobre outros apenas alguns detalhes. Mas ainda não fixamos a época conveniente para a sua publicação.

Allan Kardec

ANO I
AGOSTO DE 1858

CONTRADIÇÕES NA LINGUAGEM DOS ESPÍRITOS

As contradições encontradas tão frequentemente na linguagem dos Espíritos, mesmo sobre questões essenciais, para algumas pessoas foram até aqui uma causa de incerteza quanto ao valor real de suas comunicações, circunstância na qual não deixam os adversários de tirar partido. À primeira vista, essas contradições parecem realmente uma das principais pedras de tropeço da Ciência espírita. Vejamos se têm elas a importância que lhes emprestam.

Perguntaremos, de início, qual a Ciência que não teve, em seus primórdios, semelhantes anomalias. Qual o sábio que, nas suas investigações, não foi algumas vezes confundido por fatos que aparentemente contradiziam as regras estabelecidas? Se a Botânica, a Zoologia, a Fisiologia, a Medicina, e a nossa própria língua não nos oferecem milhares de exemplos semelhantes e se suas bases desafiam qualquer contradição? É comparando os fatos, observando as analogias e as dessemelhanças que, pouco a pouco, se chega a estabelecer as regras, as classificações, os princípios: numa palavra, a constituir a Ciência.

Ora, o Espiritismo apenas acaba de desabrochar. Assim, pois, não é de admirar que se ajuste à lei comum, até que seu estudo esteja completo. Só então reconhecer-se-á que aqui, como em tudo o mais, a exceção quase sempre vem confirmar a regra.

Aliás, os Espíritos sempre nos disseram que não nos inquietássemos com essas pequenas divergências e que em pouco tempo todos seriam levados à unidade de crença. Com efeito, essa predição se realiza diariamente, à medida que mais e mais penetramos nas causas desses fenômenos misteriosos e que os fatos são mais bem observados. Já as dissidências manifestadas na origem tendem evidentemente a uma diluição. Pode-se mesmo dizer que atualmente não passam de opiniões pessoais isoladas.

Embora o Espiritismo esteja na Natureza e tenha sido conhecido e praticado desde a mais alta Antiguidade, é um fato que em nenhuma outra época foi tão universalmente espalhado quanto em nossos dias. É que outrora faziam dele um estudo misterioso, ao qual o vulgo não era iniciado; conservou-se por uma tradição que as vicissitudes da humanidade e a falta de meios de transmissão, enfraqueceram insensivelmente.

Os fenômenos espontâneos, que não deixaram de se produzir de vez em quando, passaram despercebidos ou foram interpretados segundo os preconceitos e a ignorância da época ou, ainda, foram explorados em proveito desta ou daquela crença.

Estava reservado ao nosso século, no qual o progresso recebe um impulso incessante, trazer a plena luz uma Ciência que, por assim dizer, apenas existia em estado latente. Só há alguns anos é que os fenômenos foram observados seriamente. Na verdade o Espiritismo é uma Ciência nova, que se implanta pouco a pouco no espírito das massas, esperando ocupar uma posição oficial.

A princípio, esta Ciência pareceu muito simples. Para as criaturas superficiais não passava da arte de mover as mesas. Uma observação mais atenta, entretanto, revelou que era, por suas ramificações e por suas consequências, muito mais complexa do que se imaginava. As mesas girantes são como a maçã de Newton, que na sua queda encerra o sistema do mundo.

Aconteceu com o Espiritismo o que acontece, de início, a todas as coisas: os primeiros não puderam ver tudo; cada um viu por seu lado e apressou-se a comunicar as suas impressões sob seu ponto de vista e conforme suas ideias e preconceitos. Ora, não se sabe que, conforme o meio, um mesmo objeto a uns pode parecer frio e a outros, quente?

Tomemos ainda outro exemplo das coisas vulgares, mesmo triviais, a fim de nos fazer melhor entender.

Ultimamente diziam os jornais: "O cogumelo é um produto dos mais bizarros: delicioso ou mortal, microscópico ou de dimensões fenomenais, constantemente desorienta os botânicos. No túnel de Doncastre existe um cogumelo que há doze meses se desenvolve e, ao que parece, não chegou à fase final de seu crescimento. Mede atualmente quinze pés de diâmetro. Veio numa tora de madeira e é considerado o mais belo espécime de cogumelo jamais observado. Sua classificação é difícil, porque as opiniões estão divididas". Assim, eis a Ciência perturbada pelo aparecimento de um cogumelo que se apresenta sob um novo aspecto. Esse fato provocou em nós uma reflexão: suponhamos vários naturalistas observando, cada um por seu lado, uma variedade desse vegetal. Um dirá que o cogumelo é um criptógamo comestível, apreciado pelos gulosos; o segundo dirá que é venenoso; o terceiro, que é invisível a olho nu; o quarto, que pode alcançar até quarenta e cinco pés de circunferência, etc. À primeira vista, todas as afirmações são contraditórias e muito pouco aptas à fixação de ideias sobre a verdadeira natureza dos cogumelos. Depois virá um quinto observador que há de reconhecer a identidade dos caracteres gerais e mostrará que essas propriedades tão diversificadas não constituem mais que variedades ou subdivisões de uma só e mesma classe. Cada um tinha razão de seu ponto de vista; todos, porém, estavam errados quando concluíram do particular para o geral e quando tomavam a parte pelo todo.

Dá-se o mesmo em relação aos Espíritos. Têm sido julgados segundo a natureza das relações com eles estabelecidas, em consequência do que uns foram feitos demônios e outros, anjos. E porque houve pressa em explicar os fenômenos antes que se visse tudo, cada um o fez a seu modo e, muito naturalmente, buscou as causas naquilo em que consistia o objeto de suas preocupações. O magnetista tudo referiu à ação magnética; o físico, à ação elétrica, e assim por diante. A divergência de opiniões em matéria de Espiritismo vem, pois, dos diferentes aspectos sob o quais é considerado.

De que lado está a verdade?

É o que cabe ao futuro demonstrar. Mas a tendência geral não poderia oscilar. Evidentemente, um princípio domina e reúne pouco a pouco os sistemas prematuros; uma observação menos exclusiva os unirá todos a uma origem comum e em breve veremos que em definitivo a divergência será mais acessória que fundamental.

Compreende-se muito bem que os homens erijam teorias contrárias em relação às coisas; mas o que pode parecer mais original é que os próprios Espíritos se contradigam. Foi isso que, de início, lançou uma espécie de confusão nas ideias.

As várias teorias espíritas têm, pois, duas fontes: umas nasceram do cérebro humano; outras foram dadas pelos Espíritos. As primeiras emanam de homens que, confiando demasiado nas próprias luzes, creem possuir a chave daquilo que buscam, quando o mais das vezes apenas encontraram uma gazua. Isso nada tem de surpreendente: mas que, entre os Espíritos, uns dissessem uma coisa e outros dissessem outra, era menos concebível; mas agora isto é perfeitamente explicável.

A princípio, fez-se uma ideia absolutamente falsa da natureza dos Espíritos. Foram imaginados como seres à parte, de natureza excepcional, nada possuindo em comum com a matéria e devendo saber tudo. Eram, conforme opinião pessoal, seres benfeitores ou malfeitores, uns com todas as virtudes, outros com todos os vícios e todos, em geral, com um saber infinito, superior ao da humanidade. À notícia das recentes manifestações, o primeiro pensamento que em geral assaltou a maior parte das criaturas foi de que isso era um meio de penetrar todas as coisas ocultas, um novo modo de adivinhação menos sujeito à dúvida que os processos vulgares. Quem poderia dizer o número dos que sonharam fortuna fácil pela revelação de tesouros ocultos, pelas descobertas industriais ou científicas que não custariam aos inventores mais que o trabalho de fazer uma descrição ditada pelos sábios do outro mundo! Só Deus sabe quantos fracassos e desilusões. Quantas pretensas receitas, cada qual mais ridícula, não foram dadas pelos chalaceadores do mundo invisível! Conhecemos alguém que pediu uma receita infalível para pintar os cabelos. Foi-lhe dada uma fórmula de composição cerosa, que reduziu a cabeleira a uma espécie de massa compacta, da qual o paciente teve um trabalho imenso para se livrar.

Todas essas esperanças quiméricas tiveram de se desvanecer à medida que ficou mais bem conhecida a natureza desse mundo e o verdadeiro objetivo das visitas que nos fazem os seus habitantes. Mas, então, para muita gente, onde estava o valor desses Espíritos que nem tinham o poder de proporcionar alguns milhões aos que nada faziam? Não poderiam ser Espíritos! A febre passageira foi substituída pela indiferença e nalguns pela incredulidade. Mas quantos prosélitos teriam feito os Espíritos, se tivessem podido fazer o bem enquanto os outros dormiam!

Teriam até adorado o diabo, se ele lhes tivesse sacudido a sua bolsa de moedas.

Ao lado dos sonhadores havia gente séria, que nesses fenômenos via algo mais que vulgaridade. Observaram atentamente, sondaram os refolhos desse mundo misterioso e facilmente reconheceram nesses fatos estranhos, senão novos, um fim providencial de ordem mais elevada.

Tudo mudou de aspecto quando se ficou sabendo que os Espíritos são apenas as criaturas que viveram na Terra, e cujo número iremos aumentar, depois de nossa morte; que eles aqui deixaram o invólucro grosseiro, como o bicho-da-seda deixa a sua crisálida para tornar-se borboleta. Não pudemos duvidar quando vimos que os nossos pais, amigos e contemporâneos vinham conversar conosco, dando irrecusáveis provas de sua presença e de sua identidade. Considerando as inúmeras variedades que a humanidade apresenta, sob o duplo ponto de vista intelectual e moral, e a multidão que diariamente emigra da Terra para o mundo invisível, repugna à razão admitir que um estúpido samoieda, um feroz canibal ou um vil criminoso, com a morte, sofram uma transformação que os ponha no mesmo pé de igualdade com o sábio e o homem de bem. Assim, compreendeu-se que podia e devia haver Espíritos mais adiantados e mais atrasados e, desde então, ficaram muito naturalmente explicadas essas comunicações tão diversificadas, das quais umas tocam o sublime, enquanto outras se arrastam na imundície. E foi ainda mais bem compreendido quando se soube que o nosso pequeno grão de areia, perdido no espaço, não é o único habitado entre tantos milhões de globos semelhantes; que ele ocupa no universo uma posição intermediária nas vizinhanças dos mais baixos na escala; que, em consequência, há seres mais adiantados que os mais adiantados entre nós e outros ainda mais atrasados que os nossos selvagens.

Desde então o horizonte intelectual e moral ampliou-se, como o nosso horizonte terreno quando foram descobertas a quarta e a quinta partes do mundo; o poder e a majestade de Deus ao mesmo tempo cresceram aos nossos olhos, do finito ao infinito. Assim, logo ficaram explicadas as contradições da linguagem dos Espíritos, porque se compreendeu que seres inferiores sob todos os pontos de vista não podiam pensar nem se exprimir como os superiores; consequentemente, não podiam saber tudo, nem tudo compreender e que Deus deveria reservar apenas aos eleitos o conhecimento dos mistérios inatingíveis pela ignorância.

A escala espírita, traçada pelos próprios Espíritos e conforme à observação dos fatos, dá-nos a chave de todas as anomalias aparentes da linguagem dos Espíritos. É preciso chegar, pela força do hábito, a conhecê-los, por assim dizer, à primeira vista, e poder assinar-lhes a sua classe conforme a natureza de suas manifestações. É preciso, conforme a necessidade, dizer a um que é mentiroso, a outro que é hipócrita, a este que é malévolo, àquele que é chocarreiro, etc., sem se deixar impressionar por sua arrogância e fanfarronadas, nem por suas ameaças ou seus sofismas e nem mesmo por suas lisonjas. É o meio de afastar essa turba que incessantemente pulula em redor de nós e que se afasta quando sabemos atrair apenas os Espíritos verdadeiramente bons e sérios, da mesma maneira que procedemos em relação aos vivos.

Serão esses seres ínfimos eternamente votados ao mal e à ignorância? Não; pois nem essa parcialidade seria conforme à justiça, nem conforme à bondade do Criador, que provê a existência e o bem-estar do menor inseto. É por uma sucessão de existências que eles se elevam e dele se aproximam à medida que melhoram. Esses Espíritos inferiores só conhecem Deus pelo nome; nem O veem nem O compreendem, do mesmo modo que o último camponês, no fundo de suas urzes, não vê nem compreende o soberano que governa o país que habita.

Se estudarmos cuidadosamente o caráter próprio de cada classe de Espíritos, compreenderemos facilmente que alguns há incapazes de fornecer ensinamentos exatos sobre o estado de seu mundo. Se, além disso, considerarmos que outros há que, por sua natureza, são levianos, mentirosos, zombeteiros, malévolos e que outros ainda se acham imbuídos das ideias e dos preconceitos terrenos, compreenderemos que, em suas relações conosco, podem divertir-se à nossa custa, conscientemente induzir-nos ao erro por malícia, afirmar aquilo que não sabem, dar-nos conselhos pérfidos ou mesmo enganar-se de boa-fé, julgando as coisas de seu ponto de vista.

Façamos uma comparação.

Suponhamos que uma colônia de habitantes da Terra um belo dia encontre meios de ir à Lua; suponhamos que essa colônia seja composta de diversos elementos da população do nosso globo, desde o mais civilizado europeu até o selvagem australiano. Os habitantes da Lua ficarão muito sensibilizados e mesmo deslumbrados se puderem obter de seus visitantes ensinamentos precisos sobre o nosso planeta, que alguns supunham habitado, mas que não tinham certeza, de vez que entre eles há criaturas que se julgam os únicos seres do universo. Caem sobre os recém-vindos, interrogam-nos e os sábios se aprestam para publicar a história física e moral da Terra. Como não seria uma história autêntica, uma vez que dispõem de testemunhas oculares? Um deles recolhe em casa um zelandês, o qual informa que aqui na Terra é um regalo comer homens; que Deus o permite, pois as vítimas são sacrificadas em sua honra. Em casa de um outro está um filósofo e moralista, que fala de Platão e de Aristóteles e lhe diz que a antropofagia é uma abominação, condenada por todas as leis divinas e humanas. Aqui é um muçulmano, que não come os homens, mas diz que a salvação é conseguida matando o maior número possível de cristãos; ali é um cristão dizendo que Maomé foi um impostor; além é um chinês que considera todos os demais como bárbaros e afirma que Deus permite que os filhos sejam lançados ao rio, desde que se os tenham muitos; um boêmio pinta o quadro da vida dissoluta das capitais; um anacoreta prega a abstinência e as mortificações; um faquir indiano estraçalha o corpo e, para abrir as portas do céu, durante anos se impõe sofrimentos tais que, comparativamente, as privações dos mais piedosos cenobitas constituem sensualidade. Vem a seguir um bacharel, o qual afirma que é a Terra que gira e não o Sol; um campônio diz que o bacharel é um mentiroso, pois ele vê muito bem o Sol levantar-se e deitar-se; um senegalês diz que faz calor; um esquimó, que o mar é uma planície gelada e que só se viaja de trenó. A política não fica esquecida: uns elogiam o regime absolutista, outros a liberdade; este diz que a escravidão é contrária à Natureza e que, como filhos de Deus, todos os homens são irmãos; aquele, que as raças foram feitas para a escravidão e que são muito mais felizes do que no estado de liberdade, etc.

Creio que os escritores selenitas sentir-se-iam muito embaraçados para escrever a história física, política, moral e religiosa do mundo terrestre, baseados em semelhantes documentos.

"Quem sabe" pensarão eles, "se encontraremos maior unidade entre os sábios? Interroguemos o grupo de doutores."

Um deles, médico da Faculdade de Paris, centro de luzes, diz que todas as moléstias têm por princípio um sangue viciado e que, por isso, é preciso renovar o sangue, sangrando, seja qual for o caso.

– "Errais, meu caro confrade", replica um segundo, "o homem nunca tem sangue demais; se lho tirais, tirais-lhe a vida; concordo que o sangue possa estar viciado; mas o que é que se faz quando um vaso está sujo? ninguém o quebra, procura-se lavá-lo; então, daí purgantes, purgantes, purgantes até limpar."

Um terceiro toma a palavra e diz:

— "Senhores, com as vossas sangrias matais os doentes e com os vossos purgantes os envenenais; a Natureza é mais sábia que nós todos; deixemo-la atuar; esperemos".

— "É isto", replicam os dois primeiros, "se matamos os nossos doentes, vós os deixais morrer."

Os ânimos se alteram, quando um quarto, tomando de lado um selenita, o arrasta para a esquerda e diz:

— "Não os ouças: são todos uns ignorantes. Eu nem sei por que eles pertencem à Academia! Acompanha o meu raciocínio: todo doente é fraco; há, portanto, um enfraquecimento dos órgãos. Isso é lógica pura, ou eu não me conheço mais. Há, pois, que lhes dar tônus. Mas para isto só há um remédio: água fria! Daí não me afasto".

— Curais todos os vossos doentes?

— Todos, desde que a doença não seja mortal.

— Com um processo assim infalível, sois da Academia?

— Apresentei minha candidatura três vezes. Mas o senhor acredita que sempre fui barrado por esses pretensos sábios, porque eles sabiam que eu os pulverizaria com a minha água fria?

— "Senhor Selenita", diz um outro interlocutor, puxando-o para a direita, "nós vivemos numa atmosfera de eletricidade; a eletricidade é o verdadeiro princípio da vida. Temos de aumentá-la, quando se tem pouco ou reduzi-la, quando se a tem em excesso. Neutralizar os fluidos contrários uns pelos outros, eis o segredo. Faço maravilhas com os meus aparelhos. Leia meus anúncios e veja só!"[1]

Não chegaríamos ao fim se quiséssemos resumir todas as teorias contrárias que foram preconizadas, cada uma por sua vez, sobre todos os

---

[1] O leitor compreenderá que nossa crítica apenas visa ao exagero em todas as coisas. Em tudo existe um lado bom; o erro está no exclusivismo, que o sábio judicioso saberá sempre evitar. Não temos intenção de confundir os verdadeiramente sábios, dos quais a humanidade se honra a justo título, com aqueles que exploram as suas idéias sem discernimento. É desses que queremos falar. Nosso fim é unicamente demonstrar que a ciência oficial não está isenta de contradições.

ramos do conhecimento humano, sem excetuar nem mesmo as ciências exatas. Foi, porém, sobretudo nas ciências metafísicas que o campo esteve aberto às mais contraditórias doutrinas.

Entretanto, um homem de espírito e de capacidade de discernimento (por que não os haveria na Lua?) compara todas essas afirmações incoerentes e tira uma conclusão muito lógica: sobre a Terra há regiões quentes e regiões frias; em certos lugares os homens se entredevoram; noutros se matam porque não pensam do mesmo modo, tudo para a maior glória da sua divindade; enfim, cada um fala conforme os seus conhecimentos e elogia as coisas do ponto de vista de suas paixões e de seus interesses.

Em resumo, que acreditará ele de preferência?

Pela linguagem e sem dificuldade, distinguirá o verdadeiro sábio do ignorante, o homem sério do leviano, o que raciocina e o que sofisma; não confundirá bons e maus sentimentos, elevação e baixeza, o bem e o mal e dirá: "Devo ouvir tudo, tudo entender, porque, ainda na conversa do mais ignorante, posso algo aprender; mas a minha estima e a minha confiança só serão conquistadas por aquele que delas se mostrar digno". Se essa colônia terrena quiser implantar os seus usos e costumes em sua nova pátria, os sábios repelirão os conselhos que lhes parecerem perniciosos e seguirão aqueles que se afigurarem mais esclarecidos e nos quais não perceberem falsidade, nem mentira, mas, ao contrário, neles reconhecerem o sincero amor do bem.

Procederíamos de outro modo se uma colônia de selenitas viesse cair na Terra? Então! Aquilo que aqui é apresentado como uma suposição torna-se realidade em relação aos Espíritos que, se não nos aparecem em carne e osso, nem por isso são menos presentes, de maneira oculta, e nos transmitem seus pensamentos por intermédio de seus intérpretes, isto é, dos médiuns.

Quando tivermos aprendido a conhecê-los, julgá-los-emos por sua linguagem, por seus princípios, e suas contradições nada mais terão que nos deva surpreender, porque vemos uns saberem aquilo que outros ignoram; que uns estão colocados muito embaixo ou ainda são muito materiais para que possam compreender e apreciar as coisas de uma ordem mais elevada. Tal é o homem que, no sopé da montanha vê apenas a alguns passos em seu redor, enquanto o que está no seu cume descobre um horizonte ilimitado.

A primeira fonte de contradições é, pois, o grau de desenvolvimento intelectual e moral dos Espíritos. Duas outras existem, sobre as quais é inútil chamar a atenção.

Dirão que se deve passar sobre a questão dos Espíritos inferiores, desde que assim o é: compreende-se que se possam enganar por ignorância. Mas, então, como é que Espíritos superiores estão em dissidência? Como é que num lugar empregam uma linguagem e noutro, outra? Enfim, como o mesmo Espírito nem sempre seja coerente consigo mesmo?

A resposta a esta pergunta repousa sobre o conhecimento completo da Ciência espírita e esta Ciência não pode ser ensinada em poucas palavras: é vasta como todas as ciências filosóficas. Como todos os outros ramos do conhecimento humano, só se pode adquiri-la pelo estudo e pela observação. Não poderemos repetir aqui tudo quanto temos publicado a respeito; a essa leitura remetemos o leitor, limitando-nos a um simples resumo. Todas essas dificuldades desaparecem para aqueles que, no particular, lançam um olhar investigador e sem prevenções.

Provam os fatos que os Espíritos enganadores não têm escrúpulos em adotar nomes respeitáveis, a fim de melhor impor as suas torpezas, o que também é feito entre nós. Pelo fato de um Espírito apresentar-se com um nome qualquer não se segue que seja realmente aquele que pretende ser. Há, porém, na linguagem dos Espíritos sérios um cunho de dignidade que não poderia passar despercebido: só respira bondade e benevolência e jamais se desmente. Ao contrário, a dos Espíritos impostores, a despeito do verniz que apresenta, não deixa de ferir o ouvido, como se costuma dizer. Nada há, pois, que admirar se, sob a capa de certos nomes, Espíritos inferiores ensinem coisas disparatadas. Cabe ao observador procurar conhecer a verdade, o que não é difícil, desde que queira compenetrar-se daquilo que a respeito dissemos em nossa *Instrução Prática* (*O Livro dos Médiuns*).

Em geral esses mesmos Espíritos lisonjeiam o gosto e as inclinações das pessoas cujo caráter sabem bastante fraco e que são bastante crédulas para lhes dar atenção; tornam-se eco de seus preconceitos e até de suas ideias supersticiosas, e isto por uma razão muito simples: é que os Espíritos são atraídos por suas simpatias pelo Espírito das pessoas que os chamam e que os ouvem com prazer.

Quanto aos Espíritos sérios, também podem ter uma linguagem

diferente, conforme as pessoas, mas com um outro objetivo. Quando o julgarem conveniente e para melhor convencer, evitam chocar muito bruscamente as ideias arraigadas e exprimem-se de acordo com a época, o lugar e as pessoas. "Eis por que", dizem eles, "não falamos a um chinês ou a um maometano como a um cristão ou a um homem civilizado: não seríamos ouvidos. Algumas vezes, pois, podemos parecer concordar com a maneira de ver das pessoas, a fim de pouco a pouco conduzi-las ao ponto que desejamos, quando possível, sem alterar as verdades essenciais." Não é evidente que se um Espírito quiser levar um muçulmano fanático a praticar a sublime máxima do Evangelho: – "Não façais aos outros aquilo que não queríeis que vos fosse feito" –, seria repelido se dissesse que esta tinha sido ensinada por Jesus? Ora, que é o que mais vale: deixar o muçulmano no seu fanatismo ou torná-lo bom, deixando-o momentaneamente pensar que fora Allah quem havia falado? Eis um problema cuja solução deixamos ao leitor. Quanto a nós, parece que, tornando-o mais doce e mais humano, ele será menos fanático e mais acessível à ideia de uma nova crença do que se a quiséssemos impor pela força. Há verdades que, para serem aceitas, não podem ser lançadas em rosto sem preparação.

Quantos males teriam os homens evitado se assim tivessem agido sempre!

Como se vê, os Espíritos também tomam precauções oratórias. Nesse caso, entretanto, a divergência está no acessório e não no principal. Levar os homens ao bem, destruir o egoísmo, o orgulho, o ódio, a inveja, o ciúme, ensinar-lhes a praticar a verdadeira caridade cristã, é para eles o essencial; o resto virá em tempo útil; e tanto pregam pelo exemplo quanto pela palavra, desde que sejam Espíritos verdadeiramente bons e superiores; tudo neles respira doçura e benevolência. A irritação, a violência, o azedume e a dureza de linguagem, ainda mesmo para dizer boas coisas, jamais são um sinal de verdadeira superioridade. Os Espíritos realmente bons jamais se zangam ou se exaltam: se não são ouvidos, vão-se embora e eis tudo.

Existem ainda duas causas de contradição aparente, que não devemos passar em branco. Como já o dissemos em muitas ocasiões, os Espíritos inferiores dizem tudo aquilo que queremos, sem preocupação com a verdade. Os Espíritos superiores calam-se ou se recusam a responder, quando lhes fazemos uma pergunta indiscreta ou sobre a qual não têm permissão de explicar-se. "Neste caso", disseram-nos, "não insistais nunca, porque então os Espíritos levianos serão os que respondem, para vos enganar; pensais que somos nós e chegais a admitir que caímos em contradição. Os Espíritos sérios não se contradizem nunca: sua linguagem é sempre a mesma com as mesmas pessoas. Se algum disser coisas contrárias tomando o mesmo nome, ficai certos de que não é o mesmo Espírito que fala ou, pelo menos, que não é um bom Espírito. Reconhecereis o bom pelos princípios que ele ensina, pois todo Espírito que não ensina o bem não é um bom Espírito. E vós deveis repeli-lo."

Querendo dizer a mesma coisa em dois lugares diferentes, o mesmo Espírito não se servirá literalmente das mesmas palavras. Para ele, o pensamento é tudo. Infelizmente, o homem é mais levado a prender-se à forma do que ao fundo. É essa forma que, frequentemente, interpreta à vontade, conforme suas ideias e suas paixões, e dessa interpretação podem nascer contradições aparentes que, também elas, se originam na insuficiência da linguagem humana para exprimir as coisas extra-humanas. Estudemos o fundo, perscrutemos o pensamento íntimo e veremos muitas vezes que há analogia onde o exame superficial nos apresenta um disparate.

As causas das contradições da linguagem dos Espíritos podem, pois, ser assim resumidas:

1º. – O grau de ignorância ou de saber dos Espíritos aos quais nos dirigimos;

2º. – O embuste dos Espíritos inferiores que podem, por malícia, ignorância ou malevolência e tomando um nome de empréstimo, dizer coisas contrárias às que alhures foram ditas pelo Espírito cujo nome usurparam;

3º. – As falhas pessoais do médium, que podem influir sobre as comunicações, alterar ou deformar o pensamento do Espírito;

4º. – A insistência por obter uma resposta que um Espírito recusa dar, e que é dada por um Espírito inferior;

5º. – A própria vontade do Espírito, que fala conforme o momento, o lugar e as pessoas e pode julgar conveniente nem tudo dizer a toda gente;

6º. – A insuficiência da linguagem humana para exprimir as coisas do mundo incorpóreo;

7º. – A interpretação que cada um pode dar a uma palavra ou a uma explicação, de acordo com as suas ideias, os seus preconceitos ou o ponto de vista sob o qual encara o assunto.

São outras tantas dificuldades, das quais não se triunfa a não ser por um estudo longo e assíduo. Também nunca dissemos que a Ciência espírita fosse fácil. O observador sério, que tudo aprofunda maduramente, com paciência e perseverança, apreende uma porção de nuanças delicadas, que escapam ao observador superficial. É por tais detalhes íntimos que ele se inicia nos segredos desta Ciência. A experiência ensina a conhecer os Espíritos, como nos ensina a conhecer os homens.

Acabamos de considerar as contradições do ponto de vista geral. Em outros artigos trataremos dos pontos especiais mais importantes.

A CARIDADE
PELO ESPÍRITO DE S. VICENTE DE PAULO

(SOCIEDADE DE ESTUDOS ESPÍRITAS,
SESSÃO DE 8 DE JUNHO DE 1858)

Sede bons e caridosos – eis a chave do céu, posta em vossas mãos; toda a felicidade eterna está contida nesta máxima: "Amai-vos uns aos outros". Não pode a alma elevar-se às regiões espirituais senão pela dedicação ao próximo; ela não encontra felicidade e consolação senão nos arroubos da caridade. Sede bons, ajudai aos vossos irmãos, ponde de lado essa horrível chaga do egoísmo. Esse dever cumprido vos deve abrir as vias da felicidade eterna. Aliás, entre vós quem não sentirá o coração pulsar e a alegria íntima expandir-se pela prática de uma obra de caridade? Não deveríeis pensar senão nesta espécie de volúpia proporcionada por uma boa ação, com o que ficaríeis sempre no caminho do progresso espiritual. Não vos faltam exemplos: só a boa vontade é que rareia.

Vede a multidão de homens de bem, cuja lembrança piedosa a vossa história relembra. Eu vo-los citaria aos milhares, aqueles cuja moral só tinha um fito – melhorar o vosso globo. Não vos disse o Cristo tudo quanto concerne às virtudes de caridade e do amor? Por que são postos de lado aos seus divinos ensinamentos? Por que tapam os ouvidos às suas divinas palavras e cerram o coração a todas as suas máximas suaves?

Gostaria que a leitura do Evangelho fosse feita com mais interesse pessoal. Mas abandonam esse livro, transformam-no em expressão vazia e letra morta; deixam ao esquecimento esse código admirável. Vossos males provêm do abandono voluntário em que deixais esse resumo das leis divinas. Lede, pois, essas páginas de fogo do devotamento de Jesus e meditai-as. Eu mesmo me sinto envergonhado de ousar prometer-vos um trabalho sobre a caridade, quando penso que nesse livro encontrais todos os ensinamentos que vos devem levar às regiões ce-lestes.

Homens, fortes, abraçai-vos; homens fracos, forjai as vossas armas, de vossa doçura e da vossa fé; tende mais persuasão, mais constância na propagação de vossa nova doutrina. Nós só vimos trazer-vos um encorajamento; é apenas para vos estimular o zelo e as virtudes que Deus permite nos manifestemos a vós. Mas se quisésseis, não neces-sitaríeis senão do auxílio de Deus e de vossa própria vontade. As manifestações espíritas não foram feitas para os olhos fechados e para os corações indóceis. Há entre nós homens que devem realizar missões de amor e de caridade: escutai-os, exaltai a sua voz; fazei resplandecer os seus méritos e vós próprios sereis exaltados pelo desinteresse e pela fé viva de que vos penetrardes.

Muito extensos seriam os avisos que vos deveriam ser dados sobre a necessidade de alargamento do vosso círculo de caridade e de neles incluir todos os infelizes cujas misérias são ignoradas, todas as dores que devem ser buscadas em seus próprios redutos, para consolar em nome desta virtude divina: a caridade. Vejo com satisfação que homens eminentes e poderosos ajudam esse progresso, que deve unir todas as classes humanas – os felizes e os desgraçados. Coisa estranha! Todos os infelizes se dão as mãos, se ajudam reciprocamente na sua miséria. Por que são os felizes mais difíceis de ouvir a voz do infeliz? Por que há de ser uma poderosa mão terrena que tenha de dar impulso às missões de caridade? Por que não respondem com mais ardor a esses apelos? Por que deixam que a miséria, assim como o prazer, manchem o quadro da humanidade?

A caridade é a virtude fundamental, que deve sustentar todo o edifício das virtudes terrenas. Sem ela não existem as outras. Sem caridade não há fé nem esperança, porque sem a caridade não há esperança de uma sorte melhor, nem interesse moral que nos guie. Sem caridade não há fé, porque esta é um puro raio, que faz brilhar uma alma caridosa; a caridade é a sua consequência decisiva.

Quando deixardes que o vosso coração se abra à súplica do primeiro infeliz que vos estender a mão; quando lhes derdes sem indagar se sua miséria é fingida ou se seu mal tem um vício como causa; quando deixardes toda a justiça nas mãos divinas; quando deixardes ao Criador o castigo de todas as falsas misérias; enfim, quando praticardes a caridade pelo só prazer que ela proporciona, sem visardes a sua utilidade, então sereis os filhos amados de Deus e ele vos chamará a si.

A caridade é a âncora eterna de salvação em todos os globos: é a mais pura emanação do próprio Criador; é a sua própria virtude, dada às criaturas. Como poderíeis desconhecer essa suprema bondade? Com tal pensamento, qual seria o coração bastante perverso para recalcar e repelir esse sentimento divino? Qual seria o filho suficientemente mau para se rebelar contra a doce carícia da caridade?

Não ouso falar daquilo que fiz, porque os Espíritos também tem o pudor de suas obras. Mas penso que a obra que iniciei é uma daquelas que devem contribuir muito para aliviar os vossos semelhantes. Com frequência vejo Espíritos que pedem a missão de continuar a minha obra; vejo essas minhas suaves e queridas irmãs em seu piedoso e divino ministério; vejo-as a praticar a virtude que vos recomendo, com toda a alegria proporcionada por esta existência de devotamento e de sacrifícios. É para mim grande felicidade ver quanto seu caráter é honrado, quanto sua missão é apreciada e docemente protegida. Homens de bem, de boa e forte vontade, uni-vos para continuar, ampliando a obra de propagação da caridade. Encontrareis a recompensa nessa virtude, pelo seu próprio exercício. Não há alegria espiritual que ela não proporcione, já na presente existência. Sede unidos; amai-vos uns aos outros, conforme os preceitos do Cristo. Assim seja.

* * *

Agradecemos a S. Vicente de Paulo a bela e boa comunicação que teve a bondade de nos dar.

– Gostaria que fosse proveitosa a todos.

1. – A caridade pode ser compreendida de duas maneiras: a esmola propriamente dita e o amor dos semelhantes. Quando nos dissestes que

era necessário abrir o coração ao pedido do infeliz que nos estende a mão, sem lhe perguntar se sua miséria é fingida, não quisestes falar da caridade do ponto de vista da esmola? R – Sim; apenas nesse parágrafo.

2. – Dissestes que deveríamos deixar à justiça de Deus a apreciação de falsa miséria. Entretanto, afigura-se-nos que dar sem discernimento àqueles que não necessitam ou que poderiam ganhar a vida por um trabalho honesto é encorajar o vício e a preguiça. Se os preguiçosos achassem facilmente aberta a bolsa alheia, multiplicar-se-iam ao infinito, em prejuízo dos verdadeiramente necessitados. R – Podeis descernir os que podem trabalhar e então a caridade vos obriga a tudo fazer para lhes proporcionar trabalho. Entretanto, também há pobres mentirosos, que sabem muito bem simular misérias que não padecem. Estes é que devem ser deixados à justiça de Deus.

3. – Aquele que apenas pode dar um centavo e que deve escolher entre dois infelizes que lhe pedem não tem o direito de inquirir daquele que é realmente necessitado, ou deve dar sem exame ao que chega primeiro? R – Deve dar àquele que parece sofrer mais.

4. – Não se deve considerar como pertencendo à caridade a maneira por que é feita? R – É sobretudo na maneira de fazê-la que está o mérito da caridade: a bondade é sempre indício de uma alma bela.

5. – Que tipo de mérito reconheceis naqueles geralmente chamados benfeitores rabugentos? R – Fazem o bem apenas pela metade. Seus benefícios são recebidos, mas não comovem.

6. – Disse Jesus: "Que a vossa mão direita não saiba o que faz a esquerda". Têm algum mérito aqueles que dão por ostentação? R – Têm apenas o mérito do orgulho, pelo qual serão punidos.

7. – A caridade cristã, na sua mais larga acepção, não compreende também a doçura, a benevolência e a indulgência para com as fraquezas alheias? R – Imitai a Jesus. Ele vos disse tudo isto. Escutai-o mais que nunca.

8. – É bem entendida a caridade quando exclusiva entre as criaturas da mesma opinião ou do mesmo partido? R – Não. É sobretudo o espírito de seita e de partido que deve ser abolido, desde que todos os homens são irmãos. É sobre isso que concentramos nossos esforços.

9. – Admitamos que uma pessoa vê dois homens em perigo, mas não pode salvar senão um. Um é seu amigo e o outro, inimigo. A quem

deve salvar? R – Deve salvar o amigo, pois este poderia acusá-lo de não lhe ter amizade. Quanto ao outro, Deus há de tomar conta.

O ESPÍRITO BATEDOR DE DIBBELSDORF

BAIXA SAXÔNIA

TRADUZIDO DO ALEMÃO, DO DR. KERNER, PELO SR. ALFRED PIREAUX[1]

A história do Espírito batedor de Dibbelsdorf, ao lado da sua parte cômica, encerra uma parte instrutiva, segundo ressalta de velhos documentos, publicados em 1811 pelo pregador Capelle.

A 2 de dezembro de 1761, às seis horas da tarde, uma espécie de martelar, que parecia vir do chão, foi ouvido no quarto ocupado por Antônio Kettelhut. Atribuindo o fato ao seu criado, que queria divertir-se à custa da empregada, então no quarto das fiandeiras, saiu para atirar um balde d'água na cabeça do gaiato; mas não encontrou ninguém lá fora. Uma hora depois recomeçou o mesmo ruído e ele pensou que a causa fosse um rato. Então no dia seguinte examinou as paredes, o forro, o soalho e não encontrou o menor vestígio de ratos.

À noite, o mesmo ruído. Foi então a casa considerada perigosa para morada, e as criadas não queriam mais ficar no quarto durante o serão. Pouco depois cessou o ruído, para reaparecer a cem passos de distância, na casa de Luís Kettelhut, irmão de Antônio, e com inusitado vigor. Era ao canto do quarto que se manifestava a *coisa batedora*.

Por fim, a coisa tornou-se suspeita aos aldeões e o burgo-mestre comunicou o fato à Justiça que, de início, não quis ocupar-se de um assunto que considerava ridículo. Entretanto, sob a instante pressão dos habitantes, a 6 de janeiro de 1762, ela se transportou a Dibbelsdorf, para examinar o fato com atenção. Esquadrinhadas as paredes e os tetos, mas em pura perda, a família Kettelhut jurou que nada tinha com aquela coisa estranha.

Até então ninguém se havia entretido com o batedor. Um dia um indivíduo de Naggam armou-se de coragem e perguntou:

---

[1] O Sr. Alfred Pireaux foi o tradutor do 2º e 3º artigos sobre o caso do Espírito batedor de Bergzabern – *Revista Espírita*, ns. 6 e 7. (N. do T.)

– Espírito batedor, você ainda está aí?

Ouviu-se uma pancada.

– Pode dizer qual é o meu nome?

Foram ditos vários nomes; mas o Espírito deu uma pancada ao ser pronunciado o do interlocutor.

– Quantos botões há em minha roupa?

Foram dadas 36 batidas. Contados os botões, verificou-se que eram mesmo 36.

A partir desse instante a história do Espírito batedor espalhou-se pelas imediações e todas as tardes centenas de moradores de Brunswick iam a Dibbelsdorf, assim como ingleses e uma porção de curiosos estrangeiros. A multidão cresceu tanto, que a polícia local foi insuficiente para a conter; os camponeses tiveram de reforçar a guarda durante a noite e foram obrigados a estabelecer filas para a entrada dos visitantes.

A concorrência pareceu excitar o Espírito a manifestações mais extraordinárias, passando a formas de comunicações que atestavam sua inteligência. Jamais se atrapalhou nas respostas. Queriam saber o número e a cor dos cavalos que estacionavam em frente à casa? Ele o indicava muito exatamente. Abria-se um livro de canto, punha-se o dedo ao acaso sobre uma página e pedia-se o número do trecho, às vezes desconhecido pelo interlocutor, e logo uma série de batidas indicava perfeitamente aquele número. O Espírito não se fazia esperar na resposta, que seguia imediatamente a pergunta. Também dizia quantas pessoas havia no quarto, quantas do lado de fora, designava a cor dos cabelos, da roupa, a posição e a profissão dos indivíduos.

Entre os curiosos achava-se um dia um homem de Hettin, desconhecido em Dibbelsdorf e havia pouco residente em Brunswick. Esse perguntou ao Espírito o lugar de seu nascimento e, a fim de o induzir em erro, citou um grande número de cidades; quando chegou ao nome de Hettin ouviu-se uma pancada. O astuto burguês, supondo que pegava o Espírito em falta, perguntou-lhe quantos *pfennigs*[1] tinha no bolso; foi-lhe dado o número exato: 681. A um pasteleiro foi dito quantos biscoitos havia feito pela manhã, a um negociante quantos metros de fita havia vendido na véspera e a um outro a soma exata que na antivéspera tinha recebido

---

[1] Moeda alemã, correspondente à centéssima parte do marco. (N. do T.)

pelo correto. Tinha um humor alegre; quando lhe pediam, marcava o compasso e por vezes tão fortemente que o barulho era ensurdecedor.

À noite, durante a refeição, após o *benedicite*,[1] ele batia o Amém. Esse sinal de devoção não impediu que um sacristão vestisse os hábitos de exorcisor[2] e experimentasse dali expulsar o Espírito: mas a conjuração fracassou.

O Espírito não temia a ninguém. E mostrou-se tão sincero nas respostas dadas ao regente, o Duque Carlos, e a seu irmão Fernando, quanto às outras pessoas de condição inferior.

O caso tomou então um aspecto mais sério. O duque encarregou a um médico e a doutores em direito de examinar os fatos. Os sábios explicaram que as *batidas* eram devidas a uma fonte subterrânea. Mandaram cavar um poço de oito pés de profundidade e naturalmente acharam água, pois Dibbelsdorf está situada no fundo de um vale. A água jorrou, inundou a sala, mas o Espírito continuou a bater no seu cantinho costumeiro. Então os homens de ciência julgaram-se vítimas de alguma mistificação e deram ao criado a honra de tomar o lugar daquele Espírito tão bem informado. Sua intenção, diziam eles, era de enfeitiçar a criada. Todos os moradores da aldeia foram convidados a ficar em casa num dia determinado; o criado ficou de sentinela à vista, pois, em face da opinião dos sábios, devia ser ele o culpado. Mas o Espírito novamente respondeu a todas as perguntas. Reconhecida a sua inocência, o criado foi solto. Mas a justiça queria um autor para o delito e acusou o casal Kettelhut pelo barulho de que se queixavam, posto se tratasse de criaturas benevolentes, honestas e irrepreensíveis sob todos os aspectos e tivessem sido os primeiros a buscar as autoridades, desde o início das manifestações. Com promessas e ameaças, forçaram uma jovem serviçal a dar testemunho contra os patrões. Em consequência, estes foram metidos na prisão, a despeito da retratação posterior da moça empregada e da declaração formal de que sua primeira confissão era

---

[1] Oração que outrora se fazia antes e depois das refeições, geralmente em voz alta e acompanhada mentalmente por todos, que no fim diziam em coro: Amém. (N. do T.)

[2] Uma das primeiras ordens sacras dadas ao seminarista (que depois foi atribuída aos sacristães) era a que lhe atribui o poder de expulsar os Espíritos dos corpos dos possessos ou *endemoninhados*, como dizia a Igreja. Ela bem sabia do poder dos Espíritos. Hoje, porém, essa cerimônia é apenas simbólica. (N. do T.)

falsa e lhe fora arrancada pelos juízes. Como o Espírito continuasse a bater, o casal Kettelhut ficou três meses na prisão e, findo esse prazo, foi libertado sem indenização, muito embora os membros da comissão assim tivessem resumido o seu relatório: "Foram infrutíferos todos os meios possíveis para descobrir a causa do ruído. Talvez o futuro nos esclareça a respeito".

Nada ensinou ainda o futuro.

O Espírito batedor manifestou-se desde o começo de dezembro até março, época em que deixou de ser ouvido. Voltaram a pensar que o criado já incriminado devia ser o autor de todas essas tretas. Mas como teria ele podido subtrair-se às armadilhas preparadas pelos duques, médicos, juízes e tantos outros que o interrogaram?

Observação: Se prestarmos atenção à data em que tais coisas se passavam e as compararmos com as que ocorrem em nossos dias, nelas encontraremos perfeita identidade no modo da manifestação e até na natureza das perguntas e respostas. Nem a América nem a nossa época descobriram os Espíritos batedores, como o demonstraremos por inúmeros fatos autênticos e mais ou menos antigos.

Há, entretanto, entre os fenômenos atuais e os de outrora uma diferença capital: é que estes últimos eram quase todos espontâneos, enquanto os nossos se produzem quase que à vontade de certos médiuns especiais. Essa circunstância permitiu que fossem mais bem estudados e sua causa mais aprofundada. À conclusão dos juízes de que "talvez o futuro nos esclareça a respeito", hoje o autor não responderia: "nada ensinou ainda o futuro". Se esse autor ainda vivesse, saberia, ao contrário, que o futuro tudo há ensinado e que a Justiça de nossos dias, mais esclarecida que há um século, não cometeria, em relação às manifestações espíritas, erros que lembram os da Idade Média. Os nossos próprios sábios já penetraram muito nos mistérios da Natureza para não jogar com causas desconhecidas. São bastante sagazes e não se expõem, como seus predecessores, a um desmentido da posteridade, em detrimento de sua reputação. Se algo aparece no horizonte, eles não correm a proclamar: "Isso não é nada", com receio de que seja um navio. Se não o veem, calam e esperam. Isso é a verdadeira sabedoria.

A PROPÓSITO DOS DESENHOS DE JÚPITER

Conforme havíamos anunciado, damos com este número da *Revista* o desenho de uma habitação em Júpiter, executado e gravado pelo Sr.

Victorien Sardou como médium,[1] e adicionamos um artigo descritivo que ele teve a gentileza de escrever a respeito. Quanto à autenticidade da descrição, seja qual for a opinião dos que nos acusem por nos ocuparmos daquilo que se passa em mundos desconhecidos, quando há tanto que fazer na Terra, rogamos aos leitores que não percam de vista que o nosso objetivo, bem como o que se acha no subtítulo da revista, é antes de tudo o estudo dos fenômenos e que, nesse sentido, nada deve ser negligenciado. Ora, como fato de manifestações, estes desenhos são, incontestavelmente, os mais admiráveis, desde que se considere que o autor não sabe desenhar, nem gravar, e que o desenho que oferecemos é uma água-forte feita sem modelo nem ensaio prévio, em *nove horas*. Supondo mesmo que esse desenho seja uma fantasia do Espírito que o traçou, o simples fato de sua execução não seria um fenômeno menos digno de atenção e, sob esse título, cabe à nossa coleção torná-lo conhecido, bem como a descrição que sobre ele foi dada pelos Espíritos, não para satisfazer a curiosidade das pessoas fúteis, mas como assunto de estudo para as pessoas sérias, que querem aprofundar todos os mistérios da Ciência espírita.

Seria erro pensar que fazemos da revelação dos mundos desconhecidos o objeto capital da doutrina. Isso não seria sempre para nós mais que um acessório, que consideramos útil, como estudo complementar; o principal será sempre para nós o ensino moral, e nas comunicações de além-túmulo buscamos sobretudo aquilo que pode esclarecer a humanidade e conduzi-la para o bem – único meio de lhe assegurar a felicidade neste e no outro mundo.

O mesmo não poderia ser dito dos astrônomos que também sondam os espaços e perguntar qual seria a utilidade para o gênero humano saber calcular com precisão a parábola de um astro invisível?

Nem todas as ciências têm um interesse eminentemente prático. Entretanto, a ninguém ocorre tratá-las com desdém, porque tudo quanto aumenta o círculo das ideias contribui para o progresso.

Assim se dá com as comunicações espíritas, ainda mesmo quando ultrapassam o círculo estreito da nossa personalidade.

---

[1] O desenho da fachada da casa de Mozart em Júpiter não figurava na coleção que serviu para esta versão, mas posteriormente o conseguimos. O médium que o recebeu foi o famoso autor teatral francês Victorien Sardou. (N. da Eq. Rev. Edicel.)

HABITAÇÕES EM JÚPITER

Para certas pessoas convencidas da existência dos Espíritos – e aqui não cogito de outras – deve ser motivo de espanto que, como nós, os Espíritos tenham suas habitações e suas cidades. Não me pouparam críticas: "Casas de Espíritos em Júpiter!... Que piada!..."

Piada – seja. Mas eu nada tenho com isso. Se aqui, na verossimilhança das explicações não encontra o leitor uma prova suficiente de sua veracidade; se, como nós, não se surpreende com o perfeito acordo entre essas revelações dos Espíritos e os dados mais positivos da Astronomia; se, numa palavra, não vê mais que hábil mistificação nos detalhes que se seguem e no desenho que os acompanha, eu o convido a se explicar com os Espíritos, de quem apenas sou eco fiel e instrumento. Que se evoquem Pallissy ou Mozart ou um outro habitante desse mundo feliz; que sejam interrogados, que minhas asserções sejam controladas pelas suas; que, enfim, discutam com eles. Porque, quanto a mim, mais não faço do que apresentar aquilo que me é dado e repetir aquilo que me é dito; e, por esse papel, absolutamente passivo, julgo-me ao abrigo da censura, tanto quanto do elogio.

Feita esta ressalva e admitida a confiança nos Espíritos, se se aceitar como verdadeira a única doutrina realmente bela e sábia, até aqui revelada pela evocação dos mortos, isto é, a migração das almas de planeta a planeta, suas encarnações sucessivas e seu progresso incessante pelo trabalho, os habitantes de Júpiter não nos devem mais causar admiração. Desde o momento em que um Espírito se encarna num mundo como o nosso, submetido a uma dupla revolução, isto é, à alternativa dos dias e das noites e ao retorno periódico das estações; desde que possui um corpo, esse envoltório material, por mais frágil que seja, não somente requer alimentação e vestuário, mas um abrigo ou, pelo menos, um lugar de repouso e, consequentemente, uma habitação.

Eis exatamente o que nos foi dito. Com nós, e melhor que nós, os habitantes de Júpiter têm seus lares comuns e suas famílias, grupos harmoniosos de Espíritos simpáticos, unidos no triunfo, após o terem sido na luta. Daí as moradas tão espaçosas que merecem exatamente o nome de *palácios*. Ainda como nós, os Espíritos têm suas festas, suas cerimônias, suas reuniões públicas: daí certos edifícios destinados especialmente a essas finalidades. Devemos esperar nessas regiões superiores o encontro com toda uma humanidade ativa e laboriosa como a nossa, como nós submetida às suas leis, às suas necessidades, aos seus deveres; apenas com a diferença de que o progresso, rebelde aos nossos esforços, torna-se fácil conquista para os Espíritos, desprendidos como eles de nossos vícios terrenos.

Eu não deveria ocupar-me aqui da arquitetura de suas habitações. Mas, para a boa compreensão dos detalhes que se seguem, não será inútil uma palavra de explicação.

Se Júpiter só é habitável por bons Espíritos, não se segue que sejam todos do mesmo grau de excelência: entre a bondade do simples e a do homem de gênio, podem contar-se muitas nuanças. Ora, toda a organização social desse mundo superior repousa precisamente sobre suas variedades de inteligência e de aptidões; e, por efeito das leis de harmonia, cuja explicação aqui seria muito longa, cabe aos Espíritos mais elevados, mais depurados, a alta direção de seu planeta. Essa supremacia não para aí: estende-se até aos mundos inferiores, onde esses Espíritos, por sua influência, favorecem e incessantemente ativam o progresso religioso, gerador dos demais. É preciso acrescentar que para esses Espíritos depurados não seria questão de trabalhos de inteligência, pois suas atividades se exercem apenas no campo do pensamento e eles já adquiriram bastante domínio sobre a matéria para não serem senão levemente entravados por ela ao livre exercício de sua vontade. O corpo desses Espíritos, como aliás de todos os habitantes de Júpiter, é de tão pequena densidade que só pode ser comparada à dos nossos fluidos imponderáveis: um pouco maior que o nosso corpo, cuja forma reproduzem exatamente, entretanto mais bela e mais pura, ele nos ofereceria o aspecto de um vapor – e aqui emprego contrafeito um vocábulo que designa uma substância ainda muito grosseira – de um vapor, dizia eu, imaterial e luminoso... luminoso sobretudo nos contornos do rosto e da cabeça: pois aí a inteligência e a vida irradiam como um foco muito ardente; e é exatamente este brilho magnético, entrevisto pelos visionários cristãos, que os nossos pintores traduziam pelo nimbo ou auréola dos santos.

Compreende-se que um tal corpo não dificulta senão muito pouco as comunicações extramundanas desses Espíritos e que lhes permite, no seu próprio plano, um deslocamento rápido e fácil. Ele se subtrai tão facilmente à atração planetária, e sua densidade difere tão pouco da densidade atmosférica, que nesta pode agitar-se, ir e vir, subir e descer, ao capricho do Espírito e sem outro esforço além da vontade. Assim, algumas personagens que Palissy houve por bem fazer-me desenhar são representadas rasando o solo ou à superfície das águas ou ainda muito elevadas no ar, com toda a liberdade de ação e de movimento que nós atribuímos aos anjos. Essa locomoção é tanto mais fácil quanto mais depurado é o Espírito, o que se compreende sem esforço. Assim, nada é mais fácil aos habitantes do planeta do que conhecer, logo à primeira vista, o valor de um Espírito que passa. Dois sinais o delatam: a altura de seu voo e a luz mais ou menos brilhante de sua auréola.

Em Júpiter, como por toda parte, os que voam mais alto são os mais raros. Abaixo deles há que contar várias camadas de Espíritos inferiores, quer em virtude, quer em poder, mas naturalmente livres de os igualar um dia, pelo aperfeiçoamento. Escalonados e classificados segundo os seus méritos, estes dedicam-se mais particularmente aos trabalhos que interessam ao próprio planeta e não exercem sobre os mundos inferiores a autoridade todo-poderosa dos primeiros. É verdade que respondem a uma evocação com revelações sábias e boas; mas pela pressa que demonstram em nos deixar, como pelo laconismo de suas respostas, compreende-se facilmente que têm alhures muito que fazer e que ainda não se encontram suficientemente desembaraçados a fim de poderem irradiar, simultaneamente, em dois pontos tão distantes um do outro. Enfim, seguindo os menos perfeitos desses Espíritos, mas deles separados por um abismo, vêm os animais que, como únicos criados e únicos operários do planeta, merecem referência muito especial.

Se designamos pelo nome de animais os seres bizarros que ocupam os limites inferiores da escala, é que os próprios Espíritos admitiram o uso e ainda porque a nossa linguagem não possui um termo mais adequado. Essa designação os degrada bastante; entretanto, chamá-los homens seria elevá-los demais: são, na verdade, Espíritos votados à animalidade, talvez por longo tempo, talvez para sempre, pois sobre esse ponto os Espíritos não estão todos de acordo e a solução do problema parece pertencer a mundos mais elevados que Júpiter. Contudo, seja qual for o seu futuro, não há equívoco quanto ao seu passado: tais Espíritos, antes de ir para lá, emigraram, seguidamente, em nossos mundos inferiores, do corpo de um ao de outro animal, por uma escala de aperfeiçoamento perfeitamente graduada. O estudo atento de nossos animais terrestres, seus costumes, sem caracteres individuais, sua ferocidade, longe do homem e sua domesticação lenta, mas sempre possível, tudo indica suficientemente a realidade dessa ascensão animal.

Assim, para qualquer lado que nos voltemos, a harmonia do universo se resume sempre numa lei única: o *progresso* por toda parte e para todos, para o animal como para a planta, para esta como para o mineral. A princípio, um progresso puramente material, nas moléculas insensíveis do metal ou do seixo e, cada vez mais inteligente, à medida que subimos na escala dos seres e que a individualidade tende a destacar-se da massa, a se afirmar, a se conhecer.

Pensamento elevado e consolador como jamais o houve, porque nos prova que nada é sacrificado, que a recompensa é sempre proporcional ao progresso realizado: por exemplo, que o devotamento do cão que morre por seu dono não é estéril para o seu Espírito, pois este terá seu justo salário além deste mundo.

É o caso dos Espíritos animais que povoam Júpiter. Aperfeiçoaram-se ao mesmo tempo que nós e com a nossa ajuda. A lei é ainda mais admirável: de sua dedicação ao homem tão bem faz a primeira condição de sua ascensão planetária, que a vontade de um Espírito de Júpiter pode chamar a si todo animal que, numa de suas vidas anteriores, lhe houver dado provas de afeição. Essas simpatias, que lá no alto formam famílias de Espíritos, também grupam em torno de uma família todo um cortejo de animais dedicados. Consequentemente, nosso apego aqui em baixo por um animal, o cuidado que temos em amansá-lo e humanizá-lo, tudo tem sua razão de ser, tudo será pago: é um bom serviçal que preparamos antecipadamente para um mundo melhor.

Será assim um operário; pois aos seus semelhantes fica reservado todo trabalho material, todo esforço corporal: carga ou construção, semeadura ou colheita. E para tudo isso a suprema inteligência preparou um corpo que participa simultaneamente das vantagens do animal e das do homem. Podemos fazer uma ideia por um esboço de Palissy, representando alguns desses animais muito entretidos a jogar bola. A melhor comparação que poderia fazer seria com os faunos e os sátiros da fábula. O corpo levemente peludo, apruma-se como o nosso; nalguns, as patas desapareceram, dando lugar a certas pernas que lembram ainda a forma primitiva, os dois braços robustos, singularmente implantados e terminados por duas verdadeiras mãos, se considerarmos a oposição dos polegares. Singularmente, a cabeça não é tão aperfeiçoada quanto o rosto. Assim, a fisionomia reflete bem algo de humano, mas o crânio, o maxilar e, sobretudo a orelha, em nada diferem, sensivelmente, daqueles dos animais terrestres. É, pois, fácil distingui-los entre si: este é um cão, aquele um leão. Adequadamente vestidos de blusas e vestes muito semelhantes às nossas, só lhes falta a palavra para se parecerem com alguns homens daqui: eis precisamente o que lhes falta e aquilo que eles não poderiam fazer. Hábeis para se entenderem entre si, por meio de uma linguagem que nada tem da nossa, não mais se enganam quanto às intenções dos Espíritos que os dirigem: um olhar, um gesto lhes é bastante. A certos impulsos magnéticos, cujo segredo já conhecem os nossos domadores de feras, o animal advinha e obedece sem murmurar e, o que mais é, *voluntariamente*, porque está fascinado. É assim que lhe é imposta toda tarefa pesada e que, com seu auxílio, tudo funciona regularmente, de um a outro extremo da escala social: o Espírito elevado pensa e delibera; o Espírito inferior age com a sua própria iniciativa e o animal executa. Assim a concepção, a execução e o fato se unem numa mesma harmonia e levam todas as coisas a seu fim mais rápido, pelos meios mais simples e mais seguros.

Hão de perdoar-me esta digressão: ela era indispensável ao assunto que agora podemos abordar.

Enquanto esperamos os mapas prometidos, que facilitarão singularmente o estudo de todo o planeta, podemos, pelas descrições feitas pelos Espíritos, fazer uma ideia de sua grande cidade, da cidade por excelência, desse foco de luz e de atividade, que eles concordam em chamar – coisa estranha! – pelo nome latino de *Julnius*.

"No maior de nossos continentes", diz Palissy, "num vale de setecentas a oitocentas léguas de largura, para contar como vós, um rio magnífico desce das montanhas do norte e, aumentado por uma porção de torrentes e ribeirões, forma em seu percurso sete ou oito lagos dos quais o menor mereceria entre vós o nome de *mar*. Foi sobre as bordas do maior desses lagos, batizado com o nome de a *Pérola*, que os nossos antepassados lançaram os alicerces de Julnius. Essa cidade primitiva ainda existe, venerada e guardada como preciosa relíquia. Sua arquitetura muito difere da nossa. Tudo isso eu te explicarei a seu tempo: sabe apenas que a cidade moderna fica a algumas centenas de metros da antiga. Apertado entre altas montanhas, o lago se derrama no vale por oito enormes cataratas, que formam outras tantas correntes isoladas e dispersas em todos os sentidos. Com o auxílio dessas correntes nós cavamos na planície uma porção de regatos, de canais e de lagos, reservando o solo firme apenas para as casas e os jardins. Daí resulta uma espécie de cidade anfíbia, como a vossa Veneza e da qual, à primeira vista, não se poderia dizer se construída em terra, se sobre a água. Hoje nada te digo sobre quatro edifícios sagrados construídos a montante das cataratas, de modo que a água jorra em catadupa de seus próprios pórticos. São essas obras que vos pareceriam incríveis por sua grandeza e por sua ousadia.

Aqui descrevo a cidade *terrestre*, de certo modo material, cidade das ocupações planetárias, enfim aquela a que chamamos a *Cidade Baixa*. Tem suas ruas, ou melhor, os seus caminhos traçados para o serviço interno; tem suas praças públicas, seus pórticos e suas pontes, lançadas sobre os canais para a passagem dos serviçais. Mas a cidade inteligente, a cidade espiritual, a verdadeira Julnius enfim, não deve ser procurada no solo: ela está no ar.

O corpo dos animais, incapazes de voar, necessitam do solo;[1] mas o nosso corpo fluídico e luminoso exige um alojamento aéreo como ele próprio, quase impalpável e móvel, à nossa vontade. Nossa habilidade resolveu esse problema com o auxílio do tempo e das condições privilegiadas que o Grande Arquiteto nos havia concedido. Bem compreendes que essa conquista dos ares era indispensável a Espíritos como os nossos. Nosso dia é de cinco horas e nossa noite igualmente de cinco; mas tudo é relativo e, para seres prontos a pensar e agir como nós, para Espíritos que se compreendem pela linguagem dos olhos e que sabem comunicar-se magneticamente, a distância, nosso dia de cinco horas já igualaria uma de vossas semanas. Parece-nos que ainda era pouco: a imobilidade da morada, o ponto fixo do lar eram um entrave para todas as grandes obras. Hoje, pelo deslocamento fácil dessas moradas de pássaros, pela possibilidade de nos transportarmos, assim como os nossos, a este ou àquele lugar do planeta, à hora que bem quisermos, nossa existência pelo menos dobrou e, com ela, tudo quanto ela pode produzir de útil e de grande."

---

[1] Entretanto há de excetuar certos animais alados e destinados ao serviço do ar e aos trabalhos que entre nós exigem carpinteiros. É uma transformação da ave, como os animais descritos são uma transformação dos quadrúpedes.

"Em certas épocas do ano", acrescenta o Espírito, "em certas festas, por exemplo, verás aqui o céu obscurecido pela nuvem de habitações que vêm de todos os pontos do horizonte. É um curioso ajuntamento de moradias esbeltas, graciosas, leves, de todas as formas, de todas as cores, equilibradas em diversas alturas e continuamente em marcha, da Cidade Baixa para a Cidade Celeste. Alguns dias depois, faz-se o vácuo pouco a pouco e todos esses pássaros somem."

Nada falta a essas moradas flutuantes, nem mesmo o encanto da verdura e das flores. Falo de uma vegetação sem exemplo entre vós, de plantas e até de arbustos que, pela natureza de seus órgãos, vivem, respiram, alimentam-se e se reproduzem no ar.

Diz ainda o mesmo Espírito: "Temos esses tufos de flores enormes, cujas formas e nuanças nem podeis imaginar, e de uma tecitura tão delicada, que os torna quase transparentes. Balouçando-se no ar, onde largas folhas as sustêm, providas de gavinhas semelhantes às da videira, reúnem-se em nuvens de mil tons ou se dispersam à feição do vento e oferecem um espetáculo encantador aos transeuntes da *Cidade Baixa*... Imagina a graça dessas jangadas de verdura, desses jardins flutuantes que nossa vontade pode fazer e desfazer e que por vezes duram toda uma estação! Longos rastilhos de lianas e de ramos floridos se destacam dessas alturas e descem até o solo; cachos enormes se agitam, sacudindo o perfume nas pétalas que se destacam... Os Espíritos que atravessam o ar param à sua passagem: é um lugar de repouso e de encontro e, se se quiser, um meio de transporte para terminar uma viagem sem fadigas e em companhia".

Um outro Espírito estava sentado sobre uma dessas flores no momento em que o evoquei. Disse-me ele:

"Neste instante é noite em Julnius e me acho sentado a distância, numa dessas flores do ar que só se abrem aqui à claridade de nossas luas. A meus pés dormita toda a *Cidade Baixa*; mas sobre minha cabeça e em volta de mim, a perder de vista, só há movimento e alegria no espaço. Dormimos pouco: nossa alma é muito desprendida, de modo que as necessidades do corpo não a tiranizam; e a noite é feita mais para os nossos servos do que para nós. É a hora das visitas, das conversas longas, dos passeios solitários, dos devaneios, da música. Só vejo moradas aéreas resplendentes de luz ou jangadas de folhas e de flores carregadas de bandos alegres... A primeira de nossas luas ilumina toda a *Cidade Baixa*: é uma luz suave, comparável à dos vossos luares; mas, da margem do lago eleva-se a segunda, a dos reflexos esverdeados, que dão a todo o rio o aspecto de um vasto gramado...".

"É sobre a margem direita desse rio, cuja água", diz o Espírito, "dar-te-ia a impressão da consistência de um vapor muito leve",[1] que está construída a casa de Mozart, cujo desenho Palissy teve a bondade de me fazer reproduzir sobre cobre. Apresento aqui apenas a fachada do lado sul. A grande entrada fica à esquerda, olhando a planície: à direita fica o rio; ao norte e ao sul estão os jardins. Perguntei a Mozart quem eram seus vizinhos. "Do lado de cima e do de baixo, dois Espíritos que não conheces; mas à esquerda apenas um grande prado me separa do jardim de Cervantes."

A casa tem quatro faces, como as nossas, mas seria erro considerar isso como regra geral. É construída com uma certa pedra que os animais tiram das pedreiras do norte e cuja cor o Espírito compara aos tons esverdeados que por vezes toma o azul do céu, ao por do sol. Quanto a sua duração, pode-se fazer uma ideia por esta comparação de Palissy: "que ela fundir-se-ia sob a pressão de nossos dedos humanos com a rapidez de um floco de neve, posto seja uma das matérias mais resistentes daquele planeta! Nessas paredes os Espíritos esculpiram ou incrustaram estranhos arabescos, que o desenho procura reproduzir. Ou são ornamentos gravados na pedra e a seguir coloridos, ou incrustações feitas na pedra verde por um processo atualmente muito em voga e que mantém toda a graça dos contornos dos vegetais, toda a delicadeza de seus tecidos, toda a riqueza de seu colorido. "Uma descoberta", acrescentou o Espírito, "que fareis um dia e que entre vós mudará muitas coisas".

A grande janela da direita apresenta um exemplo desse gênero de ornatos: um de seus bordos mais não é que um enorme caniço, cujas folhas foram conservadas. O mesmo ocorre no coroamento da janela principal, que afeta a forma da clave de sol: são plantas sarmentosas enlaçadas e petrificadas. É por tal processo que eles obtêm a maior parte dos coroamentos dos edifícios, os portões, as balaustradas, etc. Por vezes a planta é colocada na parede com as raízes, e em condições de crescer livremente. Cresce, desenvolve-se, suas flores se espalham

---

[1] A densidade de Júpiter é de 0,23, ou seja, pouco mais ou menos a quarta parte da Terra. Tudo quanto o Espírito diz aqui é muito verossímil. Compreende-se que tudo é relativo e que nesse globo etéreo, tudo, como ele, seja etéreo.

ao acaso, e o artista não as petrifica no lugar senão quando adquiriram todo o desenvolvimento desejado para a ornamentação do edifício; a casa de Palissy é quase que inteiramente decorada por esse processo.

Inicialmente destinados só aos móveis, depois aos batentes das portas e das janelas, esse gênero de ornamento aperfeiçoou-se pouco a pouco e acabou por invadir toda a arquitetura. Hoje não são petrificados apenas as flores e os arbustos, mas as próprias árvores, da raiz até a copa; e os palácios, como outros edifícios, praticamente não têm outras colunas.

Uma petrificação da mesma natureza serve também à decoração das janelas. Flores ou folhas muito grandes são habilmente despojadas de sua parte carnuda: não resta mais que um feixe de fibras, tão finas quanto a mais fina musselina. Cristalizam-nas; e dessas folhas reunidas com arte, constroem toda a janela, que apenas filtra para o interior uma luz muito suave; também as impregnam de uma espécie de vidro líquido e colorido de todas as nuanças, o qual endurece ao ar e transforma a folha numa espécie de vidraça. Do arranjo dessas folhas nas janelas resultam encantadores ramos transparentes e luminosos.

Quanto às dimensões dessas aberturas e a mil outros detalhes que, à primeira vista, podem surpreender, vejo-me obrigado a uma explicação: a história da arquitetura em Júpiter exigiria um volume inteiro. Também desisto de falar no mobiliário, para me restringir, aqui, à disposição geral da casa.

Depois do que precede, o leitor deve ter compreendido que a casa do continente não deve ser para o Espírito mais que uma espécie de pousada. A *Cidade Baixa* quase que só é frequentada por Espíritos de segunda categoria, encarregados dos interesses planetários, da agricultura, por exemplo, ou das trocas e da boa ordem que deve ser mantida entre os serviçais. Assim, todas as casas que estão no solo geralmente dispõem do rés-do-chão e do pavimento superior: um destinado aos Espíritos que atuam sob a direção do senhor, e acessível aos animais; o outro, reservado unicamente ao Espírito, que aí apenas mora ocasionalmente. Eis o que explica o fato de vermos nas diversas casas de Júpiter, nesta, por exemplo, como na de Zoroastro, uma escadaria e uma rampa. Aquele que rasa a água, como a andorinha, ou que pode correr sobre as hastes do trigo sem as curvar, passa muito bem sem a escadaria e sem a rampa para penetrar na sua casa; mas os Espíritos inferiores não têm o voo tão fácil: só se elevam aos solavancos e nem sempre a rampa lhes é inútil. Enfim, a escadaria é de absoluta necessidade para os animais serviçais, que apenas andam como nós. Estes últimos também possuem seus pavilhões, aliás muito elegantes, e que fazem parte de todas as grandes habitações; mas suas funções os chamam, constantemente, à casa do senhor; e é necessário facilitar-lhes a entrada e o trânsito interno. Daí essas construções originais, cuja base tem muito de nossos edifícios terrestres e das quais diferem inteiramente na parte superior.

Esta se distingue por uma originalidade que seríamos absolutamente incapazes de imitar. É uma espécie de flecha aérea que se balança ao alto do edifício, acima da grande janela e de seu coroamento original. Essa gávea delicada, facilmente deslocável, destina-se entretanto, no pensamento do artista, a não sair do lugar que lhe é destinado porque, sem repousar em coisa alguma no frontão, completa-lhe a decoração. Lamentavelmente a dimensão da prancha não lhe deu lugar.

Quanto à morada aérea de Mozart, cabe aqui apenas constatar a sua existência: os limites deste artigo não permitem que me estenda sobre o assunto.

Não concluirei, entretanto, sem me explicar, de passagem, sobre o gênero de ornamentos que o grande artista escolheu para a sua morada. É fácil encontrar-lhe a lembrança em nossa música terrestre: a clave de sol é ali repetida com frequência e – coisa original – nunca a clave de fá! Na decoração do rés-do-chão encontramos um arco de violino, uma espécie de tiorba ou bandolim, uma lira e uma pauta de música. Mais acima há uma grande janela que lembra vagamente a forma de um órgão; as outras têm a aparência de grandes notas, mas as notas pequenas são abundantes por toda a fachada.

Seria erro concluir que a música de Júpiter seja comparável à nossa e que se represente pelos mesmos sinais. Mozart explicou-se sobre isto, de maneira a não deixar dúvidas; mas, na decoração de suas casas, os Espíritos lembram a missão terrestre que lhes deu o mérito da encarnação em Júpiter e que resume magnificamente a feição de sua inteligência. Assim, na casa de Zoroastro, são os astros e a chama todos os elementos decorativos.

Ainda mais, parece que esse simbolismo tem suas regras e seus segredos. Todos esses ornamentos não se dispõem ao acaso: têm sua ordem lógica e sua significação precisa: mas é uma arte que os Espíritos de Júpiter renunciam a nos fazer entender, ao menos até agora; e sobre isso não se explicam de boa vontade. Nossos velhos arquitetos também empregariam o simbolismo na decoração de suas catedrais. A Torre de São Tiago é um poema hermético, se dermos crédito à tradição. Nada há, pois, para nos admirarmos da originalidade da decoração arquitetônica em Júpiter: se ela contraria as nossas ideias sobre a arte humana é que, na verdade existe um abismo entre uma arquitetura que vive e fala e uma alvenaria como a nossa, que nada exprime. Nisso, como em tudo o mais, a prudência nos evita esse erro do relativo, que tudo quer referir às proporções e aos hábitos do homem terreno. Se os habitantes de Júpiter morassem como nós, comessem, vivessem, dormissem e andassem como nós, não haveria muita vantagem em ir para lá. É porque o seu planeta difere muito do nosso que desejamos conhecê-lo e sonhamos com ele como nossa futura morada.

Por mim, penso que não perdi o tempo e seria muito feliz por me haverem os Espíritos escolhido para seu intérprete, se os seus desenhos e as suas descrições inspirarem a um só crente o desejo de subir mais rapidamente para Julnius e a coragem de tudo fazer para o conseguir.

Victorien Sardou

O autor dessa interessante descrição é um desses adeptos fervorosos e *esclarecidos* que não temem confessar alto e bom som as suas crenças e colocam-se acima da crítica daqueles que não creem em nada que escape do seu círculo de ideias. Ligar seu nome a uma doutrina nova, desafiando sarcasmos, é uma coragem que não é dada a todos. E nós felicitamos ao Sr. V. Sardou porque a possui. Seu trabalho revela o distinto escritor que, jovem ainda, já conquistou um lugar de honra na literatura e alia ao talento de escritor profundos conhecimentos de sábio. É uma nova prova de que o Espiritismo não recruta entre os tolos e ignorantes. Fazemos votos para que o Sr. Sardou complete o mais breve possível o seu trabalho tão auspiciosamente começado. Se os astrônomos nos desvendam, por sábias pesquisas, o mecanismo do universo, por suas revelações, os Espíritos nos dão a conhecer o seu estado moral e, como eles mesmos dizem, é com o objetivo de nos excitar ao bem, a fim de merecermos uma vida melhor.

Allan Kardec

ANO I
SETEMBRO DE 1858

PROPAGAÇÃO DO ESPIRITISMO

Passa-se um fenômeno digno de registro na propagação do Espiritismo. Ressuscitado há apenas alguns anos das velhas crenças, apareceu entre nós não como outrora, à sombra dos mistérios, mas em plena luz e à vista de todos. Para uns foi objeto de curiosidade passageira, um divertimento que se punha de lado como um brinquedo, para tomar um outro. Para muitos não encontrou senão indiferença; para o maior número, a incredulidade, a despeito da opinião dos filósofos cujos nomes a cada momento são invocados como autoridades. Isto nada tem de surpreendente: o próprio Jesus não convenceu a todo o povo judeu com os seus milagres. Sua bondade e a sublimidade de sua doutrina conquistaram-lhe graça perante os seus juízes? Não foi ele tratado como um impostor? E se não lhe aplicaram o epíteto de charlatão é que então era desconhecido o vocábulo de nossa civilização moderna. Entretanto, homens sérios viram nos fenômenos que se passam em nossos dias algo mais que um motivo de frivolidade: estudaram, aprofundaram-no com olhos de observador consciencioso e descobriram a chave de uma porção de mistérios até então incompreensíveis. Isso foi para eles um jato de luz e eis que desses fatos saiu uma doutrina, uma Filosofia e, podemos dizer, uma Ciência, inicialmente divergente, conforme o ponto de vista ou a opinião pessoal do observador, mas com tendência, pouco a pouco, para uma unidade de princípios. A despeito da oposição interesseira de alguns e sistemática daqueles que pensam que a luz não pode sair senão de suas cabeças, essa doutrina encontra numerosos aderentes porque nos esclarece sobre os verdadeiros interesses, presentes e futuros, da humanidade, corresponde à sua aspiração para o futuro que, de certo modo, se tornou palpável; enfim, porque satisfaz ao mesmo tempo à razão e às suas esperanças e dissipa as dúvidas que degeneravam em absoluta incredulidade.

Ora, com o Espiritismo, todas as filosofias materialistas ou panteístas caem por si mesmas; não é mais possível a dúvida referente à Divindade, à existência da alma, sua individualidade, sua imortalidade; seu futuro se nos apresenta como a luz do dia e sabemos que esse futuro, que sempre deixa uma porta aberta à esperança, depende de nossa vontade e dos esforços que façamos para o bem.

Enquanto não viram no Espiritismo algo mais que fenômenos materiais, só houve interesse por ele como espetáculo, porque falava aos olhos. Desde o momento, porém, em que se elevou à categoria de Ciência moral, foi tomado a sério, pois falava ao coração e à inteligência, e todos nele encontravam a solução daquilo que procuravam vagamente em si mesmos; uma confiança baseada na evidência, substitui a incerteza pungente; do ponto de vista tão elevado em que nos coloca, as coisas deste mundo inferior se nos apresentam tão pequenas e mesquinhas que suas vicissitudes não passam de incidentes passageiros, que suportamos com paciência e resignação; a vida corpórea não é mais que ligeira parada na *vida da alma*; para nos servirmos da expressão de nosso sábio e espiritual confrade Sr. Jobard, não é mais que uma hospedaria ordinária, onde não vale a pena desfazer as malas. Na doutrina espírita tudo é definido, tudo é claro, tudo fala à razão; numa palavra, tudo se explica e aqueles que a aprofundaram na sua essência encontram nela uma satisfação interior a que não mais renunciam. Eis por que em tão pouco tempo conquistou tantas simpatias e essas não são recrutadas no círculo estreito de uma localidade, mas no mundo inteiro. Se aí não estivessem os fatos para o provar, nós o julgaríamos pela nossa *Revista*, que tem apenas alguns meses de existência, mas cujos assinantes, embora não se contem ainda aos milhares, estão espalhados por todos os pontos do globo. Além dos de Paris e dos departamentos, temo-los na Inglaterra, na Escócia, na Holanda, na Bélgica, na Prússia, em São Petersburgo, em Moscou, Nápoles, Florença, Milão, Gênova, Turim, Genebra, Madri, Xangai, Batávia, Caiena, no México, no Canadá e nos Estados Unidos, etc. Não o dizemos por fanfarronada, mas como um fato característico. Para que um jornal recém-fundado e tão especializado seja desde logo procurado em regiões tão diversas e tão afastadas, é preciso que o assunto de que trata encontre partidários nelas; do contrário, não o assinariam por simples curiosidade a milhares de léguas, ainda que fosse feito pelo melhor escritor. É, pois, o seu objeto que interessa e não o seu obscuro redator. Aos olhos dos leitores, portanto, seu objetivo é sério. Fica assim evidenciado que o Espiritismo tem raízes em toda parte e, sob esse ponto de vista, vinte assinantes espalhados em vinte países diferentes provariam mais do que cem, concentrados numa só localidade, pois não seria admissível que fosse obra de uma igrejinha.

A maneira por que até agora se tem propagado o Espiritismo, não merece atenção menos acurada. Se a imprensa tivesse feito reboar as suas vozes em favor dele, se o tivesse pregado, se, numa palavra, o mundo lhe tivesse dado ouvidos, poder-se-ia dizer que se havia propagado como todas as coisas que têm curso em favor de uma reputação fictícia e que se deseja experimentar, quando mais não seja, por curiosidade. Mas nada disso aconteceu: em geral a imprensa não lhe deu qualquer apoio voluntário; desprezou-o e se, a raros intervalos, dele falou, foi para o levar a ridículo e remeter os seus adeptos aos manicômios, coisa pouco animadora para os que tivessem a veleidade de iniciar-se. Apenas o Sr. Home mereceu a honra de algumas referências mais ou menos sérias, ao passo que os acontecimentos mais vulgares têm nela grande espaço. Aliás, é fácil ver-se, por sua linguagem, que os adversários falam do Espiritismo como os cegos falariam das cores: sem conhecimento de causa, sem exame sério e aprofundado e unicamente sob uma primeira impressão; por isso seus argumentos se limitam à negação pura e simples, pois não podemos elevar à categoria de argumentos as suas expressões facetas; por mais espirituosas que sejam, as piadas não representam razões.

Entretanto, nem todo o pessoal da imprensa deve ser acusado de má vontade. Individualmente, nela conta o Espiritismo partidários sinceros, e conhecemos diversos entre os mais destacados homens de letras.

Por que, então, guardam silêncio?

É que, ao lado do problema de crença, há o da personalidade, muito poderoso neste século. Nesses como em muitos outros, a crença é concentrada e não expansiva; além disso, sentem-se obrigados a acompanhar os erros de seu jornal, e tal jornalista receia perder os assinantes se arvorar francamente uma bandeira cuja cor pudesse desagradar a alguns deles.

Perdurará esse estado de coisas?

Não. Em breve o Espiritismo será como o magnetismo, do qual

outrora se falava em voz baixa e que hoje ninguém mais teme confessar. Nenhuma ideia nova, por mais certa e bela que seja, se implanta instantaneamente no espírito das massas; e aquela que não encontrasse oposições seria um fenômeno insólito. Por que seria o Espiritismo uma exceção à regra geral? Às ideias, como aos frutos, é necessário tempo para amadurecer; mas a leviandade humana leva-nos a julgá-las antes da maturidade ou sem que tenhamos o trabalho de examinar suas qualidades íntimas. Isso nos traz à mente a espirituosa fábula de "*A Macaquinha, o Macaco e a Noz*".

Como se sabe, a macaquinha colhe uma noz com a casca ainda verde; mete-lhe os dentes, faz caretas e admira-se de que gostem de uma coisa tão amarga. Mas um velho macaco, menos superficial e por certo profundo pensador da sua espécie, apanha a noz, quebra-a, limpa-a, come-a e a considera deliciosa. Disso decorre uma grande moralidade, dirigida aos que julgam as coisas novas apenas pela casca.

O Espiritismo teve, pois, que marchar sem qualquer apoio estranho; e eis que em cinco ou seis anos vulgarizou-se com uma rapidez que toca as raias do prodígio. Onde adquiriu essa força, senão em si mesmo? É então necessário que haja em seu princípio algo muito poderoso para ser assim propagado sem os meios superexcitantes da publicidade. É que, conforme dissemos acima, quem quer que se dê ao trabalho de aprofundá-lo, nele encontra aquilo que buscava, que a razão lhe deixava entrever: uma verdade consoladora e, no final de contas, haure nele a esperança e uma verdadeira satisfação.

Assim, as convicções adquiridas são sérias e duráveis e não opiniões levianas, nascidas de um sopro e por outro sopro destruídas.

Recentemente alguém nos dizia: "Encontro no Espiritismo uma esperança tão suave, adquiro nele tão doces e grandes consolações, que todo pensamento contrário tornar-me-ia infeliz, e sinto que meu melhor amigo tornar-se-ia odioso se tentasse subtrair-me a essa crença". Quando uma ideia não tem raízes pode ter um brilho fugaz, como essas flores que fazemos brotar à força; em breve, porém, por falta de sustento, morrem e ninguém mais as lembra. Ao contrário, as que têm base séria crescem e persistem: acabam por identificar-se de tal modo com os hábitos que mais tarde nos admiramos de haver outrora passado sem elas.

Se o Espiritismo não foi apoiado pela imprensa na Europa, dir-se-á que outro tanto não aconteceu na América. Isso é exato até um certo ponto. Há na América, como aliás por toda parte, uma imprensa geral e uma imprensa especial. A primeira ocupou-se do Espiritismo certamente muito mais do que entre nós, posto não o suponhamos; aliás, há no seu meio órgãos hostis. A imprensa especial conta, só nos Estados Unidos, dezoito jornais espíritas, dos quais dez hebdomadários e alguns de grande formato. Como se vê, estamos a esse respeito muito atrasados. Mas lá, como aqui, os jornais especializados se dirigem a pessoas especializadas. É evidente que uma gazeta médica, por exemplo, não terá a preferência dos arquitetos nem dos homens da lei; assim, um jornal espírita, salvo poucas exceções, só será lido pelos partidários do Espiritismo. O grande número de jornais americanos que tratam da matéria provam uma coisa: têm leitores em número suficiente para os manter. Sem dúvida fizeram muito; mas a sua influência é, de um modo geral puramente local; são na maioria desconhecidos do público europeu e os nossos jornais só muito raramente fazem deles algumas transcrições.

Dizendo que o Espiritismo se propagou sem o apoio da imprensa, referíamo-nos à imprensa geral, que se dirige a todos, àquela cuja voz atinge diariamente a milhões de ouvidos; que penetra nos mais obscuros recantos; àquela que põe o anacoreta, no fundo de seu deserto, ao corrente do que se passa, do mesmo modo que informa os habitantes das cidades; enfim, da que semeia ideias a mancheias. Qual o jornal espírita que se pode gabar de dar curso aos ecos do mundo? Fala às pessoas de convicções, não atrai a atenção dos indiferentes. Dizemos a verdade quando proclamamos que o Espiritismo foi entregue às próprias forças. E, se, por si mesmo, deu tão grande passo, que será quando dispuser da poderosa alavanca de grande publicidade! Enquanto espera esse momento, vai por toda parte fincando balizas; por toda parte seus ramos encontrarão escoras; por toda parte terá vozes cuja autoridade imporá silêncio aos detratores.

A qualidade dos adeptos do Espiritismo merece particular atenção. São recrutados nas camadas inferiores da sociedade, entre gente iletrada? Não. Estes, pouco ou nada se preocupam com o Espiritismo: talvez dificilmente dele tenham ouvido falar. As mesas girantes talvez tenham encontrado entre eles poucos praticantes. Até aqui os seus prosélitos estão nas primeiras camadas da sociedade, entre as pessoas esclarecidas, os homens de saber e de pensamento; e, – coisa notável! – os médicos, que durante tanto tempo moveram uma guerra encarniçada ao magnetismo, aderem sem dificuldade a essa doutrina. Contamo-los em grande número, tanto na França quanto no estrangeiro, entre os nossos assinantes, em cujo número também se acha uma grande quantidade de homens superiores, sob todos os aspectos, notabilidades científicas e literárias, altos dignitários, funcionários públicos, oficiais generais, negociantes, eclesiásticos, magistrados, etc., todos gente demasiado séria para assinar a título de passatempo um jornal como o nosso, que não se gaba de ser divertido, e ainda menos pensando nele encontrar somente fantasias.

A Sociedade Parisiense de Estudos Espíritas não é prova menos evidente dessa verdade, pela escolha das pessoas que reuniu: suas sessões são acompanhadas com interesse constante, com uma atenção religiosa e, podemos dizer, mesmo com avidez. Entretanto, só se ocupa de estudos graves e sérios, por vezes muito abstratos e não de experiências visando a excitar a curiosidade. Falamos do que se passa aos nossos olhos; entretanto o mesmo podemos dizer de todos os centros que se ocupam do Espiritismo sob o mesmo ponto de vista, pois que, mais ou menos por toda parte – como haviam anunciado os Espíritos –, *o período de curiosidade chega ao declínio*.

Esses fenômenos fazem-nos entrar numa ordem de coisas tão grandes, tão sublimes que ao lado dessas graves questões um móvel que se mexe ou que estala é um brinquedo de criança: é o abecê da Ciência.

Aliás, sabemos a que nos atermos agora, em relação à qualidade dos Espíritos batedores e, de modo geral, dos que produzem efeitos materiais. Foram eles justamente chamados saltimbancos do mundo espírita. Eis porque nos ligamos menos a eles do que aos que nos podem esclarecer.

Podemos assinalar à propagação do Espiritismo quatro fases ou períodos distintos:

1º. – O *da curiosidade*, no qual os Espíritos batedores representaram papel principal, visando a chamar a atenção e preparar os caminhos.

2º. – O *da observação*, no qual entramos e que, assim, pode ser chamado o período filosófico. O Espiritismo é aprofundado e se depura; tende para a unidade de doutrina e se constitui em Ciência.

Virão a seguir:

3º. – O período de *admissão*, no qual o Espiritismo ocupará um lugar oficial entre as crenças universalmente reconhecidas.

4º. – O período de *influência sobre a ordem social*. Então, sob a influência dessas ideias, entrará a humanidade em novo caminho moral. Essa influência é, desde já, individual. Mais tarde exercitar-se-á sobre as massas, para felicidade geral.

Eis assim, de um lado, uma crença que, por si mesma, se espalha pelo mundo inteiro, pouco a pouco e sem os recursos usuais da propaganda forçada; por outro lado essa mesma crença se arraiga, não nas baixas camadas da sociedade, mas na sua parte mais esclarecida. Não haverá nesse duplo aspecto algo de muito característico e que dá o que pensar a todos quantos consideram o Espiritismo um sonho vazio? Ao contrário de muitas outras ideias que vêm de baixo, informes e desna--turadas, e só lentamente penetram nas camadas superiores, onde se depuram, o Espiritismo parte do alto e não atingirá as massas senão desembaraçado das ideias falsas, inseparáveis das coisas novas.

Temos entretanto de convir que, entre muitos adeptos, existe apenas uma crença latente. Nuns o medo do ridículo, noutros o receio de se prejudicar pelo choque de certas suscetibilidades impedem a proclamação bem alta de suas opiniões. Isso é sem dúvida pueril e bem o compreendemos: não é possível pedir a certas pessoas aquilo que a Natureza não lhes deu: a coragem de enfrentar o "que dirão disso"; mas quando o Espiritismo estiver em todas as bocas – e esse tempo não está longe –, essa coragem virá aos mais tímidos.

A esse respeito já se opera uma notável mudança de algum tempo para cá: já se fala mais abertamente; já se arriscam, e isso faz com que se abram os olhos dos próprios antagonistas, que perguntam se é prudente, no interesse de sua própria reputação, atacar uma crença que, bom ou malgrado, por toda parte se infiltra e encontra apoio nas altas camadas sociais. Assim, o epíteto de *louco*, tão prodigalizado aos adeptos, começa a tornar-se ridículo: é um lugar comum que se torna trivial, porque em breve os loucos serão mais numerosos que os sensatos e já mais de um crítico se colocou do seu lado. Aliás, é o cumprimento daquilo que foi anunciado pelos Espíritos, quando diziam: os maiores adversários do Espiritismo tornar-se-ão seus mais ardentes partidários e propagandistas.

PLATÃO E A DOUTRINA DA ESCOLHA DAS PROVAS

Nos curiosos documentos célticos, publicados em nosso número de abril, vimos que a doutrina da reencarnação era professada pelos druidas, segundo o princípio da marcha ascendente da alma humana, a qual percorria os vários graus de nossa escala espírita. Todos sabem que a ideia de reencarnação remonta à mais alta Antiguidade e que o próprio Pitágoras a havia haurido entre os indus e egípcios. Assim, não é de admirar que Platão, Sócrates e outros partilhassem de uma opinião admitida pelos mais ilustres filósofos daqueles tempos; o que, talvez, é ainda mais notável é encontrar, desde aquela época, o princípio da doutrina da escolha das provas, hoje ensinada pelos Espíritas, e que pressupõe a reencarnação, sem a qual não teria razão de ser.

Não discutiremos hoje essa teoria, que estava tão longe do nosso pensamento, quando os Espíritos no-la revelaram, surpreendendo-nos de modo estranho porque – confessamo-lo com toda humildade – o que sobre esse assunto especial fora escrito por Platão nos era então completamente desconhecido – outra prova, entre milhares, de que as comunicações que nos eram dadas em absoluto não refletiam nossa opinião pessoal. Quanto à de Platão, apenas constatamos a ideia central, ficando a cada um a fácil tarefa de imaginar a forma sob a qual ela é apresentada e julgar os pontos de contato que, em certos detalhes, ela pode ter com a nossa teoria atual. Em sua alegoria do Fuso da *Necessidade*, ele imagina um diálogo entre Sócrates e Glauco e atribui ao primeiro o discurso que se segue, sobre as revelações de Er, o Armênio, personagem fictício, segundo todas as probabilidades, embora alguns o tomem por Zoroastro.

Compreende-se, facilmente, que a descrição não passa de um quadro imaginado com o fito de desenvolver a ideia principal: a imortalidade da alma, a sucessão das existências, a escolha das existências por efeito do livre arbítrio, enfim as consequências felizes ou infelizes da escolha, por vezes imprudente. Todas essas proposições se encontram em *O Livro dos Espíritos* e confirmam os numerosos fatos citados nesta *Revista*.

"O relato que vos quero fazer", diz Sócrates a Glauco, "é o de um homem de coração, Er, o Armênio, originário da Panfília. Tinha sido morto numa batalha. Dez dias depois, quando levavam os cadáveres já desfigurados dos que com ele haviam caído, o seu foi encontrado são e intacto. Transportaram-no para casa, a fim de fazerem os funerais, e no segundo dia, quando estava sobre a fogueira, ele reviveu e contou o que tinha visto na outra vida.

"Logo que sua alma saiu do corpo, pôs-se a caminho com uma porção de almas, chegando a um lugar maravilhoso, de onde se viam na Terra duas aberturas, próximas uma da outra, e no Céu duas outras, correspondentes àquelas. Entre essas duas regiões estavam assentados os juízes. Assim que pronunciavam uma sentença, mandavam que os justos tomassem o caminho da direita, por uma das aberturas do Céu, depois de lhes haver posto ao peito um cartaz com a sentença favorável; e mandavam que os maus tomassem o caminho da esquerda, nos abismos, levando às costas um cartaz semelhante ao primeiro, onde se achavam escritas todas as suas ações. Quando chegou sua vez, declararam os juízes que ele devia levar aos homens a notícia do que se passava nesse outro mundo e determinaram que escutasse e observasse tudo quanto se lhe oferecesse.

A princípio viu que as almas julgadas desapareciam: umas iam para o Céu, outras desciam à Terra, pelas duas aberturas correspondentes. Enquanto isso, pela segunda abertura da Terra, viu saírem almas cobertas de poeira e de imundícies, enquanto pela outra porta do Céu desciam outras almas, puras e sem mácula.

Pareciam todas vir de uma longa viagem e paravam prazenteiras num prado que era como que um ponto de reunião. As conhecidas cumprimentavam-se e pediam notícias dos lugares de onde vinham as outras: o Céu e a Terra. Aqui, entre gemidos e lágrimas, era recordado tudo quanto haviam sofrido ou visto sofrer quando em curso na Terra; ali, contavam as alegrias do Céu e a felicidade de contemplar as maravilhas divinas.

Seria longo seguir todo o discurso do Armênio; mas eis, em suma, o que dizia. Cada uma das almas era condenada a dez vezes o sofrimento das injustiças cometidas na Terra; a duração de cada castigo era de cem anos, duração natural da vida humana, para que aquele fosse sempre décuplo para cada crime. Assim, aqueles que haviam feito morrer os seus semelhantes em massa, atraiçoado cidades ou exércitos, reduzido seus concidadãos à escravidão ou cometido outras perversidades, eram atormentados ao décuplo para cada crime. Ao contrário, aqueles que haviam semeado o bem em seu redor, que tinham sido justos e virtuosos, na mesma proporção recebiam a recompensa de suas boas ações. O que dizia das crianças que a morte leva, pouco depois do nascimento, já merece menos repetição: mas garantia que o ímpio, o filho desnaturado, o homicida estavam reservados aos mais cruéis sofrimentos e o homem religioso e o bom filho às maiores felicidades.

Estava presente quando uma alma perguntou a uma outra onde estava o grande Ardieu. Este Ardieu tinha sido tirano numa cidade da Panfília, mil anos antes; tinha assassinado seu velho pai, o irmão mais velho e, ao que se dizia, praticado vários outros crimes enormes. Foi a seguinte a resposta da alma: ele não vem; jamais virá até aqui. Todos nós fomos testemunhas, a tal respeito, de um caso horrível. Quando estávamos para sair do abismo, depois de cumpridas as nossas penas, vimos Ardieu e um grande número de criaturas, a maior parte das quais eram tiranos como ele, ou seres que, em situação particular, haviam cometido grandes crimes: faziam vãos esforços para subir; e, todas as vezes que esses culpados, cujos crimes não tinham remédio ou não haviam sido expiados suficientemente, tentavam sair, o abismo os repelia rugindo. Então personagens hediondas, de corpos inflamados, que lá se encontravam, acorriam a esses mugidos. A princípio conduziam à viva força alguns desses criminosos; quanto a Ardieu e os outros, amarraram-nos pelos pés, pelas mãos e pela cabeça e, derribando-os, à custa de pancadas, os arrastaram para fora da estrada, através de espinheiros sangrentos, repetindo às sombras, à medida que estas passavam: Eis os tiranos e os homicidas; nós os arrastamos para os lançar no Tártaro.[1] Essa alma acrescentava que, entre tantos objetos horríveis, nada lhes causava mais pavor que o mugido do abismo e que lhes era extrema alegria poder sair em silêncio.

Tais eram, mais ou menos, os julgamentos das almas, seus castigos e recompensas.

Após sete dias de repouso naquele prado, as almas tiveram de partir no oitavo e puseram-se a caminho. Ao cabo de quatro dias de viagem viram, de uma eminência, uma luz imensa sobre toda a superfície do

---

[1] Segundo a mitologia pagã, *Erebo* era um lugar no centro da Terra onde ficavam as almas dos mortos. Estava dividido em duas partes: os *Elísios* para os justos e o *Tártaro* para os pecadores. *Erebo* também é o nome do filho de *Caos* e de *Noite*, transformado em rio do Inferno, por haver ajudado os *Gigantes* na guerra contra *Júpiter*, enquanto *Abseu*, filho do *Tártaro* e da *Terra*, foi um daqueles gigantes que, com os Titãs, tentaram escalar o céu tendo sido precipitado por *Júpiter no inferno*. (N. do T.)

céu e da Terra, direita como uma coluna, semelhante ao arco-íris, porém mais brilhante e mais pura. Bastou-lhes um dia para a alcançar; então viram, mais ou menos ao meio dessa muralha, a extremidade das cadeias que se ligam aos Céus. É isso o que os sustenta, é o invólucro do barco do mundo, é a vasta cintura que o circunda. No topo, estava suspenso o Fuso da Necessidade, em redor do qual se formavam todas as circunferências.[1]

Em redor do fuso, a distâncias iguais, sentavam-se em tronos as três Parcas, filhas da Necessidade: Laquesis (Lachesis), Cloto (Clotho) e Átropos, vestidas de branco e coroadas com uma faixa. Contavam, em harmonia com o concerto das Sereias (sirenes); Laquesis, o passado, Cloto, o presente e Átropos, o futuro. De vez em quando, Cloto tocava com a mão direita no exterior do fuso; com a esquerda Átropos imprimia movimento aos círculos interiores e Laquesis, ora com uma, ora com outra mão, tocava alternativamente no fuso e nas balanças interiores.

Logo que chegavam, as almas tinham que se apresentar a Laquesis. Para começar, um hierofante as colocava por ordem, em fila; depois tomando do colo de Laquesis as sortes ou números, em cuja ordem deviam as almas ser chamadas, bem como as diversas condições humanas que lhes *eram oferecidas para escolha*, aquele subia a um estrado e assim lhes falava: 'Eis o que diz a virgem Laquesis, Filha da Necessidade: *Almas passageiras, vós ides começar uma nova carreira e renascer na condição mortal. Não se vos designará o vosso gênio – vós mesmas o escolhereis.* Aquela que a sorte chamar em primeiro lugar escolherá; e sua escolha será irrevogável. A virtude a ninguém pertence: ela se liga àquele que a honra e abandona aquele que a despreza. Cada um é responsável pela escolha; Deus é inocente'. A essas palavras ele espalhava os números e cada alma apanhava o que lhe caía à frente, exceto o Armênio, que não teve a mesma permissão. Em seguida, o hierofante apresentou-lhes todos os gêneros de vida, em número maior do que o das almas ali reunidas. A variedade era infinita: encontravam-se ao mesmo tempo todas as condições humanas e de animais. Havia tiranias que duravam até a morte e outras que se interrompiam bruscamente e

---

[1] São as diversas esferas dos planetas ou diversos andares do céu, girando em redor da Terra, fixada no eixo daquele fuso (V. Cousin).
Obs.: Esta nota é de Victor Cousin, filósofo francês (1792-1767), chefe da Escola Eclética Racionalista e tradutor das obras de Platão. (N. do T.)

acabavam na pobreza, no exílio e no abandono. A ilustração se mostrava sob todos os aspectos: era possível escolher a beleza, a arte de agradar, os combates, a vitória ou a nobreza de raça. Estados completamente obscuros em todos os sentidos, ou intermediários, misturas de riqueza e pobreza, de saúde e doença eram oferecidos à escolha: havia também a mesma variedade de condições de mulher.

 Evidentemente, meu caro Glauco, isso é uma prova dura para a humanidade. Cada um de nós que medite e abandone todos os estudos vãos para entregar-se à Ciência que faz a felicidade do homem. Busquemos um mestre que nos ensine a distinguir entre o bom e o mau destino e a escolher todo o bem que o Céu nos proporciona. Examinemos com ele quais as situações humanas, isoladas ou em conjunto que conduzem às boas ações: se a beleza, por exemplo, junto à pobreza, ou à riqueza, ou se tal disposição de espírito deve produzir a virtude ou o vício; qual a vantagem de um nascimento brilhante ou comum, a vida privada ou pública, a força ou a fraqueza, a instrução ou a ignorância, enfim tudo quanto o homem recebe da Natureza e tudo quanto tem em si mesmo. Esclarecidos pela consciência, decidamos qual a sorte que nossa alma deve preferir. Sim; o pior dos destinos é aquele que a tornasse injusta, e o melhor aquele que incessantemente a conformasse à virtude: tudo o mais nada é para nós. Iríamos esquecer que não há escolha mais salutar depois da morte do que durante a vida! Ah! Que esse dogma sagrado para sempre se identifique com a nossa alma, a fim de que ela não se deixe lá em baixo fascinar nem pelas riquezas, nem pelos outros males dessa natureza e que, atirando-se arduamente sobre a condição de tirano ou qualquer outra semelhante, não se exponha a cometer um grande número de males sem remédio e a sofrê-los ainda maiores.

 Segundo o relato de nosso mensageiro, teria dito o hierofante: 'Àquele que escolher por último, desde que o faça com discernimento e que seja consequente em sua conduta, pode ser prometida uma vida feliz. O que escolher em primeiro lugar guarde-se de ser muito confiado: e o que escolher por último não desespere'. Então aquele que a sorte chamava em primeiro lugar avançou às pressas e escolheu a mais importante tirania; arrastado por sua imprudência e por sua avidez e sem atentar bastante para o que estava fazendo, não percebeu a fatalidade ligada ao objeto de sua escolha e que um dia fá-lo-ia comer a carne de seus próprios filhos e cometer muitos outros crimes horríveis. Entretanto, quando considerou a sorte que havia escolhido gemeu, lamentou-se e, esquecendo as lições do hierofante, acabou acusando como responsáveis por seus males a fortuna, os gênios, todos, menos a si próprio.[1] Essa era uma daquelas almas que vinham do Céu: antes tinha vivido num Estado bem governado e tinha feito o bem, mais pela força do hábito que por filosofia. Eis por que, entre as que caíam em semelhantes enganos, as almas do Céu não eram numerosas, pelo fato de não haverem sido provadas pelo sofrimento. Ao contrário, aquelas que, tendo passado pela morada subterrânea, tinham sofrido e visto sofrer, não escolhiam tão às pressas. Daí, independentemente do acaso das posições dos que eram chamados à escolha, uma espécie de troca de bens e males para a maior parte das almas. Assim, um homem que, a cada renovação de sua vida na Terra, se aplicasse constantemente a sã Filosofia e tivesse a felicidade de não ser aquinhoado com as últimas sortes teria grande possibilidade, conforme o relato, não só de ser feliz neste mundo, mas ainda, na sua volta desta existência, de marchar pelo caminho seguido do céu, em vez de pelas penosas veredas do abismo subterrâneo.

Acrescentou o Armênio que era um espetáculo interessante ver a maneira por que as almas faziam a escolha. Nada mais estranho e, ao mesmo tempo, mais digno de compaixão e de irrisão. Em geral, a escolha era feita segundo os hábitos de vida anterior. Er tinha visto uma alma, outrora pertencente a Orfeu, escolher a sorte de um cisne, por ódio às mulheres por quem tinha sido morta, pois não queria a nenhuma delas dever o seu nascimento; a alma de Thomyris tinha escolhido a condição de rouxinol; e, reciprocamente, um cisne, bem como ele, tinha adotado a natureza do homem. Uma outra alma, chamada em vigésimo

---

[1] Os antigos não emprestavam ao vocábulo *tirano* o sentido que hoje lhe damos. Esse nome era dado a todos aqueles que se apoderavam do poder soberano, quaisquer que fossem as suas ações, boas ou más. A História cita tiranos que fizeram o bem. Entretanto, como na maioria dos casos, acontece que, ou para satisfazer a ambição, ou para se manter no poder, o fizessem por meio de crimes, mais tarde o vocábulo tornou-se sinônimo de cruel e se aplica a todo indivíduo que abusa de sua autoridade.
Escolhendo *a mais importante tirania*, a alma de que fala Er não tinha buscado a crueldade, mas apenas o mais largo poder, como condição de sua nova existência; quando sua escolha se tornou irrevogável, percebeu que esse mesmo poder arrastá-la-ia ao crime e lamentava tê-la feito, por isso acusando a todos menos a si mesma. É a história da maioria dos homens, artífices de sua própria desgraça, mas sem o querer confessar.

lugar, tomou a natureza de um leão: era a de Ajax, filho de Telamon. Detestava a humanidade devido à recordação do julgamento que lhe havia arrancado as armas de Aquiles.

Veio depois a alma de Agamenon, cujas desgraças o tornavam inimigo dos homens. Tomou a condição de águia.

Chegada ao meio a cerimônia, foi chamada a escolher a alma de Atalanta. Tendo considerado as grandes honras tributadas aos atletas, não resistiu ao desejo de ser um deles. Epeu, construtor do cavalo de Troia, tornou-se uma mulher industriosa. A alma do bobo Tersita, das últimas a apresentar-se, revestiu a forma de um macaco.

A alma de Ulisses, que o acaso havia colocado por último, também veio escolher: como a recordação de seus longos revezes lhe tivesse tirado toda a ambição, procurou demorada e penosamente e encontrou a vida tranquila, num recanto, para um homem a quem todas as outras almas haviam posto à margem. Visionando aquele homem, disse que, mesmo se tivesse sido a primeira alma chamada, não teria feito outra escolha.

Os animais, sejam quais forem, passam igualmente por corpos uns dos outros ou por corpos humanos: os que foram maus tornam-se animais ferozes e os bons, animais domésticos.

Depois que todas as almas haviam feito a escolha, aproximaram-se de Laquesis, segundo a ordem de escolha. A Parca deu a cada um o gênio que fora preferido, a fim de lhes servir de guarda durante a vida e as ajudar a cumprir o seu destino. Para começar, esse gênio as conduzia a Cloto, que com a mão e com um giro do fuso confirmava o destino escolhido. Depois de haver tocado no fuso, o gênio a conduzia a Átropos, que enrolava o fio, para tornar irrevogável aquilo que havia sido fiado por Cloto. A seguir, avançavam para o trono da Necessidade, ao pé do qual a alma e seu gênio passavam juntos. Depois que todas haviam passado, dirigiram-se para uma planície do Letes, o Esquecimento, onde experimentaram um calor insuportável, porque aí não havia árvore nem plantas. Caindo a tarde, passaram a noite junto ao rio Ameles, ou da ausência dos pensamentos sérios, cujas águas, que todos eram obrigados a beber, não podiam ser contidas em nenhum vaso; mas os imprudentes bebiam demais. E por isso perdiam completamente a memória. Em seguida adormeciam; mas lá para a meia-noite ouviu-se um grande trovão e um tremor de terra; logo as almas se dispersaram pelos diversos pontos de seu nascimento terrestre, como estrelas que de repente brilhassem no céu. Quanto a si, dizia Er, tinha sido impedido de beber da água do rio; entretanto não sabia onde nem quando sua alma se havia religado ao corpo. Pela manhã, tendo aberto os olhos de repente, percebeu que estava sobre a fogueira.

Tal é o mito, caro Glauco, que a tradição faz viver até hoje. Ele pode nos preservar de nossa perda: se lhe dermos fé, *passaremos felizmente o Letes e manteremos nossa alma purificada de toda mancha*".

UM AVISO DE ALÉM-TÚMULO

O seguinte fato é relatado pela Patrie, de 15 de agosto de 1858:

"Na última terça-feira meti-me a vos contar, talvez com muita imprudência, uma história *emocionante*. Eu deveria ter pensado que não há histórias *emocionantes*: há apenas histórias bem contadas; é que o mesmo fato, contado por pessoas diferentes, pode fazer o auditório adormecer, como pode dar-lhe arrepios de medo. Como me entretive com um companheiro de viagem de Cherburgo a Paris, o Sr. B., de quem ouvi uma anedota maravilhosa! Se eu a tivesse taquigrafado, por certo teria oportunidade de vos causar arrepios.

Mas cometi o erro de confiar em minha memória detestável, o que lamento profundamente. Enfim, seja como for, aqui está a aventura cujo desenlace prova que hoje, 15 de agosto, é um fato.

O Sr. de S., nome histórico, ainda hoje cercado de consideração, era oficial durante o Diretório.[1] Por prazer ou a serviço, dirigia-se à Itália.

Num de nossos departamentos centrais foi surpreendido pela noite e sentiu-se feliz por achar abrigo numa espécie de barraca suspeita, onde lhe ofereceram uma ceia ordinária e um catre no celeiro.

Habituado à vida de aventuras e ao rude ofício da guerra, o Sr. de S. comeu com apetite, deitou-se sem murmurar e dormiu profundamente.

Seu sono foi perturbado por uma terrível aparição. Viu um espectro levantar-se na sombra, marchar pesadamente para o seu catre e parar à

---

[1] Nome dado ao Governo da França que foi de 5 de brumário do ano IV (27 de outubro de 1795) a 18 de brumário do ano VIII (9 de novembro de 1788), derrubado pelo General Bonaparte. (N. do T.)

cabeceira. Era um homem de uns cinquenta anos, cujos cabelos grisalhos e assanhados estavam vermelhos de sangue; tinha o peito nu e a garganta cheia de rugas, estava cortada de feridas sangrentas. Ficou um momento silencioso, fixando os olhos negros sobre o viajante adormecido; depois sua figura pálida animou-se, as pupilas tornaram-se radiantes como dois carvões acesos, pareceu fazer um esforço violento e, com voz surda e trêmula, pronunciou estas palavras estranhas:

– Conheço-te; és soldado como eu e como eu homem de coragem e incapaz de faltar à palavra. Venho pedir-te um serviço, que outros prometeram e não cumpriram. Há três semanas que estou morto: o dono desta casa, ajudado pela mulher, surpreendeu-me dormindo e cortou-me a garganta. Meu cadáver está escondido sob um monte de adubo, à direita, no fundo do galinheiro. Vai amanhã procurar a autoridade local, traze dois polícias e manda enterrar-me. O dono da casa e sua mulher trair-se-ão e tu os entregarás à justiça. Adeus. Conto com a tua piedade. Não esqueças o pedido de um antigo companheiro de armas.

Despertando, o Sr. de S. lembrou-se do sonho. Apoiou a cabeça no cotovelo e pôs-se a meditar. Sua emoção era viva, mas dissipou-se aos primeiros clarões do dia e, como Athalie, disse: *Ele fez violência ao seu coração* e, escutando apenas a voz da razão, afivelou a valise e continuou a jornada.

À tardinha chegou a sua nova etapa e parou para passar a noite num albergue. Mas, apenas tinha fechado os olhos, o espectro apareceu-lhe uma segunda vez, triste e quase ameaçador.

– Admiro-me e aflijo-me, disse-lhe o fantasma, "de ver um homem como tu perjurar e faltar a seu dever. Esperava mais de tua lealdade. Meu corpo está insepulto, meus assassinos vivem em paz. Amigo, minha vingança está em tuas mãos: em nome da honra intimo-te a que voltes sobre os teus passos.

O Sr. de S. passou o resto da noite numa grande agitação. Amanhecendo, envergonhou-se de seu terror e continuou a viagem.

À tarde, uma terceira parada e uma terceira aparição. Dessa vez o fantasma estava mais lívido e mais terrível: um sorriso amargo errava em seus lábios brancos. Falou com voz rude:

– Parece que te julguei mal; que teu coração, como o dos outros, é insensível aos rogos dos infelizes. Pela última vez venho invocar o teu auxílio e apelar à tua generosidade. Volta a X. Vinga-me ou sê maldito. Dessa vez, o Sr. de S. não vacilou: fez meia volta, caminhando até o albergue suspeito, onde havia passado a primeira dessas noites lúgubres. Foi à casa do juiz e pediu dois policiais. À sua vista, à vista dos dois polícias, os assassinos empalideceram e confessaram o crime como se uma força superior lhes houvesse arrancado a confissão fatal.

O processo foi preparado rapidamente, tendo eles sido condenados à morte. Quanto ao pobre oficial, cujo cadáver foi encontrado sob um monte de adubo, à direita, no fundo do galinheiro, foi sepultado em terra santa e os padres oraram pelo repouso de sua alma.

Cumprida a sua missão, o Sr. de S. apressou-se em deixar a região e correu para os Alpes, sem olhar para trás.

A primeira vez que repousou numa cama, o fantasma ergueu-se mais uma vez ante seus olhos, já não feroz e irritado, antes suave e benevolente. E lhe disse:

– Obrigado, irmão. Desejo agradecer o serviço que me prestaste: mostrar-me-ei a ti ainda uma vez, uma só: duas horas antes de tua morte virei avisar-te. Adeus.

Então o Sr. de S. tinha cerca de trinta anos. Durante trinta anos nenhuma visão veio perturbar a quietude de sua vida. Mas em 182..., a 14 de agosto, véspera da festa de Napoleão, o Sr. de S., que havia continuado fiel ao partido bonapartista, tinha reunido num grande jantar cerca de vinte antigos soldados do império. A festa fora muito alegre e o anfitrião, embora velho, estava saudável e vigoroso. Achavam-se no salão e tomavam café. O Sr. de S. teve vontade de tomar uma pitada e lembrou-se de que havia deixado no quarto a caixa de rapé. Como tinha por hábito servir-se ele mesmo, deixou os convivas por um momento e subiu ao primeiro andar, onde ficava o seu quarto.

Mas não havia levado luz.

Quando entrou no longo corredor que conduzia ao quarto, parou de repente e foi forçado a apoiar-se à parede. À sua frente, na extremidade da galeria, erguia-se o fantasma do homem assassinado: não pronunciou nenhuma palavra, não fez nenhum gesto; depois de um instante, desapareceu.

Era o aviso prometido.

O Sr. de S. tinha bom ânimo: depois daquele instante de desfalecimento recobrou a coragem e o sangue frio, marchou para o quarto, tomou a caixa de rapé e desceu ao salão.

Quando ali penetrou nenhum sinal de emoção transparecia-lhe no rosto. Meteu-se na conversa e, durante uma hora, mostrou todo seu espírito e o bom humor ordinário.

À meia-noite os convidados se retiraram. Então sentou-se e passou três quartos de hora em recolhimento. Depois, tendo posto ordem em seus negócios, embora não sentisse nenhum mal-estar, ganhou o quarto de dormir.

Quando abriu a porta, um tiro o estendeu morto, exatamente duas horas após a aparição do fantasma.

A bala que lhe arrebentou o crânio era destinada ao seu criado.

Henry D'Audigier"

Quis o autor do artigo cumprir a qualquer preço a promessa feita ao jornal, de contar algo de emocionante, para o que teria recorrido a uma história que relata com fecunda imaginação ou essa história é verdadeira? Não podemos garantir. Aliás, isso não tem importância: real ou fictícia, o essencial é saber se o fato é possível.

Então não hesitemos e digamos: sim; os avisos de além-túmulo são possíveis; aí estão para os atestar numerosos exemplos, cuja autenticidade não poderia ser posta em dúvida. Se, pois, a anedota do Sr. Henry d'Audigier é apócrifa, muitas outras do mesmo gênero não o são e, diremos mesmo, esta nada oferece de extraordinário. A aparição teria ocorrido em sonho, o que é muito banal, ao passo que é notório que se produzem à vista e em estado de vigília. O aviso no instante da morte não é insólito, mas os fatos desse gênero já são muito mais raros, por isso que, em sua sabedoria, a Providência nos oculta o momento fatal. Assim, só excepcionalmente ele nos é revelado e por motivos que nos são desconhecidos.

Eis aqui um outro exemplo de um caso análogo, mais recente, menos dramático, mas cuja exatidão podemos garantir.

O Sr. Watbled, negociante e presidente do tribunal de comércio de Boulogne, expirou a 12 de julho último nas seguintes circunstâncias: sua esposa, falecida havia doze anos e cuja morte lhe havia causado um pesar incessante, apareceu-lhe durante duas noites consecutivas, nos primeiros dias de junho, e lhe disse: Deus teve piedade de nossas penas e quer que em breve nos unamos. Acrescentou que o encontro estava marcado para o próximo dia 12 de julho, e, em consequência, ele devia preparar-se. Com efeito, desde esse momento nele se operou uma notável transformação: definhava dia a dia, em breve prostrou-se e, sem o menor sofrimento, exalou o último alento no dia marcado, nos braços dos amigos.

O fato em si não é contestável. Os céticos apenas poderão discutir a causa, que não deixarão de atribuir à imaginação.

Sabe-se que semelhantes predições, feitas por leitores de buena-dicha, tiveram um desenlace fatal. Nesse caso compreende-se que, chocada a imaginação por essa ideia, os órgãos possam experimentar uma alteração radical; mais de uma vez o medo de morrer tem causado a morte. Mas aqui as circunstâncias são outras.

Os que se aprofundaram nos fenômenos do Espiritismo podem perfeitamente dar-se conta do fato; quanto aos cépticos, tem apenas um argumento: não creio; isso não é possível. Interrogados a respeito, os Espíritos responderam: Deus escolheu esse homem, conhecido por todos, a fim de que o acontecimento se espalhasse e desse o que pensar. Os incrédulos, incessantemente, pedem provas. Deus lhas dá a cada momento, por meio dos fenômenos que brotam de todos os lados. Mas a eles se aplicam estas palavras: têm olhos e não veem; têm ouvidos e não ouvem.

OS GRITOS DA NOITE DE SÃO BARTOLOMEU

Na sua *Histoire de l'ordre du Saint-Esprit*, edição de 1778, De Saint-Foy cita a passagem seguinte, tirada de uma coletânea do Marquês Christophe Juvenal des Ursins, tenente-general do governo de Paris, escrita pelos fins do ano de 1572 e impressa em 1601.

"A 31 de agosto de 1572, oito dias após o massacre de São Bartolomeu, eu tinha ceado no Louvre, em casa da Senhora de Fiesque. Durante todo o dia havia feito muito calor. Fomos sentar-nos sob uma pequena latada, ao lado do riacho, para respirar ar fresco. De repente ouvimos no ar um barulho horrível de vozes tumultuosas e de gemidos misturados a gritos de raiva e de furor; ficamos imóveis, transidos de espanto, olhando-nos de vez em quando, mas sem coragem de falar. Creio que esse barulho durou cerca de meia hora. É certo que o rei Carlos IX o ouviu, ficou apavorado e não dormiu o resto da noite; contudo não fez comentários no dia seguinte, mas foi notado o seu ar sombrio, pensativo e desvairado.

"Se algum prodígio não deve encontrar incrédulos, esse é um e é atestado por Henrique IV. Em seu livro I, capítulo 6, páginas 561, diz d'Aubigné: várias vezes aquele príncipe nos contou entre os seus familiares e cortesãos mais íntimos – e tenho várias testemunhas vivas de que jamais no-lo repetiu sem se sentir tomado de pavor – que oito dias depois do massacre da Noite de São Bartolomeu havia visto uma grande quantidade de corvos pousar e crocitar sobre o pavilhão do Louvre; que na mesma noite, Carlos IX, duas horas depois de se haver deitado, saltou da cama, fez com que os camareiros se levantassem e mandou dar busca, pois ouvia no ar um grande barulho de vozes gementes, em tudo semelhantes às que se ouviam na noite do massacre; que todos esses gritos eram tão chocantes, tão marcados e tão distintamente articulados, que Carlos IX pensou fossem os inimigos dos Montmorency e os seus partidários atacando-os de surpresa, pelo que mandou um destacamento de sua guarda para impedir esse novo massacre; que os guardas informaram que Paris estava tranquila e que todo aquele barulho que se ouvia estava no ar.

Observação: O fato relatado por de Saint-Foy e por Juvenal des Ursins tem muita analogia com a história do fantasma que aparecia a Mademoiselle Clairon, relatada em nosso número de fevereiro, com a diferença de que neste caso foi um único Espírito a manifestar-se durante dois anos e meio, ao passo que depois da Noite de São Bartolomeu parece ter havido uma inumerável quantidade de Espíritos, que fizeram o ar vibrar apenas por alguns instantes. Aliás, ambos os fenômenos têm evidentemente o mesmo princípio que os outros fatos contemporâneos e da mesma natureza, por nós já relatados, e deles não diferem senão em detalhes de forma. Interrogados sobre a causa dessa manifestação, vários Espíritos responderam que *era um castigo de Deus*, o que é fácil de compreender.

PALESTRAS DE ALÉM-TÚMULO
SENHORA SCHWABENHAUS. LETARGIA ESTÁTICA

Segundo o *Courrier des États-Unis*, vários jornais relataram o fato que se segue e que nos pareceu fornecer matéria para um estudo interessante.

"Diz o *Courrier des États-Unis* que uma família de Baltimore acaba de ficar vivamente emocionada por um caso singular e morte aparente. Doente desde muito tempo, a Sra. Schwabenhaus parecia ter exalado o último suspiro na noite de segunda para terça-feira. As pessoas que dela cuidavam observaram todos os sintomas da morte: o corpo ficou gelado, os membros se enrijeceram. Depois de ter prestado ao cadáver os últimos deveres e quando tudo na câmara ardente estava preparado para o enterro, os assistentes foram repousar. Em breve, os seguiu o Sr. Schwabenhaus, esgotado de fadiga. Estava mergulhado num sono agitado quando, cerca de seis horas da manhã, feriu-lhe o ouvido a voz da esposa. A princípio julgou-se vítima de um sonho: mas o seu nome, repetido várias vezes, em breve não lhe deixou mais dúvida: precipitou-se para o quarto da esposa. Aquela que havia sido deixada como morta estava sentada no leito, aparentemente gozando de todas as faculdades e mais forte do que nunca, desde o começo da doença.

A Sra. Schwabenhaus pediu água, depois quis tomar chá e vinho. Pediu ao marido que fosse acalentar a criança que chorava no quarto vizinho. Mas ele estava muito emocionado para isso e correu a chamar as pessoas de casa. A doente acolheu sorridente os amigos e empregados, que se aproximaram trêmulos do seu leito. Não pareceu surpreendida com o aparato funerário que lhe feria os olhos: eu sei que vocês pensavam que eu estivesse morta, disse ela; entretanto, estava apenas adormecida. Durante esse tempo minha'alma foi transportada às regiões celestes: um anjo veio buscar-me e em poucos instantes transpusemos o espaço. Esse anjo que me conduzia era a filhinha que perdemos o ano passado... Oh! Em breve irei unir-me a ela... Agora, que gozei as alegrias do céu, não queria mais voltar aqui. Pedi ao anjo para vir mais uma vez beijar meu marido e meus filhos. Mas em breve ele virá novamente buscar-me.

As oito horas, depois de se haver ternamente despedido do marido, dos filhos e de uma porção de pessoas que a rodeavam, a Sra. Schwabenhaus expirou realmente, conforme foi constatado pelos médicos, de maneira a não deixar mais dúvida.

Esta cena comoveu vivamente a população de Baltimore."

Evocado numa sessão da Sociedade Parisiense de Estudos Espíritas, 27 de abril último, o Espírito da senhora Schwabenhaus manteve a seguinte palestra.

1. – Com o fito de nos instruirmos, queremos fazer algumas perguntas, relativamente à vossa morte. R – Como não vos atender se sei, agora que começo a tocar as verdades eternas, que tendes tal necessidade?

2. – Lembrai-vos da circunstância particular que precedeu a vossa morte? R – Sim. Foi aquele o mais feliz momento de minha existência terrena.

3. – Durante a vossa morte aparente ouvíeis o que se passava em torno e víeis o aparato dos funerais? R – Minha alma estava muito preocupada com a sua felicidade próxima.

Observação: Sabe-se que em geral os letárgicos veem e ouvem o que se passa em volta de si e ao despertar conservam a lembrança. O fato que retratamos oferece a particularidade de ser o sono letárgico acompanhado de êxtase, o que explica o desvio da atenção da paciente.

4. – Tendes a consciência de não estar morta? R – Sim; mas isso me era antes penoso.

5. – Podeis dizer-nos qual a diferença entre o sono natural e o sono letárgico? R – O sono natural é o repouso do corpo; o letárgico é a exaltação da alma.

6. – Sofríeis durante a letargia? R – Não.

7. – Como se operou vosso retorno à vida? R – Deus permitiu que eu voltasse para consolar os corações aflitos que me rodeavam.

8. Desejaríamos uma explicação mais material. R – Aquilo a que chamais perispírito ainda animava o meu invólucro terrestre.

9. – Como é que não ficastes surpreendida quando despertastes entre o aparato para o vosso enterro? R – Eu sabia que ia morrer; aquilo tudo pouco importava, desde que eu havia entrevisto a felicidade dos eleitos.

10. – Voltando à consciência, ficastes satisfeita com a volta à vida? R – Sim: para consolar.

11. – Onde estivestes durante o sono letárgico? R – Não posso

descrever a felicidade que experimentava: a linguagem humana não exprime essas coisas.

12. – Vós vos sentíeis ainda na Terra ou no espaço? R – Nos espaços.

13. – Voltando a vós, dissestes que a filha, que havíeis perdido no ano anterior, vos tinha vindo buscar. É verdade? R – Sim: é um Espírito puro.

Observação: Nas respostas dessa mãe tudo indica que era um Espírito elevado. Nada, pois, há de admirar que um Espírito ainda mais elevado se tivesse unido ao seu por simpatia. Contudo, não devemos tomar ao pé da letra a expressão *Espírito puro*, que os Espíritos por vezes se dão mutuamente. Sabe-se que isso significa uma ordem mais elevada, pois os que se acham completamente desmaterializados e depurados não mais estão sujeitos à reencarnação: são anjos que desfrutam a vida eterna. Ora, os que não atingiram ainda um grau suficiente não compreendem esse estado supremo; podem, pois, empregar a expressão *Espírito puro* para designar uma superioridade relativa, não no sentido absoluto. Temos disso numerosos exemplos: a Sra. Schwabenhaus parece estar nesse caso. Também os Espíritos zombadores, por vezes, se atribuem a qualidade de Espíritos puros, a fim de inspirar mais confiança àqueles a quem desejam enganar e que não têm suficiente perspicácia para lhes julgar a linguagem, onde sempre traem a sua inferioridade.

14. – Que idade tinha essa criança quando morreu? R – Sete anos.

15. – Como a reconhecestes? R – Os Espíritos superiores se conhecem mais rapidamente.

16. – Vós a reconhecestes sob uma forma qualquer? R – Só a vi como Espírito.

17. – O que ela vos dizia? R – Vem; segue-me para o Eterno.

18. – Vistes outros Espíritos além do de vossa filha? R – Vi uma porção de outros; mas a voz de minha filha e a felicidade que experimentava eram minhas únicas preocupações.

19. – No momento de vosso retorno à vida dissestes que em breve iríeis reencontrar vossa filha. Tínheis então consciência de vossa morte próxima? R – Era-me uma esperança feliz.

20. – Como o sabíeis? R – Quem não sabe que tem de morrer? A doença bem mo dizia.

21. – Qual a causa de vossa doença? R – Os desgostos.

22. – Que idade tínheis? R – Quarenta e oito anos.

23. – Deixando a vida definitivamente tivestes consciência clara e lúcida de vossa nova condição? R – Tive-a no momento da letargia.

24. – Experimentastes a perturbação que geralmente acompanha a volta à vida espírita? R – Não; eu estava deslumbrada, mas não perturbada.

Observação: Sabe-se que a perturbação que se segue à morte é tanto menor e menos duradoura quanto mais depurado em vida é o Espírito. O êxtase que precedeu a morte dessa senhora era, aliás, o primeiro desprendimento que a alma tinha dos laços terrenos.

25. – Depois da morte revistes a vossa filha? R – Frequentemente estou com ela.

26. – Vós reunistes a ela por toda a eternidade? R – Não; sei, entretanto, que após minhas últimas encarnações estarei na paz onde habitam os Espíritos puros.

27. – Então vossas provas não estão terminadas? R – Não. Entretanto, agora serão felizes: não me deixam senão esperar; e a esperança é quase felicidade.

28. – Vossa filha tinha habitado outros corpos antes daquele pelo qual foi vossa filha? R – Sim, em muitos outros.

29. – Sob que forma estais entre nós? R – Sob minha última forma feminina.

30. – Vós nos vedes tão distintamente quanto se estivésseis viva? R – Sim.

31. – Desde que aqui vos encontrais com a forma que tínheis na Terra é pelos olhos que nos vedes? R – Não, o Espírito não tem olhos. Só me encontro sob minha última forma para satisfazer as leis que regem os Espíritos quando evocados e obrigados a retomar aquilo a que chamais perispírito.

32. – Podeis ler os nossos pensamentos? R – Sim, posso; verei se vossos pensamentos são bons.

33. – Agradecemos as explicações que tivestes a bondade de nos dar; reconhecemos pela sabedoria de vossas respostas que sois um Espírito elevado e esperamos que gozareis a felicidade que mereceis. R – Sinto-me feliz por contribuir para a vossa obra. Morrer é uma alegria

quando se pode ajudar o progresso como posso fazê-lo.

OS TALISMÃS

MEDALHA CABALÍSTICA

O Sr. M. tinha comprado num belchior uma medalha que se lhe afigurou de notável originalidade. Era do tamanho de um escudo de seis libras. Tinha o aspecto da prata, posto que um pouco oxidada. Sobre as duas faces há uma porção de sinais, gravados em baixa relevo, entre os quais se notam os planetas, círculos entrelaçados, um triângulo, palavras ininteligíveis e iniciais em caracteres vulgares; depois outras em caracteres bizarros, tendo algo de árabe, tudo disposto de modo cabalístico, à maneira dos livros de magia.

Tendo interrogado a Srta. J., médium-sonâmbula, a respeito dessa medalha, foi dito ao Sr. M. que ela era composta de sete metais, que havia pertencido a Cazotte e possuía o poder especial de atrair os Espíritos e facilitar as evocações. O Sr. Caudemberg, autor de uma série de comunicações que diz ter recebido, como médium, da Virgem Maria, lhe disse que era uma coisa maléfica, própria para atrair os demônios. Mlle. Guldenstube, médium, irmã do Barão de Guldenstube, autor de uma obra sobre Pneumatografia, ou escrita direta, lhe disse que a medalha tinha uma virtude magnética e poderia provocar o sonambulismo.

Pouco satisfeito com essas respostas contraditórias, o Sr. M. apresentou-nos essa medalha, pedindo nossa opinião pessoal a respeito, ao mesmo tempo que desejava interrogássemos um Espírito superior sobre o valor real do ponto de vista da influência que ela pudesse ter.

Eis a nossa resposta:

Os Espíritos são atraídos ou repelidos pelo pensamento e não por objetos materiais, que nenhum poder exercem sobre eles. Em todos os tempos, os Espíritos superiores condenaram o emprego de signos e de formas cabalísticas; e todo Espírito que lhes atribui uma virtude qualquer ou que pretende dar talismãs que denotam magia por aí revela a própria inferioridade, quer quando age de boa-fé e por ignorância, levado por antigos preconceitos terrenos, de que ainda se acha imbuído, quer quando, conscientemente, se diverte com a credulidade, como Espírito zombeteiro. Os sinais cabalísticos, quando não são mera fantasia, são símbolos que lembram crenças supersticiosas na virtude de certas coisas, como os números, os planetas e sua correspondência com os metais, crenças nascidas no tempo da ignorância e que repousam sobre erros manifestos, aos quais a Ciência fez justiça, mostrando o que há sobre os pretensos sete planetas, os sete metais, etc. A forma mística e ininteligível de tais emblemas tem o objetivo de os impor ao vulgo, sempre inclinado a considerar maravilhoso aquilo que não compreende. Quem quer que tenha estudado racionalmente a natureza dos Espíritos, não admitirá que sobre eles se exerça a influência de formas convencionais, nem de substâncias misturadas em certas proporções: seria renovar as práticas do caldeirão das feiticeiras, dos gatos pretos, das galinhas pretas e de outras secretas maquinações. Já o mesmo não se dá com um objeto magnetizado, pois, como se sabe, tem o poder de provocar o sonambulismo ou certos fenômenos nervosos sobre a economia orgânica. Mas, então, a virtude de tal objeto reside unicamente no fluido de que se acha momentaneamente impregnado e que assim se transmite, por via imediata, e não na forma, na cor, nem, principalmente, nos signos de que possa estar cheio.

Um Espírito pode dizer: "Trace tal sinal e por ele saberei que você me chama; e eu virei". Mas nesse caso o sinal traçado é a expressão do pensamento; é uma evocação traduzida de modo material. Ora, seja qual for sua natureza, os Espíritos não necessitam de semelhantes meios de comunicação. Os Espíritos superiores jamais os empregam; os inferiores podem fazê-lo visando a fascinar a imaginação das pessoas crédulas, que querem sob sua dependência. Regra geral: para os Espíritos superiores a forma nada é; o pensamento é tudo; todo Espírito que liga mais importância à forma que ao fundo é inferior, não merece nenhuma confiança, mesmo quando, vez por outra, diga algumas coisas boas; porque as boas coisas são por vezes um meio de sedução.

Tal era, de maneira geral, o nosso pensamento a respeito dos talismãs, como meio de entrar em relação com os Espíritos. Desnecessário dizer que ele também se aplica a outros meios empregados supersticiosamente, como preservativos de doenças e acidentes.

Não obstante, para edificação do dono da medalha e para melhor aprofundar a questão, na sessão de 17 de junho de 1858, na Sociedade, pedimos ao Espírito de São Luís, que tem a bondade de se comunicar conosco sempre que se trata de nossa instrução, que nos desse sua opinião a respeito. Interrogado sobre o valor dessa medalha, eis a sua resposta: "Fazeis bem não admitindo que os objetos materiais possam ter qualquer virtude sobre as manifestações, tanto para as provocar quanto para as impedir. Muito frequentemente temos dito que as manifestações são espontâneas e que, além disso, jamais nos recusamos a responder ao vosso apelo. Por que pensais que sejamos *obrigados* a obedecer a uma coisa fabricada pelas criaturas?

– Com que fim foi fabricada essa medalha?

– Foi feita com o objetivo de chamar a atenção das pessoas capazes de crer nisso; mas só por magnetizadores é que ela poderá ter sido feita com a intenção de magnetizar e adormecer um sensitivo. Os signos são mera fantasia.

– Dizem que ela pertenceu a Cazotte. Poderíamos evocá-lo para nos dar algumas informações a respeito?

– É desnecessário. Ocupai-vos antes de coisas mais sérias".

PROBLEMAS MORAIS

SUICÍDIO POR AMOR[1]

Há sete ou oito meses Luís A., sapateiro, namorava a jovem Vitorina R., pespontadeira de botinas, com a qual devia casar-se brevemente, pois os proclamas estavam sendo publicados. Estando as coisas nesse ponto, os jovens se consideravam como que unidos definitivamente e, como medida de economia, o sapateiro vinha fazer as refeições em casa da noiva.

Tendo vindo quarta-feira última, como de costume, cear em casa da pespontadeira, sobreveio uma discussão a propósito de uma futilidade; obstinaram-se de parte a parte e as coisas chegaram a um ponto em que Luís deixou a mesa e se foi, jurando não mais voltar.

Entretanto, no dia seguinte o sapateiro, muito confuso, veio render-se e pedir perdão. Diz-se que a noite é boa conselheira; mas a operária, talvez prejulgando, depois da cena de véspera, o que poderia

---

[1] O episódio aqui relatado encontra-se, em linhas gerais, mas um pouco resumido, em *O Céu e o Inferno*, de Allan Kardec, sob o título de "Luís e a pespontadeira de botinas". (N. do T.)

acontecer quando não mais houvesse tempo para se desdizer, recusou reconciliar-se e nem os protestos, nem as lágrimas, nem o desespero a venceram. Entretanto, como já se houvessem passado vários dias desde aquele arrufo, esperando que a sua amada estivesse mais tratável, ante-ontem à noite Luís quis tentar uma última explicação: chegou-se, bateu à porta de modo a se dar a conhecer, mas ela se recusou a abrir; novas súplicas do pobre abandonado, novos protestos através da porta, mas nada demoveu a implacável eleita.

"Então adeus, ó malvada!", exclamou enfim o pobre rapaz. "Adeus para sempre! Procure um marido que a queira tanto quanto eu!"

Ao mesmo tempo, a moça escutou um como que gemido abafado, depois como que o ruído de um corpo que caísse escorregando ao longo da porta, e tudo entrou em silêncio. Então pensou que Luís se houvesse sentado à soleira para esperar a primeira saída; mas prometeu a si mesma não pôr o pé na rua enquanto lá estivesse.

Decorrido apenas um quarto de hora, um dos inquilinos passou no pátio com uma luz e soltou uma exclamação, pedindo socorro. Logo chegaram todos os vizinhos; abrindo também a sua porta, a senhorita Vitorina soltou um grito de horror, ao perceber no chão o corpo de seu noivo, pálido e inanimado. Todos se apressaram em lhe prestar auxílio e procurar um médico, mas logo verificaram que tudo era inútil, pois que ele já deixara de existir. O infeliz moço havia enterrado no peito a faca de sapateiro e o ferro ficara na ferida.

O fato que encontramos em *Le Siècle*, de 7 de abril último, despertou-nos a ideia de dirigir a um Espírito superior algumas perguntas sobre suas consequências morais. Ei-las aqui, com as respectivas respostas, dadas pelo Espírito de São Luís, na sessão da Sociedade, no dia 10 de agosto de 1858.

1. – A moça, causa involuntária da morte do amante, tem responsabilidade? R – Sim, porque não o amava.

2. – Para evitar essa desgraça deveria ela desposá-lo, embora não o amasse? R – Ela buscava uma ocasião para se separar; fez no começo de sua ligação o que teria feito mais tarde.

3. – Assim a culpabilidade consiste em ter nele alimentado sentimentos de que não partilhava e que foram a causa da morte do rapaz? R – Sim, isso mesmo.

4. – Nesse caso, sua responsabilidade deve ser proporcional à falta. E não deve ser tão grande quanto se tivesse, de caso pensado, provocado a morte. R – Isso salta aos olhos.

5. – O suicídio de Luís terá uma escusa no desvario em que o mergulhou a obstinação de Vitorina? R – Sim, porque seu suicídio, provocado pelo amor, é menos criminoso aos olhos de Deus que o do homem que quer livrar-se da vida por covardia.

Observação: Dizendo que esse suicídio é criminoso aos olhos de Deus, evidentemente significa que há criminalidade, posto que menor. A falta consiste na fraqueza que ele não soube vencer. É sem dúvida uma prova a que sucumbiu. Ora, os Espíritos nos ensinam que o mérito está em lutar vitoriosamente contra as provas de todo gênero, que são a essência da vida terrena.

Evocado num outro dia, foram feitas ao Espírito de Luís C... as seguintes perguntas a que respondeu:

1. – Que pensa da ação que praticou? R – Vitorina é uma ingrata. Errei em matar-me por ela, pois não o merecia.

2. – Então ela não o amava? R – Não. A princípio pensou que sim; mas estava iludida. A cena que fiz abriu-lhe os olhos. Então alegrou-se com o pretexto para desembaraçar-se de mim.

3. – E você a amava sinceramente? R – Eu tinha paixão por ela: parece que é tudo. Se a tivesse amado com pureza não teria querido magoá-la.

4. – Se ela tivesse sabido que você realmente queria matar-se teria persistido na recusa? R – Não sei. Não creio, pois não era má. Entretanto, teria sido infeliz. Para ela foi melhor assim.

5. – Ao chegar a sua porta você tinha a intenção de matar-se, caso fosse recusado? R – Não. Nem pensava nisto. Não a supunha tão obstinada. Somente quando vi sua teimosia é que fui tomado por uma vertigem.

6. – Parece que você não lamenta o suicídio senão porque Vitorina não o merecia. É seu único sentimento? R – Neste momento, sim. Ainda me acho perturbado. Parece-me estar a sua porta. Sinto, porém, algo que não posso definir.

7. – Compreenderá mais tarde? R – Sim, quando estiver desembaraçado... Fiz mal. Devia tê-la deixado tranquila... Fui fraco e sofro

as consequências... Vede: a paixão cega o homem e o arrasta a praticar tolices. Só o compreende demasiado tarde.

8. – Disse que sofre as consequências. Qual a pena que sofre?
R – Errei abreviando a vida; não devia tê-lo feito. Deveria suportar tudo antes de acabar prematuramente. Por isso sou infeliz; sofro. É sempre ela quem me faz sofrer. Parece-me estar ainda a sua porta. Que ingrata! Não me faleis mais nisso; não quero mais pensar, pois isso me faz muito mal. Adeus.

OBSERVAÇÕES SOBRE O DESENHO DA CASA DE MOZART

Um dos nossos assinantes escreveu as linhas seguintes, a respeito do desenho, que publicamos no último número.

"Diz o autor do artigo, à página 243: *A clave de sol é ali repetida com frequência e – coisa original – nunca a clave de fá*". Parece que os olhos do médium não viram todos os detalhes do rico desenho executado por sua mão, pois um músico nos assegura que é fácil reconhecer, direta e invertida, a clave de *fá* na ornamentação da base do edifício, no meio da qual mergulha o talão do arco do violino, assim como no prolongamento dessa ornamentação, à esquerda, a ponta da tiorba. Na opinião do mesmo músico, a forma antiga da clave de dó aparece também nas lajes próximas da escadaria da direita.

Observação: Ajuntamos essa observação com tanto maior satisfação quanto mais ela prova até que ponto o pensamento do médium ficou alheio à confecção do desenho. Examinando os detalhes das partes indicadas, reconhecem-se, efetivamente, as chaves de *fá* e de *dó*, com as quais o autor ornou inadvertidamente seu desenho. Quando o vemos trabalhando, percebemos facilmente a ausência de qualquer concepção premeditada e de qualquer vontade: sua mão, arrastada por uma força oculta, dá ao lápis ou ao buril o mais irregular movimento e, ao mesmo tempo, o mais contrário aos elementares preceitos da arte, pois vai incessantemente, com uma rapidez incrível, de um extremo a outro da prancha, sem interrupção e volta cem vezes ao mesmo ponto. Todas as partes são assim começadas e simultaneamente continuadas, sem que qualquer delas fique completada antes que se inicie outra. Disso resulta, à primeira vista, um conjunto incoerente, cujo fim só é compreensível quando tudo está acabado. Esse andamento original não é peculiar do Sr. Sardou. Vimos todos os médiuns desenhistas procedendo do mesmo modo. Conhecemos uma senhora, pintora de mérito e professora de desenho, que também possui essa faculdade. Quando ela desenha como médium, opera, malgrado seu, contra as regras e por um processo que seria impossível seguir quando trabalha sob sua própria inspiração e em estado normal. Seus alunos, dizia ela, ririam se lhes ensinasse a desenhar à maneira dos Espíritos.

Allan Kardec

ANO I
OUTUBRO DE 1858

OBSEDADOS E SUBJUGADOS

Muito se tem falado dos perigos do Espiritismo. É de notar-se, entretanto, que os que mais gritaram são exatamente o que quase só o conhecem por ouvir dizer. Já refutamos os principais argumentos que lhe são opostos; a eles, pois, não voltaremos; acrescentaremos apenas que se quiséssemos proscrever da sociedade tudo quanto pode oferecer perigo e dar margem a abusos, não saberíamos muito o que haveria de restar, mesmo daquelas coisas de primeira necessidade, a começar pelo fogo, causa de tantas desgraças; depois, as estradas de ferro, etc. Se se admitir que as vantagens compensam os inconvenientes, o mesmo deve acontecer com tudo o mais: a experiência indica *pari passu* as precauções que devem ser tomadas para nos garantirmos contra os inevitáveis perigos das coisas.

Na verdade, o Espiritismo apresenta um perigo real, mas não é aquele que se supõe: é preciso ser-se iniciado nos princípios da Ciência para bem compreendê-lo. Não nos dirigimos àqueles que lhe são alheios; é aos próprios adeptos, àqueles que o praticam, pois que para estes é que há perigo. Importa que o conheçam, a fim de se porem em guarda: sabe-se que um perigo previsto é um perigo meio evitado.[1] Diremos mais: para quem quer que esteja bem informado da Ciência, tal perigo não existe: existe apenas para aqueles que têm a presunção de saber, isto é, como em todas as coisas, para aqueles que não possuem a necessária experiência.

Um desejo muito natural em todos aqueles que começam a se ocupar do Espiritismo é ser médium, principalmente psicógrafo. É realmente o gênero que tem mais atração, dada a facilidade das comunicações

---

[1] Diríamos em português: "Um homem prevenido vale por dois", o que exprime a mesma ideia. (N. do T.)

e por ser o que melhor se desenvolve com o exercício. Compreende-se a satisfação que deve experimentar quem, pela primeira vez, vê a própria mão formar letras, depois palavras, depois frases em respostas aos seus pensamentos. Essas respostas que traça maquinalmente, sem saber o que faz, o mais das vezes estão fora de qualquer ideia pessoal, não lhe podem deixar nenhuma dúvida quanto à intervenção de uma inteligência oculta. Assim, grande é a sua alegria de poder entreter-se com os seres de além-túmulo, com esses seres misteriosos e invisíveis, que povoam os espaços: parentes e amigos já não mais se encontram ausentes; se não os vê com os olhos, nem por isso deixam de ali estar; conversam com ele, e ele os vê por pensamento; pode saber se são felizes, conhecer aquilo que fazem, o que desejam e trocar amabilidades. Compreende que entre eles a separação não é eterna e faz votos para apressar o instante em que poderiam reunir-se num mundo melhor. E não é tudo. Quanto não pode saber por intermédio dos Espíritos que com ele se comunicam? Não irão eles levantar o véu de todas as coisas? Agora já não há mais mistérios: não tem mais do que interrogar, para tudo ficar sabendo. Já vê a sua frente a Antiguidade sacudir a poeira do tempo, escavar as ruínas, interpretar as escrituras simbólicas e fazer reviver aos seus olhos os séculos passados. Outro, mais prosaico, e pouco preocupado em sondar o infinito onde se perde o pensamento, cuida apenas de explorar os Espíritos em benefício de sua fortuna. Os Espíritos, que devem ver tudo e tudo saber, não lhe podem recusar a descoberta de algum tesouro escondido ou algum segredo maravilhoso.

Quem quer que se dê ao trabalho de estudar a Ciência espírita jamais se deixará seduzir por esses belos sonhos. Sabe do que se deve abster a respeito do poder dos Espíritos, de sua natureza e do objetivo das relações que com eles o homem pode estabelecer. Recordemos, para começar, e em poucas palavras, os pontos principais, que nunca devem ser perdidos de vista, porque são uma espécie de chave da abóbada do edifício.

1º. – Os Espíritos não são iguais nem em poder, nem em conhecimento, nem em sabedoria. Como não passam de almas humanas desembaraçadas de seu invólucro corporal, ainda apresentam uma variedade maior que a que encontramos entre os homens na Terra, por isso que vêm de todos os mundos, e porque entre os mundos a Terra nem é o mais atrasado, nem o mais adiantado. Há, pois, Espíritos muito superiores, como os há muito inferiores; muito bons e muito maus, muito sábios e muito ignorantes, há os levianos, malévolos, mentirosos, astutos, hipócritas, facetos, espirituosos, trocistas, etc.

2º. – Estamos incessantemente cercados por uma nuvem de Espíritos que, nem por serem invisíveis aos nossos olhos materiais, deixam de estar no espaço, em redor de nós, ao nosso lado, espiando os nossos atos, lendo os nossos pensamentos, uns para nos fazer bem, outros para nos fazer mal, segundo os Espíritos bons ou maus.

3º. – Pela inferioridade física e moral de nosso globo na hierarquia dos mundos, os Espíritos inferiores aqui são mais numerosos que os superiores.

4º. – Entre os Espíritos que nos cercam, há os que se ligam a nós, que agem mais particularmente sobre nosso pensamento, aconselham-nos, e cujo impulso seguimos sem nos apercebermos; felizes se escutarmos a voz dos bons.

5º. – Ligam-se os Espíritos inferiores àqueles que os ouvem, aos quais têm acesso e aos quais se agarram. Se conseguirem estabelecer domínio sobre alguém, identificam-se com o seu próprio Espírito, fascinam-no, obsidiam-no, subjugam-no e o conduzem como se fosse uma criança.

6º. – A obsessão jamais se dá senão por Espíritos inferiores. Os bons Espíritos não produzem nenhum constrangimento: aconselham, combatem a influência dos maus e afastam-se, desde que não sejam ouvidos.

7º. – O grau de constrangimento e a natureza dos efeitos que produz marcam a diferença entre a obsessão, a subjugação e a fascinação.

A obsessão é a ação quase que permanente de um Espírito estranho, que leva a pessoa a ser solicitada por uma necessidade incessante de agir desta ou daquela maneira e de fazer isto ou aquilo.

A subjugação é uma ligação moral que paralisa a vontade de quem a sofre, impelindo a pessoa às mais desarrazoadas ações e, por vezes, às mais contrárias ao seu próprio interesse.

A fascinação é uma espécie de ilusão produzida, ora pela ação direta de um Espírito estranho, ora por seus raciocínios capciosos; e essa ilusão produz um logro sobre as coisas morais, falseia o julgamento e leva a tomar-se o mal pelo bem.

8º – Por sua vontade pode sempre o homem sacudir o jugo dos Espíritos imperfeitos, porque em virtude de seu livre arbítrio há escolha entre o bem e o mal. Se o constrangimento chegou a ponto de paralisar a vontade e se a fascinação é tão grande que oblitera a razão, então a vontade de uma terceira pessoa pode substituí-la.

Antigamente dava-se o nome de *possessão* ao império exercido pelos maus Espíritos, quando sua influência ia até à aberração das faculdades. Mas a ignorância e os preconceitos, muitas vezes, tomaram como possessão aquilo que não passava de um estado patológico. Para nós, a possessão seria sinônimo de subjugação. Não adaptamos esse termo por dois motivos: primeiro porque implica a crença em seres criados para o mal e a ele votados, perpetuamente, quando apenas existem seres mais ou menos imperfeitos e todos podem melhorar; segundo, porque ele implica igualmente a ideia de tomada de posse do corpo pelo Espírito estranho, uma espécie de coabitação, ao passo que existe apenas uma ligação. O vocábulo *subjugação* dá uma ideia perfeita. Assim, para nós, não há *possessos*, no sentido vulgar da palavra; há simplesmente *obsedados, subjugados e fascinados*.

Por idêntico motivo não usamos o vocábulo *demônio* na acepção de Espírito imperfeito, de vez que frequentemente esses Espíritos não valem mais que os chamados demônios: é apenas por causa da especialidade e da perpetuidade que estão ligadas a esse vocábulo. Assim, quando dizemos que não há demônios, não queremos dizer que apenas existam bons Espíritos; longe disto: sabemos muito bem que os há maus e muito maus, que nos solicitam para o mal, armam-nos ciladas e isso nada tem de admirável, porque eles foram homens. Queremos dizer que não formam uma classe à parte na ordem da Criação, e que Deus deixa a todas as criaturas o poder de melhorar-se.

Bem assentado isso, voltemos aos médiuns. Nalguns desses, o progresso é lento, mesmo muito lento; por vezes submetem à prova a sua paciência. Noutros é rápido, e em pouco tempo chega o médium a escrever com tanta facilidade e, às vezes, com mais presteza do que o faria em condições ordinárias. É então que pode tomar-se de entusiasmo – e é nisso que está o perigo, porque o entusiasmo enfraquece e com os Espíritos é necessário ser-se forte. Parece um paradoxo dizer que o entusiasmo enfraquece. Entretanto nada mais certo. Dir-se-á que o entusiasmo marcha com uma convicção e uma confiança que lhe permitem vencer todos os obstáculos, com o que haverá mais força. Sem dúvida: mas nós nos entusiasmamos pelo falso tanto quanto pelo verdadeiro. Aceitai as mais absurdas ideias do entusiasta e dele fareis tudo quanto quiserdes. O objeto de seu entusiasmo é, pois, o seu lado fraco, pelo qual podereis sempre dominá-lo. O homem frio e impassível, ao contrário, vê as coisas sem ilusões: combina, pesa, examina maduramente e não se deixa seduzir por subterfúgios. É isso o que lhe dá força. Os Espíritos malévolos sabem-no tão bem ou melhor do que nós; sabem também empregar isso em seu proveito, para subjugar os que desejam ter sob sua dependência; e a faculdade de escrever como médium lhes serve maravilhosamente, porque é poderoso meio de captar a confiança e assim não a desprezam, se não soubermos nos pôr em guarda. Felizmente, como veremos mais tarde, o mal traz em si o remédio.

Seja por entusiasmo, seja por fascínio dos Espíritos, ou seja por amor próprio, em geral o médium psicógrafo é levado a crer que os Espíritos que se comunicam com ele são superiores; e isso tanto mais quanto mais os Espíritos, vendo sua propensão, não deixam de ornar-se com títulos pomposos, conforme a necessidade e, segundo as circunstâncias, tomam nomes de santos, de sábios, de anjos, da própria Virgem Maria e fazem o seu papel como atores, vestindo ridiculamente a roupagem das pessoas que representam. Tirai-lhes a máscara e se tornam o que eram: ridículos. É isso o que se deve saber fazer, tanto com os Espíritos quanto com os homens.

Da crença cega e irrefletida na superioridade dos Espíritos que se comunicam à confiança em suas palavras há apenas um passo; assim também entre os homens. Se chegarem a inspirar essa confiança, alimentam-na por meio de sofismas e dos mais capciosos raciocínios, ante os quais frequentemente a gente baixa a cabeça. Os Espíritos grosseiros são menos perigosos: reconhecemo-los imediatamente e não inspiram mais que repugnância. Os mais temíveis, em seu mundo, como no nosso, são os Espíritos hipócritas: falam sempre com doçura, lisonjeando as inclinações; são meigos, manhosos, pródigos em expressões carinhosas e em protestos de dedicação. É preciso ser realmente forte para resistir a semelhantes seduções. Perguntareis onde está o perigo se os Espíritos são impalpáveis? O perigo está nos conselhos perniciosos que dão, aparentando benevolência; nos movimentos ridículos, intempestivos ou funestos, que nos levam a empreender. Já vimos alguns que fizeram certas pessoas andar *seca e meca*, em busca de coisas fantásticas, com o risco de comprometer a saúde, a fortuna e a própria vida. Vimo-los ditar, com a aparência de gravidade, as coisas mais burlescas e as máximas mais esquisitas.

Desde que convém dar o exemplo ao lado da teoria, vamos relatar a história de uma pessoa nossa conhecida que se encontrou sob o domínio de uma fascinação semelhante.

O Sr. F., moço instruído, de esmerada educação, de caráter suave e benevolente, mas um pouco fraco e sem resolução pronunciada, tornou-se médium psicógrafo com muita rapidez. Obsidiado pelo Espírito que dele se apoderou e lhe não dava repouso, escrevia incessantemente. Desde que uma pena ou um lápis lhe caía na mão, tomava-o num movimento convulsivo e enchia páginas e páginas em poucos minutos. Na falta de material, simulava escrever com o dedo, em qualquer parte onde se encontrasse: na rua, nas paredes, nas portas etc. Entre outras coisas, esta lhe era ditada: "O homem é composto do três coisas: o homem, o mau Espírito e o bom Espírito. Todos vós tendes vosso mau Espírito, que está ligado ao corpo por laços materiais. Para expulsar o mau Espírito é necessário quebrar esses laços, para o que é preciso enfraquecer o corpo. Quando este se acha suficientemente enfraquecido, o laço se parte e o mau Espírito vai embora, deixando apenas o bom".

Em consequência dessa bela teoria fizeram-no jejuar durante cinco dias consecutivos e velar à noite. Quando estava extenuado, eles lhe disseram: "Agora a coisa está feita e o laço partido. Teu mau Espírito se foi: ficamos apenas nós, em quem deves crer sem reservas". E ele, persuadido de que seu mau Espírito havia fugido, acreditava cegamente em todas as suas palavras. A subjugação havia chegado a um ponto que se lhe tivessem dito para atirar-se à água ou partir para os antípodas, ele o teria feito. Quando queriam obrigá-lo a fazer qualquer coisa que lhe repugnava, era arrastado por uma força invisível. Damos um exemplo de sua moral, por onde o resto poderá ser julgado.

Para ter melhores comunicações é necessário primeiro orar e jejuar durante vários dias, uns mais, outros menos. O jejum enfraquece os laços que existem entre o *Ego* e um demônio particular ligado a cada *ser* humano. Esse demônio está ligado a cada pessoa pelo invólucro que une corpo e alma. Esse invólucro se enfraquece pela falta de alimento e permite que os Espíritos arranquem aquele demônio. Então Jesus desce ao coração da pessoa possessa, em lugar do mau Espírito. Esse estado de possuir Jesus em si é o único meio de atingir toda a verdade e muitas outras coisas.

Quando a criatura conseguiu substituir o demônio por Jesus ainda não possui a verdade. Para tê-la, é necessário crer. Deus não dá a verdade aos que duvidam: seria fazer algo de inútil e Deus nada faz em vão. Como a maioria dos médiuns novos duvidam do que dizer e escrevem, os bons Espíritos, pesar seu, *por ordem formal de Deus, são obrigados a mentir e não têm outro jeito senão mentir até que o médium fique convencido*; mas assim que ele acredita numa dessas mentiras, os Espíritos elevados se apressam em lhe desvelar os segredos do céu: a verdade inteira dissipa num instante essa nuvem de erros com que tinham sido obrigados a envolver o seu protegido.

Chegado a esse ponto, nada mais tem o médium a temer. Os bons Espíritos jamais o deixarão. Contudo, não deve crer que tenha sempre a verdade, e só a verdade. Seja para o experimentar, seja para o punir de faltas passadas, seja ainda para o castigar por perguntas egoísticas ou curiosas, os bons Espíritos lhe *infligem correções físicas e morais*, vindo atormentá-lo por ordem de Deus. Por vezes esses Espíritos elevados se lastimam da triste missão que desempenham: um pai persegue o filho durante semanas inteiras, um amigo ao seu amigo, tudo para a grande felicidade do médium. Então os Espíritos *nobres* dizem tolices, blasfêmias e até torpezas. É necessário que o médium resista e diga: Vós me tentais; sei que estou entre mãos caridosas de Espíritos ternos e afetuosos; que os maus já não podem aproximar-se de mim. Boas almas que me atormentais, não me impedireis de crer naquilo que me dissestes e que me haveis de dizer.

Os católicos expelem mais facilmente o demônio[1] porque este afastou-se um instante no dia do batismo. Os católicos são julgados pelo Cristo e os outros por Deus. É melhor ser julgado pelo Cristo. Os protestantes não têm razão em não admitir isto: assim, é necessário que te tornes católico quanto antes. E enquanto não fizeres isto, vai tomar água benta: será o teu batismo.

Mais tarde, o moço, curado da obsessão de que era vítima, por meios que relataremos, nós lhe havíamos pedido que nos escrevesse

---

[1] O jovem médium era protestante.

essa história, fornecendo-nos também o texto dos preceitos que lhe haviam sido ditados. Transcrevendo-os, inscreveu sobre a cópia que nos enviou: *"Pergunto-me a mim mesmo se não ofendo a Deus transcrevendo semelhantes tolices"*. A isso nós lhe respondemos: Não. O senhor não ofende a Deus; longe disso, desde que agora reconhece a cilada em que caiu. Se lhe pedi uma cópia dessas máximas perversas, foi para marcá-las como elas merecem, desmascarar os Espíritos hipócritas e pôr em guarda quem quer que receba coisa semelhante.

Um dia fá-lo-ão escrever: *"Morrerás esta noite"*. E ele responderá: Sinto-me muito aborrecido neste mundo; morramos, se assim deve ser; nada mais peço: tudo quanto desejo é não sofrer. – À noite adormece, crendo firmemente não mais despertar na Terra. No dia seguinte ficará muito surpreendido e mesmo desapontado por achar-se em seu leito habitual. Durante o dia escreve: "Agora que passaste pela prova da morte, que acreditaste firmemente que ias morrer, és para nós como um morto: podemos dizer-te toda a verdade; saberás tudo. Nada haverá oculto para nós; nada mais haverá oculto para ti. Tu és uma reencarnação de Shakespeare. Tua bíblia não é Shakespeare?".[1]

No dia seguinte escreve: "Tu és Satã." – "Essa também é forte demais", responde o Sr. F. – "Não fizeste... não devoraste o *Paraíso Perdido*? Aprendeste a *Fille du diable* de Béranger.[2] Sabias que Satã havia de converter-se. Não o pensavas sempre? Não o disseste? Não o escreveste? Para converter-se, ele se reencarna. – Concordo que eu tenha sido um amigo rebelde qualquer; mas o rei dos anjos...! – Sim, tu eras o anjo da intrepidez. Não és mau: tens um coração orgulhoso; é este orgulho que é necessário abater. És o anjo do orgulho, que os homens chamam Satã. Que importa o nome? Foste o mau gênio da Terra. Eis-te humilhado... Os homens vão tomar o seu impulso... Verás maravilhas. Enganaste aos homens; enganaste a mulher na personificação de Eva, a mulher pecadora. Está dito que Maria, a personificação da mulher sem manchas, esmagar-te-á a cabeça: Maria vai chegar. – Um instante

---

[1] O Sr. F. conhece perfeitamente a língua inglesa, cujas obras-primas aprecia no original.

[2] A *Filha do Diabo*, de Pierre Jean Béranger (1780-1857), notável e popular poeta lírico francês, que deixou numerosas canções escritas ao gosto da Revolução Francesa, das quais as mais apreciadas são *O cinco de Maio* e *A Velha Bandeira*. Em 1885 foi-lhe erigida uma estátua em Paris. (N. do T.)

depois escreve lenta e docemente: Maria vem ver-te. Ela, que te foi procurar no fundo de teu reino de trevas, não te abandonará. Ergue-te, Satã; Deus está pronto para te estender os braços. Lê *O Filho Pródigo.* Adeus.

Num outro dia escreve: Disse a serpente a Eva: Teus olhos abrir-se-ão e serás como os deuses. O demônio disse a Jesus: Dar-te-ei todo o poder. A ti eu digo, pois que acreditas em nossas palavras: nós te amamos; será tudo... Serás rei da Polônia.

"Persevera nas boas disposições em que te colocamos. *Esta lição levará a ciência espírita a dar um grande passo.* Ver-se-á que os bons Espíritos podem dizer futilidades e mentiras para divertir-se à custa dos sábios. Disse Allan Kardec que um péssimo meio de reconhecer os Espíritos era fazê-los confessar Jesus em carne. Eu digo que só os bons Espíritos confessam Jesus em carne; e eu o confesso. Dize isto a Kardec."

Contudo, o Espírito teve pudor de aconselhar ao Sr. F. que imprimisse essas belas máximas. Se o tivesse feito, certamente, as teria publicado, o que seria uma coisa errada, porque as teria distribuído como coisa séria.

Encheríamos um volume com todas as tolices que lhe foram ditadas e com as circunstâncias que se seguiram. Entre outras coisas fizeram-no desenhar um edifício de tais dimensões que as folhas de papel, coladas umas às outras, chegavam à altura de dois andares.

Observe-se que em tudo isso nada há de grosseiro ou de banal. É uma série de raciocínios sofísticos, encadeando-se com a aparência de lógica. Nos meios empregados para o embair há realmente uma arte infernal e, se nos tivesse sido possível relatar todas essas manifestações, ver-se-ia até que ponto era levada a astúcia e com que habilidade para isso eram empregadas palavras melífluas.

O Espírito que representava o papel principal nesse negócio dava o nome de François Dillois, quando não se cobria com a máscara de um nome respeitável. Mais tarde viemos a saber o que esse tal Dillois tinha sido em vida. Assim, nada havia que admirar em sua linguagem. Mas no meio de todo esse aranzel era fácil reconhecer um bom Espírito que lutava, fazendo de quando em quando ouvir algumas boas palavras de desmentido dos absurdos do outro. Havia um combate, mas, evidentemente, a luta era desigual. O moço se achava de tal modo subjugado, que sobre ele a voz da razão era impotente. Notadamente o Espírito de seu pai lhe fez escrever as seguintes palavras: "Sim, meu filho, coragem! Sofres uma rude prova, que será para o teu bem no futuro. Infelizmente, no momento, nada posso fazer para te libertar – e isso muito me custa. Vai ver Allan Kardec. Escuta-o, ele te salvará".

Efetivamente, o Sr. F. veio procurar-me e, para começar, reconheci sem dificuldades a influência perniciosa sob que se achava, quer nas palavras, quer por certos sinais materiais que a experiência dá a conhecer, e que não nos podem enganar. Voltou várias vezes. Empreguei toda a minha força de vontade para chamar os bons Espíritos por seu intermédio, toda a minha retórica para lhe provar que era vítima de Espíritos detestáveis; que aquilo que escrevia não tinha senso, além de ser profundamente imoral. Para essa obra de caridade juntei-me a um colega, o Sr. M. T. e, pouco a pouco, conseguimos que escrevesse coisas sensatas. Tomou aversão àquele mau gênio, repelindo-o por vontade própria cada vez que tentava manifestar-se e, lentamente, os bons Espíritos triunfaram. Para modificar suas ideias, seguiu o conselho dos Espíritos, de entregar-se a um trabalho rude, que lhe não deixasse tempo para ouvir as sugestões más. O próprio Dillois acabou confessando-se vencido e exprimindo o desejo de progredir em nova existência; confessou o mal que tinha tentado fazer e deu provas de arrependimento. A luta foi longa e penosa e ofereceu ao observador particularidades realmente curiosas. Hoje o Sr. F. sente-se livre e feliz; é como se tivesse deposto um fardo. Recuperou a alegria e agradece-nos o serviço que lhe prestamos.

Algumas pessoas deploram que haja Espíritos maus. Realmente, não é sem um certo desencanto que encontramos a perversidade nesse mundo, onde gostaríamos de encontrar apenas seres perfeitos. Desde que assim é, nada podemos fazer: é preciso tomar as coisas como elas são. É a nossa própria inferioridade que faz com que pululem ao redor de nós os Espíritos imperfeitos. As coisas mudarão quando nos tornarmos melhores, como acontece nos mundos mais adiantados. Enquanto esperamos, e desde que nos achamos ainda nos subterrâneos do universo moral, somos advertidos: cabe, então, pormo-nos em guarda e não aceitar sem controle tudo quanto nos dizem. À medida que nos esclarece, a experiência deve tornar-nos circunspectos. Ver e compreender o mal é um meio de nos preservarmos contra ele. Não seria cem vezes mais perigoso ter ilusões quanto à natureza dos seres invisíveis que nos rodeiam? O mesmo se dá entre os homens, pois diariamente nos achamos expostos à malevolência e às sugestões pérfidas; são outras tantas provas, às quais a nossa consciência e a nossa razão nos oferecem os meios de resistir. Quanto mais difícil foi a luta, maior será o mérito do sucesso. "Quem vence sem perigo triunfa sem glória."

Essa história, que infelizmente não é a única de nosso conhecimento, levanta uma questão muito grave. Perguntar-se-á se não é um aborrecimento para esse moço o ter sido médium? Não terá sido tal faculdade a causa da obsessão de que foi vítima?

Numa palavra, não será uma prova do perigo das comunicações espíritas?

Nossa resposta é fácil e pedimos que a meditem cuidadosamente.

Não foram os médiuns que criaram os Espíritos. Esses existiam de todos os tempos e de todos os tempos exerceram sobre os homens uma influência salutar ou perniciosa. Para isto, pois, não é necessário ser médium. A faculdade medianímica não lhes é mais que um meio de manifestar-se; em falta dessa faculdade agem de mil e uma outras maneiras. Se esse moço não fosse médium, nem por isso ter-se-ia subtraído à influência desse mau Espírito, que, sem dúvida, lhe teria feito praticar extravagâncias, as quais teriam sido atribuídas a qualquer outra causa. Felizmente para ele, a sua faculdade de médium, permitindo que o Espírito se comunicasse por palavras, por estas palavras o Espírito se traiu; elas permitiram conhecer a causa do mal, que poderia ter tido conse-quências funestas e que, como se viu, nós destruímos por meios muito simples e racionais e sem exorcismos. A faculdade medianímica permitiu ver o inimigo, se assim nos podemos exprimir, face a face, e combatê-lo com suas próprias armas. Pode-se, pois, dizer, com absoluta certeza, que foi ela quem o salvou; quanto a nós, fomos apenas o médico que, tendo julgado a causa do mal, aplicou o remédio. Grave erro seria pensar que os Espíritos não exercem sua influência senão por comunicações verbais ou escritas. Essa influência é constante e a ela, tanto quanto os outros, acham-se expostos aqueles que não acreditam, pois não têm contrapeso. A quantos atos, infelizmente, não somos levados e que teriam sido evitados se tivéssemos tido um meio de nos esclarecermos! Os mais incrédulos não se apercebem de que dizem uma verdade quando, em relação a um homem que se desencaminha, proclamam: é o seu mau gênio que o empurra para a perdição.

Regra geral. Quem quer que obtenha más comunicações espíritas, orais ou escritas, acha-se sob má influência. Esta se exerce sobre ele, quer escreva, quer não, isto é, seja ou não seja médium. A escrita fornece um meio de nos assegurarmos da natureza dos Espíritos que atuam sobre ele e de os combater, o que se faz com tanto maior sucesso quanto mais é conhecido o motivo que o leva a agir. Se ele for bastante cego para não o compreender, outros podem abrir-lhe os olhos. Aliás, não é necessário ser médium para escrever absurdos. E quem nos diz que entre todas essas elocubrações ridículas ou perigosas não haverá algumas cujos autores são impulsionados por Espíritos malévolos? Três quartas partes de nossas ações más e de nossos maus pensamentos são frutos dessa sugestão oculta.

Perguntar-se-á se se teria feito cessar a obsessão, caso o Sr. F. não fosse médium! Certamente. Apenas os meios teriam diferido, conforme as circunstâncias. Mas então os Espíritos não teriam podido encaminhá-lo para nós, como o fizeram; e é provável que a causa tivesse sido posta de lado, de vez que não havia manifestação espírita ostensiva. Toda criatura de boa vontade e simpática aos bons Espíritos pode sempre, com o auxílio destes, paralisar uma influência perniciosa. Dizemos que deve ser simpática aos bons Espíritos porque se ela atrai os inferiores, é evidente que lobo não caça lobo.

Em resumo, o perigo não está propriamente no Espiritismo, desde que este, ao contrário, pode servir de controle, preservando-nos daquilo a que, malgrado nosso, estamos expostos; o perigo está na propensão de certos médiuns para, mui levianamente, se crerem instrumentos exclusivos de Espíritos superiores e na espécie de fascinação que não os deixa compreender as tolices de que são intérpretes. Aqueles mesmos que não são médiuns podem ser arrastados. Terminaremos este capítulo com as seguintes considerações:

1º. – Todo médium deve prevenir-se contra o irresistível empolgamento que o leva a escrever sem cessar e até em momentos inoportunos; deve ser senhor de si e não escrever senão quando o quer;

2º. – Não dominamos os Espíritos superiores, nem mesmo aqueles que, não sendo superiores, são bons e benevolentes; mas podemos dominar e domar os Espíritos inferiores. Aquele que não é senhor de si não o pode ser dos Espíritos;

3º. – Não há outro critério, senão o bom senso, para discernir o valor dos Espíritos. Qualquer fórmula dada para esse fim pelos próprios Espíritos é absurda e não pode emanar de Espíritos superiores;

4º. – Os Espíritos, como os homens, são julgados por sua linguagem; toda expressão, todo pensamento, todo conceito, toda teoria moral ou científica que choque o bom senso ou não corresponda à ideia que fazemos de um Espírito puro e elevado emana de um Espírito mais ou menos inferior;

5º. – Os Espíritos superiores têm sempre a mesma linguagem com a mesma pessoa e jamais se contradizem;

6º. – Os Espíritos superiores são sempre bons e benevolentes; em sua linguagem jamais encontramos acrimônia, arrogância, aspereza, orgulho, basófia ou tola presunção: falam com simplicidade, aconselham e se retiram quando não são ouvidos;

7º. – Não devemos julgar os Espíritos por sua forma material nem pela correção da linguagem, mas sondar-lhes o íntimo, perscrutar suas palavras, pesá-las friamente, maduramente e sem prevenção: qualquer fuga ao bom senso, à razão e à sabedoria não pode deixar dúvidas quanto à sua origem, seja qual for o nome com que se mascare o Espírito;

8º. – Os Espíritos inferiores receiam os que lhes analisam as palavras, desmascaram as torpezas e não se deixam prender por seus sofismas; às vezes tentam erguer a cabeça, mas acabam sempre fugindo, quando se sentem mais fracos;

9º. – Aquele que em tudo age tendo em vista o bem, eleva-se acima das vaidades humanas, expele do coração o egoísmo, o orgulho, a inveja, o ciúme e o ódio e perdoa aos seus inimigos, pondo em prática esta máxima do Cristo: "Fazei aos outros o que quereis que se vos faça"; simpatiza com os bons Espíritos, enquanto os maus o temem e dele se afastam.

Seguindo esses preceitos, garantimo-nos contra as más comunicações, contra o domínio dos Espíritos impuros e, aproveitando tudo quanto nos ensinam os Espíritos verdadeiramente superiores, contribuiremos, cada um por sua parte, para o progresso moral da humanidade.

EMPREGO OFICIAL DO MAGNETISMO ANIMAL

De Estocolmo escrevem ao *Journal des Débats*, em data de 10 de setembro de 1858:

"Infelizmente, nada de consolador vos tenho a comunicar relativamente à moléstia que sofre o nosso soberano há cerca de dois anos. Todos os tratamentos e remédios que os profissionais têm prescrito durante esse tempo nenhum alívio têm trazido aos padecimentos que abatem o Rei Oscar. *Segundo o conselho de seus médicos*, o Sr. Klugenstiern, que desfruta de alguma reputação como magnetizador, foi recentemente chamado ao Castelo de Drottningholm, onde continua a residir a família real, a fim de aplicar ao augusto doente um tratamento periódico de magnetismo. Aqui se chega a acreditar que, por singularíssima coincidência, a sede da doença do Rei Oscar se acha estabelecida, precisamente, naquele ponto da cabeça chamado cerebelo, como, infelizmente parece ser também o caso do Rei Frederico Guilherme IV, da Prússia".

Perguntamos se há vinte e cinco anos passados os médicos teriam ousado prescrever publicamente um tal meio, mesmo a um simples particular, quanto mais, com mais forte razão, a uma cabeça coroada? Então, todas as faculdades e todos os jornais não contavam com sarcasmos suficientes para denegrir o magnetismo e seus partidários. Como mudaram as coisas neste curto espaço de tempo! Não só já não riem do magnetismo, mas, ei-lo oficialmente reconhecido como agente terapêutico. Que lição para os que se riem das ideias novas! Ela os fará compreender a imprudência de se inscreverem em falso contra as coisas de que não entendem? Temos uma porção de livros contra o magnetismo, escritos por homens em evidência. Ora, tais livros ficarão como mancha indelével sobre sua inteligência. Não teriam feito melhor em se calar e esperar? Então, como hoje para o Espiritismo, opunham-lhe a opinião das mais eminentes figuras, dos mais esclarecidos, dos mais conscienciosos: nada lhes abalava o ceticismo. A seus olhos o magnetismo não passava de uma palhaçada indigna de gente séria. Que ação poderia ter um agente oculto, movido pelo pensamento e pela vontade e do qual não se podia fazer uma análise química? Apressemo-nos em declarar que não são os médicos suecos os únicos a retornar a esta ideia estreita: por toda parte, na França como no estrangeiro, a opinião mudou completamente a tal respeito. E isso é tão verdadeiro que, quando se passa um fenômeno inexplicado, diz-se que é um efeito magnético. Acham, pois, no magnetismo a razão de ser de uma porção de coisas que eram levadas à conta da imaginação, essa razão cômoda para os que não sabem o que dizer.

O magnetismo curará o Rei Oscar? É uma outra questão. Sem dúvida ele operou curas prodigiosas e inesperadas, mas tem os seus limites, como tudo o que está na Natureza; aliás, é necessário levar em conta esta circunstância: em geral a ele recorrem apenas *in extremis* e em desespero de causa, muitas vezes quando o mal já fez devastações irremediáveis ou quando foi agravado por medicação inadequada. É necessário que seja muito poderoso para triunfar de tais obstáculos!

Se a ação do fluido magnético é hoje um ponto geralmente admitido, o mesmo não se dá em relação às faculdades sonambúlicas, que ainda encontram muitos incrédulos no mundo oficial, sobretudo no que toca às questões médicas. Contudo, é de convir que, sobre esse ponto, os preconceitos se enfraqueceram singularmente, mesmo entre os homens de Ciência: temos a prova do asserto no grande número de médicos que fazem parte de todas as sociedades magnéticas, tanto na França quanto no estrangeiro. De tal modo os fatos se vulgarizaram, que foi preciso ceder à evidência e seguir a corrente, quisessem ou não quisessem. O mesmo se dará em breve com a lucidez intuitiva.

O Espiritismo liga-se ao magnetismo por laços íntimos, como ciências solidárias. Quem, entretanto, haveria de supor que fosse encontrar os seus mais encarniçados inimigos entre certos magnetizadores que, nem por isso, contam com a oposição dos Espíritas? Os Espíritos sempre preconizaram o magnetismo, quer como meio de cura, quer como causa primeira de uma porção de coisas; defendem a sua causa e vêm prestar-lhe apoio contra seus inimigos. Os fenômenos espíritas têm aberto os olhos de muita gente, ao mesmo passo aliando essas pessoas ao magnetismo. Não é estranho ver que os magnetizadores esquecem tão depressa o que sofreram dos preconceitos, negam a existência de seus defensores, sobre os quais atiram os dardos que outrora eram lançados sobre si próprios? Isso não é nobre nem digno de homens a quem a Natureza, desvendando os seus mais sublimes mistérios, mais que os outros, tira o direito de pronunciar o famoso *nec plus ultra*.[1]

---

[1] *Nec plus ultra ou non plus ultra* (não mais além) era, segundo a fábula e em forma latina, a inscrição gravada por Hércules nos montes Calpe e Abila, que formavam as chamadas Colunas de Hércules (Estreito de Gibraltar), considerados os limites do mundo. A expressão é usada para significar um limite intransponível. (N. do T.)

Tudo prova, no rápido desenvolvimento do Espiritismo, que em breve esse terá foros de cidade. E enquanto espera, aplaude com toda a sua força a posição que acaba de conquistar o magnetismo, como um sinal inconteste do progresso das ideias.

O MAGNETISMO E O SONAMBULISMO
ENSINADOS PELA IGREJA

Acabamos de ver o magnetismo reconhecido pela Medicina. Eis uma outra adesão que, sob diverso ponto de vista, é de importância não menos capital, de vez que prova o enfraquecimento dos preconceitos, que as ideias mais sãs diariamente fazem desaparecer: é a da Igreja.

Temos à vista um livrinho intitulado *"Abrégé, em forme de catéchisme*, du Cours élémentaire d'instruction chrétienne; à l'usage des catéchismes et écoles chrétiennes, *par l'abbé Marotte, vicaire général de Mgr l'évêque de Verdun*; 1853". Redigida sob a forma de perguntas e respostas, a obra contém todos os princípios da doutrina cristã sobre o dogma, a História Sagrada, os mandamentos de Deus, os sacramentos, etc. Num dos capítulos sobre o primeiro mandamento, onde são tratados os pecados opostos à religião, e depois de haver falado da superstição, da magia e dos sortilégios, diz o seguinte:

"1. – Que é magnetismo? R – É uma influência recíproca, que por vezes se opera nos indivíduos, segundo uma harmonia de relações, quer pela vontade ou pela imaginação, quer pela sensibilidade física, e cujos principais fenômenos são a sonolência, o sono, o sonambulismo e o estado convulsivo.

2. – Quais os efeitos do magnetismo? R – Ordinariamente, ao que se diz, o magnetismo produz dois efeitos principais: 1º – um estado de sonambulismo, no qual o magnetizado, privado inteiramente do uso dos sentidos, vê, ouve, fala e responde a todas as perguntas que lhe são dirigidas; 2º – *uma inteligência e um saber que só existem na crise: conhece seu estado, os remédios convenientes às suas doenças, bem como o que fazem certas pessoas afastadas*.

3. – Em consciência, é permitido magnetizar ou deixar-se magnetizar? R – Se, para a operação magnética, são empregados meios, ou se por ela são obtidos efeitos, que supõem a intervenção diabólica, ela

será uma obra supersticiosa e jamais deve ser permitida; o mesmo se dá quando as comunicações magnéticas ofendem à modéstia; supondo que se tenha o cuidado de afastar da prática do magnetismo todo abuso, todo perigo para a fé ou para os costumes, todo pacto com o demônio, é *duvidoso* que a ele seja *permitido* recorrer como a um remédio natural e útil."

Lamentamos que o autor tenha feito esse corretivo final, em contradição com o que precede. Com efeito, por que não seria permitido o uso de uma coisa salutar, desde que se afastem todos os inconvenientes assinalados em seu ponto de vista? É verdade que ele não exprime uma defesa formal, mas uma simples dúvida sobre a permissão. Como quer que seja, isto não se encontra num livro de Ciência, dogmático, para o uso dos teólogos, mas num livro elementar, *para o uso dos catecismos*, isto é, destinado à instrução religiosa das massas; consequentemente, não é uma opinião pessoal, mas uma verdade consagrada e reconhecida que o magnetismo existe, que produz o sonambulismo, que o sonâmbulo goza de faculdades especiais, em cujo número está a de ver sem o concurso dos olhos, mesmo a distância, de ouvir sem ser por intermédio dos ouvidos, de manifestar conhecimentos que não possui em estado normal, de indicar remédios que lhe são salutares.

A qualidade do autor tem aqui grande importância. Não é um homem obscuro que fala ou um simples padre que emite sua opinião: é um vigário geral que ensina.

Novo insucesso e novo aviso aos que julgam com muita precipitação.

O MAL DO MEDO

PROBLEMA DE FISIOLOGIA, DIRIGIDO AO ESPÍRITO DE
SÃO LUÍS, NA SOCIEDADE DE ESTUDOS ESPÍRITAS,
NA SESSÃO DO DIA 14 DE SETEMBRO DE 1858

Lemos no *Moniteur* de 26 de novembro de 1857:

"Comunicam-nos o fato que se segue e que vem confirmar as observações feitas sobre a influência do medo.

Ontem o Dr. F. voltava para casa depois de ter feito algumas visitas aos seus doentes. Numa dessas haviam-lhe dado uma garrafa de excelente rum, importado diretamente da Jamaica. O médico esqueceu no carro a garrafa preciosa. Lembrando-se um pouco mais tarde, foi procurá-la e declarou ao chefe do estacionamento que havia deixado numa das carruagens uma garrafa de um veneno muito violento e o aconselhou a prevenir aos cocheiros que tivessem o maior cuidado em não fazer uso daquele líquido mortal.

Apenas o Dr. F. chegava ao seu apartamento, vinham chamá-lo a toda pressa, pois três cocheiros do vizinho estacionamento sofriam dores horríveis nas entranhas. Foi com muita dificuldade que os convenceu de que tinham bebido excelente rum e que sua indelicadeza não poderia ter tido mais graves consequências que aquele castigo imediato aos culpados."

1. – São Luís poderia dar-nos uma explicação fisiológica dessa transformação das propriedades de uma substância inofensiva? Sabemos que, pela ação magnética, pode ocorrer tal transformação; mas no caso vertente não houve emissão de fluido magnético: agiu apenas a imaginação e não a vontade.

– Vosso raciocínio é muito justo relativamente à imaginação. Mas os Espíritos malévolos, que induziram aqueles homens a cometer um ato indelicado, fazem passar no sangue, na matéria, um arrepio de medo, que bem poderíeis chamar de arrepio magnético; este distende os nervos e produz um frio em certas regiões do corpo. Bem sabeis que todo frio na região abdominal pode produzir cólicas. É, pois, um meio de punição que diverte os Espíritos que fizeram cometer o furto, ao mesmo tempo que os faz rir à custa daqueles a quem fizeram pecar. Em todo caso não seria verificada a morte: é simples lição para os culpados e divertimento para Espíritos leviano. Assim procedem, sempre que se lhes oferece uma oportunidade, que até procuram, para sua satisfação. Podemos evitar isto – e falo para vós – elevando-nos a Deus por pensamentos menos materiais que os que ocupavam o espírito daqueles homens. Os Espíritos malévolos gostam de se divertir. Cuidado com eles. Aquele que julga dizer uma frase agradável às pessoas que o cercam e que diverte uma sociedade com piadas e atos por vezes se engana e mesmo, muitas vezes, quando pensa que tudo isso vem de si próprio. Os Espíritos leviano, que o cercam, com ele de tal modo se identificam, que pouco a pouco o enganam a respeito de seus pensamentos, enganando também àqueles que o ouvem. Nesse caso pensais estar tratando com um homem de espírito, que não passa de um ignorante. Descei em vós mesmos e julgai minhas palavras. Nem por isso são os Espíritos superiores inimigos da alegria: por vezes gostam de rir para se vos tornarem agradáveis. Mas cada coisa tem o seu momento oportuno.

Observação: Dizendo que no caso vertente não havia emissão de fluido magnético talvez não fôssemos muito exatos. Aqui aventuramos uma suposição. Como o dissemos, sabe-se que transformações das propriedades da matéria se podem operar sob a ação do fluido magnético, dirigido pelo pensamento. Ora, não é possível admitir que, pelo pensamento do médico, que queria fazer crer na existência de um tóxico e dar aos ladrões as angústias do envenenamento, tivesse havido a distância uma espécie de magnetização do líquido que, assim, teria adquirido novas propriedades, cuja ação teria sido corroborada pelo estado moral dos indivíduos, a quem o medo tornara impressionáveis? Essa teoria não destruiria a de São Luís sobre a intervenção dos Espíritos levianos em semelhantes circunstâncias. Sabemos que os Espíritos agem fisicamente por meios físicos; podem, pois, a fim de realizar certos desígnios, servir-se daqueles que eles mesmos provocam e que nós lhes fornecemos inadvertidamente.

TEORIA DO MÓVEL DE NOSSAS AÇÕES

O Sr. R., correspondente do Instituto de França e um dos mais eminentes membros de Sociedade Parisiense de Estudos Espíritas, na sessão de 14 de setembro, desenvolveu as considerações que se seguem, como corolário da teoria que acabava de ser dada a propósito do mal do medo, e que relatamos pouco acima.

"De todas as comunicações dos Espíritos que nos são fornecidas, verifica-se que eles exercem uma influência direta sobre as nossas ações, uns solicitando-nos para o bem, outros para o mal. São Luís acaba de nos dizer: os Espíritos malévolos gostam de se divertir. Cuidado com eles. Aquele que julga proferir um aparte vitorioso e espirituoso diante das pessoas que o cercam e que diverte uma sociedade com piadas e atos por vezes se engana e mesmo, muitas vezes, quando pensa que tudo isso vem de si próprio. Os Espíritos levianos, que o cercam, com ele de tal modo se identificam, que pouco a pouco o enganam a respeito de seus pensamentos, enganando também àqueles que o ouvem. Disto se segue que aquilo que dizemos nem sempre vem de nós; que muitas vezes, como os médiuns falantes, não somos mais que intérpretes do pensamento de um Espírito estranho, que se identificou com o nosso. Os fatos vêm em apoio dessa teoria e provam que também, muito frequentemente, os nossos atos são consequência desse pensamento que nos é sugerido. O homem que faz mal cede, pois, a uma sugestão, quando bastante fraco para não resistir e quando faz ouvidos moucos à voz da consciência, que pode ser a sua própria, quanto a de um bom Espírito, que por seus avisos nele combate a influência de um Espírito malévolo.

Segundo a doutrina comum, o homem tiraria de si mesmo todos os seus instintos. Estes proviriam de sua organização física, pela qual não é responsável, ou de sua natureza, na qual pode, a seus próprios olhos, procurar uma causa, dizendo que não é por sua culpa que assim tenha sido criado. Evidentemente a doutrina espírita é mais moral; admite no homem o livre arbítrio em toda a sua plenitude. Dizendo-lhe que se fizer o mal cederá a uma sugestão estranha, deixa-lhe toda a responsabilidade, de vez que lhe reconhece o poder de resistir, coisa evidentemente mais fácil do que se tivesse de lutar contra sua própria natureza. Assim, segundo a Doutrina Espírita, não há arrastamento irresistível: o homem pode sempre fechar os ouvidos à voz oculta que em seu foro íntimo o solicita para o mal, assim como os pode fechar à voz material daquele que lhe fala; e o pode por vontade própria, pedindo a Deus a força necessária, para o que suplicará a assistência dos bons Espíritos. É o que Jesus nos ensina na sublime prece do *Pater*, quando nos manda dizer: "Não nos deixeis cair em tentação, mas livrai-nos do mal".

Quando tomamos para texto de uma de nossas questões a pequena história que acabamos de referir, não pensávamos no desenvolvimento que ela iria ter. Sentimo-nos duplamente feliz pelas belas palavras que ela mereceu de São Luís e de nosso eminente colega. Se, desde muito tempo, não estivéssemos edificado quanto à alta capacidade deste último e quanto aos seus profundos conhecimentos em matéria de Espiritismo, seríamos tentados a crer que aquela teoria a ele se deve e que São Luís dele se serviu para completar o seu ensino. A isso somos levados a juntar as nossas próprias reflexões:

Essa teoria da causa excitadora de nossos atos, evidentemente, ressalta de todo o ensino dado pelos Espíritos. Ela não só é de sublime moralidade, mas ainda revela o homem aos seus próprios olhos; mostra-o livre de sacudir o jugo obsessor, assim como é livre de fechar a porta aos importunos: já não é qual máquina, agindo por um impulso independente de sua vontade; é um ser raciocinante, que ouve, julga e escolhe livremente entre dois conselhos. Acrescentemos que, apesar disso, o homem absolutamente não é privado de iniciativa; ele a toma por movimento próprio, de vez que é um Espírito encarnado, que conserva sob o invólucro corpóreo as qualidades e defeitos que tinha como Espírito. As faltas que cometemos têm, pois, a primeira fonte na imperfeição de nosso próprio Espírito, que ainda não atingiu a superioridade moral que terá um dia, mas que, nem por isso, deixa de ter o seu livre arbítrio. A vida corporal lhe é dada para purgar-se das imperfeições pelas provas que nela sofre; e são precisamente essas imperfeições que o tornam mais fraco e mais acessível às sugestões de outros Espíritos imperfeitos, os quais aproveitam a circunstância para tentar fazê-lo sucumbir na luta que empreendeu. Se sair vencedor nessa luta, elevar-se-à; se fracassar, permanecerá o que era – nem melhor, nem pior; é uma prova a recomeçar, e isso pode, assim, durar muito tempo. Quanto mais se depurar, mais diminuirão os lados fracos e menos presa oferecerá aos que o solicitem para o mal; sua força moral crescerá proporcionalmente à sua elevação e dele afastar-se-ão os maus Espíritos.

Que serão, pois, os maus Espíritos? Serão aqueles que chamamos demônios? Não são os demônios, na acepção vulgar do vocábulo, de vez que por eles se compreende uma classe de seres criados para o mal e perpetuamente votados ao mal. Ora, dizem-nos os Espíritos que todos melhoram em um tempo mais ou menos longo, conforme sua vontade; mas enquanto são imperfeitos podem fazer o mal, assim como a água que, não tendo sido purificada, pode espalhar miasmas pútridos e mórbidos. Encarnados, depuram-se, desde que para tanto façam aquilo que é preciso; no estado de Espírito sofrem as consequências do que fizeram ou deixaram de fazer para meu melhoramento; e essas consequências eles as sofrem também na Terra, pois as vicissitudes da vida são ao mesmo tempo expiação e prova. Todos os Espíritos mais ou menos bons constituem, quando encarnados, a espécie humana; e como a nossa Terra é um dos mundos menos adiantados, aqui se encontram mais Espíritos maus do que bons, razão por que aqui vemos tantas perversidades. Façamos, pois, todo o esforço para não regressarmos a ela depois dessa estação, e para que mereçamos ir habitar um mundo melhor, numa dessas esferas privilegiadas, onde o bem reina sem partilha e onde recordaremos como um mau sonho nossa passagem aqui na Terra.

ASSASSINATO DE CINCO CRIANÇAS POR OUTRA DE DOZE ANOS

PROBLEMA MORAL

Lemos na *Gazette de Silésie*:

"A 20 de outubro de 1857 escreveram-nos de Bolkenham que um crime apavorante acabava de ser cometido por um jovem de doze anos. Domingo último, 25 do mês,[1] três filhos do Sr. Hubner, ferragista, e dois do Sr. Fritche, sapateiro, brincavam no jardim deste último. O jovem H., conhecido por seu mau caráter, a eles se reuniu e os persuadiu que deveriam entrar num baú, guardado num quartinho do jardim, e que era utilizado pelo sapateiro para levar as suas mercadorias à feira. As cinco crianças dificilmente nele podiam caber, mas apressaram-se a entrar uns sobre os outros. Assim que entraram, o monstro fechou o baú, sentou-se sobre ele e ficou durante três quartos de hora a escutar, primeiro seus gritos, depois seus gemidos.

Enfim, quando cessaram os seus estetores, quando as julgou mortas, abriu o baú; as crianças ainda respiravam. Tornou a fechá-lo, aferrolhou-o e se foi a empinar papagaio. Mas ao sair do jardim foi visto por uma menina. Compreende-se a ansiedade dos pais quando constataram o desaparecimento das crianças e o seu desespero quando, depois de longa procura, as encontraram no baú. Uma das crianças ainda vivia, mas não tardou a expirar. Denunciado pela menina que o vira sair do jardim, o jovem H. confessou seu crime com o maior sangue-frio e sem manifestar o menor arrependimento. As cinco vítimas, um garoto e quatro meninas de quatro a nove anos, foram hoje sepultadas".

Observação: O Espírito interrogado é o da irmã do médium; desencarnou há doze anos e sempre mostrou superioridade como Espírito.

1. – Ouviu a leitura, que acabamos de fazer, do assassinato de cinco crianças, na Silésia, por outro de doze anos? R – Sim; minha pena ainda exige que escute as abominações da Terra.

---

[1] Há um erro de data, provavelmente de revisão. O dia 25 de outubro de 1857 foi mesmo domingo; mas o fato não poderia ter sido comunicado no dia 20. Assim, a carta deve ser datada de 28 ou 29; mais provavelmente de 29, e não como está no original. (N. do T.)

2. – Que motivos teriam impelido um menino daquela idade a cometer uma ação tão atroz e com tamanho sangue-frio? R – A maldade não tem idade: é natural numa criança e raciocinada no homem adulto.

3. – Sua existência numa criança, sem raciocínio, não denotará a encarnação de um Espírito muito inferior? R – Ela vem diretamente da perversidade do coração: é o seu próprio Espírito que o domina e o impele à perversidade.

4. – Qual poderia ter sido a existência anterior de um Espírito semelhante? R – Horrível.

5. – Em sua anterior existência pertenceria ele à Terra ou a um mundo ainda inferior? R – Não o vejo bem; mas deveria pertencer a um mundo bem mais atrasado que a Terra; a esta ousou vir; será duplamente punido.

6. – Nessa idade teria o menino suficiente consciência do crime que cometeu? Caber-lhe-á responsabilidade como Espírito? R – Ele tinha a idade da consciência; isso basta.

7. – De vez que esse Espírito *ousou* vir à Terra, para ele muito elevada, pode ser constrangido a regressar a um mundo em relação com a sua natureza? R – Sua punição é justamente retrogradar; é o próprio inferno. Eis a punição de Lúcifer, do homem espiritual, descido à matéria, isto é, o véu que daí por diante lhe oculta os dons de Deus e sua divina proteção. Esforçai-vos, pois, na reconquista desses bens perdidos: tereis reconquistado o paraíso que o Cristo veio abrir para vós. É a presunção, é o orgulho do homem, que queria conquistar aquilo que só Deus podia ter.

Observação: Uma observação é feita a propósito do verbo *ousar*, empregado pelo Espírito. Citam-se exemplos de Espíritos que se acharam em mundos para eles muito elevados e que foram obrigados a regressar a um outro mais em harmonia com sua própria natureza. A tal respeito alguém fez notar ter sido dito que os Espíritos não podem regredir. A isso respondemos que, realmente, os Espíritos não podem regredir, no sentido de que não é possível perder aquilo que foi adquirido em conhecimento e em moralidade; podem, entretanto, decair como posição. Um homem que usurpa uma posição superior à que lhe conferem capacidade e fortuna pode ser constrangido a abandoná-la e voltar à sua posição natural. Ora, isso não é aquilo a que se pode chamar decair, pois que ele apenas volta à sua esfera, de onde havia saído por ambição e por orgulho. O mesmo se dá em relação aos Espíritos que se querem elevar muito rapidamente em mundos onde se acham deslocados.

Espíritos superiores também podem encarnar em mundos inferiores, onde vão cumprir missões de progresso. E isso não se pode chamar de regressão, pois é apenas devotamento.

8. – Em que é a Terra superior ao mundo ao qual pertencia o Espírito de quem acabamos de falar? R – Ali há uma fraca ideia de justiça: é um começo de progresso.

9. – Depreende-se disso que em mundos inferiores à Terra não haja nenhuma ideia de justiça? R – Não. Os homens ali vivem apenas para si e não têm por móvel senão a satisfação de suas paixões e de seus instintos.

10. – Qual seria a posição desse Espírito numa nova existência? R – Se o arrependimento vier apagar, não totalmente, mas ao menos em parte, a enormidade de suas faltas, então ficará na Terra; se, ao contrário, persistir no que chamais de impenitência final, irá para um lugar onde o homem se encontra no nível dos animais.

11. – Então pode ele encontrar na Terra os meios de expiar a sua falta, sem ser obrigado a regressar a um mundo inferior? R – Aos olhos de Deus o arrependimento é sagrado, porque é o homem que a si mesmo se julga; e isso é raro no vosso planeta.

QUESTÕES DE ESPIRITISMO LEGAL

Transcrevemos do *Courrier du Palais* o fato que se segue, publicado pelo Sr. Frédéric Thomas, advogado na Corte Imperial, em *La presse*, de 2 de agosto de 1858. Citamos textualmente para não tirar o sabor da narração do espirituoso escrito. Os nossos leitores facilmente porão de lado a forma leve que tão agradavelmente sabe ele dar às coisas mais respeitáveis. Depois de relatar várias coisas, acrescenta:

"Temos um caso bem mais estranho que aquele, para vos oferecer em nova perspectiva: já o vemos apontar no horizonte, no horizonte do sul. Mas onde pretende chegar? Dizem-nos que os ferros já estão no fogo; mas isso não nos basta. Trata-se do seguinte:

Um parisiense leu num jornal que se achava à venda um velho castelo nos Pireneus; comprou-o e, desde os primeiros dias gloriosos da bela estação, lá foi instalar-se com os amigos.

Jantaram alegremente e depois, ainda mais alegres, se foram deitar. Restava passar a noite: a noite num velho castelo, perdido na montanha.

No dia seguinte, todos os convidados se levantaram espantados, com a fisionomia de assombro; foram procurar seu hospedeiro e lhe fizeram a mesma pergunta, com um ar lúgubre e misterioso: – Você não viu nada esta noite?

O proprietário não respondeu, de tão espantado que também se achava. Limitou-se a fazer um sinal afirmativo de cabeça.

Então foram murmuradas as impressões da noite: um ouvira vozes lamentosas, outro, ruído de cadeiras; este viu movimentos nas tapeçarias, aquele uma arca que o saudava; muitos sentiram que morcegos gigantescos pousavam sobre seus peitos.

É um castelo da Dama Branca. Os criados declararam que, como ao rendeiro Dickson, os fantasmas lhes haviam puxado os pés. Ainda mais! As camas passeavam, as campainhas tocavam sozinhas e palavras fulgurantes sulcavam as velhas chaminés.

Decididamente, o castelo era inabitável. Os mais amedrontados fugiram imediatamente; os mais corajosos enfrentaram a prova de uma segunda noite.

Até meia-noite tudo correu bem. Mas desde que o relógio da torre do Norte lançou no espaço os doze soluços, recomeçaram os ruídos e as aparições. De todos os lados surgiam fantasmas, monstros de olhos de fogo e dentes de crocodilo, agitando asas peludas; tudo isso grita, salta, range os dentes e faz um *sabbat* do inferno.

Impossível resistir a esta segunda experiência. Dessa vez todos deixam o castelo e hoje o proprietário quer intentar uma ação, baseado em vícios ocultos.

Que estranho processo não será esse! E que triunfo para o grande evocador de Espíritos que é o Sr. Home! Será ele nomeado perito na matéria? Seja como for e desde que nada há de novo sob o sol da Justiça, esse processo, que julgarão ser uma novidade, não passará de uma velharia: existe uma pendência que, por ter a idade de duzentos e sessenta e três anos, não deixa de ser menos interessante.

É o caso que, no ano da graça de 1595, perante o senescal de Guienne, um locatário, chamado Jean Latapy, moveu uma ação contra o proprietário, Robert de Vigne. Alegava Jean Latapy que a casa que de

Vigne lhe havia alugado, uma velha casa de Bordéus, era inabitável e que fora obrigado a deixá-la; à vista disso pedia que a Justiça ordenasse a rescisão do contrato.

Sob que fundamento? Latapy os apresenta muito ingenuamente em suas conclusões.

Porque havia encontrado a casa infestada de Espíritos que ora se apresentavam sob forma de crianças, ora sob outras formas terríveis e apavorantes, e que oprimiam e inquietavam as pessoas, desarrumavam os móveis, faziam ruídos e algazarra por todos os lados e com força e violência derrubavam do leito aqueles que nele repousavam.

O proprietário de Vigne opôs-se energicamente à rescisão do contrato. Respondia ele a Latapy: 'Descreveis minha casa injustamente; é possível que tenhais apenas aquilo que mereceis; e, longe de me fazer reproches, deveríeis, ao contrário, agradecer-me, pois que vos faço ganhar o Paraíso'.

Eis como o advogado do proprietário estabelecia uma proposição singular: 'Se os Espíritos vêm atormentar Latapy e o afligir com a permissão de Deus, deve ele suportar a justa pena e dizer como São Jerónimo: *Quidquid patimur nostris peccatis meremur,*[1] e não atacar o proprietário, que é absolutamente inocente: deveria antes ser grato àquele que assim lhe forneceu a maneira de, neste mundo, salvar-se das punições que, por seu demérito, o aguardam no outro'.

Para ser coerente, o advogado deveria ter pedido que Latapy pagasse uma certa indenização a de Vigne, por serviços prestados. Um lugar no Paraíso não vale o seu peso em ouro? Mas o generoso proprietário contentava-se com a denegação do pedido da ação, por isso que, antes de a intentar, Latapy deveria ter começado a combater e expulsar os Espíritos pelos meios que *Deus e a natureza nos haviam concedido.*

'Por que não usava o loureiro?', exclamava o advogado do proprietário. 'Por que não usava o loureiro, a arruda ou o sal crepitando nas chamas e nos carvões acesos, penas de poupa ou uma composição de ervas: a chamada *aerolus vetulus*, com ruibardo, com vinho branco, sais pendurados à porta de entrada, couro de testa de hiena, fel de cachorro,

---

[1] Tudo aquilo a que estamos expostos mereceremos por nossos pecados. (N. do T.)

que dizem ter uma virtude maravilhosa para expulsar os demônios? Por que não usava a erva Moly, que Mercúrio havia emprestado a Ulisses e da qual este se servira contra os encantos de Circe?...'.

É evidente que o locatário Latapy tinha faltado a todos os seus deveres, não atirando sal crepitante às chamas, não fazendo uso do fel de cachorro e de algumas penas de poupa. Mas como teria sido obrigado a procurar também *couro de testa de hiena*, o senescal de Bordéus achou que esse material não era bastante comum para que Latapy não fosse desculpado por deixar em paz as hienas e, belo e formoso, ordenou a rescisão do contrato de arrendamento.

Vemos em tudo isso que nem o proprietário, nem o locatário, nem os juízes põem em dúvida a existência e a algazarra dos Espíritos. Pareceria, pois, que há mais de dois séculos os homens fossem mais crédulos que os de hoje? Mas nós os ultrapassamos em credulidade, o que está na ordem: é mesmo necessário que a civilização e o progresso se revelem nalguma direção".

Abstração feita dos acessórios com que a enfeitou o narrador, essa questão não deixa de ter seu lado embaraçoso, porque a lei não previu o caso em que os Espíritos batedores tornam uma casa inabitável. É um vício redibitório? Em nossa opinião há prós e contras, dependentes das circunstâncias. Inicialmente, é necessário averiguar se o barulho é sério, ou simulado por um interesse qualquer: questão de boa-fé, que prejulga as demais. Admitindo os fatos como reais, é preciso saber se são de natureza a perturbar o repouso. Se, por exemplo, se passassem coisas como em Bergzabern,[1] é evidente que a posição não seria sustentável. O velho Sänger o suporta porque é em sua própria casa e não tem remédio; mas de modo algum um estranho se acomodaria numa habitação onde, constantemente, se ouve barulho ensurdecedor, onde os móveis são revirados, as portas e janelas se abrem e se fecham sem tom nem som, onde mãos invisíveis jogam objetos à cabeça das pessoas, etc. Parece que, em semelhantes condições, há lugar para reclamação e que, em boa justiça, um tal contrato não deveria ter validade, se os fatos tivessem sido dissimulados. Assim, de modo geral, o processo de 1595 parece ter sido bem julgado; mas resta esclarecer importante questão subsidiária, que só a Ciência espírita poderia levantar e resolver.

---

[1] Vide os números 5, 6 e 7 da *Revista Espírita*.

Sabemos que as manifestações espontâneas dos Espíritos podem ocorrer sem objetivo determinado e sem que se dirijam contra esta ou aquela pessoa; que, efetivamente, há lugares assombrados por Espíritos batedores, que, parece, aí fixaram domicílio e contra os quais todas as conjurações empregadas são ineficazes. Digamos, entre parênteses, que existem meios eficazes de nos desembaraçarmos deles; tais meios, entretanto, não consistem na intervenção de pessoas conhecidas para produzir à vontade semelhantes fenômenos, porque os Espíritos que se acham às suas ordens são da mesma natureza daqueles que devem ser expulsos. Longe de os afastar, sua presença apenas poderia atrair outros. Mas também sabemos que, numa porção de casos, tais manifestações se dirigem contra certos indivíduos, como em Bergzabern. Aqui os fatos provaram que a família, principalmente a pequena Filipina, era seu objetivo direto. De tal modo, estamos convencidos que se a família deixasse aquela casa, os novos moradores nada teriam a temer: aquela gente levaria suas tribulações para seu novo domicílio. Na questão legal o ponto a examinar é se as manifestações ocorriam antes ou somente depois da entrada do novo proprietário. Nesse último caso seria evidente que este é quem teria levado os Espíritos perturbadores e, pois, a ele incumbiria a inteira responsabilidade; se, ao contrário, as perturbações ocorressem anteriormente e persistissem, é que estas prender-se-iam ao local e, assim, a responsabilidade caberia ao vendedor. O advogado do proprietário raciocinava com a primeira hipótese e seu argumento não era falta de lógica. Resta saber se o locatário havia levado consigo hóspedes importunos, coisa que o processo não apurou. Quanto ao processo ora pendente, cremos que o meio de fazer boa justiça seria fazer as constatações de que acabamos de falar. Se essas provarem a anterioridade das manifestações e que o fato foi dissimulado pelo vendedor, estamos diante do caso de um comprador enganado quanto à qualidade do objeto da transação. Ora, manter a venda em semelhantes condições talvez seja prejudicar o adquirente pela depreciação do imóvel; é, pelo menos, causar-lhe um prejuízo notável, constrangendo-o a guardar uma coisa de que não pode fazer uso, assim como um cavalo cego, que se houvesse adquirido como são. Seja como for, a causa em lide deve ter consequências graves. Quer seja rescindido o contrato, quer seja mantido por falta de provas suficientes, será reconhecida a existência do fato das manifestações. Rejeitar a propositura sob o fundamento de que se funda em motivos ridículos é expor-se a receber, mais cedo ou mais tarde, um desmentido da experiência, como tantas vezes aconteceu com as mais eminentes figuras, por se haverem apressado em negar aquilo que não entendiam. Se nossos pais podem ser censurados por excessiva credulidade, nossos descendentes, sem dúvida, nos reprocharão por havermos pecado pelo excesso contrário.

Enquanto esperamos, eis o que se passa aos nossos olhos e que, até, chegamos a constatar. Referimo-nos à crônica da *Patrie*, de 4 de setembro de 1858:

"A rua da Balsa está em polvorosa. Lá ainda ocorrem diabruras. A casa de número 65 consta de dois blocos; o que dá para a rua tem duas escadarias que se defrontam.

Há uma semana, em diversas horas do dia e da noite, em todos os andares do prédio, as campainhas soam e se agitam violentamente; vão abrir: ninguém à entrada.

A princípio pensaram que fosse brincadeira e cada um se pôs a observar, a ver se descobria o seu autor. Um dos inquilinos teve o cuidado de despolir um vidro de sua cozinha e ficou de atalaia. Enquanto vigiava com a maior atenção, sua campainha foi sacudida; pôs o olho no postigo, ninguém! Correu à escadaria, ninguém!

Voltou para casa e tirou o cordão da campainha. Uma hora depois, quando se sentia triunfante, a campainha começou a tocar galhardamente. Mirou-a e ficou mudo e consternado.

Noutras portas os cordões das campainhas ficam torcidos e enrodilhados, como serpentes feridas. Procura-se uma explicação e chama-se a polícia. Mas que mistério é este? Ainda o ignoram."

FENÔMENOS DE APARIÇÃO

O *Constitutionel* e a *Patrie* transcreveram, há algum tempo, o fato seguinte, referido em jornais dos Estados Unidos:

"A pequena cidade de Lichtfield, no Kentucky, conta numerosos adeptos da doutrina do espiritualismo magnético. Um fato incrível, que acaba de se passar ali, por certo não dará pequena contribuição para o aumento dos partidários dessa religião nova.

A família Park, composta de pai, mãe e três filhos, já na idade da razão, estava fortemente imbuída das crenças espiritualistas. Em compensação, Miss Harris, irmã da Sra. Park, não acreditava absolutamente nos prodígios sobrenaturais de que cogitavam incessantemente. Isso era para toda a família um verdadeiro motivo de mágoa e mais de uma vez perturbou-se a boa harmonia das duas irmãs.

Há alguns dias a Sra. Park foi subitamente atingida por um mal que, de início, os médicos declaram não poder conjurar. A paciente era vítima de alucinações e uma terrível febre a atormentava constantemente. Miss Harris passava as noites em claro. No quarto dia de sua doença, a Sra. Park sentou-se na cama, pediu água e começou a conversar com a irmã. Circunstância singular é que a febre havia desaparecido de repente, o pulso tornara-se regular e ela falava com a maior facilidade. Toda feliz, Miss Harris pensou então que a irmã estivesse fora de perigo.

Depois de haver falado de seu marido e dos filhos, a Sra. Park aproximou-se ainda mais da irmã e lhe disse:

'Pobre irmã, vou deixar-te; sinto que a morte se aproxima. Mas pelo menos a minha partida deste mundo servirá para te convencer. Morrerei dentro de uma hora e serei enterrada amanhã. Evita com muito cuidado acompanhar meu corpo ao cemitério, porque meu Espírito, revestido de seus despojos mortais, aparecer-te-á antes que o ataúde seja coberto de terra. Então tu acreditarás no espiritualismo.'

Acabando de pronunciar essas palavras a doente deitou-se tranquilamente. Mas uma hora depois, como o havia anunciado, Miss Harris teve a dor de verificar que o coração de sua irmã havia deixado de pulsar.

Vivamente emocionada pela espantosa coincidência entre esse acontecimento e as palavras proféticas da defunta, resolveu seguir as ordens que lhe haviam sido dadas e no dia seguinte ficou só em casa, enquanto todos se haviam encaminhado para o cemitério.

Depois de haver fechado os postigos da câmara mortuária, sentou-se numa poltrona, perto da cama de onde acabava de sair o corpo de sua irmã.

Apenas decorridos cinco minutos – contou mais tarde Miss Harris –, vi como que uma nuvem branca destacar-se ao fundo do quarto. Pouco a pouco a forma se desenhou melhor: era a de uma mulher, meio velada; aproximou-se lentamente de mim; percebi o ruído de passos leves no soalho; por fim meus olhos admirados se acharam em presença de minha irmã...

Seu rosto, longe de possuir essa palidez mate que nos mortos impressiona tão penosamente, estava radiante; suas mãos, cuja pressão bem senti sobre as minhas, tinham conservado todo o calor da vida. Fui como que transportada a uma esfera nova por essa aparição maravilhosa. Supondo já pertencer ao mundo dos Espíritos, apalpei-me o peito e a cabeça, para me certificar de minha existência. Mas nada de penoso havia nesse êxtase.

Depois de ter ficado assim em minha frente, sorridente mas silenciosa durante alguns minutos, minha irmã pareceu fazer um violento esforço e me disse com voz suave:

'Devo partir; meu anjo condutor espera-me. Adeus! Cumpri minha promessa. Crê e espera!'.

Acrescenta a *Patrie*: "O jornal de onde extraímos a notícia maravilhosa não nos diz se Miss Harris se converteu à doutrina espiritualista. Entretanto, nós o admitimos, porque muita gente se deixaria convencer por muito menos".

Acrescentamos por nossa própria conta que o relato nada tem que deva admirar àqueles que estudaram os efeitos e as causas dos fenômenos espíritas. Os fatos autênticos desse gênero são bastante numerosos e têm sua explicação naquilo que dissemos a respeito, em várias circunstâncias. Teremos oportunidade de os citar, e vindos de menos longe que esse.

Allan Kardec

ANO I
NOVEMBRO DE 1858

POLÊMICA ESPÍRITA

Perguntam-nos com frequência por que não respondemos, em nossa revista, aos ataques de certas folhas contra o Espiritismo em geral, contra seus partidários e por vezes mesmo contra nós. Cremos que em certos casos é o silêncio a melhor resposta. Há um gênero de polêmica do qual tomamos por norma nos abstrairmos: a que pode degenerar em personalismo. Isso não só nos repugna, como nos tomaria um tempo que não podemos empregar inutilmente, além de ser muito pouco interessante para nossos leitores, que assinam a revista para sua instrução e não para ler diatribes mais ou menos espirituosas. Ora, uma vez nesse caminho, difícil seria dele sair. Por isso preferimos nele não entrar, com o que – assim nos parece – o Espiritismo só terá a ganhar em dignidade. Até aqui só temos que aplaudir a nossa própria moderação, da qual não nos arredaremos; jamais daremos satisfação aos amantes de escândalos.

Entretanto, há polêmica e polêmica. Há uma ante a qual jamais recuaremos – é a discussão séria dos princípios que professamos. Contudo, aqui também deve ser feita uma distinção. Se se trata apenas de ataques gerais, dirigidos contra a doutrina, sem um fim determinado, além do de criticar, e se partem de pessoas que rejeitam sistematicamente tudo quanto não compreendem, não merecem a nossa atenção: o terreno diariamente ganho pelo Espiritismo é resposta peremptória e lhes deve provar que os sarcasmos não têm produzido grande resultado; ainda há a notar que o fogo rolante das pilhérias de que eram vítimas os partidários da doutrina vai se extinguindo pouco a pouco. É o caso de perguntar se há motivos para rir de tantas pessoas eminentes, pelo fato de adotarem as ideias novas. Hoje alguns esboçam um sorriso apenas por hábito, enquanto outros, absolutamente, não riem mais e esperam.

Notemos ainda que entre os críticos há muita gente que fala sem conhecimento de causa, sem se ter dado ao trabalho de a aprofundar. Para lhes responder fora necessário, incessantemente, recomeçar as mais elementares explicações e repetir aquilo que já escrevemos, o que nos parece inútil. Já o mesmo não se dá com os que estudaram e nem tudo compreenderam, com os que realmente querem esclarecer-se, que levantam objeções de boa-fé e com conhecimento de causa. Nesse terreno aceitamos a controvérsia, sem nos gabarmos de resolver todas as dificuldades, o que seria demasiada pretensão. A Ciência espírita está em seu início e ainda não nos revelou todos os seus segredos, por maiores que sejam as maravilhas já desveladas. Qual a Ciência que não mais possui fatos misteriosos e inexplicados? Confessaremos, pois, sem nenhum acanhamento, a nossa insuficiência sobre os pontos que ainda não podemos explicar. Assim, longe de repelir as objeções e as perguntas, nós as solicitamos, desde que não sejam ociosas e não nos façam inutilmente perder tempo com futilidades, pois que é esse um meio de nos esclarecermos.

É isso o que chamamos polêmica útil, pois o será sempre que ocorrer entre gente séria, que se respeita bastante para não perder as conveniências. Podemos pensar de modo diverso sem diminuirmos a estima recíproca. Afinal de contas, que buscamos todos nessa palpitante e fecunda questão do Espiritismo? A nos esclarecermos. Antes de mais nada buscamos a luz, venha de onde vier. E se externarmos a nossa maneira de ver, não se trata de uma opinião pessoal, que pretendamos impor aos outros: entregamo-la à discussão e estamos dispostos a renunciá-la, desde que nos demonstrem que nos achamos no erro. Essa polêmica nós a sustentamos diariamente, em nossa *Revista*, por meio das respostas ou das refutações coletivas, que publicamos a propósito deste ou daquele artigo; e aqueles que nos honram com suas cartas encontrarão sempre a resposta ao que nos perguntam, toda vez que não nos é possível responder em carta particular, o que nem sempre é materialmente possível. Suas perguntas e objeções constituem outros tantos assuntos de estudo, de que nos aproveitamos pessoalmente; e nos sentimos felizes por estender esse proveito aos leitores, à medida que se apresentam fatos em conexão com essas questões. Também sentimos prazer em dar explicações verbais às pessoas que nos honram com sua visita e nas conferências marcadas por um cunho de entendimento, nas quais nos esclarecemos reciprocamente.

PLURALIDADE DAS EXISTÊNCIAS

Das diversas doutrinas professadas pelo Espiritismo a mais controvertida é, inquestionavelmente, a da reencarnação ou da pluralidade das existências corpóreas. Embora seja esta opinião atualmente partilhada por grande número de pessoas e que já tenha sido abordada por nós em várias ocasiões, julgamos um dever aqui examiná-la mais minuciosamente, à vista de sua importância e para responder a diversas objeções que foram levantadas.

Antes de entrar a fundo na questão, devemos fazer algumas observações que se nos afiguram indispensáveis.

Para muitas pessoas o dogma da reencarnação não é novo; é ressuscitado de Pitágoras. Nós jamais dissemos que a doutrina espírita fosse uma invenção moderna. Decorrendo de uma lei natural, o Espiritismo deve ter existido desde a origem dos tempos; sempre nos esforçamos por provar que os seus traços são encontrados na mais alta Antiguidade. Como se sabe, Pitágoras não é o autor do sistema da metem-psicose: bebeu-a nos filósofos indianos e entre os egípcios, onde existia desde tempos imemoriais. Assim, a ideia da transmigração das almas era uma crença vulgar, admitida pelas mais eminentes personalidades.

Por que via lhes veio ela? Pela revelação ou pela intuição? Não o sabemos. Mas, seja como for, uma ideia não atravessa as idades e não é aceita pelas inteligências de escol se não tiver um lado sério. Sua antiguidade, pois, seria antes uma prova do que uma objeção. Contudo, como é também sabido, há entre a metempsicose dos antigos e a moderna doutrina da reencarnação esta grande diferença: os Espíritos repelem de modo absoluto a transmigração do homem nos animais e vice-versa.

Sem dúvida, dizem alguns contraditores, vós estáveis imbuídos de tais ideias e por isso os Espíritos concordaram com vossa maneira de ver. É um erro que prova, mais uma vez, o perigo dos julgamentos apressados e sem exame. Se, antes de julgar, tais pessoas se tivessem dado ao trabalho de ler o que dissemos a respeito, isto é, quando a doutrina da reencarnação nos foi ensinada pelos Espíritos, veriam que ela estava tão longe de nosso pensamento, que havíamos construído um sistema completamente diferente sobre os antecedentes da alma, sistema aliás partilhado por muitas pessoas. Sobre esse ponto, a doutrina dos Espíritos nos surpreendeu; diremos mais: ela nos contrariou, porque derrubou as nossas próprias ideias. Como se vê, estava longe de ser um reflexo dessas. E não é tudo; nós não cedemos ao primeiro choque. Combatemos, defendemos a nossa opinião, levantamos objeções e só nos rendemos ante a evidência e quando notamos a insuficiência de nossos sistemas para resolver todas as questões levantadas por essa matéria.

Aos olhos de algumas pessoas e em semelhante assunto, talvez pareça singular o vocábulo *evidência*; não será, entretanto, impróprio para quem se habituou a perscrutar os fenômenos espíritas. Para o observador atento há fatos que, embora não sejam de natureza absolutamente material, nem por isso deixam de constituir verdadeira evidência, pelo menos uma evidência moral. Não é aqui o lugar para explicar esses fatos, só compreensíveis mediante estudo contínuo e perseverante. Nosso fim era apenas refutar a ideia de que essa doutrina não passa de uma tradução do nosso pensamento. Outra refutação devemos fazer ainda: é que não somente a nós é ela ensinada; que foi ventilada em muitos lugares, tanto na França quanto no estrangeiro: na Alemanha, na Holanda, na Rússia, etc., e isso mesmo antes da publicação de *O Livro dos Espíritos*. Acrescentemos ainda que, desde que nos entregamos ao Espiritismo, temos tido comunicações de mais de cinqüenta médiuns, escreventes, falantes, videntes, etc., mais ou menos esclarecidos, de inteligência normal mais ou menos limitada, alguns até completamente iletrados e, consequentemente, estranhos inteiramente aos assuntos filosóficos, e que, em nenhum caso, os Espíritos se desmentiram sobre esse ponto. O mesmo se dá em círculos que conhecemos, onde tal princípio é professado. Bem sabemos que o argumento não é irretorquível e, por isso mesmo, não insistiremos senão pelo raciocínio.

Examinemos a questão sob um outro ponto de vista, abstração feita de qualquer intervenção dos Espíritos, os quais, momentaneamente, poremos de lado. Suponhamos que essa teoria não lhes diga respeito; suponhamos até que jamais se houvesse cogitado de Espíritos. Assim, coloquemo-nos momentaneamente num terreno neutro, admitindo para uma e outra das hipóteses o mesmo grau de probabilidade, isto é: a pluralidade e a unicidade de existências corporais e vejamos de que lado estarão a razão e o nosso próprio interesse.

A certas pessoas repugna a ideia de reencarnação, pelo único motivo de lhes não convir. Dizem que uma existência é bastante e que não desejam recomeçar numa outra. Conhecemos algumas pessoas para quem a ideia de reaparecer na Terra as deixa enfurecidas. Queremos apenas lhes perguntar se Deus teria tomado o seu conselho ou consultado o seu gosto antes de criar o universo. Ora, de duas, uma: ou há, ou não há reencarnação. Se há, ficarão contrariadas, mas terão de sofrê-la e Deus não lhes pedirá licença. Até parece que estamos ouvindo um doente dizer: "Hoje eu sofri muito; não quero mais sofrer amanhã". Seja qual for o seu humor, não sofrerá menos amanhã e nos dias seguintes, até curar-se. Assim, pois, se tiverem de reviver corporalmente, reviverão; reencarnar-se-ão; não adianta a revolta, como a de um menino que não quer ir à escola ou a de um condenado à prisão: terão de ir para lá. Semelhantes objeções, de tão pueris, não merecem exame sério. Diremos, entretanto, para os acalmar, que a doutrina espírita sobre a reencarnação não é tão terrível quanto eles pensam e que, se a tivessem estudado a fundo, ela não lhes infundiria tanto pavor; saberiam que as condições de uma nova existência depende de si mesmos; esta será feliz ou infeliz, conforme o que hajam feito aqui na Terra; e que *já desta vida podem elevar-se tanto que não devem temer a queda no lamaçal.*

Supomos falar a pessoas que acreditam num futuro qualquer após a morte, e não àqueles que têm o nada como perspectiva ou que desejam mergulhar a alma num todo universal, sem individualidade, como as gotas de chuva no oceano, o que vem a ser mais ou menos feliz ou infeliz, conforme o que houvermos feito durante a vida; tendes então o desejo de que ele seja tão feliz quanto possível, de vez que o é para toda a eternidade? Teríeis acaso a pretensão de ser um dos homens mais perfeitos que jamais existiram na Terra e de ter assim a primazia, o direito à suprema felicidade dos eleitos? Não. Então admitis que haja homens que valem mais do que vós e que têm direito a um lugar melhor, sem que, entretanto, por isso sejais condenados. Então! Colocai-vos por um instante e em pensamento, na situação média, que será a vossa, uma vez que assim conviestes, e suponde que alguém vos venha dizer: "Sofreis; não sois feliz quanto o poderíeis; entretanto, tendes à vossa frente seres que desfrutam de uma felicidade pura. Quereis trocar a vossa situação pela deles?" – "Sem dúvida", respondereis. "Que devo fazer?" – "Nada menos que recomeçar aquilo que fizeste mal, procurando fazê-lo melhor".

Teríeis dúvida em aceitá-lo, mesmo à custa de várias existências de prova?

Façamos uma comparação mais prosaica.

Se a um homem que, embora não esteja na mais extrema das misérias, experimenta entretanto privações consequentes da mediocridade de seus recursos viessem dizer: "Eis uma imensa fortuna; podereis desfrutá-la; mas para isso deveis trabalhar rudemente um minuto". Ainda que ele fosse o maior preguiçoso da Terra, diria sem hesitar: "Trabalhemos um minuto, dois, uma hora, um dia se for preciso. Que representa isso, se minha vida vai acabar na abundância?". Ora, que é a duração da vida corporal em relação à eternidade? Menos que um minuto, menos que um segundo.

Temos ouvido o seguinte raciocínio: Como é que Deus, soberanamente bom, pode impor ao homem recomeçar uma série de misérias e de tribulações? Acaso acharia ele que há mais bondade em condenar o homem a um sofrimento perpétuo em consequência de alguns momento de erro do que lhe dar os meios de reparar as próprias faltas?

Dois fabricantes tinham cada qual um operário que podia aspirar subir até tornar-se sócio. Aconteceu certo dia que esses operários empregaram muito mal a sua jornada e mereceram ser postos na rua. Um dos fabricantes despediu o empregado, a despeito de suas súplicas; e este, não tendo achado trabalho, morreu de miséria. O outro disse ao seu: "Você perdeu um dia e me deve uma compensação; fazendo mal a sua tarefa, deve-me uma reparação; por isso, permito-lhe recomeçar. Procure fazê-la bem e eu o conservarei; assim poderá sempre aspirar à posição superior que lhe prometi".

Será necessário perguntar qual dos dois fabricantes foi o mais humano? Deus, que é a própria clemência, seria mais inexorável que este homem. O pensamento de que a nossa sorte esteja para sempre fixada por alguns anos de prova, quando nem sempre dependeu de nós atingir a perfeição na Terra, tem algo de pungente, ao passo que a ideia contrária é eminentemente consoladora, pois nos deixa a esperança. Assim, sem nos pronunciarmos pró ou contra a pluralidade das existências, sem preferir uma a outra hipótese, diremos que se nos fosse dado escolher, ninguém preferiria um julgamento sem apelo. Disse um filósofo que se Deus não existisse seria preciso inventá-lo, para a felicidade do gênero humano; o mesmo se poderia dizer da pluralidade das existências. Mas, como dizíamos, Deus não nos pede permissão; não consulta o nosso gosto. Ou é, ou não é. Vejamos de que lado estão as probabilidades e encaremos o problema sob um outro ponto de vista, sempre fazendo abstração do ensino dos Espíritos, considerando-os apenas como estudo filosófico.

É evidente que sem reencarnação haverá apenas uma única existência corporal; se nossa existência corporal atual for a única, cada alma será criada ao nascer, a menos que se admita a sua anterioridade; nesse caso é de perguntar-se que seria a alma antes do nascimento e se esse estado não constituiria uma existência, sob uma forma qualquer. Não há meio termo: ou a alma existia ou não existia antes do corpo. Se existia, qual seria a sua situação? Tinha ou não consciência de si mesma? Se não tinha consciência, é como se não existisse; se tinha sua individualidade, era progressiva ou estacionária? Num caso como no outro, em que grau havia chegado ao corpo? Admitindo, segundo a crença vulgar, que a alma nascesse com o corpo, ou, o que dá no mesmo, que anteriormente à sua encarnação tivesse apenas faculdades negativas, levantamos as seguintes questões:

1. – Por que mostra a alma aptidões tão diversas e independentes das ideias adquiridas pela educação?

2. – De onde vem, nas crianças em tenra idade, a aptidão supranormal para tal arte ou tal ciência, enquanto outras ficam, por toda a vida, medíocres ou inferiores?

3. – De onde as ideias inatas, que uns apresentam e outros não?

4. – De onde, em certas crianças, instintos precoces de vícios ou de virtudes, sentimentos inatos de dignidade ou de baixeza, contrastando com o meio onde nasceram?

5. – Por que, abstração feita da educação, certos homens são mais adiantados que outros?

6. – Por que há selvagens e civilizados? Por que se tomarmos um hotentote nos cueiros e o educarmos nos mais afamados liceus, jamais dele faremos um Laplace ou um Newton?

Perguntamos qual a Filosofia ou a Teosofia[1] que poderá resolver tais problemas? Ou as almas são iguais ao nascer, ou não são. Se o são, por que tão diversas aptidões? Dir-se-á que isso depende do organismo.

---

[1] Em 1858, ainda não existia a doutrina teosófica, que só apareceu em 1875. Kardec alude à Teosofia como forma imprecisa de ocultismo então em voga. (N. da Eq. Rev. Edicel)

Mas isso será então a mais monstruosa e a mais imoral das doutrinas. O homem não passaria de uma máquina e de um joguete da matéria; não teria a responsabilidade de seus atos; poderia tudo lançar à conta de suas imperfeições físicas. Se são desiguais, é que Deus assim as criou. Mas, então, por que essa superioridade inata, concedida a alguns? Será tal parcialidade conforme à justiça de Deus e ao amor igual por ele dedicado a todas as criaturas?

Admitamos, ao contrário, uma série de anteriores existências progressivas, e tudo ficará explicado. Ao nascer, trazem os homens a intuição daquilo que adquiriram; são mais ou menos adiantados, conforme o número de existências percorridas e conforme se achem mais ou menos afastados do ponto de partida; absolutamente como numa reunião de indivíduos de todas as idades, cada um terá um desenvolvimento proporcionado ao número de anos que tiver vivido; as existências sucessivas serão para a vida da alma o que são os anos para a vida do corpo. Reunamos um dia mil indivíduos de um a oitenta anos; suponhamos que um véu seja lançado sobre todo o seu passado e que, em nossa ignorância, pensemos que todos eles nasceram no mesmo dia. Naturalmente perguntaremos como é que uns são grandes e outros pequenos, uns velhos e outros moços, uns instruídos e outros ignorantes. Mas se se levantar a nuvem que nos oculta o passado e se soubermos que uns viveram mais do que outros, tudo ficará explicado. Em sua justiça, Deus não poderia ter criado umas almas mais perfeitas que outras; entretanto, com a pluralidade das existências, a desigualdade que vemos nada mais conterá de contrário à mais rigorosa equidade. É que vemos o presente e não o passado. Repousará tal argumento sobre um sistema ou suposição gratuita? Não: nós partimos de um fato patente e incontestável – a desigualdade de aptidões e de desenvolvimento intelectual e moral, fato que achamos inexplicável por todas as teorias ora em curso, ao passo que sua explicação é simples, natural e lógica por uma outra teoria. Será natural preferir o que não explica ao que explica?

Relativamente à sexta questão, dirão, sem dúvida, que o hotentote é de uma raça inferior. Então perguntamos se ele é ou não é homem? Se o é, por que Deus o teria deserdado, e à sua raça, dos privilégios concedidos à raça caucásica? E se não é homem, por que procurar fazê-lo cristão? A doutrina é mais ampla que tudo isso. Para ela não existem várias espécies de homens: existem homens cujo Espírito será mais ou menos atrasado, suscetível, entretanto, de progredir. Não será isso mais conforme à justiça de Deus?

Acabamos de ver a alma no seu passado e no seu presente. Se a considerarmos em seu futuro, encontraremos as mesmas dificuldades.

1. – Se é unicamente a nossa existência presente que deve decidir do nosso porvir, qual será, nessa vida futura, a posição respectiva do selvagem e do homem civilizado? Estarão no mesmo nível ou distanciados na soma de felicidades eternas?

2. – O homem que toda a vida trabalhou para se melhorar estará nas mesmas condições que os outros?

3. – Qual a sorte das crianças mortas em tenra idade, quando não tiveram tempo de fazer nem o bem nem o mal? Se se acham entre os eleitos, por que esse favor, quando nada fizeram por merecê-lo? Por que privilégio foram libertadas das tribulações da vida?

Não haverá uma doutrina que possa resolver essas questões?

Admitamos as existências sucessivas e tudo estará explicado conforme à justiça de Deus. Aquilo que não se pode fazer numa existência, far-se-á em outra. Assim, ninguém escapará à lei do progresso e todos serão recompensados segundo o mérito *real* e ninguém será excluído da felicidade suprema a que pode aspirar, sejam quais forem os obstáculos encontrados em sua rota.

Essas questões poderiam ser multiplicadas ao infinito, pois inumeráveis são os problemas morais e psicológicos, cuja solução só é encontrada na pluralidade das existências. Nós nos limitamos aos mais gerais. Seja como for, talvez digam que a doutrina da reencarnação não é admitida pela Igreja; que isso seria a derrubada da religião. Não é objetivo nosso abordar esse problema no momento: basta-nos haver demonstrado que ela é eminentemente moral e racional. Mais tarde demonstraremos que a religião se acha menos afastada dela do que se pensa e que com isso não sofreria ela mais do que sofreu com a descoberta do movimento da Terra e dos períodos geológicos, que, à primeira vista, pareciam desmentir os textos sagrados. O ensino dos Espíritos é eminentemente cristão: apoia-se sobre a imortalidade da alma, as penas e recompensas futuras, o livre arbítrio do homem, a moral do Cristo. Não é, portanto, antirreligioso.

Como ficou dito, raciocinamos fazendo abstração de todo o ensino espírita que, para certas criaturas, não tem autoridade. Se, como tantos outros, adotamos a opinião da pluralidade das existências, não foi apenas porque ela nos viesse dos Espíritos, mas porque nos pareceu lógica e a única que resolve problemas até aqui insolúveis. Tivesse ela vindo de um simples mortal, e nós a teríamos adotado, não hesitando em renunciar às nossas próprias ideias. Desde o momento em que um erro fica demonstrado, o amor próprio terá mais a perder do que a ganhar com a teimosa persistência numa ideia falsa. Do mesmo modo nós a teríamos repelido, se vinda dos Espíritos, desde que nos tivesse parecido contrária à razão, como procedemos com muitas outras, de vez que sabemos, por experiência, que se não deve aceitar cegamente tudo quanto vem de sua parte, como aquilo que vem da parte dos homens. Resta-nos, pois, examinar a questão da pluralidade das existências do ponto de vista do ensino dos Espíritos, de que maneira a devemos entender e, enfim, responder às mais sérias objeções que lhe possam opor.

PROBLEMAS MORAIS

SOBRE O SUICÍDIO

PERGUNTAS DIRIGIDAS A SÃO LUÍS POR INTERMÉDIO DO SR. C., MÉDIUM FALANTE E VIDENTE, NA SESSÃO DE 12 DE OUTUBRO DE 1858, NA SOCIEDADE PARISIENSE DE ESTUDOS ESPÍRITAS

1. – Por que motivo o homem que tem a firme intenção de se matar revoltar-se-ia contra a ideia de ser morto por um outro e defender-se-ia contra os ataques, no mesmo instante em que vai cumprir o seu desígnio? R – Porque o homem tem sempre medo da morte. Quando se suicida, está superexcitado, com a cabeça transtornada, e realiza esse ato sem coragem nem medo e, por assim dizer, sem ter conhecimento do que faz; ao passo que se lhe fosse dado raciocinar, não veríamos tantos suicídios. O instinto do homem o leva a defender a própria vida e durante o tempo que decorre entre o momento em que seu semelhante se aproxima para o matar e o momento em que o ato é cometido, tem ele sempre um movimento de repulsa instintiva da morte; e este o leva a repelir esse fantasma, só apavorante para um Espírito culposo. O homem que se suicida não experimenta tal sentimento porque se acha cercado de Espíritos que o impelem, que o ajudam em seus desejos e lhe

fazem perder completamente a lembrança do que não seja ele mesmo, isto é, dos pais, daqueles que o amam e de uma outra existência. Nesse momento, o homem é todo egoísmo.

2. – Aquele que está desgostoso da vida, mas não quer suicidar-se e deseja que sua morte sirva para alguma coisa, será culpado se a buscar no campo de batalha, defendendo o seu país? R – Sempre. O homem deve seguir o impulso que lhe é dado. Seja qual for a vida que leve, é sempre assistido por Espíritos que o conduzem e o dirigem, malgrado seu. Ora, procurar agir contra seus conselhos é um crime, pois que aqueles aí estão para nos dirigir e, quando queremos agir por nós mesmos, esses bons Espíritos estão prontos a ajudar-nos. Entretanto, se o homem, arrastado por seu próprio Espírito, quer deixar esta vida, é abandonado; mais tarde reconhece que terá de recomeçar uma outra existência. Para elevar-se, deve o homem ser provado. Parar a sua ação, por um entrave em seu livre arbítrio, seria ir contra Deus e, nesse caso, as provas tornar-se-iam inúteis, porque os Espíritos não cometeriam faltas. O Espírito foi criado simples e ignorante; então, para chegar às esferas felizes, é necessário elevar-se em Ciência e em sabedoria e é somente na adversidade que adquire um coração elevado e melhor compreende a grandeza de Deus.

3. – Um dos assistentes observou que notava uma contradição entre estas últimas palavras de São Luís e as precedentes, quando disse que o homem pode ser arrastado ao suicídio pelos Espíritos que a isso o incitam. Nesse caso cederia a um impulso estranho. R – Não existe contradição. Quando disse que o homem impelido ao suicídio era cercado de Espíritos que a isso o solicitavam, não me referia aos bons Espíritos, que fazem todo esforço para o evitar; isso deveria estar subentendido; sabemos todos que temos um anjo da guarda ou, se preferis, um guia familiar. Ora, o homem tem seu livre arbítrio; se, a despeito dos bons conselhos que lhe são dados, persevera nessa ideia criminosa, ele a realiza, no que é ajudado pelos Espíritos levianos e impuros, que o cercam e que se sentem felizes por ver que ao homem, ou Espírito encarnado, também falta a coragem para seguir conselhos de seu bom guia, por vezes de Espíritos de parentes mortos que o rodeiam, sobretudo em circunstâncias semelhantes.

PALESTRAS FAMILIARES DE ALÉM-TÚMULO

MEHEMET-ALI

SEGUNDA COMUNICAÇÃO[1]

1. – Em nome de Deus Todo-poderoso, peço ao Espírito de Mehemet-Ali que venha comunicar-se conosco. R – Sim; sei a razão.

2. – Prometestes vir até nós, a fim de nos instruir. Teríeis a bondade de nos escutar e de nos responder? R – Não prometo, pois não me comprometi.

3. – Substituamos o *prometestes por fizestes-nos esperar*. R – Isto é, para satisfazer a vossa curiosidade. Não importa! Prestar-me-ei um pouco.

4. – Desde que vivestes ao tempo dos faraós, poderíeis dizer-nos com que fim foram construídas as pirâmides? R – São sepulcros; sepulcros e templos. Ali se davam grandes manifestações.

5. – Tinham estas um objetivo científico? R – Não. O interesse religioso absorvia tudo.

6. – Era necessário que os egípcios fossem muito adiantados nas artes mecânicas a fim de realizarem trabalhos que exigiam forças tão consideráveis. Poderíeis dar-nos uma ideia dos meios empregados? R – Massas de homens gemeram sob o peso dessas pedras que atravessaram os séculos. A máquina era o homem.

7. – Que classe de homens era ocupada nesses grandes trabalhos? R – Aquilo a que chamais de povo.

8. – Estava o povo em estado de escravidão ou recebia um salário? R – À força.

9. – De onde tiravam os egípcios o gosto pelas coisas colossais, em vez do das coisas graciosas, que distinguia os gregos, posto tivessem a mesma origem? R – O egípcio era tocado pela grandeza de Deus. Procurava igualá-lo, superando as suas próprias forças. Sempre o homem!

10. – Desde que naquela época éreis sacerdote, tende a bondade de nos dizer algo a respeito da religião dos egípcios. Qual era a crença do povo relativamente à Divindade? R – Corrompidos, acreditavam em seus sacerdotes. Seus deuses eram aqueles que os mantinham sob o jugo.

---

[1] Vide *Revista Espírita* do mês de abril. (N. do T.)

11. – Que pensavam da alma após a morte? R – Acreditavam no que diziam os sacerdotes.

12. – Sob o duplo ponto de vista de Deus e da alma, tinham os sacerdotes ideias mais sãs que o povo? R – Sim, eles tinham a luz em suas mãos e, conquanto a escondessem dos outros, ainda a viam.

13. – Os grandes do Estado partilhavam das crenças do povo ou da dos sacerdotes? R – Estavam entre as duas.

14. – Qual a origem do culto prestado aos animais? R – Queriam desviar o homem de Deus e mantê-lo sob seu domínio, dando-lhe como deuses seres inferiores.

15. – Até certo ponto compreende-se o culto dos animais úteis; mas não se compreende o de animais imundos e prejudiciais, como as serpentes, os crocodilos, etc.! R – O homem adora aquilo que teme. Era um jogo para o povo. Os sacerdotes não podiam crer em deuses feitos por suas mãos!

16. – Não é estranho que ao mesmo tempo que adoravam o crocodilo e os répteis, adorassem o *ichneumon*[1] e o íbis, que os destruíam? R – Aberração do Espírito. Em toda parte, o homem procura deuses para esconder aquele que é.

17. – Por que Osíris era representado com a cabeça de um gavião e Anúbis com a cabeça de um cão? R – O egípcio gostava de personificar sob a forma de emblemas claros: Anúbis era bom; o gavião que estraçalha representava o cruel Osíris.

18. – Como conciliar o respeito dos egípcios pelos mortos com o seu desprezo e o horror que tinham por aqueles que os enterravam e mumificavam? R – O cadáver era um instrumento de manifestações. Segundo pensavam, o Espírito voltava ao corpo que havia animado. Como um dos instrumentos do culto, o cadáver era sagrado, e o desprezo perseguia aquele que ousava violar a santidade da morte.

19. – A conservação do corpo dava lugar a manifestações mais numerosas? R – Mais longas; isto é, o Espírito voltava por mais tempo, desde que o instrumento fosse dócil.

---

[1] Voz grega que significa rastejar. É aplicada em entomologia para algumas variedades de insetos. Nesse caso, porém, a referência é a uma espécie de fuinha, um mamífero carnívoro, do gênero *Herpestes*, o *Herpestes Ichneumon* do Egito, que, dizia-se, devorava os ovos dos crocodilos. (N. do T.)

20. – Não seria também a conservação dos corpos uma causa de salubridade, à vista da inundação do Nilo? R – Sim, para os do povo.

21. – No Egito, a iniciação era feita por meio de práticas tão rigorosas quanto na Grécia?

– Ainda mais rigorosas.

22. – Com que fim eram impostas aos iniciados condições tão difíceis de preencher?

– Para não haver senão almas superiores. Estas sabiam compreender e calar.

23. – O ensino dado nos mistérios tinha por fim único a revelação das coisas extra-humanas ou também eram ensinados os preceitos da moral e do amor do próximo? R – Tudo isso estava muito corrompido. O fim dos sacerdotes era dominar e não instruir.

O DOUTOR MUHR[1]

1. – Evocação. R – Eis-me aqui.

2. – Teríeis a bondade de nos dizer onde vos achais? R – Estou errante.

3. – Vossa morte ocorreu a 4 de junho deste ano? R – Não, do ano passado.

4. – Lembrais-vos de vosso amigo Sr. Jobard? R – Sim; frequentemente estou ao seu lado.

5. – Quando eu lhe transmitir essa resposta, ele terá prazer, pois que sempre vos teve uma grande afeição. R – Eu o sei, é um dos Espíritos que me são mais simpáticos.

6. – Em vida, que pensáveis que fossem os gnomos? R – Supunha que fossem seres capazes de se materializar e tomar formas fantásticas.

7. – E o credes ainda? R – Mais que nunca; agora tenho certeza.

---

[1] Diz-se que foi um Espírito muito elevado. Era médico homeopata, um verdadeiro apóstolo espírita; faleceu no Cairo a 4 de junho de 1857. Deve encontrar-se em Júpiter. Evocado a pedido do Sr. Jobard.

Vide a *Revista* de julho, número 7, pág. 210. A diferença de grafia vem do original. Entretanto, parece preferível a forma Muhr. (N. do T.)

Mas gnomo é um vocábulo que lembra muito a magia. Agora prefiro dizer Espírito em vez de gnomo.

Nota: Em vida, ele acreditava nos Espíritos e em sua manifestação. Apenas os chamava de *gnomos*, enquanto agora prefere a denominação genérica de *Espíritos*.

8. – Ainda credes que os Espíritos, que em vida chamáveis gnomos, possam tomar fantásticas formas materiais? R – Sim. Mas sei que isso nem sempre se faz, porque há pessoas que poderiam ficar loucas se vissem as aparências que tais Espíritos podem tomar.

9. – Que aparências podem ser estas? R – De animais, de diabos.

10. – É uma aparência material tangível, ou uma pura aparência, como em sonhos e visões? R – Um pouco mais material que nos sonhos; as aparições que nos poderiam amedrontar não podem ser tangíveis; Deus não o permitiria.

11. – A aparição do Espírito de Bergzabern, sob a forma de um homem ou de um animal, seria dessa natureza? R – Sim, é desse gênero.

Nota: Não sabemos se em vida ele admitia que os Espíritos pudessem tomar uma forma tangível; mas é evidente que agora se refere à forma vaporosa e impalpável das aparições.

12. – Acreditais que ireis reencarnar em Júpiter? R – Irei para um mundo ainda inferior a Júpiter.

13. – É por vossa própria vontade que ides para um mundo inferior a Júpiter ou por que ainda não mereceis ir para esse planeta? R – Creio mais que seja por não o merecer e para desempenhar certa missão em mundo menos adiantado. Sei que alcançarei a perfeição; e é isso que me leva a ser modesto.

Nota: Essa resposta é prova da superioridade deste Espírito e concorda com o que nos diz o Padre Ambrósio: há mais mérito em pedir uma missão num mundo inferior do que querer adiantar-se muito num mundo superior.

14. – O Sr. Jobard pediu-nos que vos perguntássemos se havíeis ficado contente com o vosso necrológio, escrito por ele. R – Jobard deu-me nova prova de simpatia escrevendo aquilo. Agradeço e desejo que o quadro, um tanto exagerado, que fez de minhas virtudes e habilidades possa servir entre vós de exemplo aos que percorrem a senda do progresso.

15. – Em vida fostes homeopata. Que é o que pensais agora da

homeopatia? R – A homeopatia é o começo da descoberta dos fluidos latentes. Muitas outras descobertas igualmente preciosas serão feitas e virão formar um todo harmonioso, que conduzirá vosso globo à perfeição.

16. – Que valor emprestais ao vosso livro *Le Médicin du Peuple*?
R – É a pedra do operário que levei à obra.

Nota: A resposta que o Espírito deu sobre a homeopatia vem em apoio à ideia dos *fluidos latentes*, que já nos foi dada pelo Espírito do Sr. Badel, a respeito de sua imagem fotografada.[1] Depreende-se que há fluidos cujas propriedades nos são desconhecidas ou que nos passam despercebidas, porque sua ação não é ostensiva, posto não seja menos real; a humanidade se enriquece de conhecimentos novos, à medida que as circunstâncias tornam conhecidas as *propriedades*.

MADAME DE STAËL

A 28 de setembro de 1858, na Sociedade Parisiense de Estudos Espíritas, comunicou-se espontaneamente, e sem ter sido chamado, o Espírito de Madame de Staël, o qual, pela mão da Srta. E., médium psicógrafa, deixou as seguintes palavras:

"Viver é sofrer. Sim, mas a esperança não segue no sofrimento? Não pôs Deus maior dose de esperança no coração dos infelizes? Criança, o prazer e a decepção acompanham o seu nascimento; mas à sua frente marcha a esperança, que lhe diz: Avança! A felicidade está no fim. Deus é clemente.

Por que, perguntam os Espíritos fortes, por que vir ensinar-nos uma nova religião, quando o Cristo estabeleceu as bases de uma tão grandiosa caridade? De uma felicidade tão certa? Não pretendemos reformar aquilo que o grande reformador ensinou. Não, vimos apenas reafirmar nossa consciência, aumentar nossas esperanças. Quanto mais se civiliza o mundo, mais deveria ele ter confiança e mais ainda temos necessidade de o sustentar. Não queremos mudar a face do universo: vimos ajudar a torná-lo melhor. Se neste século não viermos em auxílio do homem, este será muito infeliz, pela falta de confiança e de esperança. Sim, homem sábio, que lês nos outros, que procuras conhecer aquilo que pouco te importa e que afastas aquilo que te concerne: abre os olhos

---

[1] Vide a *Revista Espírita*, mês de julho.

e não desesperes; não digas que o nada pode ser possível, quando em teu coração deverias sentir o contrário. Vem assentar-te a essa mesa e espera, pois nela serás instruído quanto ao teu futuro e serás feliz. Aqui há pão para todos: Espírito, vos desenvolvereis; corpo, vos alimentareis; sofrimento, vos acalmareis; esperança, florecereis e embelezareis a verdade, para fazê-la suportável.

Staël

Nota: O Espírito aludido à mesa onde estavam os médiuns.

– Perguntai e eu responderei às vossas perguntas.

1. – Não estávamos esperando a vossa visita; por isso não temos um assunto preparado. R – Sei muito bem que perguntas especiais não podem ser respondidas por mim. Há, porém, coisas gerais que podem ser perguntadas a uma mulher que teve um pouco de espírito e agora tem muito coração!

Nesse momento uma senhora que assistia à sessão teve um como que desfalecimento; mas era apenas um êxtase que, longe de ser penoso, foi-lhe antes muito agradável. Alguém se ofereceu para magnetizá-la; então, o Espírito de Madame de Staël disse espontaneamente: "Não; deixai-a tranquila; é necessário deixar agir a influência". Depois, dirigindo-se à senhora, disse: "Tende confiança, pois um coração vela junto a vós; deseja falar-vos; chegará o dia; não precipitemos as emoções".

Então, o Espírito que se comunicava por aquela senhora, e que era o de sua irmã, escreveu espontaneamente: "Eu voltarei".

Dirigindo-se ainda àquela senhora, Madame de Staël escreveu: "Uma palavra de consolação a um coração que sofre. Por que essas lágrimas de mulher para uma irmã? Por que essa volta ao passado, quando todos os vossos pensamentos deveriam dirigir-se para o futuro? Vosso coração sofre, vossa alma sente necessidade de se expandir. Então! Que essas lágrimas sejam de alívio e não produzidas pelos pesares! Aquela que vos ama e que chorais é feliz e venturosa! Esperais, que um dia estareis juntas. Vós não a vedes; mas para ela não existe separação, pois que pode estar constantemente ao vosso lado".

2. – Poderíeis dizer-nos o que pensais atualmente de vossos escritos? R – Uma só palavra esclarecer-vos-á: se eu voltasse e pudesse recomeçar, modificaria dois terços e conservaria apenas um.

3. – Poderíeis assinalar aquilo de que discordais? R – Não sou muito exigente, pois aquilo que não for justo, outros escritores mudarão. Eu fui muito masculina para uma mulher.

4. – Qual a causa primeira desse caráter viril, que demonstrastes em vida? R – Isso depende da fase de nossa existência.

Na sessão seguinte, a 12 de outubro, foram-lhe dirigidas as seguintes perguntas, por intermédio do Sr. D., médium psicógrafo.

5. – No outro dia viestes espontaneamente, por intermédio da Srta. E. Poderíeis dizer qual o motivo que vos levou a favorecer-nos com a vossa presença, sem que vos tivéssemos chamado? R – A simpatia que sinto por todos vós. É ao mesmo tempo o cumprimento de um dever que me é imposto em minha atual existência, ou antes, em minha existência passageira, pois que sou chamada a reviver: esse é, aliás, o destino de todos os Espíritos.

6. – Como vos é mais agradável: vir espontaneamente ou ser evocada? R – Prefiro ser evocada, pois é uma prova de que pensam em mim; mas também sabeis que é agradável a um Espírito liberto poder vir conversar com o Espírito do homem. Por isso não vos deveis admirar de que tivesse vindo de repente ao vosso meio.

7. – Haverá vantagem em evocar os Espíritos, em vez de esperar que venham por sua iniciativa? R – Evocando, tem-se um objetivo; deixando que venham, corre-se o risco de ter comunicações imperfeitas sob muitos aspectos, porque tanto vêm os maus quanto os bons.

8. – Já vos comunicastes em outros centros? R – Sim, mas têm-me feito aparecer mais do que eu queria. Por outras palavras, muitas vezes tomaram o meu nome.

9. – Teríeis a bondade de vir, algumas vezes, ditar-nos alguns de vossos belos pensamentos, que teríamos o prazer de reproduzir para a instrução geral? R – De boa-vontade. Sinto prazer em estar entre os que trabalham seriamente a sua instrução. Minha vinda no outro dia é uma prova.

MÉDIUM PINTOR

EXTRAÍDO DO *SPIRITUALIST*, DE NOVA ORLÉANS

Nem todos podem ser convencidos pelo mesmo gênero de manifestações espíritas. Por isso foi preciso desenvolver médiuns de vários tipos. Nos Estados Unidos, há os que fazem retratos de pessoas mortas há muito tempo e que jamais haviam visto. E como a semelhança é notada imediatamente, as pessoas sensatas que o testemunham não deixam de se converter. O mais notável desses médiuns é, talvez, o Sr. Rogers, que citamos no vol. I, pág. 239,[1] residente em Columbus, onde exercia a profissão de alfaiate. Devemos acrescentar que não possuía qualquer outra habilitação profissional.

Criaturas instruídas têm dito e repetido, a propósito da teoria espiritista, que "o recurso aos Espíritos não passa de hipótese; que um exame atento prova que nem é a mais racional, nem a mais verossímil". A esses, sobretudo, oferecemos a tradução que segue, abreviadamente, de um artigo publicado a 27 de julho último pelo Sr. Lafayette R. Gridley, de Attica, Indiana, para os editores de *Spiritual Age*, que o publicaram na edição de 14 de agosto.

Em maio último, o Sr. E. Rogers, de Cardington, Ohio, conhecido médium pintor que faz retratos de pessoas que não mais se encontram neste mundo, veio passar alguns dias em minha casa. Durante sua visita foi influênciado por um artista invisível, que deu o nome de Benjamin West; pintou alguns belos retratos, em tamanho natural, assim como alguns outros de qualidade algo inferior.

Eis algumas particularidades relativas a dois desses retratos.

Foram pintados pelo dito E. Rogers, num quarto escuro, em minha casa, no curto espaço de uma hora e meia, tempo esse do qual meia hora mais ou menos foi decorrida sem que o médium tivesse sido influênciado e que aproveitei para examinar o seu trabalho, ainda não concluído. Rogers caiu novamente em transe e terminou esses retratos. Então, embora nenhuma indicação tivesse sido dada quanto às pessoas representadas, um dos retratos foi imediatamente reconhecido como sendo de meu avô, Elias Gridley; a seguir, meu pai e minha mãe, todos foram unânimes em reconhecer a grande semelhança: é um *fac-simile* do velho, com todas as particularidades de sua cabeleira, de sua camisa, etc. Quanto ao outro retrato, nenhum de nós o reconheceu. Então eu o pendurei no meu armazém, à vista dos transeuntes, onde ficou uma semana sem ser reconhecido. Esperávamos que alguém nos dissesse que era qualquer antigo residente da Attica. Já perdia a esperança de

[1] Vol. I, pág. 239 de *Spiritualist* de Nova Orleans.

saber a quem teria querido pintar, quando uma tarde, numa sessão espírita reunida em minha casa, manifestou-se um Espírito e me deu a comunicação seguinte:

"Meu nome é Horace Gridley. Há mais de cinco anos deixei meus despojos. Morei muitos anos em Natchez, no Mississipi, onde fui xerife. Meu único descendente mora lá: sou primo de seu pai. Outras informações a meu respeito podem ser obtidas dirigindo-se ao seu tio Gridley, de Brownsville, no Tennessee. O retrato que tem no seu armazém é meu, de uma época em que vivia na Terra, pouco tempo antes de passar a esta outra existência, mais elevada, melhor e mais feliz. Ele se parece comigo, pelo menos *tanto quanto me foi possível retomar a fisionomia de então*, pois que isso é indispensável quando nos pintam; nós fazemos o mais que podemos para dela nos recordarmos, conforme o permitem as condições no momento. O retrato em questão não está acabado como eu o desejara; há umas ligeiras imperfeições, que o Sr. West diz provirem das condições em que se achava o médium. Apesar disso, mande o retrato para Natchez, a fim de ser examinado. Penso que o reconhecerão".

Os fatos mencionados nessa comunicação eram inteiramente ignorados por mim e por todos os habitantes de nossos lados. Conquanto há muitos anos, certa vez tivesse ouvido falar de que meu pai tinha um parente naqueles lados do vale do Mississipi, nenhum de nós sabia o nome daquele parente, o lugar onde tinha vivido, nem mesmo se havia morrido. Só muitos dias depois é que soube por meu pai, que morava em Delphi, a quarenta milhas daqui, qual o lugar de residência de seu primo, do qual há cerca de sessenta anos quase não ouvira mais falar. Nem tínhamos pensado em pedir retratos de família: eu apenas tinha posto em frente ao médium uma nota com os nomes de cerca de vinte antigos moradores de Attica, não mais deste mundo, de alguns dos quais desejávamos obter o retrato. Assim, penso que as pessoas sensatas admitirão que nem o retrato, nem a comunicação de Horace Gridley possam ser resultado de uma transmissão de nosso pensamento ao médium. Aliás, é certo que o Sr. Rogers jamais conheceu qualquer dos homens cujo retrato pintou e dos quais provavelmente jamais ouvira falar, porque é inglês nato, veio para a América há dez anos e jamais viajou para o Sul além de Cincinnati, ao passo que Horace Gridley, ao que eu saiba, nunca andou para o Norte além de Memphis, no Tennessee, nos últimos trinta e cinco anos de vida terrena. Ignoro que algum dia tenha visitado a Inglaterra; entretanto, isso poderia ter ocorrido antes do nascimento de Rogers, pois este não tem mais que vinte e oito a trinta anos. Quanto a meu avô, falecido há cerca de dezenove anos, jamais saiu dos Estados Unidos e seu retrato jamais fora feito de qualquer maneira.

Desde que recebi a comunicação acima transcrita, escrevi ao Sr. Gridley, de Brownsville. Sua resposta veio corroborar quanto havíamos aprendido pela comunicação do Espírito. Consegui ainda o nome do único rebento de Horace Gridley, que é a Sra. L. M. Patterson, ainda residente em Natchez, onde seu pai morou muitos anos. Na opinião de meu tio, ele faleceu há seis anos em Houston, no Texas.

Então escrevi à Sra. Patterson, minha prima recém-descoberta, e lhe mandei uma cópia daguerreotipada do retrato que, segundo nos diziam, era de seu pai. Na carta ao meu tio de Brownsville, eu nada disse relativamente ao principal objetivo de minhas pesquisas, como nada disse à Sra. Patterson: nem a razão de lhe enviar o retrato, nem como o havia obtido, nem quem era a pessoa que ele representava. Apenas perguntei a minha prima se nele reconhecia alguém. Respondeu-me que, ao certo, não poderia dizer de quem era o retrato, mas me assegurava de que *era parecido com seu pai, na época de sua morte*. Depois eu lhe escrevi que nós o havíamos também tomado como se fosse de seu pai, sem lhe dizer, entretanto, como o havíamos obtido. A réplica de minha prima dizia, em substância, que na cópia remetida todos haviam reconhecido seu pai, antes que eu lhe tivesse dito quem o retrato representava. Entretanto, ficou muito surpreendida de que eu tivesse um retrato de seu pai, quando ela mesma não tinha nenhum e seu pai nunca lhe havia dito que algum dia tivesse mandado fazer seu próprio retrato, fosse por quem fosse. Ela pensava que não existisse nenhum e ficou muito satisfeita com a minha remessa, sobretudo por causa de seus filhos, que tinham grande veneração pela própria memória do avô.

Então eu lhe mandei o retrato original, autorizando-a a ficar com ele, caso lhe agradasse; mas ainda não lhe disse como o havia obtido. São estas as principais passagens de sua resposta:

"Recebi sua carta e o retrato de meu pai, que permite fique comigo, se for bastante fiel. Na verdade, o é muito; e como jamais tive outro dele, fico com este, já que o permite. E o aceito muito reconhecida, embora me pareça que meu pai fosse mais bonito, quando gozava saúde".

Antes da recepção das duas últimas cartas da Sra. Patterson, quis o acaso que o Sr. Hedges, de Delphis, mais antigo residente de Natchez, e o Sr. Ewing, recém-vindo de Vicksbourg, no Mississipi, vissem o retrato em questão e o reconhecessem como sendo o de Horace Gridley, com quem ambos tinham tido relações.

Acho estes fatos muito significativos, porque passados em silêncio e julguei-me na obrigação de os comunicar, a fim de se lhes dar publicidade. Escrevendo este artigo, tive todo o cuidado com a absoluta correção.

Nota: Já conhecemos os médiuns desenhistas. Além dos admiráveis desenhos, dos quais demos um espécime, mas que representam coisas cuja exatidão é impossível verificar, vimos médiuns absolutamente estranhos a essa arte executar esboços muito reconhecíveis de pessoas mortas, mas que não haviam eles conhecido. Mas daí a um retrato acabado dentro de todas as regras, vai muita distância. Essa faculdade se liga a um fenômeno muito curioso, do qual somos testemunha neste momento. A ele nos reportaremos proximamente.

INDEPENDÊNCIA SONAMBÚLICA

Há muitas pessoas que, aceitando hoje perfeitamente o magnetismo, durante muito tempo contestaram a lucidez sonambúlica. É que, na verdade, essa faculdade veio derrubar todas as noções que tínhamos a respeito da percepção das coisas do mundo exterior. Entretanto, de há muito tínhamos o exemplo dos sonâmbulos naturais, gozando de faculdades análogas e que, por um contraste bizarro, jamais foram aprofundadas. Hoje a clarividência sonambúlica é um fato; e se ainda é contestado por algumas pessoas, em que as ideias novas custam a lançar raízes, principalmente quando é preciso renunciar às que embalamos durante muito tempo. Também muita gente pensava, como ainda hoje com as manifestações espíritas, que o sonambulismo pudesse ser experimentado como uma máquina, sem que se levasse em conta as condições especiais do fenômeno. Eis por que, não tendo obtido resultados satisfatórios a tempo e a hora, concluíram pela negativa. Fenômenos tão delicados exigem uma observação longa, assídua e perseverante, a fim de se lhes captarem as nuanças, por vezes fugidias. É igualmente em consequência da incompleta observação dos fatos que certas pessoas admitem a clarividência dos sonâmbulos, mas contestam sua independência. Para eles, sua visão não vai além do pensamento dos que os interrogam. Alguns até chegam a admitir que não há visão, mas simples intuição e transmissão do pensamento, em apoio do que citam numerosos exemplos.

Ninguém duvida de que, vendo o pensamento, possa o sonâmbulo traduzi-lo e, por vezes, ser-lhe o próprio eco; também não contestamos que, em certos casos, este possa ser influênciado por aquele. Admitindo que no fenômeno houvesse apenas isso, já não seria um fato curioso e digno de observação? O problema não é, pois, saber se o sonâmbulo é ou pode ser influênciado por um pensamento estranho, o que não é posto em dúvida, mas se é sempre influênciado. E isso é resultado de experiências.

Se o sonâmbulo nunca diz senão aquilo que pensamos, é incontestável que traduz o nosso pensamento. Mas se, em certos casos, diz aquilo que não sabemos, se contraria a nossa opinião e nossa maneira de ver, torna-se evidente a sua independência e que apenas segue seu próprio impulso. Nesse gênero, um único fato bem caracterizado seria suficiente para provar que a sujeição do sonâmbulo ao pensamento alheio não é coisa absoluta. Ora, há milhares de exemplos e entre aqueles de nosso conhecimento citaremos os dois seguintes:

O Sr. Marillon, que morava em Bercy, à rua Charenton, 43, desapareceu desde 13 de janeiro último. Foram infrutíferas todas as pesquisas para descobrir traços seus: nenhuma das pessoas que ele costumava frequentar habitualmente o tinham visto; nenhum negócio podia motivar sua ausência prolongada; por outro lado, seu caráter, sua posição e seu estado mental afastavam qualquer ideia de suicídio. Restava a hipótese de que tivesse sido vítima de um crime ou de um acidente. Mas, neste último caso, poderia ter sido facilmente identificado e reconduzido ao seu domicílio ou, pelo menos, levado ao necrotério. Todas as probabilidades eram, pois para o crime. E nela se firmavam, tanto mais quanto ele havia saído para fazer um pagamento. Onde, porém, e como fora cometido tal crime? É o que todos ignoravam. Então sua filha recorreu a uma sonâmbula, a Sra. Roger, que em muitas outras circunstâncias idênticas havia dado provas de uma lucidez notável, que nós mesmos tivemos ocasião de constatar.

A Sra. Roger seguiu o Sr. Marillon, desde que deixou a casa, às três horas da tarde, até cerca de sete horas da noite, momento em que se dispunha a regressar; viu-o descer às margens do Sena, para uma necessidade imperiosa; aí foi acometido de um ataque de apoplexia e, disse ela, "vi-o cair sobre uma pedra, abrir uma brecha na fronte, depois rolar para a água. Não houve, pois, nem suicídio, nem crime. Vejo ainda o seu dinheiro e uma chave no bolso do paletó". Indicou o local do acidente, mas declarou que o corpo lá não mais estava, pois tinha sido arrastado pela correnteza; que seria encontrado num certo lugar.

Realmente isso se deu. Tinha a ferida indicada na fronte, a chave e o dinheiro estavam no bolso e a posição das roupas indicava claramente que a sonâmbula não se havia enganado quanto ao motivo que o levara à barranca do rio.

Diante de tantos detalhes, perguntamos onde pode ser encontrada qualquer transmissão de pensamento!

Eis um outro fato onde não é menos evidente a independência sonambúlica.

O casal Belhomme, chacareiros em Rueil, à rua Saint-Denis, 19, tinha uma economia de cerca de oitocentos a novecentos francos. Para maior segurança, a Sra. Belhomme os guardou num armário, do qual uma parte era reservada a roupas velhas e outra a roupas novas; foi neste lado que o dinheiro foi colocado; no momento, entrou alguém e a senhora apressou-se em fechá-lo. Algum tempo depois, necessitando do dinheiro, convenceu-se de que o havia posto entre a roupa velha, pois tal havia sido a sua intenção, admitindo que esta tentaria menos os ladrões; mas na sua precipitação, com a chegada da visita, o havia posto no outro compartimento. E de tal modo estava convencida de o haver posto entre os trapos, que nem lhe ocorreu procurar noutro lugar. Achando o lugar vazio e recordando-se da visita, pensou que tinha sido visto e roubado e, assim persuadida, lançou as suspeitas sobre a visitante.

Acontece que a Sra. Belhomme conhecia a Srta. Marillon, de quem falamos pouco acima, e lhe contou o infortúnio. Esta lhe dissera a maneira por que seu pai fora encontrado e aconselhou-a a procurar a mesma sonâmbula, antes de tomar qualquer outra providência. O casal Belhomme procurou a Sra. Roger, convencidos ambos de que tinham sido roubados e na esperança de que lhes fosse indicado o ladrão que, em sua opinião, não podia deixar de ser a visita: tal era, pois, seu pensamento exclusivo.

Ora, depois de minuciosa descrição do local, a sonâmbula lhes disse: "Não fostes roubados; vosso dinheiro está intacto em vosso armário; apenas pensais tê-lo posto entre a roupa velha, quando o pusestes entre a roupa nova. Ide para casa, que o encontrareis". Foi realmente o que aconteceu.

Relatando esses dois casos – e poderíamos aduzir muitos outros –, nosso objetivo foi provar que a clarividência sonambúlica nem sempre é reflexo de um pensamento estranho; assim, o sonâmbulo pode ter uma lucidez própria, absolutamente independente. Disso decorrem consequências de alta significação do ponto de vista psicológico: aqui temos a chave de um problema que examinaremos ulteriormente, quando tratarmos das relações que existem entre o sonambulismo e o Espiritismo, as quais lançam uma luz inteiramente nova sobre a questão.

UMA NOITE ESQUECIDA OU MANUZA, A FEITICEIRA

MILÉSIMA SEGUNDA NOITE DOS CONTOS ÁRABES

DITADA PELO ESPÍRITO DE FRÉDÉDIC SOULIÉ

PREFÁCIO DO EDITOR

No corrente ano de 1856, as experiências de manifestações espíritas, realizadas em casa do Sr. B., à rua Lamartine, atraíram uma seleta e numerosa assistência. Os Espíritos que se comunicavam nesse círculo eram mais ou menos sérios; alguns ali disseram coisas de admirável sabedoria, de uma profundeza notável, como se pode julgar por *O Livro dos Espíritos*, ali começado e realizado em grande parte. Outros eram menos sérios: seu humor jovial facilmente se prestava a pilhérias, mas pilhérias finas e que jamais se afastavam das conveniências. Neste número estava Frédéric Soulié, que veio livremente e sem convite, mas cujas visitas inesperadas eram sempre um passatempo a todos agradável. Sua conversação era espirituosa, fina, mordente, a propósito e jamais desmentiu o autor das *Mémoires du diable*;[1] aliás ele jamais se deu importância; e, quando lhe dirigiam perguntas complexas de Filosofia, confessava francamente sua insuficiência para as resolver, dizendo-se ainda muito ligado à matéria e que preferia as coisas alegres às sérias.

O médium que lhe servia de intérprete era a Srta. Carolina B., uma das filhas do dono da casa, do gênero absolutamente passivo, que não tinha a menor consciência do que escrevia, podendo rir e conversar a torto e a direito, o que fazia de bom grado, enquanto a mão corria sobre o papel. O meio mecânico empregado foi, durante muito tempo a *cesta de bico*, descrita em *O Livro dos Médiuns*.[2] Mais tarde a médium serviu-se da psicografia direta.

Perguntarão que prova temos de que o Espírito comunicante fosse o de Frédéric Soulié e não um outro qualquer. Não é aqui o lugar para tratar da questão de identidade dos Espíritos: diremos somente que a de Soulié se confirmou por mil e um detalhes que não podem escapar a uma observação atenta; muitas vezes uma palavra, um gesto, um fato pessoal referido vinham confirmar que era ele mesmo; por diversas vezes deixou sua assinatura, que foi confrontada com as originais. Um dia pediram-lhe o seu retrato e o médium, que não sabe desenhar e que jamais o viu, fez um esboço de uma semelhança impressionante.

Ninguém na reunião tinha tido relações com ele em vida. Por que, então, vinha sem ser chamado? É que se tinha ligado a um dos assistentes sem ter jamais querido revelar o motivo: só aparecia quando essa pessoa se achava presente; entrava com ela e com ela saía; de sorte que quando essa não estava, também não vinha e – coisa interessante! – quando ele estava, era difícil, senão impossível, haver comunicações de outros Espíritos; o próprio Espírito familiar da casa cedia-lhe o lugar, dizendo que, por delicadeza deveria fazer as honras *em sua casa*.

Um dia anunciou que nos daria um romance à sua maneira. Realmente, pouco tempo depois começou uma história cujo início era muito promissor. O assunto era druídico e a cena se desenrolava na Armórica, ao tempo do domínio romano. Infelizmente, parece que se apavorou ante a tarefa empreendida, pois, força é confessá-lo, o seu forte não eram os trabalhos assíduos e ele mesmo se achava muito bem na vida preguiçosa. Depois de ditadas algumas páginas, parou o romance, mas disse que escreveria um outro, o qual lhe daria menos trabalho. Foi então que escreveu o conto cuja publicação iniciamos. Mais de trinta pessoas assistiram a essa produção e podem atestar-lhe a origem. Não a damos

---

[1] *Memórias do Diabo*, de Frédéric Soulié, notável romancista e autor dramático francês (1800-1847). (N. do T.)

[2] Vide capítulo XII, número 154. (N. do T.)

como uma obra de alto valor filosófico, mas como mostra original de um trabalho de fôlego obtido dos Espíritos. Notar-se-á como tudo é urdido, como tudo se encadeia com uma arte admirável. O que há de mais extraordinário é que o tema foi retomado em cinco ou seis ocasiões diferentes e por vezes após interrupções de duas ou três semanas. Ora, em cada reinício, o assunto continuava como se tivesse sido escrito de um jacto, sem rasuras ou entrelinhas e sem que houvesse necessidade de recordar o que já fora dito. Damo-lo tal qual saiu do lápis do médium, sem ter mudado coisa alguma – nem no estilo, nem nas ideias, nem no encadeamento dos fatos. Algumas repetições de palavras ou pecadilhos ortográficos foram notados; então Soulié nos encarregou, em pessoa, de os corrigir, dizendo que nos assistiria no caso. Quando tudo estava terminado, ele quis rever o conjunto, ao qual fez alguns retoques sem importância e autorizou a publicá-lo como quiséssemos, abrindo mão, dizia ele, de boa-vontade, dos seus direitos autorais. Contudo, julgamos melhor não inseri-lo na *Revista* sem o consentimento formal de seu amigo póstumo, a quem pertence de direito, pois que é por sua presença e sua solicitação que agradecemos essa produção de além-túmulo. O título foi dado pelo próprio Espírito de Frédéric Soulié.

A. K.

UMA NOITE ESQUECIDA

I

Havia em Bagdá uma mulher do tempo de Aladino. Vou contar sua história.

Num dos bairros de Bagdá, não longe do palácio da Sultana Scheherazada, morava uma velha chamada Manuza. Essa velha era motivo de horror por toda a cidade, pois era feiticeira e das mais terríveis. À noite, em sua casa, passavam-se coisas espantosas. De modo que, assim que o sol se punha, ninguém se aventurava a passar por sua porta, salvo algum amante à procura de um filtro para sua amante rebelde, ou alguma mulher abandonada em busca de um bálsamo para pôr na ferida que, ao abandoná-la, lhe havia feito o amante.

Aconteceu um dia que o Sultão estava mais triste do que habitualmente e também a cidade era presa de grande desolação, porque ele queria mandar matar a sultana favorita, e que, por seu exemplo todos os maridos eram infiéis, um jovem saiu de seu solar magnífico, situado ao lado do palácio da sultana. Vestia o moço uma túnica e um turbante de cores sombrias, mas sob esses hábitos simples apresentava um ar de grande distinção. Procurava ocultar-se ao longo das casas, como um ladrão ou como um amante que teme ser surpreendido. Dirigia-se para os lados da casa de Manuza, a feiticeira. Uma grande ansiedade estava estampada em seu rosto, que denunciava a preocupação que o agitava. Atravessou as ruas e praças rapidamente, embora com muitas precauções.

Chegando junto à porta hesitou por uns instantes, depois resolveu bater. Durante um quarto de hora sofreu uma angústia mortal, pois ouvia ruídos a que o ouvido humano jamais se habituara: uma matilha de cães latia ferozmente; havia gritos lamentosos e cantos de homens e mulheres, como no fim de uma orgia e, para iluminar esse tumulto, luzes corriam de alto a baixo da casa, como fogos fátuos de todas as cores. Depois, como que por encanto, tudo cessou: as luzes se extinguiram e abriu-se a porta.

II

O visitante ficou um momento interdito, sem saber se devia entrar no sombrio corredor que se estirava aos seus olhos. Por fim, armando-se de coragem, penetrou ousadamente. Depois de haver dado uns trinta passos tateando, encontrou-se em frente a uma porta que dava para uma sala apenas iluminada por uma lâmpada de cobre de três bicos, pendente do centro do teto.

A casa que, a julgar pelo barulho que ouvira da rua, deveria ser muito habitada, tinha agora um ar deserto; essa sala, que era imensa, e, por sua construção, devia ser a base do edifício, estava vazia, se excetuarmos os animais empalhados de toda espécie que a guarneciam.

No meio dessa sala havia uma pequena mesa coberta de livros de magia e, diante da mesa, numa grande poltrona, estava assentada uma velhinha de apenas dois côvados de altura e de tal modo abafada entre chalés e turbantes, que mal se divisavam os seus traços. À aproximação do estranho, levantou a cabeça e mostrou a seus olhos o mais terrível rosto que se possa imaginar.

"Aqui estás, senhor Nuredin", disse ela fixando uns olhos de hiena sobre o jovem que acabava de entrar, "aproxima-te! Há vários dias que meu crocodilo de olhos de rubi anunciou-me a tua visita. Dize-me se é filtro que te falta ou se é uma fortuna. Mas que digo eu? Uma fortuna! A tua não causa inveja ao próprio sultão? Não és o mais rico, assim como és o mais belo? Provavelmente é um filtro que vens procurar. Qual é, pois, a mulher que ousa ser cruel para contigo? Enfim, nada devo dizer; nada sei. Estou pronta a escutar-te as dificuldades e a te dar os necessários remédios, desde que minha ciência tenha o poder de te ser útil. Mas por que me olhas assim e não te adiantas? Tens medo? Porventura causo-te pavor? Vês-me assim, mas outrora fui bela; a mais bela de todas as mulheres então existentes em Bagdá; foram os sofrimentos que me tornaram tão feia. Mas em que te interessam os meus sofrimentos? Aproxima-te, eu te escuto; apenas não te posso conceder mais que dez minutos. Portanto, avia-te!"

Nuredin não se havia dominado. Contudo, não querendo mostrar aos olhos da velha a perturbação que o agitava, avançou e lhe disse: "Mulher, venho por uma coisa séria; de tua resposta depende a sorte de minha vida: vais decidir da minha felicidade ou da minha morte. Trata-se do seguinte: o sultão quer mandar matar Nazara; eu a amo. Vou contar-te de onde vem esse amor e venho pedir-te forneças o remédio não à minha dor, mas à sua posição infeliz, pois não quero que ela morra. Sabes que meu palácio é vizinho do palácio do Sultão; nossos jardins se limitam. Há cerca de seis luas, uma noite eu passeava nesses jardins e ouvi uma música encantadora acompanhando a mais deliciosa voz feminina que jamais ouvi. Desejando saber de onde provinha, aproximei-me do jardim vizinho e verifiquei que era de um caramanchão de verdura, habitado pela sultana favorita. Fiquei vários dias absorvido por aqueles sons melodiosos; dia e noite sonhava com a bela desconhecida, cuja voz me havia seduzido, pois, devo dizer-te, em minha mente ela não podia deixar de ser bela. Todas as noites eu passeava nas mesmas aléias onde tinha ouvido aquela encantadora harmonia. Durante cinco dias tudo foi em vão. Enfim, no sexto dia, a música foi ouvida novamente. Então, não podendo mais me conter, aproximei-me do muro e vi que com pouco esforço o escalaria.

Após alguns momentos de hesitação, tomei um grande partido:

passei do meu para o jardim vizinho: aí vi, não uma mulher, mas uma huri, a huri favorita de Maomé, enfim, uma maravilha! À minha vista, ela espantou-se muito pouco, mas, lançando-me aos seus pés, concitei-a a não ter receios e a me escutar. Disse-lhe que seu canto me havia atraído e lhe assegurei que minhas ações seriam profundamente respeitosas. Ela teve a bondade de ouvir-me.

Passamos a primeira noite a falar de música. Também cantei e ofereci-me para acompanhá-la. Ela consentiu e marcamos um encontro para o dia seguinte, à mesma hora. Então ela estava mais tranquila: o sultão estava em seu conselho e a vigilância era menor. As duas ou três primeiras noites foram inteiramente dedicadas à música. Mas a música é a voz dos amantes e, desde o quarto dia, não mais fomos estranhos um ao outro: nós nos amávamos. Como era bela! Como era bela também a sua alma! Muitas vezes projetamos a fuga. Ah! por que não a realizamos? Eu seria menos infeliz e ela não estaria prestes a sucumbir. Essa bela flor não estaria a ponto de ser cortada pela foice que irá arrebatá-la à luz.

(Continua no próximo número).

VARIEDADES

O GENERAL MARCEAU

A *Gazette de Cologne* publica a seguinte história, que lhe é comunicada por seu correspondente em Coblença, e que é atualmente tema obrigatório em todas as conversas. O fato é relatado pela *Patrie*, de 10 de outubro de 1858. "Sabe-se que abaixo do Forte do Imperador Francisco, perto da estrada de Colônia, encontra-se o monumento do General Marceau, francês, que tombou em Altenkirchen e foi sepultado em Coblença, no Monte São Pedro, onde se acha a parte principal do forte. O monumento do general, que é uma pirâmide truncada, foi mais tarde removido, quando começaram a fortificação de Coblença. Contudo, por ordem expressa do falecido Rei Frederico III, foi reconstruído no local onde se encontra atualmente.

"O Sr. de Stranberg, que em seu *Reinischen antiquarius* dá uma biografia muito detalhada de Marceau, conta que muitas pessoas alegam ter visto à noite, e por várias vezes, o general montado num cavalo, com o seu manto branco dos caçadores franceses. Já de algum tempo dizia-se em Coblença que Marceau saía do túmulo e muitas pessoas garantiam tê-lo visto. Há alguns dias, um soldado, dando sentinela no Petersberg (Monte São Pedro), viu aproximar-se um cavaleiro branco, cavalgando um ginete branco. Gritou: "Quem vem lá"? Não tendo recebido resposta a três interpelações, atirou e caiu sem sentidos. Ouvindo o estampido, uma patrulha correu e encontrou a sentinela desacordada. Levada ao hospital onde ficou gravemente doente, entretanto, pôde fazer o relato do que se passara. Diz uma outra versão que o soldado morreu em consequência da aventura. Eis a história tal qual pode ser constatada por toda a cidade de Coblença."

Allan Kardec

ANO I
DEZEMBRO DE 1858

APARIÇÕES

O fenômeno das aparições apresenta-se hoje sob um aspecto, de certo modo, novo e projeta uma viva luz sobre os mistérios da vida de além-túmulo. Antes, porém, de abordar os estranhos fatos que vamos referir, julgamo-nos obrigados a reiterar, completando as explicações dadas anteriormente.

Não se deve perder de vista que, durante a vida, o Espírito está unido ao corpo por uma substância semimaterial, que constitui um primeiro envoltório, o qual designamos como perispírito. Tem, pois, o Espírito dois envoltórios: um grosseiro, pesado e destrutível – o corpo; outro etéreo, vaporoso, indestrutível – o perispírito. A morte não é mais que a destruição do invólucro grosseiro; é a roupa de fora que deixamos, por usada; o invólucro semimaterial persiste e constitui, por assim dizer, novo corpo para o Espírito.

Essa matéria eterizada – é bom frisar – absolutamente não é a alma; não passa de seu primeiro envoltório. A natureza íntima dessa substância ainda não nos é perfeitamente conhecida, embora a observação nos haja colocado na via de algumas de suas propriedades. Sabemos que ela representa um papel capital em todos os fenômenos espíritas; que, após a morte, é o agente intermediário entre o Espírito e a matéria, assim como o corpo durante a vida. Por aí se explicam uma porção de fenômenos até aqui insolúveis. Veremos em artigo subsequente o papel por ele representado nas sensações do Espírito. Ainda mais: a descoberta, se assim podemos dizer, do perispírito, permitiu que a Ciência espírita desse um passo enorme e entrasse numa rota inteiramente nova.

Talvez nos perguntem se esse perispírito não será uma criação fantástica da imaginação; se não será uma dessas suposições feitas tantas vezes para explicar uns tantos efeitos. Não, não é obra da imaginação, pois foram os próprios Espíritos que o revelaram; não é uma ideia fantástica, porque pode ser constatado pelos sentidos, *porque pode ser visto e tocado*. A coisa existe; nossa é apenas a denominação. Para as coisas novas necessitamos de vocábulos novos. E os próprios Espíritos os adotam nas comunicações que estabelecem conosco.

Por sua natureza e em estado normal, o perispírito é para nós invisível, mas pode sofrer modificações que o tornem perceptível, ou por uma espécie de condensação, ou por uma mudança na disposição molecular. É então que nos aparece sob uma forma vaporosa. A condensação – mas, por falta de expressão, não seja tomada ao pé da letra – a condensação, dizíamos nós, pode ser tal que o perispírito adquira as propriedades de um corpo sólido e tangível; este pode, entretanto, instantaneamente retomar o seu estado etéreo e invisível. Podemos fazer uma ideia desse efeito pelo vapor, que pode passar do estado de invisibilidade ao estado brumoso, depois ao líquido e ao sólido e vice-versa. Esse diferentes estados do perispírito são o produto da vontade do Espírito e não de uma causa física exterior. Quando ele nos aparece é que dá ao seu perispírito a propriedade necessária para o tornar visível; e essa propriedade ele a pode estender, restringir e fazer cessar à vontade.

Uma outra propriedade da substância do perispírito é a penetrabilidade. Nenhuma matéria lhe oferece obstáculo: ele as atravessa a todas, como a luz atravessa os corpos transparentes.

Separado do corpo, o perispírito afeta uma forma determinada e limitada e essa forma normal é a do corpo humano, mas não é constante; o Espírito pode, à vontade, dar-lhe as mais variadas aparências, inclusive a de um animal ou de uma chama. Aliás, isso se concebe muito facilmente. Não vemos homens que dão ao rosto as mais diversas expressões, imitando a voz a ponto de nos enganarmos, assim como a expressão de outras pessoas, parecerem obesas, coxas, etc.? Quem reconheceria na cidade certos atores que só costuma ver caracterizados no palco? Se, pois, assim pode o homem dar ao seu corpo material e rígido aparências tão contrárias, com mais forte razão pode fazê-lo o Espírito com um envoltório eminentemente plástico e flexível e que pode prestar-se a todos os caprichos da vontade.

Os Espíritos, pois, geralmente nos aparecem sob uma forma humana; em seu estado normal, essa forma nada tem de muito característico, nada que os distinga uns dos outros de maneira muito marcada; nos bons Espíritos, essa forma ordinariamente é bela e regular: longos cabelos flutuantes sobre as espáduas e amplas túnicas envolvendo-lhes o corpo. Mas se desejam tornar-se conhecidos, tomam exatamente todos os traços sob os quais foram conhecidos e, até, quando necessário, a aparência da vestimenta. Assim, por exemplo, como Espírito, Esopo não é disforme, mas se for evocado como Esopo, posto tivesse tido posteriormente, várias existências, aparecerá feio e corcunda, vestindo à maneira tradicional. É talvez a roupagem o que mais admira; se, entretanto, considerarmos que ela faz parte do envoltório semimaterial, compreende-se que a esse envoltório possa o Espírito dar a aparência de tal ou qual vestimenta, como a de tal ou qual fisionomia.

Os Espíritos tanto podem aparecer em sonho quanto em vigília. As aparições em estado de vigília nem são raras nem novas; houve-as em todos os tempos e a História as registra em grande número. Sem remontar ao passado, entretanto, elas hoje são muito frequentes e muitas pessoas no primeiro instante tomaram tais visões por alucinações. São frequentes, principalmente, nos casos de morte de pessoas ausentes, que vêm visitar parentes e amigos. Muitas vezes não têm um objetivo determinado, mas em geral pode-se dizer que os Espíritos que assim nos aparecem são seres para nós atraídos pela simpatia. Conhecemos uma jovem senhora que muitas vezes via em sua casa e no seu quarto, com ou sem luz, homens que aí entravam e saíam, embora estivessem fechadas as portas. Ficava muito espantada e isso a tinha tornado de uma pusilanimidade que tocava as raias do ridículo. Um dia ela viu distintamente o seu irmão, que se achava vivo na Califórnia, prova de que o Espírito dos vivos pode vencer as distâncias e aparecer num lugar, enquanto o corpo se acha em outro. Depois que essa senhora foi iniciada no Espiritismo, já não tem medo, porque se dá conta das visões e sabe que os Espíritos que vêm visitá-la nenhum mal lhe podem fazer. É provável que, ao lhe aparecer, o seu irmão estivesse adormecido; se ela pudesse ter explicado a sua presença, poderia ter estabelecido uma conversação com ele, da qual este tivesse conservado uma vaga lembrança ao despertar. É provável, ainda, que nesse momento ele tivesse sonhando que se achava ao pé da irmã.

Dissemos que o perispírito pode adquirir tangibilidade. Falamos sobre isso a propósito das manifestações produzidas pelo Sr. Home. Sabe-se que, por diversas vezes, ele fez aparecerem mãos que podiam ser apalpadas como se fossem vivas, mas que de repente se extinguiam como uma sombra; mas não se tinham visto ainda corpos inteiros sob essa forma tangível. Contudo não é coisa impossível. Numa família do conhecimento íntimo de um dos nossos assinantes, um Espírito ligou-se à filha daquela família, criança de dez a onze anos, sob a forma de um belo rapaz da mesma idade. É-lhe visível como uma pessoa comum e, à vontade, torna-se visível ou invisível às outras pessoas. Presta-lhe toda sorte de bons serviços, traz-lhe brinquedos, bombons, faz o trabalho doméstico, vai comprar aquilo de que necessitam e que é mais dispendioso. Isso não é uma lenda da mística Alemanha, nem uma história medieval: é um fato atual, que se passa neste momento em que escrevemos, numa cidade da França e numa família respeitável. Chegamos a fazer sobre esse caso estudos especiais, cheios de interesse e que nos forneceram revelações muito originais e as mais imprevistas. Brevemente, entreteremos os nossos leitores de modo mais completo em artigo especial.

ADRIEN, MÉDIUM VIDENTE

Todo aquele que pode ver os Espíritos sem auxílio de terceiros é, por isso mesmo, médium vidente. Mas, em geral, as aparições são fortuitas e acidentais. Nós ainda não conhecíamos ninguém apto a ver os Espíritos de maneira permanente e à vontade. É de tão notável faculdade que é dotado o Sr. Adrien, um dos membros da Sociedade de Estudos Espíritas. Ele é, simultaneamente, médium vidente, escrevente, auditivo e sensitivo. Como psicógrafo, escreve o ditado dos Espíritos, mas, raramente, de modo mecânico, como os médiuns inteiramente passivos; isto é, escreve coisas estranhas ao seu pensamento e tem consciência do que escreve. Como médium auditivo escuta as vozes ocultas que lhe falam. Temos na sociedade dois outros médiuns que gozam dessa faculdade no mais alto grau e que, ao mesmo tempo, são ótimos psicógrafos. Enfim, como médium sensitivo, sente o contato dos Espíritos e a pressão que sobre si esses exercem; sente até comoções elétricas muito violentas, que se comunicam às pessoas presentes. Quando magnetiza alguém, pode, à vontade e se necessário à saúde, produzir-lhe a descarga de uma pilha de Volta.

Uma nova faculdade nele acaba de revelar-se: é a dupla vista. Sem ser sonâmbulo e conquanto inteiramente desperto, vê à vontade, a uma distância ilimitada, mesmo além dos mares, aquilo que se passa numa localidade; vê as pessoas e aquilo que estão fazendo; descreve os lugares e os fatos com precisão, que tem sido verificado. Digamos logo que o Sr. Adrien não é um desses homens fracos que se deixam arrastar pela imaginação; ao contrário, é um homem de caráter frio, muito calmo e que vê tudo isso com o mais absoluto sangue frio; não diremos que com indiferença, longe disto, pois que ele leva a sério as suas faculdades e as considera como um dom da Providência, o qual lhe foi concedido para o bem e, assim, dele se serve apenas para coisas úteis e jamais para vos satisfazer curiosidades. É um moço de família distinta, muito honesto, de um caráter suave e benevolente e cuja educação cuidada se revela na linguagem e em todas as suas maneiras. Como marinheiro e como militar já percorreu uma parte da África, da Índia e de nossas colônias.

A nosso ver, de todas as suas faculdades como médium, a mais notável é a vidência. Os Espíritos lhe aparecem sob a forma descrita em nosso artigo anterior sobre as aparições. Ele os vê com uma precisão, da qual podemos fazer uma ideia pelos retratos que damos a seguir, da Viúva do Malabar e da Bela Cordoeira de Lião. Perguntarão, entretanto, o que prova que ele vê e que não é vítima de uma ilusão? O que o prova é que, quando alguém que ele não conhece, por seu intermédio evoca um parente ou um amigo que ele jamais viu, faz deste um retrato de notável semelhança, como tivemos oportunidade de verificar. Assim, não temos a menor dúvida quanto à sua faculdade no estado de vigília e não como sonâmbulo.

O que há talvez ainda de mais notável é que não vê apenas os Espíritos evocados: vê ao mesmo tempo todos os que se acham presentes, evocados ou não; ele os vê entrar, sair, ir e vir, escutar o que dizemos, rindo ou tomando-nos a sério, conforme o seu caráter. Uns são graves, outros têm o ar trocista e sardônico; por vezes um deles se adianta para os assistentes e lhe põe a mão sobre o ombro ou se coloca às suas costas, enquanto outros se mantêm a distância. Numa palavra, em toda reunião há sempre uma assembléia oculta, composta de Espíritos atraídos pela simpatia que votam às pessoas ou pelos assuntos ali tratados. Nas ruas, ele vê multidões, pois, além dos Espíritos familiares, que acompanham os seus protegidos, há, como entre nós, a massa dos indiferentes e dos desocupados. Diz-nos ele que em casa jamais se acha só e nunca se aborrece: há sempre uma sociedade, com a qual se distrai.

Suas faculdades não alcançam apenas os Espíritos dos mortos, mas também os dos vivos. Quando vê uma pessoa, pode fazer abstração de seu corpo; então o Espírito dessa lhe aparece como se estivesse separado e pode com ele conversar. Assim, por exemplo, numa criança, pode ver o Espírito nela encarnado, apreciar a sua natureza e saber o que era antes de encarnar. Essa faculdade, levada a um tal grau, nos inicia melhor que todas as comunicações escritas na natureza do mundo dos Espíritos; ela no-lo mostra qual ele é; e se não o vemos por nossos próprios olhos, a descrição que nos faz leva-nos a vê-lo por pensamento. Os Espíritos deixam de ser seres abstratos e se tornam seres reais, que estão ao nosso lado, que nos acotovelam a cada passo; e como sabemos agora que seu contato pode ser material, compreendemos a causa de uma porção de impressões que sentimos, sem que nos demos conta. Por isso colocamos o Sr. Adrien entre os mais notáveis médiuns e na primeira fila daqueles que nos forneceram os mais preciosos elementos para o conhecimento do mundo espírita. Nós o colocamos na primeira linha, sobretudo por suas qualidades pessoais, que são as de um homem de bem por excelência, e que o tornam eminentemente simpático aos Espíritos de uma ordem mais elevada, o que nem sempre se dá com os médiuns de influência puramente física. Sem dúvida, entre os últimos há os que fazem sensação, que mais cativam a curiosidade pública; mas para o observador, para quem queira sondar os mistérios desse mundo maravilhoso, o Sr. Adrien é o mais poderoso auxiliar que já temos visto.

Assim, a sua faculdade e a sua complacência foram postas a serviço de nossa instrução pessoal, quer na intimidade, quer nas sessões da sociedade, quer, enfim, em visitas a diversos locais de reuniões. Estivemos juntos em teatros, em bailes, em passeios, em hospitais, nos cemitérios e nas igrejas; assistimos a enterros, a casamentos, a batizados e a sermões. Em toda parte, observamos Espíritos que ali se vinham reunir; com alguns desses estabelecemos conversação, interrogamo-los e aprendemos muitas coisas, que tornaremos proveitosas aos nossos leitores, porque nosso objetivo é de os fazer penetrar, como nós, num mundo tão novo para nós. Revelou-nos o microscópio o mundo dos infinitamente pequenos, de que nem suspeitávamos, embora junto de nós; revelou-nos o telescópio mundos celestes de que nem suspeitávamos também; o Espiritismo descobre-nos o mundo dos Espíritos, que está por toda parte, ao nosso lado, como nos espaços, mundo real que reage sobre nós incessantemente.

UM ESPÍRITO NOS FUNERAIS DE SEU CORPO
ESTADO DA ALMA NO MOMENTO DA MORTE

Os Espíritos sempre nos disseram que a separação entre a alma e o corpo não se dá instantaneamente. Algumas vezes começa antes da morte real, durante a agonia; quando se faz notar a última pulsação, o desprendimento ainda não é completo: este se opera mais ou menos lentamente, conforme as circunstâncias e, até sua completa libertação, a alma experimenta uma perturbação, uma confusão que lhe não permitem dar-se conta de sua situação; encontra-se no estado de uma pessoa que desperta e cujas ideias são confusas. Tal estado nada tem de penoso para o homem cuja consciência é pura; sem se dar bem conta do que vê, está calmo e espera sem temor o completo despertar; ao contrário, é cheio de angústias e de terrores para aquele que teme o futuro. A duração dessa perturbação, dizemos nós, é variável. É muito menos longa naquele que, durante a vida, já elevou os pensamentos e purificou a alma; dois ou três dias lhe bastam, enquanto a outros são precisos, por vezes, oito ou mais dias. Muitas vezes assistimos a esse momento solene e sempre vimos a mesma coisa. Não é, pois, uma teoria, mas o resultado da observação, desde que é o Espírito quem fala e pinta a sua própria situação.

Eis um exemplo tanto mais característico e interessante para o observador, quanto não se trata de um Espírito invisível, que escreve por um médium, mas de um Espírito que é visto e ouvido em presença de seu corpo, tanto na câmara ardente quanto na igreja durante o serviço fúnebre.

O Sr. X. acabava de ser vitimado por um ataque de apoplexia. Algumas horas depois de sua morte, o Sr. Adrien, um de seus amigos, achava-se na câmara mortuária com a esposa do defunto; viu o Espírito deste, muito distintamente, andando a passos largos e compassados, depois olhar alternativamente para o seu corpo e para as pessoas presentes e, por fim, sentar-se numa poltrona. Tinha exatamente a mesma aparência que quando vivo: vestia a mesma sobrecasaca e as mesmas pantalonas pretas; com as mãos nos bolsos, tinha um ar desconfiado.

Durante esse tempo, a esposa procurava um papel na secretária. O marido olhou-a e disse: "Procurarás em vão; nada encontrarás". Ela nada suspeitava, porque o Sr. X. só era visível para o Sr. Adrien.

No dia seguinte, durante o serviço fúnebre, o Sr. Adrien viu novamente o Espírito de seu amigo vagando ao lado do caixão; mas já não tinha o costume da véspera: estava envolto numa espécie de túnica. Entre ambos travou-se a seguinte conversa. Notemos, de passagem, que o Sr. Adrien não é sonâmbulo; que nesse momento, como no dia anterior, estava perfeitamente desperto e que o Espírito lhe aparecia como se fora um convidado para o enterro.

– Diga-me uma coisa, meu caro Espírito: que sente agora?

– Bem e sofrimento.

– Não compreendo isso.

– Sinto que estou vivendo a minha verdadeira vida; entretanto, vejo o meu corpo aqui neste caixão; apalpo-me e não me sinto; contudo sinto que vivo, que existo. Serei então dois seres? Ah! Deixe-me sair desta noite, deste pesadelo.

– Deverá ficar muito tempo assim?

– Oh! não; graças a Deus, meu amigo; sinto que despertarei em breve. Seria horrível se assim não fosse. Tenho as ideias confusas; tudo é obscuridade. Pense na *grande divisão* que acaba de ser feita... e da qual nada compreendo.

– Que efeito lhe produziu a morte?

– A morte? Eu não estou morto, meu filho! Você se engana. Eu me levantava e de repente fui ferido por uma escuridão que me desceu sobre os olhos; depois me levantei e veja o meu espanto ao me ver, ao me sentir vivo e ter ao meu lado, sobre o ladrilho, meu outro ego deitado. Minhas ideias estavam confusas; eu errava para me refazer, mas não podia; via minha mulher chegar e velar-me, lamentando-se, mas eu me perguntava o motivo. Eu a consolava, falava-lhe, mas nem ela respondia nem me compreendia; isso me torturava e deixava-me ainda mais perturbado. Só você me fez bem, porque me escutou e compreende o que eu quero; você me ajuda a destrinçar minhas ideias e me faz um grande bem. Mas por que os outros não fazem o mesmo? Eis o que me tortura... O cérebro está esmagado por esta dor... Irei vê-la; talvez agora ela me entenda... Até logo, meu caro amigo; chame-me e eu irei vê-lo.

Farei uma visita de amigo... Surpreendê-lo-ei... até logo. A seguir, o Sr. Adrien o viu aproximar-se do filho que chorava. Curvou-se sobre ele, ficou uns momentos nessa posição, depois partiu rapidamente. Não havia sido entendido e pensava ter produzido um som. O Sr. Adrien, entretanto, estava persuadido de que o que ele dizia chegava ao coração do filho e prometia prová-lo. Disse tê-lo visto depois e que estava mais calmo.

Observação: Esse relato concorda com tudo quanto havíamos observado sobre o fenômeno da separação da alma; confirma, em circunstâncias de todo especiais, esta verdade que, após a morte, o Espírito ainda lá está presente. Não acredita que tenha à sua frente um corpo inerte, enquanto vê e entende tudo quanto se passa em torno, penetra o pensamento dos assistentes e entre si e estes a única diferença é a visibilidade e a invisibilidade. As lágrimas de crocodilo dos ávidos herdeiros não o abalam.

Quantas decepções devem os Espíritos experimentar nesse momento!

FENÔMENO DE BICORPOREIDADE

Um dos membros da Sociedade envia-nos uma carta de um de seus amigos de Boulogne-sur-Mer, datada de 26 de julho de 1856, onde se lê a passagem seguinte:

"Desde que, por ordem dos Espíritos, magnetizei meu filho, este se tornou um médium muito raro, conforme a revelação que fez em estado sonambúlico, no qual eu o havia posto, a pedido seu, a 14 de maio último e quatro ou cinco vezes depois.

Para mim é fora de dúvida que, desperto, meu filho conversa livremente com os Espíritos com quem deseja, por intermédio de seu guia, que chama familiarmente de amigo; que à vontade ele se transporta em Espírito aonde deseja. Vou citar um fato cuja prova escrita tenho entre as mãos.

Faz hoje exatamente um mês que estávamos na sala de jantar. Eu lia o curso de magnetismo de Du Potet, quando meu filho tomou o livro e o folheou: chegado a uma certa passagem, seu guia lhe disse ao ouvido: "Leia isto". Era a aventura de um doutor da América, cujo Espírito tinha visitado um amigo a quinze ou vinte léguas de distância, enquanto dormia. Depois de ter lido, meu filho disse: "Gostaria de fazer uma viagem semelhante". "Então! aonde queres ir"? perguntou-lhe o guia. "A Londres", respondeu meu filho, "ver os amigos". E designou aqueles a quem desejava visitar. "Amanhã é domingo", foi a resposta; "não és obrigado a te levantares cedo para trabalhar. Dormirás às oito horas e irás passear em Londres até às oito e meia. Sexta-feira próxima receberás uma carta de teu amigo, censurando-te por teres ficado tão pouco tempo com eles".

Efetivamente, no dia seguinte pela manhã, à hora indicada, ele caiu num sono de pedra; despertei-o às oito e meia; ele não se lembrava de nada; da minha parte nada lhe disse, esperando os acontecimentos.

Na sexta-feira seguinte eu trabalhava numa das minhas máquinas e, como de hábito, fumava, por ter acabado de almoçar. Meu filho olhava a fumaça do cachimbo e me disse:

– Olha! Há uma carta na fumaça.

– Como vês uma carta na fumaça?

– Verás, respondeu ele; pois eis que chega o carteiro.

Realmente, o carteiro vinha entregar uma carta de Londres, na qual os amigos de meu filho o censuravam por ter passado com eles apenas alguns minutos, no domingo precedente, às oito e meia, com uma porção de detalhes, que seria longo aqui repetir, entre os quais o fato singular de ter almoçado com eles. Possuo a carta, prova de que não estou inventando".

Tendo sido contado o fato acima, um dos assistentes disse que a História refere diversos casos semelhantes. Citou Afonso de Liguori, que foi canonizado antes do tempo exigido, por se haver mostrado simultaneamente em dois lugares diferentes, o que foi considerado um milagre.

Santo Antônio de Pádua estava na Espanha e, no momento em que pregava, seu pai ia ser supliciado em Pádua, acusado de assassinato. Nesse momento aparece Antônio, demonstra a inocência de seu pai, revela o verdadeiro criminoso, que mais tarde sofreu o castigo. Foi constatado que no mesmo instante Santo Antônio pregava na Espanha.

Santo Afonso de Liguori foi evocado e lhe dirigimos as seguintes perguntas:

1. – É verdadeiro o fato pelo qual fostes canonizado? R – Sim.

2. – Esse fenômeno é excepcional? R – Não; pode apresentar-se em todos os indivíduos desmaterializados.

3. – Era motivo justo para vos canonizarem? R – Sim, pois que por minha virtude eu me havia elevado para Deus. Sem isto eu não teria podido transportar-me simultaneamente para dois lugares diferentes.

4. – Todos os indivíduos com os quais ocorrem esses fenômenos merecem ser canonizados? R – Não, pois nem todos são igualmente virtuosos.

5. – Poderíeis dar-nos uma explicação desse fenômeno? R – Sim. Quando o homem, por sua virtude, se acha completamente desmaterializado, quando elevou sua alma para Deus, pode aparecer simultaneamente em dois lugares, do seguinte modo: sentindo vir o sono, o Espírito encarnado pode pedir a Deus para se transportar a um lugar qualquer. Seu Espírito ou sua alma, como queiras chamar, então abandona o seu corpo, seguido de uma parte de seu perispírito e deixa a matéria imunda num estado vizinho da morte. Digo vizinho da morte, porque fica no corpo um laço, que liga o perispírito e a alma à matéria; e esse laço não pode ser definido. O corpo então aparece no lugar desejado. Creio que é tudo o que desejais saber.

6. – Isto não nos dá a explicação da visibilidade e da tangibilidade do perispírito. R – Achando-se desprendido da matéria, conforme o seu grau de elevação, o Espírito pode tornar a matéria tangível.

7. – Entretanto, a aparição de mãos e de outras partes do corpo, evidentemente, elas pertencem a Espíritos inferiores. R – São Espíritos superiores que se servem dos inferiores a fim de provar a coisa.

8. – O sono do corpo é indispensável para que o Espírito apareça noutros lugares? R – A alma pode dividir-se quando se sente transportada a um lugar diferente daquele onde se acha o seu corpo.

9. – Que aconteceria a um homem, mergulhado em sono profundo, cujo Espírito aparecesse alhures, se fosse despertado subitamente? R – Isso não aconteceria, porque se alguém tivesse o intuito de o despertar, o Espírito entraria no corpo; porque, lendo o pensamento, preveria a intenção.

Um fato análogo assim é relatado por Tácito:

Durante os meses passados por Vespasiano em Alexandria, à espera da volta periódica dos ventos de estio e da estação em que o mar é favorável, aconteceram vários prodígios, pelos quais se manifestou o favor do céu e o interesse que, parece, tinham os deuses por esse príncipe...

    Tais prodígios reforçaram em Vespasiano o desejo de visitar a morada sagrada do deus, a fim de o consultar sobre assuntos do Império. Ordena que o templo a todos seja fechado. Entretanto ele, só todo atento ao que ia o oráculo pronunciar, percebeu às suas costas um dos principais egípcios, chamado Basilídio, que sabia encontrar-se doente havia vários dias em Alexandria. Perguntou aos sacerdotes se naquele dia Basilídio tinha vindo ao templo; indagou dos traseuntes se o haviam visto na cidade; por fim, mandou homens a cavalo e certificou-se de que naquele mesmo momento ele se achava a vinte e quatro milhas de distância. Então não mais duvidou de que a visão fosse sobrenatural e o nome de Basilídio tomou o lugar do oráculo. (Tácito, *Histórias*, L. iv, Cap. 81 e 82. Trad. de Bournouf.[1])

    Desde que esta comunicação nos foi feita, vários fatos do mesmo gênero e de fonte insuspeita nos foram comunicados; em seu número há alguns bem recentes, ocorridos, por assim dizer, em nosso meio, e que se apresentaram nas mais singulares circunstâncias. As explicações que eles permitem alargam sobremaneira o campo das observações psicológicas.

    A questão dos homens duplos, outrora relegada aos contos fantásticos, parece, assim, ter um fundo de verdade. Brevemente voltaremos ao assunto.

SENSAÇÕES DOS ESPÍRITOS

    Sofrem os Espíritos? Que sensações experimentam? Tais perguntas nos são naturalmente dirigidas e as procuramos responder. Inicialmente devemos dizer que, para tanto, não nos contentamos com respostas dos Espíritos. De certo modo tivemos que considerar a sensação com um fato, por meio de numerosas observações.

    Numa de nossas reuniões, pouco depois de havermos recebido de São Luís uma bela dissertação sobre a avareza, cuja publicação foi

---

[1] Eugène Bournouf, orientalista francês (1801-1852), autor de importantes trabalhos sobre o sânscrito e o zenda, de cuja língua traduziu o *Avesta*, livro sagrado de Zoroastro. (N. do T.)

feita em nosso número de fevereiro, um dos nossos secretários contou o fato que se segue, a respeito daquela dissertação.

"Numa pequena reunião de amigos, ocupávamo-nos de evocações quando, inopinadamente e sem que o tivéssemos chamado, apresentou-se um Espírito que havíamos conhecido muito bem e que, em vida, poderia ter servido de modelo ao retrato do avarento, feito por São Luís: um desses homens que vivem miseravelmente no meio da fortuna, que se privam, não para os outros, mas para acumular sem proveito para ninguém. Foi no inverno e nós estávamos perto do fogo. De repente, aquele Espírito nos lembrou seu nome, no qual estávamos longe de pensar, e nos pediu permissão para vir durante três dias aquecer-se à nossa lareira, dizendo que sentia horrivelmente o frio que voluntariamente suportara durante a vida e que, por avareza, obrigara os outros a suportar. Acrescentou que isso lhe seria um alívio, se nós o quiséssemos conceder".

Aquele Espírito experimentava penosa sensação de frio. Mas como a experimentava? Nisto é que está a dificuldade.

A respeito dirigimos a São Luís as perguntas que se seguem.

– Teríeis a bondade de dizer-nos como esse Espírito de avarento, que não tinha mais o corpo material, podia sentir frio e pedir para se aquecer?

– Podes imaginar os sofrimentos do Espírito pelos sofrimentos morais.

– Compreendemos os sofrimentos morais, como pesares, remorsos, vergonha, mas o calor e o frio, a dor física não são efeitos morais; os Espíritos experimentam essas espécies de sensações?

– Tua alma sente frio? Não, mas tem a consciência da sensação que age sobre o corpo.

– Parece disso decorrer que esse Espírito de avarento não sentia um frio real; tinha a lembrança da sensação do frio que havia suportado e essa lembrança lhe era como uma realidade – tornava-se um suplício.

– É mais ou menos isso. Fique bem entendido que há uma distinção, que compreendeis perfeitamente, entre a dor física e a dor moral: não se deve confundir o efeito com a causa.

– Se bem compreendemos, poder-se-ia, ao que parece, explicar as coisas do seguinte modo: o corpo é o instrumento da dor; é, senão a causa primeira, pelo menos a causa imediata. A alma tem a percepção dessa dor; essa percepção é o efeito. A lembrança que disso conserva pode ser tão penosa quanto a realidade, mas não pode ter ação física. Realmente, nem frio nem calor intensos podem desorganizar os tecidos; a alma nem pode ficar gelada nem queimada. Não vemos, diariamente, a lembrança ou a apreensão de um mal físico produzir o efeito da realidade? Ocasionar até a morte? Todo mundo sabe que pessoas amputadas sentem dor no membro que não existe mais. Certamente a sede não é esse membro, o qual nem é mesmo o ponto de partida da dor. O cérebro conservou-lhe a impressão – eis tudo. Pode-se, pois, crer que existe algo de análogo nos sofrimentos do Espírito após a morte.

– Serão justas essas reflexões?

– Sim. Mais tarde compreendereis ainda melhor. Esperai que outros fatos vos forneçam novos pontos de observação; podereis tirar conclusões mais completas.

Isso se passava no começo do ano de 1858. Efetivamente, desde então um estudo mais aprofundado do perispírito, que representa um importante papel em todos os fenômenos espíritas e do qual ainda não se havia tomado conhecimento; as aparições vaporosas ou tangíveis; o estado do Espírito no momento da morte; a ideia, tão frequente no Espírito, de que ainda se acha vivo; o quadro impressionante dos suicidas, dos suplicados, dos que se absorveram nos prazeres materiais e tantos outros fatos vieram lançar luz sobre essa questão e deram lugar a explicações, cujo resumo fazemos a seguir: o perispírito é o laço que une o Espírito à matéria do corpo; é tirado do meio ambiente, do fluido universal; tem, simultaneamente, algo de eletricidade, do fluído magnético e, até certo ponto, da matéria inerte. Poder-se-ia dizer que é a quintessência da matéria: é o princípio da vida orgânica, mas não o é da vida intelectual. A vida intelectual está no Espírito. É, além disso, o agente das sensações exteriores. No corpo, essas sensações estão localizadas em órgãos que lhe servem de canal. Destruído o corpo, as sensações tornam-se gerais. Eis por que o Espírito não diz que sofre da cabeça em vez dos pés. Além disso, é necessário não confundir as sensações do perispírito, que se tornou independente, com as do corpo: não podemos tomar estas últimas senão como termo de comparação e não como analogia. Um excesso de calor ou de frio pode desorganizar os tecidos do corpo, entretanto, não atinge o perispírito. Desprendido do corpo, o Espírito pode sofrer, mas esse sofrimento não é como o do corpo. Contudo, não é um sofrimento exclusivamente moral, como o remorso, de vez que se queixa de frio ou de calor; não sofre mais no inverno do que no verão: vimo-los passar através das chamas sem experimentar nenhum sofrimento; assim, nenhuma impressão sobre eles pode exercer a temperatura. A dor que sentem não é, pois, uma dor física propriamente dita: é um vago sentimento íntimo, de que o próprio Espírito nem sempre se dá perfeita conta, precisamente porque a dor não é localizada e não é produzida por agentes externos: é mais uma lembrança do que uma realidade, posto seja uma lembrança realmente penosa. Há, entretanto, algo mais que uma lembrança, como passaremos a ver.

Ensina-nos a experiência que, no momento da morte, o perispírito se desprende, mais ou menos lentamente do corpo; durante os primeiros instantes o Espírito não se dá conta da situação; não se julga morto; sente-se vivo; vê o corpo ao lado, sabe que é seu, mas não compreende que dele esteja separado. Esse estado dura enquanto existe um lugar entre o corpo e o perispírito. Recordemos a evocação do suicida da casa de banhos da Samaritana, descrita em nosso número de junho. Como todos os outros, ele dizia: "(...) entretanto sinto que os vermes me roem". Ora, seguramente os vermes não roem o perispírito e, ainda menos, o Espírito; apenas roem o corpo. Mas como a separação entre corpo e perispírito não era completa, o resultado era uma espécie de repercussão moral que lhe transmitia a sensação do que se passava no corpo. Repercussão talvez não seja o vocábulo, o qual poderia fazer supor um efeito muito material: era antes a visão daquilo que se passava em seu corpo, ao qual estava ligado o seu perispírito, que lhe produzia uma ilusão, que tomava como realidade. Assim, não é uma lembrança, pois que em vida não tinha sido roido pelos vermes: era um sentimento atual. Vemos por aí as deduções que podem ser tiradas dos fatos, quando observados com atenção. Durante a vida, o corpo recebe impressões exteriores e as transmite ao Espírito, por intermédio do perispírito, que constitui, provavelmente, aquilo que é chamado fluido nervoso. Morto, o corpo não mais sente, porque nele já não há Espírito nem perispírito. Desprendido do corpo, o perispírito experimenta a sensação; entretanto, como essa não lhe chega através de um canal limitado, é geral. Ora, como na realidade existe apenas um agente transmissor, desde que é o

Espírito quem tem a consciência, disso resulta que se pudesse existir um perispírito sem Espírito, este não sentiria mais do que o corpo quando morto. Do mesmo modo, se o Espírito não tivesse perispírito, seria inacessível a qualquer sensação dolorosa; é o que acontece com os Espíritos completamente depurados. Sabemos que quanto mais esses se depuram, tanto mais eterizada se torna a essência do perispírito; de onde se segue que a influência material diminui à medida que o Espírito progride, isto é, à medida que o perispírito se torna menos grosseiro.

Dir-se-á, entretanto, que as sensações agradáveis são transmitidas ao Espírito pelo perispírito, assim como as desagradáveis. Ora, se o Espírito puro é inacessível a umas, deve sê-lo igualmente a outras. Sim, sem dúvida, para as que provêm unicamente da influência da matéria que conhecemos. O som de nossos instrumentos, o perfume de nossas flores nenhuma impressão lhe causa; entretanto, há neles sensações íntimas, de um encanto indefinível, do qual nenhuma ideia podemos fazer, porque a tal respeito somos como cegos de nascença em relação à luz. Sabemos que isso existe. Mas por que meio? Nossa ciência aqui faz alto. Sabemos que há percepção, sensação, audição, visão; que essas faculdades são atributos de todo o ser e não, como no homem, de uma parte do ser. Mas, ainda uma vez, por que meio? Eis o que ignoramos. Os próprios Espíritos não nos podem dar contas porque nossa linguagem não é apta a exprimir ideias que não possuímos, do mesmo modo que um povo cego não teria expressões para exprimir os efeitos da luz, ou a linguagem dos selvagens, meios para descrever nossas artes, nossas ciências e nossas doutrinas filosóficas.

Dizendo que os Espíritos são inacessíveis às impressões de nossa matéria, queremos falar dos Espíritos muito elevados, cujo envoltório etéreo não tem analogia aqui na Terra. Já o mesmo não se dá com aqueles cujo perispírito é mais denso. Estes percebem os nossos sons, os nossos odores, mas não por uma parte limitada do seu ser, como quando vivos. Poder-se-ia dizer que as vibrações moleculares se fazem sentir em todo o seu ser e assim chegam ao *sensorium commune*, que é o próprio Espírito, posto que de maneira diferente e talvez, mesmo com uma impressão diferente, o que produz uma modificação na percepção. Eles ouvem o som de nossa voz, entretanto, nos entendem sem o recurso da palavra, pela simples transmissão do pensamento, o que vem em apoio daquilo que dizíamos, isto é, que tal penetração é tanto mais fácil quanto mais desmaterializado é o Espírito. Quanto à visão, ela independe de nossa luz. A faculdade de ver é um atributo essencial da alma: para esta não existe obscuridade. No entanto, ela é mais extensa e penetrante nas mais depuradas. A alma, ou Espírito, tem, pois, em si mesma a faculdade de todas as percepções. Na vida corpórea essas são obliteradas pela grosseria de nossos órgãos; na vida extracorpórea o são cada vez menos, à medida que se esclarece o envoltório semimaterial.

Tirado do meio ambiente, esse envoltório varia segundo a natureza dos mundos. Passando de um mundo a outro, os Espíritos mudam de invólucro como nós mudamos as roupas ao passar do inverno ao verão, ou do pólo ao equador. Quando nos vêm visitar, os Espíritos mais elevados revestem-se, pois, de seu perispírito terrestre e, desde então, suas percepções se operam como nos nossos Espíritos comuns. Mas todos, tanto inferiores como superiores, nem ouvem nem sentem senão aquilo que querem ouvir ou sentir. Sem órgãos sensitivos, podem à vontade tornar as suas percepções ativas ou anulá-las. Existe apenas uma coisa que são obrigados a ouvir: os conselhos dos bons Espíritos. A vista é sempre ativa, mas podem tornar-se, reciprocamente, invisíveis. Segundo a posição que ocupam, podem ocultar-se dos que lhes são inferiores, mas não nos superiores. Nos primeiros momentos que se seguem à morte, a visão do Espírito é sempre confusa e perturbada: classifica-se à medida que se desprende e pode adquirir a mesma clareza que durante a vida, independentemente de sua penetração através dos corpos para nós opacos. Quanto à sua extensão através do espaço infinito, no passado como no futuro, depende do grau de pureza e de elevação do Espírito.

Dirão que toda essa teoria não é nada animadora. Imaginávamos que, uma vez desembaraçados do grosseiro invólucro material, instrumento de nossas dores, não mais sofreríamos. E eis que nos ensinam que sofreremos ainda, desta ou daquela maneira, mas nem por isso deixamos de sofrer. Ai de nós! Podemos mais sofrer, e muito e por muito tempo! Mas também podemos não mais sofrer, desde o momento em que deixamos a vida corpórea.

Esses sofrimentos terrenos são por vezes independentes de nós; muitos, porém, são consequência de nossa vontade. Remontemos à fonte e veremos que, o mais das vezes, são efeitos de causas que poderíamos ter evitado. Quantos males, quantas enfermidades não deve o homem aos seus excessos, à sua ambição, numa palavra, às suas paixões? O homem que tivesse vivido sobriamente, que não tivesse abusado de nada, que tivesse sido sempre de gostos simples, modesto nos seus desejos, poupar-se-ia a muitas atribulações. O mesmo se dá com o Espírito. Os sofrimentos que padece são sempre consequência da maneira por que viveu na Terra. Certamente não sofrerá mais de gota ou de reumatismo, mas terá outros sofrimentos que não representam menos. Vimos que esses são os resultados dos laços que ainda o prendem à matéria; que, quanto mais desprendido da influência desta ou, por outras palavras, quanto mais desmaterializado, menos penosas são as suas sensações. Ora, dele depende libertar-se de tal influência, já nesta vida. Possui o livre arbítrio e, consequentemente, a escolha entre o fazer e o deixar de fazer. Que domine as suas paixões animais, que não tenha ódio, inveja, ciúme e orgulho; que se não deixe dominar pelo egoísmo; que purifique sua alma pelos bons sentimentos, que pratique o bem, que não ligue às coisas deste mundo senão a importância que merecem. E então, mesmo no seu envoltório corporal, já será depurado e desprendido da matéria; e ao deixar esse envoltório, não lhe sofrerá a influência; os sofrimentos físicos que houver experimentado não lhe deixarão uma lembrança penosa; não lhe restará nenhuma impressão desagradável, porque elas terão afetado o corpo, mas não o Espírito; será feliz em ter-se libertado e a calma de consciência o livrará de qualquer sofrimento moral.

Interrogamos a milhares de Espíritos, que pertencem a todas as camadas sociais e a todas as posições; estudamo-los em todos os períodos de sua vida espiritual, desde o momento em que deixaram o corpo; seguimo-los passo a passo nessa vida de além-túmulo, a fim de observar as mudanças neles operadas, nas ideias, e nas sensações. E, a tal respeito, não foram as criaturas mais vulgares as que ofereceram material menos interessante para estudo. Ora, nós vimos sempre que os sofrimentos estão em relação com a conduta, cuja consequência eles sofrem; e que essa nova existência é a fonte de inefável felicidade para aqueles que seguiram o bom caminho. De onde se segue que os que sofrem, sofrem porque o quiseram e que se não devem queixar senão de si mesmos, quer neste mundo, quer no outro.

Certos críticos ridicularizaram algumas das nossas evocações, como, por exemplo, a do assassino Lemaire,[1] achando original que nos ocupássemos de seres tão ignóbeis, quando temos tantos Espíritos superiores à nossa disposição. Esquecem que é exatamente por isso que, de certo modo, apreendemos a natureza do fato ou, melhor dito, em sua ignorância da Ciência espírita, não veem nesses diálogos mais que uma conversa, mais ou menos divertida, cujo alcance não compreendem. Lemos algures que um filósofo dizia, depois de haver conversado com um camponês: "Aprendi mais com esse rústico do que com todos os sábios". É que ele sabia ver além da superfície. Para o observador, nada é perdido; encontra ensinamentos úteis até no criptógramo que cresce nas esterqueiras. Recusa-se o médico a tocar numa ferida horrenda, quando se trata de aprofundar a causa do mal?

Ainda uma palavra sobre o assunto. Os sofrimentos de além-túmulo têm um termo. Sabemos que os mais baixos Espíritos podem elevar-se e purificar-se em novas provas; isso pode ser demorado, muito demorado, mas de cada um depende abreviar esse tempo penoso, porque Deus o escuta sempre, desde que se submeta à sua vontade. Quanto mais desmaterializado é o Espírito, mais vastas e lúcidas são suas precepções; quanto mais se acha sob o império da matéria, o que depende inteiramente do seu gênero de vida terrena, mais limitadas e veladas serão elas. Quanto mais a visão moral se estende para o infinito, tanto mais a do outro se restringe. Assim, pois, os Espíritos inferiores tem apenas uma noção vaga, confusa, incompleta e, por vezes, nula, do futuro; não vêm o termo de seus sofrimentos e, por isso, pensam sofrer eternamente, o que lhes é um castigo. Se a posição de uns é aflitiva, mesmo terrível, não é, entretanto, desesperadora; a dos outros é, porém, eminentemente consoladora. A nós, pois, cabe escolher. Isso é da mais alta moralidade. Os céticos duvidam da sorte que os aguarda após a morte; nós lhes mostramos o que há, com o que julgamos prestar-lhes um serviço. Assim, vimos mais de um recuar de seu erro ou, pelo menos, começar a refletir sobre aquilo de que antes faziam troça. Nada como nos darmos conta da possibilidade das coisas. Se sempre tivesse sido assim, não haveria tantos incrédulos, e com isso teriam ganho a religião e a moral pública. Para muitos, a dúvida religiosa vem da dificuldade de compreender certas coisas. São Espíritos positivos, não organizados para a fé cega, que só admitem aquilo que para eles tem uma razão de ser. Tornemos essas coisas acessíveis à sua inteligência e

---

[1] Vide *Revista Espírita* n° 1.

eles as aceitarão, porque, no fundo, não pedem mais do que isso a fim de crerem e porque a dúvida lhes é uma situação mais penosa do que imaginamos ou do que eles manifestam.

Em tudo quanto dissemos não há um sistema ou ideias pessoais; também não foram alguns Espíritos privilegiados que nos ditaram essa teoria: ela é resultado de estudos feitos sobre individualidades, corroborados e confirmados por Espíritos cuja linguagem nenhuma dúvida pode deixar quanto à sua superioridade. Julgamo-los por suas palavras e não pelo nome que carregam ou que se podem atribuir.

DISSERTAÇÕES DE ALÉM-TÚMULO
O SONO

Pobres homens! Como conheceis pouco os mais ordinários fenômenos que fazem a vossa vida! Tendes-vos por muito sábios, pensais possuir uma vasta erudição e a estas simples perguntas que fazem todas as crianças: "Que é o que fazemos quando dormimos? Que são os sonhos?", ficais interditos. Não tenho a pretenção de vos fazer compreender aquilo que vos quero explicar, porque há coisas às quais o vosso Espírito ainda não pode submeter-se, porque não admite aquilo que não compreende.

O sono liberta inteiramente a alma do corpo. Quando dormimos, ficamos momentaneamente no estado em que, de maneira definitiva, nos encontramos depois da morte. Os Espíritos que cedo se desprenderam da matéria por ocasião da morte têm sono inteligente. Quando esses dormem, reencontram a sociedade de outros seres que lhes são superiores: viajam, conversam e com eles se instruem. Trabalham até em obras que, ao morrer, acham acabadas. Isso, mais uma vez deve ensinar-nos que não devemos temer a morte, pois que morremos todos os dias, conforme o dizer de um santo.

Isso quanto aos Espíritos elevados. Mas para a massa dos homens, que com a morte ficam longas horas nessa perturbação, nessa incerteza, de que vos falaram, esses vão a mundos inferiores à Terra, onde os chamam antigas afeições, e buscam prazeres ainda mais baixos que os que têm aqui. Vão aprender doutrinas ainda mais vis, mais ignóbeis e mais nocivas que as que professam em vosso meio. E o que estabelece a simpatia na Terra não é senão o fato de nos sentirmos, ao despertar, aproximados pelo coração àqueles com quem acabamos de passar oito ou nove horas de felicidade ou de prazer. O que também explica as antipatias invencíveis é que, no fundo do coração, sabemos que essas criaturas têm uma consciência diferente da nossa, pois as conhecemos sem jamais as termos visto com os olhos. É ainda o que explica a indiferença, pois que não buscamos fazer amigos quando sabemos que temos outros que nos amam e nos querem. Numa palavra, o sono, influi mais do que pensais sobre a vossa vida.

Por efeito do sono os Espíritos encarnados estão sempre em contato com o mundo dos Espíritos, o que permite que os Espíritos superiores, sem muita repulsa, consintam em vir encarnar-se em vosso meio. Deus quis que, durante o seu contato com o vício, eles pudessem vir retemperar-se na fonte do bem, a fim de não falirem, eles que vêm para instruir os outros. O sono é a porta que Deus lhes abriu para os amigos do céu; é o recreio após o trabalho, a espera da grande libertação, a libertação final que os deve reintegrar em seu verdadeiro meio.

O sonho é a lembrança daquilo que o vosso Espírito viu durante o sono; notai, porém, que não sonhais sempre, porque nem sempre vos lembrais daquilo que vistes ou de tudo quanto vistes. Não é a vossa alma em todo o seu desdobramento; muitas vezes não é mais que a lembrança da perturbação que acompanha a vossa partida ou a vossa chegada, a que se junta a lembrança daquilo que fizestes ou que vos preocupa no estado de vigília. Sem isso, como explicar esses sonhos absurdos, tanto dos mais sábios como dos mais simples? Os maus Espíritos também se servem dos sonhos para atormentar as almas fracas e pusilânimes.

Aliás, dentro em pouco vereis desenvolver-se uma nova espécie de sonhos. Ela é tão antiga como a que conheceis, mas vós a ignorais. O sonho de Joana, o de Jacob, o dos profetas judeus e o de alguns adivinhos indianos: este sonho é a lembrança da alma inteiramente desprendida do corpo, a lembrança dessa segunda vida de que vos falava há pouco.

Procurai distinguir bem essas duas espécies de sonhos, naqueles de que vos recordais, pois sem isso caireis em contradições e em erros, funestos à vossa fé.

Observação: Solicitado a declinar o seu nome, o Espírito que ditou essa comunicação respondeu: "Para quê? Pensais que só os Espíritos de vossos grandes homens é que vos vêm dizer boas coisas? Então não valem nada todos aqueles que não conheceis ou que não têm nomes na vossa Terra? Sabei que muitos tomam um nome apenas para vos satisfazer".

AS FLORES

Observação: Esta comunicação e a seguinte foram obtidas pelo Sr. F., o mesmo de quem falamos em nosso número de outubro, a propósito dos obsedados e subjugados. Por aí pode-se julgar a diferença entre a natureza de suas comunicações atuais e as de outrora. Sua vontade triunfou completamente da obsessão de que era vítima, e seu mau Espírito não reapareceu. Essas duas dissertações lhe foram ditadas por Bernard Palissy.[1]

"As flores foram criadas no mundo como símbolos de beleza, da pureza e da esperança.

Como o homem que vê as corolas se abrirem todas as primaveras, as flores se fanarem para dar lugar a frutos deliciosos, como não pensa o homem que assim sua vida murchará para dar frutos eternos? Que vos importam, pois, as tempestades e as torrentes? Essas flores jamais perecerão, como não parece a mais frágil obra do Criador. Coragem, pois, homens que caís pela estrada; levantai-vos como o lírio, após a tempestade, mais puros e mais radiosos. Como às flores, os ventos vos açoitam à direita e à esquerda; eles vos derribam e sois arrastados pela lama, mas quando o sol reaparece reergueis também vossas cabeças mais nobres e mais altas.

Amai, pois, as flores. Elas são o emblema de vossa vida e não deveis corar por serdes a elas comparados. Tende-as nos vossos jardins, nas vossas casas, mesmo nos vossos templos, pois elas estarão bem por toda parte; em todos os lugares elas levam a poesia: elevam a alma de quem as sabe compreender. Não foi nas flores que Deus desdobrou todas as suas magnificências? De onde conheceríeis as cores suaves com que o Criador alegrou a Natureza se não fossem as flores? Antes que o homem tivesse cavado as entranhas da terra para achar o rubi e o topázio, tinha as flores à sua frente; e essa variedade infinita de nuanças já o consolava da monotonia da superfície da Terra. Amai, pois, as flores: sereis mais puros, sereis mais amoráveis; talvez sejais mais infantis, mas sereis os filhos queridos de Deus e vossas almas simples e sem mácula serão acessíveis a todo o seu amor, toda alegria com que

---

[1] Vide *Revista Espírita* nº 4.

ele aquecerá os vossos corações.

As flores querem ser tratadas por mãos esclarecidas: a inteligência é necessária à sua prosperidade; durante muito tempo estivestes errados na Terra, deixando tal cuidado a mão inábeis, que as mutilavam, julgando embelezá-las. Nada mais triste que as árvores redondas ou ponteagudas de alguns dos vossos jardins: pirâmides de verdura, que fazem o efeito de um monte de feno. Deixai que a Natureza se desenvolva sob mil formas diversas: aí está a graça. Feliz aquele que sabe admirar a beleza de uma haste que se balouça, semeando a poeira fecundante; feliz aquele que vê em suas cores brilhantes um infinito de graça, de finura, de colorido, de nuanças que fogem e se buscam, se perdem e se reencontram. Feliz aquele que sabe compreender a beleza da gradação dos tons! Desde a raiz escura, que se casa à terra, como as cores se fundem até o escalarte da tulipa e da papoula! (Por que esses nomes rudes e originais?) Estudai tudo isso e olhai as folhas que saem umas das outras como gerações infinitas, até o seu completo desabrochar sob a cúpula do céu.

Não parece que as flores deixam a Terra para lançar-se para outros mundos? Não parece que muitas vezes vergam, dolorosas, a cabeça, por não poderem elevar-se ainda mais alto? Não julgamos que, por sua beleza, estejam mais próximas de Deus? Imitai-as, pois, e tornai-vos cada vez maiores, cada vez mais belos.

Vossa maneira de aprender Botânica também é defeituosa: não basta saber o nome de uma planta. Aconselho-te, quando tiveres tempo, a trabalhar numa obra desse gênero. Defiro para mais tarde as lições que hoje desejaria dar-te: elas tornar-se-ão mais úteis, quando tivermos em mãos a sua aplicação. Então falaremos do gênero de cultura, dos lugares que lhes convêm, do arranjo do edifício para arejamento e a salubridade das habitações.

Se publicares isso, corta os últimos parágrafos, para que não sejam tomados como anúncios.

O PAPEL DA MULHER

A mulher é delineada mais finamente que o homem, o que indica, naturalmente, uma alma mais delicada. É assim que nos meios semelhantes, em todos os mundos, a mãe será mais bela que o pai, por ser a que a criança vê primeiro. É para a figura angélica de uma senhora moça que a criança volta incessantemente o olhar; é pela mãe que a criança enxuga as lágrimas e fixa o olhar ainda fraco e incerto. A criança tem, assim, uma intuição natural do belo.

A mulher sabe principalmente fazer-se notada pela delicadeza de seus pensamentos, pela graça de seus gestos, pela pureza de suas palavras. Tudo que dela vem deve harmonizar-se com sua pessoa, que Deus fez bela.

Seus longos cabelos, ondulantes sobre o pescoço, são a imagem da doçura e da facilidade com que sua cabeça se dobra sem se partir sob as provas. Refletem a luz do sol, como a alma da mulher deve refletir a luz mais pura de Deus. Jovens, deixai vossos cabelos flutuantes: para isso Deus os criou. Parecereis, ao mesmo tempo, mais naturais e mais enfeitadas.

A mulher deve ser simples no vestir. Ela saiu muito bela das mãos do Criador para ter necessidade de atavios. Que o branco e o azul se unam sobre vossas espáduas. Deixai também que flutuem os vossos vestidos; que se vejam as vossas roupagens estender-se atrás de vós numa longa esteira de gaze, como leve nuvens indicando imediatamente a vossa presença.

Mas o que representam os enfeites, o vestido, a beleza, os cabelos ondulados ou flutuantes, enrolados ou presos, se o sorriso tão doce das mães e das amantes não brilharem nos vossos lábios? Se os vossos olhos não semearem a bondade, a caridade, a esperança nas lágrimas de alegria que eles deixam correr, nos relâmpagos que se abrem desse braseiro de amor desconhecido?

Mulheres! Não temais deslumbrar os homens pela vossa beleza, por vossas graças, por vossa superioridade. Saibam, porém, os homens que, para se tornarem dignos de vós, devem ser tão grandes quanto sois belas, tão sábios quanto sois boas, tão instruídos quanto sois originais e simples. É necessário que saibam que vos devem merecer, que sois o prêmio da virtude e da honra; não dessa honra que se cobre com um capacete e com um escudo e que brilha nas justas e nos torneios, com o pé sobre a fronte de um inimigo derrubado. Não, da honra segundo Deus.

Homens! Sede úteis; e quando os pobres abençoarem o vosso nome, as mulheres vos serão iguais. Então formareis um todo: sereis a cabeça e elas o coração; sereis o pensamento benfeitor e elas as mãos liberais. Uni-vos, pois, não só para o amor, mas para o bem que podeis fazer a dois. Que os bons pensamentos e as boas ações realizadas por dois corações amantes sejam os elos dessa cadeia de ouro e diamantes chamada matrimônio. Então, quando os elos forem bastante numerosos, Deus vos chamará para junto dele e vós continuareis a ajuntar novos elos. Na Terra estes eram de metal pesado e frio: no céu serão de fogo e de luz.

Nota: Estes versos escritos espontaneamente, por meio de uma cesta, tocada por uma senhora e um menino. Pensamos que muitos poetas honrar-se-iam de sua autoria. Eles nos foram enviados por um dos nossos assinantes.

<table>
<tr><td>

O DESPERTAR
DE UM ESPÍRITO

Que bela é a Natureza e como é
                   [doce o ar!
Senhor, graças te dou, de joelho a
                   [te louvar!
Possa o hino feliz do meu reconhecer
Como o incenso subir ao Supremo
                   [Poder;
Assim, ante o olhar das irmãs em
                   [aflição,
Fizeste sair Lázaro do seu caixão;
De Jairo consternado a filha bem
                   [amada
Foi no leito de morte por ti
                   [reanimada.
Também, Deus poderoso, me
                   [estendeste a mão:
Levanta-te! Disseste, e não falaste
                   [em vão.
Por que ser, ai de mim, de lama um
                   [vil arranjo?
Eu queria louvar-te com a voz de
                   [um anjo.
Tua obra jamais me pareceu tão
                   [pulcra!

</td><td>

LE RÉVEIL
D'UN ESPRIT

Que la nature est belle et conbien l'air
                   [est doux!
Seigneur! je te rends grâce et t'admire
                   [à genoux.
Puisse Phymne joyeux de ma
                   [reconnaissance
Monter comme l'encens vers la toute
                   [puissance,
Ainsi, devant les yeux de ses deux
                   [soeurs en deuil,
Tu fis sortir jadis Lazare du cercueeil;
De Jaïre éperdu la fille bien-aimé
Fut sur son lit de mort par ta voix
                   [ranimée.
De même, Dieu puissant! tu m'as
                   [tendu la main;
Lève-toi! m'as tu dit: tu n'as pas dit
                   [en vain.
Pourquoi ne suis-je, hélas, qu'un vil
                   [monceau de fange?
Je voudrais te louer avec la voix d'un
                   [ange;
Ton ouvrage jamais ne m'a paru si
                   [beau!

</td></tr>
</table>

Para aquele que sai da noite do [sepulcro	C'esta à celui qui sort de la nuit de [tombeau
É que o dia se mostra puro e a luz [brilhante,	Que le jour paraît pur, la lumière [éclatante,
O sol é mais radioso e a vida [embriagante.	Le soleil radieux et la vie [enivrante.
O ar é então mais doce do que o [leite e o mel,	Alors l'air est plus doux que le lait et [le miel;
Cada som é uma voz entre os coros [do Céu.	Chaque son semble un mot dans les [concerts du ciel.
A voz mansa dos ventos faz uma [harmonia	La voix sourde des vents exhale une [harmonie
Que se torna infinita e no espaço se [amplia.	Qui grandit dans le vague et devien [infinie
O que a Alma concebe ou fere os [olhos seus,	Ce que l'esprit conçoit, ce qui frappe [les yeux,
O que se pode ler sobre o livro dos [Céus,	Ce qu'on peut deviner dans le livre [des cieux,
Pela extensão dos mares, nos leitos [profundos,	Dans l'espace des mers, sous les [vagues profondes,
Em todos os oceanos, abismos e [mundos,	Dans tous les océans, les abîmes, les [mondes,
Tudo se curva em esfera e sentimos [que dentro	Tout s'arrondit en sphère, et l'on sent [qu'au millieu
Seus raios convergentes têm Deus [como centro.	Ces rayons convergents aboutissent à [Dieu.
E tu, que o teu olhar planas sobre as [estrelas.	Et toi, dont le regard plane sur les [étoiles,
Que te ocultas no Céu como um rei, [que te velas,	Qui te caches au ciel comme un roi [sous ses voiles
Qual é a tua grandeza, se o vasto [Universo	Quelle est donc ta grandeur, si ce [vaste univers
É aos teus olhos um ponto, e o [espaço submerso	N'est qu'un point a tes yeux, et [l'espace des mers
Dos mares é um espelho da tua [esplendência?	N'est pas même miroir pour ta [splendeur immense?
Qual, pois, tua grandeza, qual a tua [essência?	Quelle est donc ta grandeur, quelle [est donc ton essence?
Que tão vasto palácio construíste, ó [Rei!	Quel palais assez vaste as-tu construit, [ò roi!
Os astros não separam a nós de ti, [bem sei.	Les astres ne sauraient nous séparer [de toi.

O sol rola a teus pés, poder que não [se talha,	Le soleil a tes pieds, puissance sens [mesure,
Como o ônix que um príncipe traz [na sandália.	Semble l'onyx qu'un prince attache [à sa chaussure
E o que mais admiro em ti, ó [Majestade,	Ce que j'admire en toi surtout, ó [majesté!
Bem menos que a grandeza, é tua [imensa bondade	C'est bien moins ta grandeur que [l'immense bonté
Que a tudo se revela, luz que [resplandece,	Qui se revèle a tout, ainsi que la [lumière,
E que a um ser impotente escuta e [atende a prece.	Et d'un être impuissant exauce la [prière.
Jodelle	Jodelle

PALESTRAS FAMILIARES DE ALÉM-TÚMULO

UMA VIÚVA DE MALABAR

Desejávamos interrogar uma dessas mulheres da Índia, sujeitas ao costume de queimar-se sobre o cadáver do marido. Não conhecendo nenhuma, tínhamos pedido a São Luís que nos enviasse uma em condições de responder às nossas perguntas de maneira satisfatória. Ele nos respondeu que de boa vontade o faria, oportunamente. Na sessão da Sociedade, no dia 2 de novembro de 1858, o Sr. Adrien, médium vidente, avistou uma, disposta a falar, e dela nos deu a seguinte descrição: olhos negros e grandes, com a esclerótica amarela, rosto arredondado, faces salientes e gordas: pele açafroada e trigueira, cílios longos e supercílios arqueados e negros; nariz um pouco grande, ligeiramente achatado; boca grande e sensual, belos dentes largos e iguais; cabelos lisos, abundantes, negros e empastados de gordura. Corpo bem gordo, grande e atarracado. Roupagem de seda, deixa o peito meio descoberto. Pulseiras nos braços e nas pernas.

1. – Lembra-se mais ou menos em que época viveu na Índia e onde foi queimada com o corpo de seu marido? R – Fez um sinal, indicando que não se lembrava.

Responde São Luís, indicando que foi há cerca de cem anos.

2. – Lembra-se do nome que tinha? R – Fátima.

3. – Que religião professava? R – A maometana.

4. – Mas o maometanismo não proíbe tais sacrifícios? R – Nasci muçulmana, mas meu marido era da religião de Brahma. Tive de me conformar com o costume da região onde morava. As mulheres não se pertencem.

5. – Que idade tinha quando foi morta? R – Creio que tinha uns vinte anos.

Observação: O Sr. Adrien adverte que ela parece ter de vinte e oito a trinta anos, mas que naquele país as mulheres envelhecem mais rapidamente.

6. – Sacrificou-se voluntariamente? R – Eu preferia ter-me casado com outro. Pensai bem e compreendereis que todas pensamos do mesmo modo. Segui o costume. Mas no fundo teria preferido não o fazer. Durante vários dias esperei um outro marido, mas ninguém veio: então obedeci à lei.

7. – Qual o sentimento que poderia ter ditado essa lei? R – Ideia supersticiosa. Imaginam que nos queimando agradam à Divindade; que resgatamos as faltas daquele que perdemos e que vamos ajudá-lo a viver feliz no outro mundo.

8. – Seu marido ficou satisfeito com o seu sacrifício? R – Nunca procurei rever o meu marido.

9. – Há mulheres que assim se sacrificam de boa vontade? R – Há poucas: uma em mil; no fundo elas não desejavam fazê-lo.

10. – Que foi o que se passou com a senhora, no momento em que se extinguiu a vida corporal? R – Perturbação. Senti um escurecimento; depois não sei o que se passou. Minhas ideias não ficaram claras senão muito tempo depois. Eu ia a toda parte; entretanto não me via bem. Ainda agora não me sinto completamente esclarecida. Terei de passar por muitas encarnações para me elevar. Mas não me queimarei mais... Não vejo necessidade de a gente queimar-se, atirar-se no meio das chamas a fim de elevar-se... sobretudo pelas faltas que não cometeu. Além disso, aquilo jamais me aprouve... Aliás, nunca eu quis saber. Teríeis a bondade de orar um pouco por mim? Pois compreendo que nada como a prece para nos dar coragem a fim de suportarmos as provas que nos são enviadas... Ah! Se eu tivesse fé!

11. – Pede que oremos, mas nós somos cristãos. Como poderiam nossas preces lhe ser agradáveis? R – Só há um Deus para todos os homens.

Observação: Em várias sessões seguidas, a mesma mulher foi vista entre os Espíritos que as assistiam. Disse que vinha para instruir-se. Parece que foi sensível ao interesse por ela demonstrado, porque nos acompanhou em várias outras reuniões e até na rua.

A BELA CORDOEIRA

Notícia. – Luísa Charly, chamada Labé, cognominada "A Bela Cordoeira", nasceu em Lião, ao tempo de Francisco I. Era de uma beleza perfeita e teve uma educação esmerada; sabia grego, latim, falava espanhol e italiano perfeitamente e fazia nessas línguas poesias que não desabonavam os escritores nacionais. Formada em todos os exercícios do corpo, conhecida a equitação, a ginástica e o manejo das armas. Dotada de um caráter muito enérgico, ao lado do pai distinguiu-se entre os mais valentes combatentes de 1542, no cerco de Perpignan, disfarçada como Capitão Loys. Fracassado o cerco, renunciou à carreira das armas e voltou a Lião com o pai. Casou-se com um rico fabricante de cordas, chamado Ennemond Perrin, e em breve só a conheciam como "A Bela Cordoeira", nome que ficou na rua em que morava e no local onde estava a fábrica do marido. Organizou em sua casa reuniões literárias a que eram convidados os mais brilhantes espíritos da província. Deixou uma coleção de poesias. Sua reputação de beleza e de mulher de espírito atraiu-lhe o escol masculino, excitou a inveja das senhoras lionesas, as quais procuraram vingar-se pela calúnia. Mas a sua conduta foi sempre irrepreensível.

Evocada a 26 de outubro de 1858, na sessão da Sociedade Parisiense de Estudos Espíritas, disseram-nos que ainda não podia vir, por motivos não explicados. A 9 de novembro atendeu ao nosso apelo, e eis o retrato que lhe fez o nosso médium vidente, Sr. Adrien:

Cabeça oval; tez pálida mate; olhos negros, belos e vivos, sobrancelhas arqueadas; fronte desenvolvida e inteligente; nariz grego, fino; boca média, lábios indicando bondade de Espírito; dentes muito bonitos, pequenos, muito iguais; cabelos negros de azeviche, ligeiramente crespos. Belo porte de cabeça; talhe grande e esbelto. Vestimenta de panejamentos brancos.

Observação: Nada prova, sem dúvida, que esse retrato, como o precedente, não sejam da imaginação do médium, de vez que não temos controle. Mas quando o faz com detalhes tão precisos das pessoas contemporâneas, que jamais viu, e que são reconhecidas por parentes e amigos, não podemos duvidar de sua realidade. Daí poder concluir-se que desde que vê a uns com uma verdade incontestável, poderá ver os outros. Uma outra circunstância digna de consideração é que ele vê sempre o mesmo Espírito, sob a mesma forma e que, ainda com intervalos de meses, o retrato não varia. Seria preciso concordar que tivesse uma memória fenomenal, para admitir-se que pudesse recordar-se dos mínimos detalhes de todos os Espíritos, cuja descrição haja feito – e estes se contam por centenas.

1. – Evocação. R – Eis-me aqui.

2. – Poderíeis ter a bondade de responder a algumas perguntas que vos desejamos fazer? R – Com prazer.

3. – Lembrai-vos da época em que éreis conhecida pelo apelido de A Bela Cordoeira? R – Sim.

4. – De onde poderiam provir as qualidades viris que vos levaram a abraçar a carreira das armas, que é antes, conforme as leis da Natureza, atribuição dos homens? R – Isso sorria ao meu Espírito, ávido de grandes coisas. Mais tarde voltou-se para outra ordem de ideias mais sérias. As ideias com que nascemos por certo nos vêm de existências anteriores, das quais são reflexos; entretanto, modificam-se muito, quer por novas resoluções, quer pela vontade de Deus.

5. – Por que esses vossos gostos militares não persistiram? Como tão prontamente deram lugar aos gostos femininos? R – É que vi coisas que não desejo que vejais.

6. – Fostes contemporânea de Francisco I e de Carlos V. Poderíeis dar a vossa opinião a respeito desses homens e fazer-nos um paralelo? R – Não quero julgar. Eles tiveram defeitos, que conheceis; suas virtudes são pouco numerosas: alguns traços de generosidade e eis tudo. Deixai tudo isso de lado; seus corações poderiam sangrar ainda: eles sofrem bastante!

7. – Qual a fonte dessa alta inteligência, que vos tornou apta a receber uma educação tão superior a das mulheres de vosso tempo? R – *Penosas existências* e a vontade de Deus!

8. – Havia, pois, em vós um progresso anterior? R – Não poderia ser de outro modo.

9. – Essa instrução vos fez progredir como Espírito? R – Sim.

10. – Parece que fostes feliz na Terra. Ainda agora o sois bastante? R – Que pergunta! Por mais feliz que se seja na Terra, a felicidade do

Céu é coisa muito diferente! Que tesouros e que riquezas, que conhecereis um dia, e das quais não suspeitais ou ignorais completamente!

11. – Que entendeis por *Céu*? R – Entendo por *Céu* os outros mundos.

12. – Que mundo habitais agora? R – Habito um mundo que desconheceis; mas a ele estou pouco ligada: a matéria prende-nos pouco.

13. – É Júpiter? R – Júpiter é um mundo feliz. Mas pensais que entre todos apenas ele seja favorecido por Deus? Esses são tão numerosos quanto os grãos de areia do oceano.

14. – Conservastes o gênio poético que tínheis aqui? R – Responder-vos-ia com prazer, mas temo chocar a outros Espíritos ou colocar-me abaixo de minha posição, o que torna minha resposta inútil e fá-la cair no vácuo.

15. – Poderíeis dizer qual a classe em que vos poderíamos colocar entre os Espíritos?

Silêncio.

(A São Luís). Poderia São Luís responder a isso? R – Ela aí está. Não posso dizer aquilo que ela não quer dizer. Não vedes que ela é dos mais elevados entre os Espíritos que ordinariamente evocais? Aliás, nós Espíritos não podemos apreciar exatamente as distâncias que nos separam: essas vos seriam incompreensíveis. Mas como são imensas!

16. – (A Luísa Charly). Sob que formas vos achais entre nós? R – Adrien acaba de me descrever.

17. – Por que esta e não outra forma? Por que, enfim, no mundo onde estais, não sois tal qual éreis na Terra? R – Evocastes a poetisa: veio a poetisa.

18. – Poderíeis ditar-nos algumas poesias ou um trecho literário qualquer? Sentir-nos-íamos felizes por termos algo de vós. R – Procurai os meus escritos antigos. Não gostamos dessas provas, principalmente em público. Contudo, fá-lo-ei de outra vez.

Observação: Sabe-se que os Espíritos não gostam de provas. E os pedidos dessa natureza têm sempre, mais ou menos, esse caráter. É sem dúvida por isso que quase nunca aquiescem. Espontaneamente, e em momento em que menos esperamos, dão-nos por vezes coisas surpreendentes e provas que em vão teríamos solicitado. Mas quase sempre basta que se lhes peça uma coisa para que se não a obtenha, sobretudo se o pedido encerra um sentimento de curiosidade. Os Espíritos, e principalmente os Espíritos elevados, querem assim provar-nos que não se acham às nossas ordens.

No dia seguinte, pelo médium psicógrafo que lhe havia servido de intérprete, "A Bela Cordoeira" escreveu o seguinte:

"Vou ditar o que te prometi. Não são versos, que não os quero fazer. Aliás, não me lembro dos que fiz, e deles não gostaríeis: isto será prosa da mais modesta.

Na Terra exaltei o amor, a doçura e os bons sentimentos; falava um pouco daquilo que não conhecia. Aqui não é do amor que trato, é de uma caridade larga, austera e esclarecida; uma caridade forte e constante, *que tem apenas um exemplo na Terra*.

Homens! Pensai que depende de vós ser felizes e fazer o vosso mundo um dos mais avançados do céu: basta-vos fazer calar os ódios e as inimizades, esquecer rancores e cóleras, perder o orgulho e a vaidade. Deixai tudo isso como um fardo que cedo ou tarde é preciso abandonar. Esse fardo vos é um tesouro na Terra, bem o sei. Por isso tendes mérito em o abandonar e o perder; mas no céu ele se torna um obstáculo à vossa felicidade. Crede-me, pois: acelerai o vosso progresso – a felicidade que vem de Deus é a verdadeira felicidade. Onde encontrareis prazeres que valham a alegria que ela dá aos seus eleitos, aos seus anjos?

Deus ama aos homens que buscam progredir em seu caminho: contai, pois, com o seu apoio. Não tendes confiança nele? Julgais que seja perjuro, que não vos deveis entregar a ele inteiramente e sem restrições? Infelizmente não quereis entender ou poucos entre vós entendem: preferis o hoje ao amanhã; vossa visão estreita limita os vossos sentimentos, o vosso coração e a vossa alma e sofreis para avançar, em vez de avançardes naturalmente, facilmente, pelo caminho do bem, por vossa própria vontade, porque o sofrimento é o meio que Deus emprega para vos moralizar. Não eviteis esta via segura, mas terrível, para o viandante. Terminarei por vos exortar a não mais olhar a morte como um flagelo, mas como a porta da verdadeira vida e da verdadeira felicidade".

Luísa Charly

VARIEDADES

MONOMANIA

A *Gazette de Mons* publica o seguinte: "Um indivíduo atingido de monomania religiosa, internado há sete anos no estabelecimento do Sr. Stuart e que, até aqui, se havia mostrado muito manso, conseguiu enganar a vigilância dos guardas e apoderar-se de uma faca. Não podendo estes tomar a arma. Avisaram ao diretor do que se passava.

O Sr. Stuart imediatamente acercou-se do furioso e, fiado apenas em sua coragem, quis desarmá-lo. Mas apenas tinha avançado alguns passos ao encontro do louco, este precipitou-se com a rapidez do raio e o feriu com golpes repetidos. Foi com muita dificuldade que se conseguiu dominar o assassino.

Das sete facadas com que o Sr. Stuart foi atingido, uma era mortal: a que o atingiu no baixo-ventre. Segunda-feira, às três horas e meia ele sucumbiu, em consequência de uma hemorragia nessa cavidade".

O que não teriam dito se aquele indivíduo tivesse sido atingido pela monomania espírita, ou se, em sua loucura, tivesse falado de Espíritos? Poder-se-ia, entretanto, uma vez que há várias monomanias religiosas e todas as ciências forneceram o seu contingente. O que, razoavelmente, poderia concluir-se contra o Espiritismo, senão que, à vista da fragilidade de sua organização, pode o homem exaltar-se sobre esse ponto como sobre tantos outros? O meio de prevenir essa exaltação não é combater a ideia; do contrário correríamos o risco de ver renovados os prodígios das Cévènnes. Se jamais se organizasse uma cruzada contra o Espiritismo, ve-lo-íamos propagar-se admiravelmente. Como nos opor a um fenômeno que não tem tempo nem lugar prediletos; que pode produzir-se em toda parte, em todas as famílias, na intimidade, no mais absoluto segredo ainda melhor do que em público? O meio de prevenir os inconvenientes nós o demos em nossa *Instrução Prática* – é torná-lo de tal modo compreendido que nele apenas se veja um fenômeno natural, mesmo no que apresenta de mais extraordinário.

UMA QUESTÃO DE PRIORIDADE

O Sr. Ch. Renard, nosso assinante de Rambouillet, dirigiu-nos a seguinte carta:

"Senhor e digno confrade no Espiritismo. Leio, ou melhor devoro com indizível satisfação os números de vossa *Revista*, à medida que os recebo. Isso não é de admirar de minha parte, de vez que meus pais eram adivinhos, de geração em geração. Uma de minhas tetravôs tinha até sido condenada à fogueira, como contumaz no crime de Vauldrie e frequentadora da *sabbat*. E só evitou a fogueira refugiando-se em casa de uma das irmãs, abadessa de religiosas enclausuradas. Por isso herdei algumas migalhas de ciências ocultas, o que não me impediu de passar pela crença no materialismo, se crença aí existe, e pelo ceticismo. Enfim, fatigado, doente de negação, as obras do célebre extático Swedenborg trouxeram-me à verdade e ao bem. Tornando-me também extático, convenci-me *ad vivum* das verdades que os Espíritos materializados do nosso globo não podem compreender.

Tive comunicações de toda sorte: fenômenos de visibilidade, de tangibilidade, de transporte de objetos perdidos, etc.

Teria o bom irmão a gentileza de publicar a nota que segue num dos seus próximos números? Não é uma questão de amor-próprio, mas de minha condição de francês:

Por vezes as pequenas causas produzem grandes efeitos. Por volta de 1840 eu tinha travado relações com o Sr. Cahagnet, torneiro e entalhador, que viera a Rambouillet por motivo de saúde. Esse operário de alta classe pela inteligência foi por mim apreciado e iniciado no magnetismo humano. Um dia eu lhe disse: tenho quase certeza de que um sonâmbulo lúcido é apto a ver as almas dos mortos e com elas entrar em conversação. Ele ficou admirado. Induzi-o a fazer tal experiência quando contasse com um sonâmbulo lúcido. Ele teve êxito e publicou um primeiro volume de experiências necromânticas, seguido de outros volumes e brochuras que na América foram traduzidos com o título de *Telégrafo Celeste*. Depois o extático Davis publicou suas visões ou excursões pelo mundo espírita. Sobre os desmaterializados, Franklin fez pesquisas que chegaram a manifestações e a comunicações mais fáceis que outrora. As primeiras pessoas que ele mediunizou nos Estados Unidos foram a viúva Fox e suas duas filhas. Há uma coincidência muito notável entre este nome e o meu, pois o vocábulo inglês *fox* significa raposa (renard).

De há muito que os Espíritos me haviam dito que era possível a comunicação com Espíritos de outros globos, dos quais seriam recebidos desenhos e descrições. Eu expus o assunto ao Sr. Cahagnet, mas ele não foi mais longe do que o nosso satélite.

Sou, etc.

CH. Renard".

Observação: O problema de prioridade, em matéria de Espiritismo, é, inquestionavelmente, de segunda ordem. Mas não é menos notável que, desde a importação dos fenômenos americanos, uma porção de fatos autênticos, ignorados do público, revelaram a produção de fenômenos semelhantes, tanto na França quanto em outros países da Europa, em época contemporânea ou anterior. É de nosso conhecimento que muitas pessoas se ocupavam de comunicações espíritas muito antes de se cogitar de mesas girantes e disso temos provas com data certa. Parece que o Sr. Renard está neste número e que, segundo ele, os ensaios não teriam sido estranhos aos que se fazem na América. Registramos a sua observação como interessante para a história do Espiritismo e para provar mais uma vez que essa ciência tem raízes no mundo inteiro, o que tira aos que lhe queiram opor uma barreira, qualquer possibilidade de êxito. Se o abafam aqui, ele renascerá mais vivo em cem outros lugares, exatamente no momento em que, já não sendo mais possível a dúvida, ele há de tomar um lugar entre as crenças comuns. Então, de bom grado ou não, seus adversários terão de tomar o seu partido.

AOS LEITORES DA REVISTA ESPÍRITA

CONCLUSÃO DO ANO DE 1858

A *Revista Espírita* acaba de completar seu primeiro ano e nos sentimos felizes em anunciar que, de agora em diante, sua existência se acha assegurada por um número de assinantes que aumenta dia a dia, e que sua publicação continuará. Os testemunhos de simpatia que de toda parte recebemos, o sufrágio dos homens mais eminentes pelo saber e pela posição social são para nós um encorajamento na tarefa laboriosa que empreendemos. Recebam aqui, pois, aqueles que nos ajudaram na realização de nossa obra, o testemunho de nossa gratidão.

Se não tivéssemos defrontado nem contradições nem críticas, estaríamos ante um fato inaudito nos fastos da publicidade, principalmente por se tratar da emissão de ideias tão novas. Se, entretanto, de algo nos devemos admirar é de as ter encontrado tão poucas, em comparação com os sinais de aprovação, que nos têm sido dados, muito menos, sem dúvida, ao mérito do escritor, que à atração do próprio assunto tratado e ao crédito que, dia a dia, conquista nas mais altas camadas da sociedade; devemo-lo também – e disso estamos convencidos – à dignidade que sempre temos conservado perante os nossos adversários, deixando que o público julgue entre a moderação, de uma parte e a inconveniência, da outra.

O Espiritismo marcha a passos gigantescos pelo mundo inteiro. Diariamente une alguns dissidentes pela força das coisas e, se, de nosso lado, podemos lançar algumas gramas na balança desse grande movimento, que se opera e que marcará a nossa época como uma era nova, não será irritando e mesmo atacando de frente aqueles mesmos que desejamos atrair, mas será pelo raciocínio e não pelas injúrias que nos faremos escutar. A tal respeito dão-nos os Espíritos superiores, que nos assistem, preceito e exemplo. Seria indigno de uma doutrina, que não prega senão o amor e a benevolência, descer à arena do personalismo. Deixamos essa tarefa aos que não a compreendem. Nada, pois, nos desviaria da linha que temos seguido, da calma e do sangue-frio, que não cessamos de manter no exame raciocinado de todas as questões, de vez que sabemos que assim conquistaremos mais partidários sérios do Espiritismo do que pela aspereza e pela acrimônia.

Na introdução com que abrimos o primeiro número traçamos o plano que nos propúnhamos seguir: citar os fatos, mas também analisá-los e submetê-los ao escalpelo da observação; apreciá-los e deduzir-lhes as consequências. A princípio, toda a atenção se concentrou nos fenômenos materiais, que então alimentavam a curiosidade pública; mas esta tem o seu tempo e, uma vez satisfeita, perde-se-lhe o interesse, assim como a criança que abandona um brinquedo. Então os Espíritos nos dizem: "Este é o primeiro período; em breve passará, para dar lugar a ideias mais elevadas. Novos fatos revelar-se-ão, marcando um novo período – o filosófico – e a doutrina crescerá em pouco tempo, como a criança que deixa o seu berço. Não vos inquieteis com as zombarias, pois zombarão dos próprios zombeteiros e amanhã encontrareis defensores zelosos entre os mais ardorosos adversários de hoje. Deus quer que seja assim e nós somos encarregados de executar a sua vontade. A má vontade de alguns homens não prevalecerá contra ela. O orgulho daquele que quer saber mais que Deus será abatido".

Efetivamente estamos longe das mesas girantes, que já não divertem, porque tudo cansa. Só não nos cansamos daquilo que fala ao nosso entendimento; e o Espiritismo voga a velas pandas em seu segundo período. Todos compreenderam que é uma Ciência que se funda, toda uma Filosofia, toda uma nova ordem de ideias. Era preciso acompanhar esse movimento, para ele contribuir, sob pena de sermos em breve ultrapassados. Eis por que nos esforçamos por nos mantermos à altura, sem nos fecharmos nos estreitos limites e num boletim anedótico. Elevando-se ao plano de uma doutrina filosófica, o Espiritismo conquistou inúmeros aderentes, mesmo entre aqueles que jamais presenciaram um fato material. É porque o homem aprecia aquilo que lhe fala à razão, aquilo de que se pode dar conta, que ele encontra na Filosofia espírita algo mais que um divertimento, alguma coisa que em si enche o vazio pungente da incerteza. Penetrando no mundo extracorporal por via da observação, quisemos nela fazer entrar os nossos leitores e fazê-los compreender. Cabe-lhes dizer se atingimos o nosso objetivo.

Prosseguiremos em nossa tarefa no ano que se vai iniciar e que, tudo o prenuncia, será fecundo. Novos fatos de uma ordem estranha surgem neste momento e nos revelam novos mistérios. Registrá-los-emos cuidadosamente e neles procuraremos a luz com tanta perseverança quanto no passado, porque tudo pressagia que o Espiritismo vai entrar numa nova fase mais grandiosa e ainda mais sublime.

Allan Kardec

Nota: A abundância de matéria obriga-nos a adiar para o próximo número a continuação do nosso artigo sobre a pluralidade das existências e o conto de Frédéric Soulié.

Allan Kardec

ÍNDICE GERAL

Apresentação 5

Janeiro

Introdução 11
Diferentes formas de manifestação 17
Vários modos de comunicação 18
Respostas dos Espíritos a algumas perguntas 21
Manifestações físicas 23
Os diabretes 26
Evocações particulares
    Mamãe, aqui estou! 27
    Uma conversão 29
Os médiuns julgados 34
Visões 37
Reconhecimento da existência dos Espíritos e de suas
    manifestações 39
História de Joana D'Arc ditada por ela própria à Senhorita
    Ermance Dufaux 44
O Livro dos Espíritos 45

Fevereiro

Diferentes ordens de Espíritos 53
Escala Espírita 55
Mademoiselle Clairon e o fantasma 60
Isolamento dos corpos pesados 65
    A floresta de Dodona e a estátua de Memnon 67
A avareza 72
Palestras de Além-Túmulo
    Senhorita Clary D... 74
O Sr. Home 76
Manifestações de Espíritos
    Resposta ao Sr. Viennet, por Paul Auguez 81

Aos leitores da Revista Espírita 82

Março

A pluralidade dos mundos 85
Júpiter e alguns outros mundos 87
Confissões de Luís XI 94
A fatalidade e os pressentimentos 96
Utilidade de certas evocações particulares 99
Palestras familiares de Além-Túmulo
   O assassino Lemaire 101
   A Rainha de Aúde 104
   O Dr. Xavier 107
O Sr. Home (segundo artigo) 111
Magnetismo e Espiritismo 114

Abril

Período psicológico 117
O Espiritismo entre os Druidas 119
   Deus e o universo 123
   Os três círculos 124
   O círculo de Abred 126
Evocação de Espíritos na Abssínia 132
Palestras familiares de Além-Túmulo
   Descrição de Júpiter 133
   Mehmet-Ali, antigo pachá do Egito 140
O Sr. Home (terceiro artigo) 144
Variedades 147

Maio

Teoria das manifestações físicas (primeiro artigo) 149
O Espírito batedor de Bergzabern (primeira parte) 154
O orgulho 161
Problemas morais 163
As metades eternas 164
Palestras familiares de Além-Túmulo
   Mozart 167
   O Espírito e os herdeiros 173

Morte de Luís XI 175
Variedades 176
　O falso Home 176
Sociedade Parisiense de Estudos Espíritas 180

Junho

Teoria das Manifestações Físicas (segundo artigo) 183
O espírito batedor de Bergzabern (segunda parte) 187
A preguiça 199
Palestras familiares de Além-Túmulo
　O Sr. Morisson, monomaníaco 200
　O suicida da Samaritana 203
Confissões de Luís XI 205
　Envenenamento do Duque de Guyenne 205
Henri Martin
　Sua opinião sobre as comunicações extracorpóreas 209
Variedades
　Os banquetes magnéticos 212

Julho

A inveja 215
Uma nova descoberta fotográfica 216
Considerações sobre a fotografia espontânea 219
O Espírito batedor de Bergzabern (terceira parte) 222
Palestras familiares de Além-Túmulo
　O tambor de Beresina 225
Espíritos impostores 232
　O falso Padre Ambrósio 232
Uma lição de caligrafia por um Espírito 236
Correspondência 238

Agosto

Contradições na linguagem dos Espíritos 247
A caridade 259
O Espírito batedor de Dibbelsdorf 263
A propósito dos desenhos de Júpiter 266
Habitações em Júpiter 268

Setembro

Propagação do Espiritismo 279
Platão e a doutrina da escolha das provas 286
Um aviso de Além-Túmulo 293
Os gritos da noite de São Bartolomeu 297
Palestras de Além-Túmulo
   Senhora schwabenhaus. Letargia estática 299
Os talismãs 303
Problemas morais 305
   Suicídio por amor 305
Observações sobre o desenho da casa de Mozart 308

Outubro

Obsedados e subjugados 311
Emprego oficial do magnetismo animal 323
O magnetismo e o sonambulismo ensinados pela Igreja 326
O mal do medo 327
Teoria do móvel de nossas ações 329
Assassinato de cinco crianças por outra de doze anos 332
Questões de Espiritismo legal 334
Fenômenos de aparição 339

Novembro

Polêmica espírita 343
Pluralidade das existências 345
Problemas morais
   Sobre o suicídio 352
Palestras familiares de Além-Túmulo
   Mehemet-Ali (segunda comunicação) 354
   O Doutor Muhr 356
   Madame de Staël 358
Médium pintor 361
Independência sonambúlica 364
Uma noite esquecida ou Manuza, a feiticeira 367
Variedades 372
   O General Marceau 372

Dezembro

Aparições 375
Adrien, médium vidente 378
Um Espírito nos funerais de seu corpo 381
Fenômeno de bicorporeidade 383
Sensações dos Espíritos 386
Dissertações de Além-Túmulo
    O sono 394
    As flores 396
    O papel da mulher 398
Palestras familiares de Além-Túmulo
    Uma viúva de Malabar 401
    A Bela Cordoeira 403
Variedades
    Monomania 407
    Uma questão de prioridade 407
Aos leitores da revista espírita 409